普通高等院校国际经济与贸易专业精品系列教材

新编国际贸易学

主　编　张玉和
副主编　丁　强　凌冬梅

北京理工大学出版社
BEIJING INSTITUTE OF TECHNOLOGY PRESS

内 容 简 介

本教材内容主要采用了理论—政策—措施,即从抽象到具体的布局,首先介绍了国际贸易理论,其次介绍了国际贸易理论的具体应用——国际贸易政策,最后介绍了国际贸易政策的具体化——国际贸易措施。为了内容完整,还补充了国际贸易概念、国际贸易发展历史与现状、区域经济一体化与国际贸易、跨国公司与国际贸易、经济增长与国际贸易、世界贸易组织、国际服务贸易与国际技术贸易等知识。

本教材逻辑严密,条理清晰,国际贸易理论按自由贸易理论与保护贸易理论编排,国际贸易政策按自由贸易政策与保护贸易政策编排,国际贸易措施按关税与非关税壁垒编排。重点突出,难易适当,每章从重点问题开始,正文中尽可能反映了最新的国际贸易趋势,同时穿插了精选的案例,结尾附上了习题和参考资料。

本教材贯彻了理论联系实际的原则,穿插了许多案例,同时与时俱进,反映了国际贸易最新现象与趋势,当然课程思政也很有特色。本教材在阐述相关知识、相关理论时将马克思主义分析方法融合其中,使学生正确认识西方国际贸易理论的片面性、庸俗性和实际情况的复杂性,从而学会全面分析问题,树立正确的人生观和价值观,达到将知识传授和思政育人融于一体的目的,春风化雨,以德化人。

本教材融入了作者多年的教学经验及总结的最新国际贸易研究成果,适合国际贸易类专业、经济类专业、金融类专业的本科生使用,也可作为相关专业研究生的参考教材。

版权专有　侵权必究

图书在版编目(CIP)数据

新编国际贸易学 / 张玉和主编. --北京:北京理工大学出版社,2023.11(2023.12 重印)
ISBN 978-7-5763-3185-1

Ⅰ.①新… Ⅱ.①张… Ⅲ.①国际贸易 Ⅳ.①F74

中国国家版本馆 CIP 数据核字(2023)第 232149 号

责任编辑:龙　微	**文案编辑**:杜　枝
责任校对:刘亚男	**责任印制**:李志强

出版发行 /	北京理工大学出版社有限责任公司
社　　址 /	北京市丰台区四合庄路 6 号
邮　　编 /	100070
电　　话 /	(010) 68914026(教材售后服务热线)
	(010) 68944437(课件资源服务热线)
网　　址 /	http://www.bitpress.com.cn

版 印 次 /	2023 年 12 月第 1 版第 2 次印刷
印　　刷 /	涿州市新华印刷有限公司
开　　本 /	787 mm×1092 mm　1/16
印　　张 /	22.75
字　　数 /	531 千字
定　　价 /	52.00 元

图书出现印装质量问题,请拨打售后服务热线,负责调换

PREFACE

2007年美国次贷危机爆发随后转成金融危机后，国际贸易形势出现了新的变化。一方面，国际贸易结束了中高速增长，转为低速增长，2020年爆发的新冠疫情更使国际贸易萎缩，2022年爆发的俄乌冲突也严重影响了国际贸易的发展，国际市场竞争更加激烈；另一方面，随着我国成为世界上出口最多的国家和世界第二大经济体，严重威胁到了美国的霸主地位，2018年美国对我国发动贸易战，随后英国脱欧，以此为代表的贸易保护主义浪潮和逆全球化思潮甚嚣尘上，严重阻碍了国际贸易的正常发展！当然随着技术的进步，也出现了新的贸易现象：跨境电子商务发展方兴未艾，数字化贸易蓬勃发展。中共十八大以后强调思政教育，原有的教材很难满足教学需要，所以，在已有教材的基础上，我们大幅度地调整内容，编写了本教材。

本教材具有以下特点：

1. 逻辑严密，条理清晰

本教材内容主要采用了理论—政策—措施，即从抽象到具体的布局，首先介绍了国际贸易理论，其次介绍了国际贸易理论的具体应用——国际贸易政策，最后介绍了国际贸易政策的具体化——国际贸易措施。为了内容完整，还补充了国际贸易概念、国际贸易发展历史与现状、区域经济一体化与国际贸易、跨国公司与国际贸易、经济增长与国际贸易、世界贸易组织、国际服务贸易与国际技术贸易等知识。

本教材逻辑严密，条理清晰，国际贸易理论按自由贸易理论与保护贸易理论编排，国际贸易政策按自由贸易政策与保护贸易政策编排，国际贸易措施按关税与非关税壁垒编排。每章从重点问题开始，正文中尽可能反映了最新的国际贸易趋势，同时穿插了精选的案例，结尾附上了习题和参考资料。

2. 案例丰富，理论联系实际

本教材是理论教材，为了使抽象的理论"接地气"，更容易理解，我们精选了丰富的案例，并且还有配套的案例库，这样不但培养了学生的分析思考能力、理论联系实际的能力，而且提高了学生的学习兴趣。

3. 重点突出，难易恰当

本教材介绍不同内容时根据其重要程度来决定详略，对重要内容一般详细介绍，对不重要的内容简略带过。阐述理论时主要采用简单易懂的方式，当然为了满足不同层次读者的需求，也会用复杂的数学证明，读者可根据自身的需求来取舍。

4. 反映国际贸易最新趋势

与时俱进体现在内容上，不但介绍了跨境电子商务和数字贸易，而且介绍了中美贸易战、英国脱欧、美国瘫痪 WTO 上诉机制、新冠疫情加剧的贸易保护主义等。

5. 课程思政贯穿全部内容

习近平总书记 2016 年 12 月 7 日在全国高校思想政治工作会议上强调，高校思想政治工作关系高校培养什么样的人、如何培养人以及为谁培养人这个根本问题。要坚持把立德树人作为中心环节，把思想政治工作贯穿教育教学全过程，实现全程育人、全方位育人，努力开创我国高等教育事业发展新局面。中共十八大报告指出："全面贯彻党的教育方针，坚持教育为社会主义现代化建设服务、为人民服务，把立德树人作为教育的根本任务，培养德智体美全面发展的社会主义建设者和接班人。"因此，马克思主义教育是思政教育的核心。本教材在阐述相关知识、相关理论时将马克思主义分析方法融合其中，使学生正确认识西方国际贸易理论的片面性、庸俗性和实际情况的复杂性，从而学会全面分析问题，树立正确的人生观和价值观，达到将知识传授和思政育人融于一体的目的，春风化雨，以德化人。

本教材分为十六章，第一章主要介绍国际贸易概念，第二章主要介绍国际贸易发展历程，第三章到第七章主要介绍国际贸易理论，第八章介绍国际贸易政策与发展战略，第九章与第十章介绍国际贸易措施，第十一章介绍区域经济一体化与国际贸易，第十二章介绍跨国公司与国际贸易，第十三章介绍经济增长与国际贸易，第十四章介绍世界贸易组织，第十五章与第十六章分别介绍国际服务贸易与国际技术贸易。

本教材贯彻了理论联系实际的原则，融入了作者多年的教学经验及总结的最新国际贸易研究成果，适合国际贸易类专业、经济类专业、金融类专业的本科生使用，也可作为相关专业研究生的参考教材。

- ◆ **第一章 绪 论** ·· 1
  - 第一节 国际贸易概述 ·· 1
  - 第二节 国际贸易的基本概念 ·· 2
  - 第三节 国际贸易学的研究内容 ··· 7
  - 第四节 国际贸易学与相关学科联系 ··································· 9
  - 第五节 学习国际贸易学的基本方法 ·································· 10
- ◆ **第二章 国际贸易发展历程** ··· 15
  - 第一节 国际贸易的产生及早期的国际贸易 ······················· 15
  - 第二节 第二次世界大战以前的国际贸易 ··························· 17
  - 第三节 当代国际贸易 ·· 25
  - 第四节 中国对外贸易发展历史 ·· 31
- ◆ **第三章 古典国际贸易理论** ··· 45
  - 第一节 马克思主义的国际分工理论 ································· 45
  - 第二节 绝对优势理论 ·· 47
  - 第三节 比较优势理论 ·· 50
  - 第四节 比较优势理论的现代分析 ···································· 57
  - 第五节 贸易条件 ·· 63
- ◆ **第四章 要素禀赋理论** ·· 70
  - 第一节 要素密集度与要素丰裕度 ···································· 70
  - 第二节 赫克歇尔—俄林理论 ·· 73
  - 第三节 要素价格均等化定理 ·· 77
  - 第四节 里昂惕夫之谜 ·· 81
- ◆ **第五章 新贸易理论** ·· 86
  - 第一节 产业内贸易理论 ··· 87
  - 第二节 产品生命周期理论 ··· 92
  - 第三节 公司内贸易理论和价值链理论 ····························· 95
  - 第四节 国家竞争优势理论 ··· 100
  - 第五节 新新贸易理论 ·· 103

第六节　自由贸易理论的比较 …………………………………………… 109

第六章　保护贸易理论　114

第一节　重商主义 ………………………………………………………… 114
第二节　保护幼稚工业理论 ……………………………………………… 116
第三节　保护贸易理论的发展 …………………………………………… 121
第四节　超保护贸易理论 ………………………………………………… 128
第五节　普雷维什的"中心—外围"理论 ……………………………… 131
第六节　战略性贸易理论和管理贸易理论 ……………………………… 133

第七章　国际贸易理论综述　139

第一节　国际贸易理论演进的逻辑 ……………………………………… 139
第二节　保护贸易理论是对自由贸易理论的修正和发展 ……………… 143
第三节　贸易理论与投资理论统一于贸易投资一体化理论 …………… 146
第四节　内贸理论与外贸理论统一于内外贸一体化理论 ……………… 151

第八章　国际贸易政策与发展战略　156

第一节　国际贸易政策概述 ……………………………………………… 156
第二节　国际贸易政策的演变 …………………………………………… 158
第三节　国际贸易政策的政治经济学分析 ……………………………… 161
第四节　国际贸易政策的发展趋势——全球竞争政策 ………………… 165
第五节　贸易发展战略与发展中国家的经济发展 ……………………… 169
第六节　贸易发展战略的现实选择 ……………………………………… 173

第九章　关　税　181

第一节　关税的定义和种类 ……………………………………………… 181
第二节　关税的征收和海关税则 ………………………………………… 186
第三节　关税的经济效应 ………………………………………………… 189
第四节　鼓励出口和限制出口的措施 …………………………………… 194

第十章　非关税措施　201

第一节　非关税措施概述 ………………………………………………… 201
第二节　传统非关税措施 ………………………………………………… 205
第三节　技术性贸易壁垒 ………………………………………………… 211
第四节　环境贸易壁垒 …………………………………………………… 218
第五节　其他非关税壁垒 ………………………………………………… 223
第六节　中国的非关税措施 ……………………………………………… 225

第十一章　区域经济一体化与国际贸易　230

第一节　区域经济一体化概述 …………………………………………… 230
第二节　区域经济一体化的基本形式及其理论 ………………………… 233
第三节　区域经济一体化的实践 ………………………………………… 239
第四节　区域经济一体化的影响 ………………………………………… 246
第五节　中国与区域经济一体化 ………………………………………… 249

第十二章　跨国公司与国际贸易···256
第一节　跨国公司与对外直接投资···256
第二节　国际投资理论···260
第三节　跨国公司内部贸易··265
第四节　跨国公司与国际贸易···270

第十三章　经济增长与国际贸易···273
第一节　经济增长的原因与类型··273
第二节　经济增长对生产的影响··277
第三节　经济增长对国际贸易的影响···279
第四节　国际贸易对经济增长的影响···289

第十四章　世界贸易组织···294
第一节　关贸总协定···294
第二节　世界贸易组织···299
第三节　中国的复关与入世··308
第四节　中国"入世"20周年回顾与展望··································311

第十五章　国际服务贸易···316
第一节　国际服务贸易概述··316
第二节　国际服务贸易发展现状··323
第三节　中国服务贸易发展概况··329

第十六章　国际技术贸易···338
第一节　技术贸易概述···338
第二节　国际技术贸易发展概况··340
第三节　中国的技术贸易··344

第一章 绪 论

 本章重点问题

各种有关国际贸易的概念，国际贸易学的研究内容。

第一节 国际贸易概述

一、国际贸易的含义

国际贸易（International Trade）是指不同国家（和/或地区）之间的商品和服务的交换活动，它是各个国家（或地区）在国际分工的基础上相互联系的主要形式。国际贸易是商品和服务的国际转移，国际贸易也叫世界贸易（World Trade），在这个意义上两者是同一个意思。但是，国际贸易一般是指各个国家（或地区）间的商品和服务的交换关系，而世界贸易则通常指世界各国（或地区）之间商品和服务的交换活动的整体。

对外贸易（Foreign Trade），从某个国家或地区的角度来看是指该国（或地区）同别国（或地区）进行的商品交换活动。因为这是立足于一个国家的立场来看待这种商品贸易活动，所以称为对外贸易，或者也可称为"国外贸易"或"外部贸易"（External Trade）。有一些海洋岛国或者对外贸易活动主要依靠海运的国家（如英国、日本等），又很自然地将对外贸易称作"海外贸易"（Oversea Trade）。由于对外贸易是由商品的进口和出口两部分构成，人们有时又把它叫作"进出口贸易"或者"输出入贸易"（Import and Export Trade）。

可见，这两个概念既紧密相联又有所区别，是不能被等同起来的。它们都是国际的商品交换活动，不过就其涵盖的范围而言，任何一国的对外贸易都远远不及国际贸易，它只是后者这个总体的一个组成部分，占其中较小的份额。但是，一国对外贸易只有遵循国际贸易所通行的规则和惯例，才得以顺利进行和不断发展。从这个意义上讲，对外贸易又可视为国际贸易，因此，国际贸易知识自然也是我国开展对外贸易活动所不可缺少的。

二、国际贸易与国内贸易的关系

国际贸易和国内贸易都属于商品和服务流通的范畴，都要通过交换来实现商品和服务的价值。国际贸易是越过国界、超出国民经济范围进行的商品和服务的交换活动，而国内贸易是发生在一国内部或国民经济范围内的商品和服务的交换活动。两者既有一定的共同性，又存在着一定程度的差别。

1. 两者的共同性

第一，在社会再生产中的地位相同。国际贸易从事着国家间的商品和劳务的交换，国内贸易是国界内的商品和劳务的交换，虽然活动范围有所不同，但都是商业活动，都处在社会再生产过程中的交换环节，处于社会再生产过程中的中介地位。

第二，有共同的商品运动方式。国际贸易与国内贸易的交易过程大同小异，但商品流通运动的方式却完全一样，即 G—W—G。商品经营的目的都是通过交换取得更多的经营利润。

第三，基本职能一样，都受商品经济规律的影响和制约。国际贸易与国内贸易的基本职能都是媒介成商品交换，即做买卖。其他活动（如融资、储存、运输、报关）都必须为它服务；同时，都必须遵循商品经济的基本规律，如价值规律、供求规律、节约流通时间规律、市场竞争规律等。这些规律均会在一定时间和程度上影响国际和国内的贸易。不管是从事国际贸易还是国内贸易都必须遵循这些经济规律，不得违背。

2. 两者的主要区别

第一，语言、法律及风俗习惯不同。

国家之间进行贸易活动如果遇到差异，必须首先克服这些障碍，否则就无法恰当地进行贸易洽谈、签约，处理贸易纠纷，进行市场调研。国内贸易虽然也会遇到一些语言、风俗习惯的差异，但差别要小得多。

第二，各国间货币、度量衡、海关等制度不同。

进行国家之间的商品交换，会遇到须用外币支付且汇率经常变动，以及各国间度量衡、海关制度均有较大差别等诸多问题，使国家之间的商品交换活动复杂化。相比之下，国内贸易就简单多了。

第三，各国的经济政策不同。

各个国家的经济政策主要是为本国经济发展起作用的，但又会在一定程度上影响到国际贸易的开展，且很多政策也会因不同的经济形势、不同的执政者而变化。这里有金融政策、产业政策、进出口管理政策、关税政策，等等，从事国际商品交换活动必须研究这些政策。国内贸易研究的内容要少得多。

第四，国际贸易的风险大于国内贸易。

商品交换离不开自然存在的风险。但相比之下，国际贸易的风险更多也更大，其表现在资信风险、商业风险、价格风险、汇率风险、运输风险以及政治风险等方面。

第二节　国际贸易的基本概念

1. 按从事贸易的角度不同分为对外贸易和国际贸易

对外贸易是指一个国家或地区同其他国家或地区进行商品和劳务的交换活动，一些岛国如英国、日本等也常用"海外贸易"这一概念。包括货物与服务的对外贸易称其为广义对外贸易，不包括服务在内则称其为狭义对外贸易。

国际贸易是指国家之间商品和劳务（Goods and Services）的交换活动，是世界各国之间国际分工的表现形式，它反映了世界各国在经济上的相互联系。国际贸易是从国际（世界）范围内来看这种商品交换活动，国际贸易是由各国的对外贸易构成的，它是世界各国对外贸易的总和。

2. 按商品形态不同分为有形贸易和无形贸易

有形贸易（Tangible Goods Trade）是指买卖那些看得见、摸得着的具有物质形态的商品（如粮食、机器等）的交换活动。为了便于统计和分析，联合国秘书处于1950年公布了《国际贸易标准分类》（Standard International Trade Classification，简称SITC）。1960年、1975年、1985年还分别对其做过三次修订。在这个标准分类中，把有形商品分为10大类（Section）、67章（Division）、261组（Group）、1 033个分组（Sub-group）和3 118个项目（Item），其中0~4是初级产品，5~8是制成品，9是其他。

无形贸易（Invisible Trade）是指一切不具备物质自然属性的商品或称无形商品的国际交换活动，包括运输、保险、金融、文化娱乐、国际旅游、技术转让、咨询等方面的提供和接受。无形贸易可以分为服务贸易和技术贸易。一般来说，服务贸易（Trade in Services）是指提供活劳动（非物化劳动）以满足服务接受者的需要并获取报酬的活动。为了便于统计，世界贸易组织的《服务贸易总协定》把服务贸易定义为四种方式：①过境交付，即从一国境内向另一国境内提供服务；②境外消费，即在一国境内向来自其他国家的消费者提供服务；③自然人流动，即一国的服务提供者以自然人的方式在其他国家境内提供服务；④商业存在，即一国的服务提供者在其他国家境内以各种形式的商业或专业机构提供服务。技术贸易（International Technology Trade）是指技术供应方通过签订技术合同或协议，将技术有偿转让给技术接受方使用。有形贸易与无形贸易有一个鲜明的区别，即有形贸易均需办理海关手续，其贸易额总是列入海关的贸易统计，而无形贸易尽管也是一国国际收支的构成部分，但由于无须经过海关手续，一般不反映在海关资料上。但是，对形成国际收支来讲，这两种贸易是完全相同的。

有形商品的进出口须经过海关手续，从而表现在海关的贸易统计上，是国际收支的主要构成部分；无形贸易虽然也构成国际收支的一部分，但因不经过海关手续，通常不显示在海关的贸易统计上，而显示在一国的国际收支平衡表上。

3. 按统计标准不同分为总贸易和专门贸易

总贸易（General Trade）又称一般贸易，是以货物通过国境作为统计对外贸易的标准。总贸易可以分为总进口和总出口。总进口是指一定时期内（如一年内）跨国境进口的总额。总出口是指一定时期内（如一年内）跨国境出口的总额。将这两者的总额相加，即总进口和总出口之和，称作总贸易额。

专门贸易（Special Trade）是以关境为标准统计的进出口贸易。凡因购买输入关境的商品一律计入进口，凡因外销输出关境的商品一律计入出口。专门贸易可以分为专门进口和专门出口。专门进口是指一定时期内（如一年内）跨关境进口的总额，专门出口是指一定时期内（如一年内）跨关境出口的总额。专门贸易（Special Trade）额就是专门进口额与专门出口额的总和。

4. 按贸易形式不同分为一般贸易和加工贸易

一般贸易是指国境内企业单边进口或单边出口货物的交易形式，但投资设备、捐赠等除外。

加工贸易是指国内企业从境外进口全部或部分原辅材料、零部件、元器件、配套件、包装物料等，经加工或装配后，将成品或半成品复出口的交易形式。该项业务主要包括来料加工和进料加工两种贸易方式。来料加工是指外商提供全部原材料、零部件，必要时提供设备，由承接方按外商的要求进行加工装配，然后成品交由外商销售，承接方仅收取工缴费的贸易方式。进料加工是指我方在国际市场购买原材料、零部件，按自己的设计加工装配成成品再出口销往国外市场，又称"以进养出"。随着我国对外贸易的发展，出现了境外加工贸易形式，即我国企业以现有技术、设备在海外投资，在境外以加工装配的形式，带动和扩大国内设备、技术、零配件、原材料出口的国际经贸合作方式。

5. 按商品流向不同分为出口贸易、进口贸易和过境贸易

出口贸易又称输出贸易（Export Trade）是指本国生产或加工的商品输往国外市场销售。从国外输入的商品，未在本国消费，又未经本国加工而再次输出国外，称为复出口或再输出（Re-Export Trade）。

进口贸易又称输入贸易（Import Trade）是指将外国商品输入本国市场销售。输往国外的商品未经消费和加工又输入本国，称为复进口或再输入（Re-Import Trade）。

过境贸易又称通过贸易，某种商品从甲国经乙国输往丙国销售，该商品的输入和输出对乙国而言即为过境贸易（Transit Trade）。这种贸易对乙国来说，既不是进口，也不是出口，仅仅是商品过境而已。

6. 按贸易有无第三国参加分为直接贸易、间接贸易和转口贸易

直接贸易（Direct Trade）是指货物生产国将货物直接出口到消费国，消费国直接进口生产国的货物时两国之间发生的贸易，即由进出口两国直接完成的贸易。

间接贸易是指商品生产国不直接向消费国出口，商品消费国也不直接从生产国进口，而经由第三国商人来完成贸易，这种形式的国际贸易称为间接贸易（Indirect Trade）。

转口贸易是指商品生产国和消费国通过第三国进行的贸易，对第三国而言就是转口贸易（Entrepot Trade）。转口贸易又可分为两种：一为直接转口贸易，商品还是从生产国直接运往消费国，但转口商人参与商品的交易过程，分别与生产国的出口商和消费国的进口商订立买、卖合同；二为间接转口贸易，商品由生产国输入转口国，再由转口国商人负责向消费国输出。

7. 按清偿工具分为自由结汇贸易和易货贸易

自由结汇贸易是指以货币作为清偿工具的国际贸易，又称现汇贸易（Cash-Liquidation Trade），但作为清偿工具的货币必须是能在国际金融市场上自由兑换的国际货币，能够充当这种国际支付手段的，主要是美元、欧元、日元等可以自由兑换的货币。

易货贸易是指不以货币为媒介，直接以货物相交换的国际贸易。其特点是，进口与出口直接相联系，以货换货，进出口基本平衡，可以不用现汇支付。

8. 按经济发展水平分为水平贸易和垂直贸易

水平贸易（Horizontal Trade）是指经济发展水平比较接近的国家之间开展的贸易活动。例如，发达国家之间展开的贸易或者发展中国家之间所展开的贸易活动。

垂直贸易（Vertical Trade）是指经济发展水平不同国家之间开展的贸易活动。发达国

家与发展中国家之间进行的贸易大多属于这种类型。

9. 按货物运输方式不同分为陆路贸易、海路贸易、空运贸易和多式联运贸易

陆路贸易（Trade by Roadway），陆地毗邻国家之间的贸易多采取陆路贸易，主要运输工具是火车和卡车。

海路贸易（Trade by Seaway）是指货物通过海上运输的国际贸易，运输工具主要是各类船舶，这是国际贸易最主要的运输方式。

空运贸易（Trade by Airway）是指单位价值较高或数量较少的货物，为争取时效，往往以航空货运方式装运的贸易形式。

多式联运贸易（Multimodal Transport Trade）是陆海空各种运输方式结合运送货物的行为。国际物流迅猛发展促进了这种方式的贸易。

10. 国际贸易额与国际贸易量

国际贸易额（International Trade Value）即贸易值，是以货币表示的贸易数值，以现行价格计算；

一国对外贸易额＝出口贸易额＋进口贸易额；

（全世界）国际贸易额＝各国出口贸易额的总和；

因进出口计价标准不同，进口按 CIF 计算，出口按 FOB 计算，由于 CIF＝FOB+运费+保险费，因此，世界出口总额＜世界进口总额。

国际贸易量（International Trade Volume）是消除价格变动的影响，以各种计量单位来反映的贸易的实际规模，以不变价格计算。

贸易量＝贸易额/价格指数；

国际贸易量＝国际贸易额/出口价格指数。

11. 国际贸易差额（Balance of International Trade）

对外贸易出口额＞进口额为贸易出超或顺差，也叫黑字；

对外贸易出口额＜进口额为贸易入超或逆差，也叫赤字；

对外贸易出口额＝进口额为贸易平衡。

注意：贸易顺差≠贸易盈利，贸易逆差≠贸易亏损。

国贸博览 1-1

12. 国际贸易地理方向

国际贸易地理方向（Geographical Direction of International Trade）反映各国在国际贸易中所占的地位，以各国对外贸易额在国际贸易额中所占的比重来表示。

对外贸易地理方向是指一国进出口贸易额的国别分布，表明一个国家或地区进口商品的来源和出口商品的去向，从而反映该国与其他国家或地区之间经济贸易的联系程度。

13. 国际贸易地区结构

国际贸易地区结构（Regional Structure of International Trade）反映一国内部各区域在该国对外贸易中所占的比重。我国对外贸易高度集中于东部沿海地区，尤其是"长三角"和"珠三角"地区。

14. 国际贸易商品结构

国际贸易商品结构（Commodity Structure of International Trade）是指各类商品贸易额在

总贸易额中所占的比重，一国对外贸易商品结构反映该国经济和科技发展水平以及资源禀赋状况。

15. 国际贸易依存度与对外贸易依存度

国际贸易依存度与对外贸易依存度反映国际贸易（对外贸易）对整个国民经济的影响程度。

国际贸易依存度（Dependence of International Trade）＝国际贸易额/世界 GDP；

一国对外贸易依存度（Dependence of Foreign Trade）＝一国进出口贸易额/该国 GDP；

一国出口（进口）依存度（Dependence of Export/Import Trade）＝一国出口（进口）贸易额/该国 GDP。

16. 跨境电子商务

跨境电子商务（Cross-Border E-Commerce）是指分属不同关境的交易主体，通过电子商务平台达成交易、进行电子支付结算，并通过跨境电子商务物流及异地仓储送达商品，从而完成交易的一种国际贸易活动。我国跨境电子商务主要分为企业对企业（即 B2B）和企业对消费者（即 B2C）的贸易模式。B2B 模式下，企业运用电子商务以广告和信息发布为主，成交和通关流程基本在线下完成，本质上仍属传统贸易，已纳入海关一般贸易统计。B2C 模式下，我国企业直接面对国外消费者，以销售个人消费品为主，物流方面主要采用航空小包、邮寄、快递等方式，其报关主体是邮政或快递公司。海关总署数据显示，2020 年我国跨境电子商务进出口 1.69 万亿元，按可比口径计算增长 31.1%，全年通过海关跨境电子商务管理平台验放进出口清单达 24.5 亿票，同比增长 63.3%。

17. 数字贸易

数字贸易（Digital Trade）是以数字化平台为载体，通过人工智能、大数据和云计算等数字技术的有效使用实现实体货物、数字产品与服务、数字化知识与信息的精准交换，进而推动消费互联网向产业互联网转型并最终实现制造业智能化的新型贸易活动，是传统贸易在数字经济时代的拓展、延伸和迭代。数字贸易的两大特征分别是贸易方式数字化和贸易对象数字化。其中贸易方式的数字化是指信息技术与传统贸易开展过程中各个环节深入融合渗透；贸易对象的数字化是指数据及以数据形式存在的产品和服务贸易，主要包括以下三类：一是信息技术贸易，如大数据、云计算、5G 通信技术等；二是数字内容贸易，如媒体等类型传统服务行业的数字化；三是基于互联网交付的离岸服务外包贸易。数字贸易范围界定如图 1.1 所示。

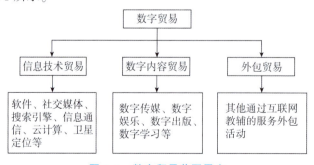

图 1.1　数字贸易范围界定

资料来源：中国数字服务贸易发展报告 2018［EB/OL］.（2019-10-08）.http://www.mofcom.gov.cn.

2019 年全球数字服务贸易（出口）规模达 31 925.9 亿美元，逆势增长 3.75%。其中发达经济体数字服务出口规模达 24 310.0 亿美元，在全球数字服务出口中的占比达 76.1%，超过其在服务贸易和货物贸易中的占比。2019 年中国可数字化交付服务贸易规模约为 2 722 亿美元，占服务贸易总额的 35%。

第三节　国际贸易学的研究内容

一、国际贸易理论

国际贸易如此重要，对国际贸易的研究也就成为必然。最早于 15 世纪末 16 世纪初，即在西方国家的资本原始积累阶段，对国际贸易的研究就已出现。当时的主要理论为重商主义。重商主义主要研究对外贸易怎样能够为一国带来财富，而所谓财富，则完全由金银货币来衡量。在他们看来，国内市场上的贸易是有一部分人支付货币给另一部分人，从而使一部分人获利，另一部分人受损。国内贸易的结果只是社会财富在国内不同集团之间的再分配，整个社会财富的总量并没有增加。而对外贸易可以使一国从国外获得金银货币从而使国家致富。因此，重商主义对贸易的研究主要集中在如何进行贸易上，具体来说，就是怎样通过鼓励商品输出、限制商品进口以增加货币的流入从而增加社会财富。

对怎样能够做到多输出少进口，晚期的重商主义与早期的观点有所不同。早期重商主义强调绝对的贸易出超，主张控制商品进口和货币外流。晚期重商主义（16 世纪下半期到 17 世纪末）则从长远的观点看，认为在一定时期内的外贸入超是允许的，只要最终的贸易结果能保证出超，保证货币最终流回国内即可。但无论早期还是晚期，重商主义都主张限制进口，对贸易的研究是很有局限的。

18 世纪末叶，重商主义的贸易观念受到古典经济学派的挑战，并被自由贸易的思想取代。古典经济学的主要代表亚当·斯密（Adam Smith）的基本经济思想是"自由放任"，这一原则也被用于国际贸易理论。在其著名的《国富论》中，斯密从个人之间的交换推论到国家之间的交换。他认为，既然每个人只生产自己擅长生产的东西，然后用来交换别人擅长生产的东西比自己什么都生产合算，那么各国间的分工和交换也应该是同样合算的。因此，他认为无论出口还是进口，一国都能获得利益。古典经济学的另一名主要代表大卫·李嘉图（David Ricardo）在《政治经济学和赋税原理》一书中也对自由贸易的好处做了说明。

从古典经济学开始，对国际贸易的研究就不再局限于怎样进行贸易，而开始对贸易产生的原因与结果以及与之相应的政策进行分析。从古典的斯密、李嘉图，到 20 世纪的瑞典经济学家赫克歇尔（Eli Heckscher）、俄林（Bertil Ohlin），再到当代的里昂惕夫（Wassily Leontief）、萨缪尔森（Paul Samuelson）、巴格瓦蒂（Jagdish Bhagwati）、琼斯（Renold Jones）、克鲁格曼（Paul Krugman）等，许多经济学家从各种角度，在各个方面对国际贸易的理论与政策进行分析论证。方法越来越精细，手段越来越严密，国际贸易理论成为经济学的一个独立分支并得到不断发展。

二、国际贸易政策

国际贸易经济学中的另一个重要部分是关于贸易政策的分析。国际贸易的政策分析主要研究两个方面的问题：贸易政策的影响和贸易政策制定中的政治经济学。

第一，贸易政策的影响。

其主要内容是对各种贸易政策（包括关税、配额、出口补贴等）以及影响贸易的其他经济政策（包括产业政策、消费政策等）的实证分析。贸易政策的基本性质都是对自由贸易的干预。这种干预有限制贸易的，也有鼓励贸易的；既有进口方面的政策，也有出口方面的政策。但任何贸易政策都会给国内经济带来影响，包括对国内市场价格的影响、对贸易量的影响、对国内生产量和消费量的影响，以及对各种生产要素收益、各种集团利益和整个社会福利的影响。对于贸易大国，还要分析其贸易政策对国际市场的影响以及贸易条件变化的影响。贸易政策的研究还包括区域性经济合作的研究。自20世纪70年代以来，由于产业组织理论的发展，不完全竞争被引入了对贸易政策的分析，从而大大丰富了这方面的研究。

第二，贸易政策制定中的政治经济学。

新古典经济学的分析强调社会效益的最大化。因此，在贸易政策的实证分析中不难看到，任何对自由贸易进行干预的政策都会给整个经济带来效益或福利的净损失。既然如此，为什么各国政府还要运用政策干预贸易？决定各国不同时期不同产业贸易政策的主要因素是什么？对于这些问题的研究构成了国际贸易政策分析的另一个重要组成部分，即贸易政策制定过程中的政治与经济利益，人们亦称之为贸易政策制定中的政治经济学。

三、国际贸易规则

1. 多边贸易协定

（1）关税与贸易总协定（GATT）。

国际贸易谈判形成的规则多数是双边的，也有集团内的和全球性的，即多边贸易谈判规则。从第二次世界大战后到1995年1月1日，负责国际贸易多边谈判，推动世界贸易发展的最大国际条约和组织机构就是关税与贸易总协定（General Agreement on Tariff and Trade），简称"关贸总协定"或GATT。关贸总协定于1947年10月30日在日内瓦签订并于1948年正式生效。当初的计划并不是只想签订一个"协定"，而是想建立一个与世界银行和国际货币基金并列的、从属于联合国的国际贸易组织（International Trade Organization，ITO）。国际贸易组织的目标是通过国际机构削减各国的关税，降低贸易壁垒，从而促进国际贸易的自由发展。

（2）世界贸易组织（WTO）。

1994年4月结束的关贸谈判乌拉圭回合的一项重要决定，是成立一个具有法律约束的全球性的多边贸易机构，以取代原来的关贸总协定。这一机构被称为"世界贸易组织"，简称"世贸组织"或WTO。经过一年的筹备，世界贸易组织于1995年1月1日开始正式运作。世贸组织的总部设在瑞士日内瓦，所有关贸总协定的117个缔约国都是世贸组织的创始成员。截至2022年年底，世贸组织成员国已增至164个，与关贸总协定相比，世贸组织管辖的范围除传统的和乌拉圭回合谈判新确定的货物贸易外，还包括长期游离于关贸总协定外的知识产权、投资措施和非货物贸易（服务贸易）等领域。世贸组织具有法人地位，它在调解成员争端方面具有更高的权威性和有效性。

2. 区域贸易协定

（1）欧盟（EU）。

第二次世界大战结束以来，尤其是20世纪80年代末期和进入90年代以来，世界经济和贸易中一件不可忽视的大事就是欧洲经济的一体化。从1993年1月1日开始，欧洲共同体（简称"欧共体"）开始实行单一市场。当时的12个成员国拆除了相互之间的边界，取消了海关，实行商品、服务、资本和劳动力的全部或部分自由流通。这是欧洲历史上，也是国际经济贸易发展史上的一个里程碑。

（2）北美自由贸易区（NAFTA）。

在当代世界经济和贸易中，与欧共体的建立具有同样重要意义的是北美地区自由贸易区的发展。北美地区虽然只有3个国家，但由于美国是当今世界第一经济强国，加拿大也是实力雄厚的发达国家，因此，美国、加拿大和墨西哥之间的自由贸易使北美地区成为目前世界上最大的自由贸易区。

（3）亚太经济合作组织（APEC）。

随着欧洲经济一体化和北美自由贸易的发展，亚洲太平洋地区国家亦日益感到有必要加强地区内的经济贸易联系。1989年11月，"亚太经济合作组织"（Asia-Pacific Economic Cooperation，APEC）应运而生。经过10余年的发展，亚太经合组织已经从初期的一个并不引人注目的空泛的地区经济论坛发展为亚太地区贸易和投资自由化以及经济技术合作的庞大的国际组织。如今亚太经合组织已经拥有21个成员国家和地区。

第四节　国际贸易学与相关学科联系

一、国际贸易与国际金融

国际金融由国际收支、国际汇兑、国际结算、国际信用、国际投资和国际货币体系构成，其核心内容主要是资本和资产如何通过国际市场来进行配置。国际贸易主要侧重于商品或服务在国际间的流动，学习国际贸易是国际金融的基础，了解国际贸易的基本知识有助于深入学习资本和资产在国际间的流动和运行，学习国际金融有助于巩固和深刻理解国际贸易学的基本知识。

二、国际贸易与国际投资

国际投资是研究各类投资主体将其拥有的货币资本或产业资本经跨国界流动形成实物资产、无形资产或金融资产，并通过跨国运营实现资产增值的一门学科。首先两者都涉及商品在国家之间的流动，其次两者互相影响，国际贸易学是学习国际投资学的基础，国际投资是对国际贸易问题研究的进一步深入。不同的是国际贸易对商品的流动侧重于交换关系的研究，通过交换最终进入流通领域，侧重一国国际竞争力的研究；而国际投资则侧重把生产要素投入生产领域实现价值增值，侧重参与国际分工的能力。

三、国际贸易与国际法律

国际法主要是国家在其相互交往中形成的，主要调整国家间关系的有法律拘束力的原则、规则、规章制度的总体，国际法是法律的一个特殊体系。在我国参与国际贸易和国际分工体系中，贸易摩擦和贸易壁垒是不可避免的现象，学好国际法律可以运用法律知识在国际贸易的谈判中占据优势，为贸易谈判取胜打下良好的基础，学习国际贸易知识有助于更好地理解国际法律产生的背景、原因，全面系统地掌握国际法律知识。

四、国际贸易与国际会计

国际会计的研究内容十分广泛，主要可归纳为三个方面：业务性国际会计、比较国际会计和标准化国际会计。国际会计是企业会计的最新发展。它是第二次世界大战以后，随着国际贸易的日益频繁和资本投资的日趋国际化而产生并日益发展起来的。它的最终目标是建立一套适用于全世界范围的会计原则和方法，实现各国会计的标准化。学好国际会计对于企业参与国际贸易和国际分工十分有益，而国际贸易知识的学习也有利于更好地掌握国际会计的基本方法以及在国际贸易中的熟练运用。

五、国际贸易与国际统计

国际统计学是利用统计数字比较不同国家情况的学科，而为使不同国家的统计数字可以互相比较及分析，各国在编制统计数字时都会尽力遵守各国际组织订立的统计准则。学习国际统计可以统一口径，认识和比较国际贸易中各个国家不同的经济情况和企业数据，从而更好地参与国际贸易和分工，而学习国际贸易是学习国际统计的基础，有助于理解各国统计不同背景的原因等。

第五节　学习国际贸易学的基本方法

国际贸易学是经济学研究的一个分支或者说重要组成部分，从属于社会科学的范畴。对于社会科学的研究，我们必须以马克思主义为指导，才能批判吸收人类历史上创造的一切优秀理论成果，包括资产阶级理论界在几百年间所建立起来的各种国际贸易理论，并在社会实践中检验这些理论，通过自身的实践进一步发展和创造出更加科学合理的国际贸易学科理论体系。

一、宏观分析与微观分析相统一的方法

在主流的西方经济学中，按研究对象不同，可将经济学划分为宏观经济学与微观经济学两个部分。宏观经济学以整个国民经济活动为考察对象，研究经济中各有关总经济变量的决定因素及其变化情况。微观经济学以单个单位为研究对象，研究单个市场、厂商和消费者如何进行资源配置的问题，如价格理论、生产理论、消费理论。国际贸易活动从国家的角度来看就是对外贸易活动。对外贸易是整个国民经济的一个组成部分，也有宏观和微观两个层次的活动。这就要求我们在研究和学习国际贸易活动时，一方面，要从宏观经济的角度出发，重点研究一国应采用怎样的贸易政策和发展战略去调整本国的对外贸易关

系，从而促进本国国民经济的发展；又要对本国与他国的贸易协调进行分析，从而为企业从事国际贸易活动提供宏观经贸理论知识和实践指导。另一方面，国际贸易学也要重视对微观贸易活动内容的分析，如对价格如何决定问题的研究，对政策给厂商和消费者造成怎样影响的分析等。

二、历史与逻辑相统一的方法

这一方法要求研究经济现象要从实物内在的逻辑联系来考虑历史和逻辑的统一。国际贸易学在本质上可以说是一门历史性的学科。因此，我们在学习国际贸易行为及由此产生的各种经济关系时，要重视对历史和现实材料的收集和整理；要在结合国际贸易活动不断出现的新问题中去进行，在局部和具体内容的研究上，要以历史的先后为序。但作为一门独立的学科，国际贸易学显然不同于经济发展史，它不能把史料作为研究对象。历史与逻辑相统一的方法，就是要把国际贸易理论的研究与发展中的国际贸易历史辩证地结合起来，要从历史材料和国际贸易活动的现象中，抽象出概念，解释和阐述国际贸易的规律性。同时注意在理论内容的研究上要以逻辑的先后为序。

三、定量分析和定性分析相统一的方法

定量分析侧重于对数量关系的变化进行考察，是指将数学上的一些概念运用到国际贸易学中，将数学中一些算法准则和推演公理运用到国际贸易学的研究中，运用直角坐标系下的曲线形状、区间和区域的变化来说明国际贸易理论，运用函数关系说明特定条件下的规律。定性分析则旨在揭示事物和过程的本质及结构性的联系。要特别说明的是在学习国际贸易学的过程中，要十分重视定量分析方法。这是因为国际贸易学中许多理论的阐述要运用经济学的基本概念及结论，而这些经济学知识往往是用数学方法给出的，或者是借用几何图形描述的。例如，马歇尔对相互需求论的精确分析，用生产可能性曲线对贸易条件的分析，用消费无差异曲线与生产可能性曲线对贸易利益的分析，关税的经济分析以及经济发展对国际贸易的影响分析。因此离开定量分析是很难全面而正确地阐述国际贸易理论的，也很难让人们理解和掌握这些理论。

四、规范研究与实证研究相统一的方法

在学习国际贸易学的过程中，应坚持实证研究与规范研究相统一的方法，即国际贸易学是理论与政策紧密联系的一门学科。规范研究方法是以一定的价值判断为基础，提出某些标准作为分析处理国际贸易的标准和制定行为准则的依据，并研究如何才能符合这些标准，有很强的政策倾向。实证研究方法排斥价值判断，通过一系列定义、假说来探索国际贸易活动中的规律，提出用于解释经济活动的理论，因而实证研究具有很强的"纯理论"色彩。不论从历史上看，还是从目前学者的研究来看，规范研究和实证研究都没有完全割裂开来，人们在研究国际贸易问题时要同时采用规范研究和实证研究相结合的方法。如学者们在提出一种贸易政策时，总是指出其理论根据，而在阐述某一理论时，也总是指出其政策意义。

五、静态分析与动态分析相统一的方法

静态分析的研究方法是指假定其他因素不变，研究某一因素对行为的影响，在阐述某

一贸易理论时，要注意理论产生的特定历史条件和社会经济条件，即要在不同历史层面下研究国际贸易理论和实践活动。动态分析是指要对事物变化的过程进行分析，对国际贸易理论的形成和发展进行阐述，不但要说明不同历史阶段上的国际贸易理论的进步性，还要说明其局限性及新理论产生的必然性，要对不同阶段的理论加以比较分析，同时对变动中的各个变量的影响进行分析。

六、实事求是的方法

用实事求是的方法学习和研究国际贸易学知识，是因为国际贸易学是一个比较新的研究学科和领域，我国在这方面的研究比较少，同时我国参与国际贸易和国际分工的深度和广度远远不够，还没有建立起适合本国国情的理论和实践体系，所以我们应当用实事求是的态度去引用和学习西方国家的国际贸易理论。此外，我们在学习和研究西方国际贸易理论时，要力求客观，反对断章取义，对其进行科学的分析和评价，取其精华，去其糟粕。

本章核心概念

国际贸易，有形贸易，无形贸易，一般贸易，加工贸易，贸易商品结构，贸易地理方向。

复习思考题

1. 简述国际贸易与国内贸易的关系。
2. 简述世界贸易组织区分服务贸易的四种方式。
3. 简述一般贸易、加工贸易、跨境电子商务和数字贸易各自的内涵。
4. 国际贸易学主要包括哪些内容？

参考文献

1. 石士钧. 国际贸易：理论·政策·环境·相关因素［M］. 北京：中国统计出版社，2016.
2. 陈宪，韦金鸾. 国际贸易：原理·政策·实务［M］. 2版. 上海：立信会计出版社，2012.
3. 王俊宜，李权. 国际贸易［M］. 北京：中国发展出版社，2013.
4. 夏秀瑞，孙玉琴. 中国对外贸易史（第一册）［M］. 北京：对外经济贸易大学出版社，2011.
5. 宋则行，樊亢. 世界经济史［M］. 北京：经济科学出版社，2008.
6. （英）麦迪森. 世界经济二百年回顾（1820—1992）［M］. 李德伟，盖建玲，译. 北京：改革出版社，2017.

7. 陈同仇，薛荣久. 国际贸易 [M]. 北京：对外经济贸易大学出版社，2007.

8. 赵伟. 国际贸易：理论政策与现实问题 [M]. 大连：东北财经大学出版社，2014.

9. 安民. 国际经济贸易理论与实务 [M]. 北京：对外经济贸易大学出版社，2011.

10. 韩经纶. 国际贸易基础理论与实务 [M]. 天津：南开大学出版社，2013.

11. 李凯，郁培丽. 国际贸易理论与实务 [M]. 沈阳：东北大学出版社，2013.

12. （法）布阿吉尔贝尔. 布阿吉尔贝尔选集 [M]. 北京：商务印书馆，1984.

13. （希腊）柏拉图. 理想国（第一卷）[M]. 北京：商务印书馆，1957.

14. （德）恩格斯. 论封建制度的解体及资产阶级的兴起 [M]. 北京：三联书店，1955.

15. （德）恩格斯. 政治经济学批判大纲 [M]. 北京：人民出版社，1956.

16. （英）大卫·李嘉图. 政治经济学及赋税原理 [M]. 北京：商务印书馆，1979.

17. 鲁友章，李宗政. 经济学说史（上册）[M]. 北京：人民出版社，1979.

18. （英）托马斯·孟. 英国得自对外贸易的财富 [M]. 北京：商务印书馆，1959.

19. （英）亚当·斯密. 国民财富的性质和原因的研究 [M]. 郭大力，王亚南，译. 北京：商务印书馆，1979.

20. （美）罗塞·罗伯茨. 大抉择：关于自由贸易与贸易保护主义的寓言 [M]. 刘琳娜，栾晔，译. 北京：中国人民大学出版社，2012.

21. （美）保罗·克鲁格曼，奥伯斯法尔德. 国际经济学 [M]. 9版. 海闻，译. 北京：中国人民大学出版社，2018.

22. （瑞典）赫克歇尔·俄林. 地区间贸易和国际贸易 [M]. 北京：商务印书馆，1986.

23. （澳）基姆·安德森. 中国经济比较优势的变化 [M]. 北京：经济科学出版社，2002.

24. 岳昌君. 国际贸易、比较优势与技术传递 [D]. 北京：北京大学，2010.

25. 徐松，沈明其. 国际贸易学 [M]. 北京：中国统计出版社，2013.

26. 罗绍彦. 国际贸易原理 [M]. 北京：清华大学出版社，2005.

27. 张二震，马野青. 国际贸易学 [M]. 南京：南京大学出版社，2018.

28. 孙丽云，王立群. 国际贸易 [M]. 上海：上海财经大学出版社，2016.

29. 汪尧田，周汉民. 世界贸易组织总论 [M]. 上海：上海远东出版社，1995.

30. 盛建明. 反倾销国际惯例 [M]. 贵阳：贵州人民出版社，2004.

31. 高永富. WTO反倾销协议：规范与承诺 [M]. 合肥：黄山书社，2000.

32. （美）拉尔夫·戈莫里，威廉·鲍莫尔. 全球贸易和国家利益冲突 [M]. 北京：中信出版社，2013.

33. （美）保罗·克鲁格曼. 战略性贸易政策与国际经济学 [M]. 海闻，译. 北京：中国人民大学出版社，2010.

34. （美）唐纳德·基辛. 发展中国家的贸易政策 [M]. 楼关德，吴德，刘兴银，译. 北京：中国财政经济出版社，2006.

35. （美）马格丽特·凯利，纳希德·克马尼. 国际贸易政策问题与发展情况 [M]. 朱忠，宋健奇，译. 北京：中国金融出版社，2010.

36. 谷源洋，王耀媛. 世界经济自由区大观 [M]. 北京：世界知识出版社，2003.

37. 刘星红. 欧共体对外贸易法律制度［M］. 北京：中国法制出版社，2006.

38. 张纪康. 了解 APEC：跨世界的世界主宰［M］. 太原：山西经济出版社，1999.

39. 薛敬孝，佟家栋，李坤望. 国际经济学［M］. 北京：高等教育出版社，2010.

40. 陈建国. 贸易与环境：经济、法律、政策［M］. 天津：天津人民出版社，2011.

41. （美）Dominick Salvatore. 国际经济学［M］. 英文影印版. 北京：清华大学出版社，2017.

42. 韩乔文. WTO100 例［M］. 上海：上海人民出版社，2003.

43. 贾志永. 世界贸易组织基础知识教程［M］. 成都：西南交通大学出版社，2012.

44. 肖玉珍. WTO 简明教程［M］. 长沙：国防科技大学出版社，2012.

45. 刘光溪. WTO 成员应对入世的实践与经验［M］. 上海：上海人民出版社，2013.

46. （英）布瑞恩. 麦克唐纳. 世界贸易体制：从乌拉圭回合谈起［M］. 叶兴国，译. 上海：上海人民出版社，2012.

47. 肖云南，李勇，胡峰松. 世界贸易组织概论［M］. 北京：北方交通大学出版社，2012.

48. 逯宇铎，乌玉峰. 国际贸易游戏规则［M］. 大连：大连理工大学出版社，2011.

49. 马晓野，尹利群. 关税与贸易总协定资料汇典［M］. 北京：社会科学文献出版社，2012.

50. 联合国贸易和发展会议. 2020 年世界贸易和发展报告：全球衰退，中国仍保持增长［R］. 日内瓦：2020.

51. 石广生. 中国加入世界贸易组织知识读本（一）：世界贸易组织基本知识［M］. 北京：人民出版社，2001.

52. 黄静波. 国际贸易政策的新自由主义发展趋势［J］. 中山大学学报（社科版），2003，(1)：70-77.

53. 佟家栋，王艳. 国际贸易政策的发展、演变及其启示［J］. 南开学报（哲社版），2002，(5)：54-61.

54. 朱同. 国际贸易政策的演变及对我国的启示［J］. 发展，1998，(12).

55. 海闻. 国际经济学的新发展［J］. 经济研究，1995，(7).

56. 丁剑平. 传统国际贸易理论能否解释我国的经济现象［J］. 对外经济贸易大学学报，2001，(4)：1-6.

第二章 国际贸易发展历程

本章重点问题

国际贸易产生的条件，资本主义自由竞争时期国际贸易的特点，资本主义垄断时期国际贸易的特点，第二次世界大战后国际贸易的特点。

国际贸易作为人类社会分工的产物不是从来就有的，它是在一定历史条件下产生和发展起来的，有一个产生与发展的过程，不同阶段具有不同的特点。本章分为四个部分，第一节主要介绍国际贸易的产生及早期（奴隶社会和封建社会）的国际贸易，第二节主要介绍第二次世界大战以前的国际贸易，第三节主要介绍当代国际贸易，第四节则主要介绍中国对外贸易发展历史。

第一节 国际贸易的产生及早期的国际贸易

一、国际贸易的产生

贸易是社会分工的产物。在原始社会早期，生产力水平极为低下，人类只有部落内部按性别和年龄进行的自然分工，处于完全自给自足的状态，部落之间没有交换，即没有贸易。

随着人类社会的发展，出现了三次社会大分工。人类社会的第一次社会大分工是畜牧业与农业之间的分工，它促进了生产力的发展，使产品有了剩余，在游牧部落和农业部落之间开始了剩余产品的相互交换，但这只是偶然的物物交换。

人类社会的第二次社会大分工是手工业与农业的分工，由此出现了直接以交换为目的的生产，即商品生产。它不仅推动了生产力的进一步发展，还导致了社会交换范围的扩大，最终产生了货币，使物物交换发展为以货币为媒介的商品流通。这又引起了人类社会的第三次社会大分工——商业从农业中独立出来，出现了专门从事贸易的商人，贸易范围逐步扩大，并反过来促进了生产力的进一步发展。到原始社会末期原始公有制开始解体，出现了财产私有制和国家，于是部落之间的贸易发展到国家之间的贸易，形成了最早的对外贸易。可见存在可供交换的剩余产品和各自为政的社会实体是国际贸易产生的两个前提条件。

二、奴隶社会的国际贸易

奴隶社会早在 5 000 多年前就已经出现在古代东方各国，如埃及、巴比伦等，4 000 多年前的中国夏朝，欧洲的希腊、罗马都已进入奴隶社会。最早的奴隶主是原始社会内部分化出来的氏族贵族。最早的奴隶是氏族部落战争中俘虏的外族人。此外，惩罚罪犯、海盗掠夺、拐卖人口、奴隶买卖、家生奴隶等也是奴隶的重要来源。随着奴隶与奴隶主之间的矛盾和斗争日趋激烈，作为奴隶主阶级镇压奴隶和其他被剥削者工具的奴隶制国家应运而生。奴隶社会的主要特征是奴隶主阶级占有全部生产资料并完全占有奴隶本身；奴隶毫无人身自由，是奴隶主的私人财产，对奴隶实行超经济奴役，虽然剥削残酷，但促进了生产力的进一步发展，国际贸易也初步发展。

公元前 2000 多年，由于水陆交通便利，地中海成为当时的国际贸易中心。当时地中海沿岸出现了腓尼基、迦太基、亚历山大、希腊、罗马等奴隶制国家。如古代腓尼基是地中海东岸的一个国家，当时手工业相当发达，能够制造出玻璃器皿、家具、染色纺织品和金属用品。腓尼基人以手工产品同埃及人交换谷物、象牙、驼毛，从塞浦路斯贩运铜，从西班牙贩运金银和铁，从希腊贩运奴隶，从东方贩运丝绸、香料和奢侈品。在公元前 2000 年左右已经成为一个依靠对外贸易而繁荣起来的民族。在腓尼基衰落之后，公元前 1000 年左右希腊成为地中海的第二个商业国家。到公元前 4 世纪希腊的手工业已经相当发达，分工精细，其产品不仅销售到了北非、西欧和中欧，甚至流传到了遥远的东方。

从总体上说，奴隶社会仍然是自然经济占统治地位，生产力很不发达，生产的主要商品是为了自己消费，进入交换的商品很少，加上交通工具落后，各国对外贸易范围受到很大的限制。对外贸易的商品主要是奴隶主阶级需要的奢侈品，如宝石、香料、各种织物和装饰品等，另外奴隶也是欧洲国家对外贸易的一种主要商品，希腊雅典就是贩卖奴隶的中心。奴隶社会的对外贸易虽然有限，但对手工业的发展促进较大，在一定程度上推动了生产力的发展。

三、封建社会的国际贸易

西欧从公元 476 年西罗马帝国灭亡后进入封建社会。我国则从公元前 475 年战国时期就已经进入封建社会。封建社会的基本特征是地主阶级掌握最主要的生产资料——土地，通过榨取地租对农民进行剥削。由于农民相对于奴隶有明显的人身自由，有生产的剩余索取权，因而生产积极性显著提高，促进了生产力的进一步发展，国际贸易同样有了新的发展。尤其是封建社会中期以后，实物地租转变为货币地租，使商品经济范围逐步扩大，对外贸易也进一步增长。到了封建社会晚期，随着城市手工业的进一步发展，资本主义因素已经开始孕育与生长，商品经济与对外贸易都比奴隶社会有明显发展。

封建社会早期的国际贸易中心位于地中海东部，公元 11 世纪以后国际贸易范围逐步扩展到地中海、北海、波罗的海和黑海沿岸，并逐渐形成两大国际贸易区。一是北海、波罗的海贸易区，由佛兰德尔（今比利时的西北部）和德意志的商贾节制；二是传统的地中海贸易区，由意大利商贾节制。城市手工业的发展是推动当时国际贸易扩展的一个重要因素，而国际贸易的发展又促进了社会经济的进步，并促进了资本主义因素的萌芽。从对外贸易的商品结构看，封建社会的国际贸易商品仍然是贵族和地主阶级需要的奢侈品，如东方国家的丝绸、珠宝、瓷器、香料，西方国家的金银、宝石、象牙、呢绒、酒等。手工业品比重明显上升，加上船舶技术的进步，国际贸易的范围扩大了，不过，由于自给自足的自然经济仍然占统治地位，国际贸易的规模还相当小。

第二节　第二次世界大战以前的国际贸易

国际贸易虽然源远流长，但真正具有世界性质是在资本主义生产方式确立起来之后。在资本主义生产方式下，国际贸易额急剧增长，国际贸易活动遍及全球，贸易商品种类日益增多，国际贸易越来越成为影响世界经济发展的重要因素。而在资本主义发展的不同阶段，国际贸易的发展特征也不同。

一、资本主义原始积累时期的国际贸易

16—18世纪中叶是西欧资本主义生产方式的准备时期，也是国际分工的萌芽阶段。这一时期工场手工业的发展使劳动生产率得到提高，这为国际贸易的扩大提供了物质基础。而15世纪末到16世纪上半期的"地理大发现"和随后的殖民地开拓，更是加速了资本的原始积累，推动了世界市场的初步形成，从而大大扩展了国际贸易的规模。

在中世纪，西欧与东方国家的贸易主要是从我国长安到罗马的"丝绸之路"，这条商路不但路途遥远，运输成本高昂，而且被盘踞中东的奥斯曼土耳其帝国控制，对过往商队横征暴敛，严苛盘剥，严重阻碍了国际贸易的发展。西欧各国很早就想探索一条直通东方的海上航路，以摆脱奥斯曼土耳其帝国的勒索。1487年，迪亚士的探险队到达非洲南端，发现好望角，并进入印度洋；1492年，意大利航海家哥伦布向西航行发现了美洲；1498年葡萄牙航海家达·伽马绕过南非的好望角到达了印度，开辟了从大西洋绕非洲南端到印度的航线；1519—1522年，西班牙航海家麦哲伦进行了人类历史上的首次环球航行。

地理大发现的结果，使西欧国家纷纷走上了向亚洲、非洲和美洲扩张的道路，从此资本主义进入血腥的资本原始积累时期。在这一时期，资产阶级一方面加强了对国内人民的剥削，另一方面用暴力、欺骗和贿赂等超经济强制手段，实行掠夺性的对外贸易，屠杀当地居民，抢夺金银财产，使广大亚非拉落后国家殖民化，把它们强制纳入国际分工中。西方殖民者在300多年时间里，仅从中南美洲就抢走了250万公斤①黄金、1亿公斤白银。哥伦比亚大学著名经济学家乌特萨·帕特奈克（Utsa Patnaik）利用了近两个世纪有关税收和贸易的详细数据，计算出英国在1765—1938年间从印度总共掠夺了近45万亿美元财富，是今天英国全年国内生产总值的17倍，整个印度次大陆发生了二十几次大饥荒，可能有6 000万人死亡，其中1770年孟加拉大饥荒就死亡了1 000万人以上。殖民者在落后国家开发矿山，建立甘蔗、烟草等农作物种植园，将殖民地变成他们的商品销售市场和原料来源，出现了宗主国和殖民地之间的最初分工。这一时期，与奴隶社会和封建社会相比，国际贸易的范围和规模空前地扩大了，贸易商品结构也发生了变化，奢侈品虽然仍占主要地位，但是工业原料和城市居民消费品的比重上升。不过最能体现资本主义原始积累

---

① 1公斤＝1 000克。

时期国际贸易特征的是"黑奴贸易"。当时西班牙、葡萄牙殖民者在征服美洲的过程中大量屠杀土著居民印第安人，然后为了开发广袤的美洲大陆，又从非洲大量捕获、贩卖黑人去美洲当奴隶。据圣卢西亚历史学家乔利恩·哈姆森估计，从15世纪到19世纪的400多年间，约有1 000万非洲奴隶被运到美洲，另有约1 000万人在途中或被关押期间死亡。而圭亚那政治学家奥布雷·诺顿则认为，奴隶贸易使约5 000万非洲人遭遇背井离乡、被奴役或被杀死的命运。① 马克思说："资本来到世间，从头到脚，每个毛孔都流着血和肮脏的东西。"②

二、资本主义自由竞争时期的国际贸易

18世纪60年代到19世纪60年代是资本主义自由竞争时期。这一时期最大的变化是英国发生了工业革命。工业革命又称产业革命，是以机器大工业代替工场手工业的革命，极大地推动了社会生产力的发展，使各国内部的劳动分工向纵深发展，行业之间分工和区域之间分工也在发展，最终使社会分工超出了国家和民族的界限，真正的国际分工开始形成，原来的宗主国和殖民地之间的分工发展为以先进技术为基础的工业国和以自然条件为基础的农业国之间的分工。与此同时，可供交换的剩余产品急剧增加，交通运输和通信手段也发生了革命性的进步，交易成本大幅降低，国际贸易进入了空前繁荣的时代。工业革命从英国先后扩展到其他国家，并引发了资产阶级革命，从而巩固了资本主义生产方式，加快了国际贸易的发展。

这一时期国际贸易有以下特点：

1. 国际贸易发展速度迅速提高，国际贸易量迅速增加

在1720—1800年的80年间，国际贸易量总共只增长了1倍。而19世纪前70年，国际贸易量增长了10多倍，其中前30年增长慢一些，主要受到了英法战争的影响，增长最快的是时期是1860—1880年。大机器工业为国际贸易的迅速发展奠定了物质基础，大机器工业使生产的规模和能力急剧扩大，不仅需要国内市场，而且越来越需要国外市场，同时生产的扩大导致原料需求急剧增加，开辟廉价的海外原料基地日益成为必要。大机器工业生产的物美价廉的商品既是征服国外市场的武器，也是破坏外国手工业生产，从而迫使外国变为自己原料产地的武器。这样以来，大机器工业从供给和需求两方面推动了国际贸易的迅速发展。19世纪的国际贸易额和国际贸易量如表1.1所示。

表2.1　19世纪的国际贸易额和国际贸易量

年份	贸易额（10亿美元）	贸易量（1913年=100）	贸易量年均增长率/%
1800	1.4	2.3	0.27
1820	1.6	3.1	1.5
1830	1.9	4.3	3.3
1840	2.7	5.4	2.3
1850	4.0	10.1	6.5

① 加勒比国家纪念废除奴隶贸易200周年［EB/OL］.（2007-03-26）.http://news.QQ.com/2007-03-26.
② 马克思. 资本论（第一卷）［M］. 北京：人民出版社，1976.

续表

年份	贸易额（10亿美元）	贸易量（1913年=100）	贸易量年均增长率/%
1860	7.2	13.9	3.2
1870	10.6	23.8	5.5
1880	14.7	30.0	3.5

资料来源：汪尧田，褚建中. 国际贸易 [M]. 上海：上海社会科学院出版社，1989.

2. 国际贸易商品结构发生重大变化，工业品比重显著上升

18世纪末以前的满足地主、贵族需要的奢侈品已不占主要地位，工业品贸易显著增加，其中以纺织品贸易的增加最为迅速。以前欧洲国家需要从我国和印度进口棉布，19世纪英国完成产业革命后，成为棉布的主要出口国，其出口商品中有1/3~1/2是纺织品。煤炭、钢铁、机器等商品的贸易也有了增长。此外，国际贸易的大宗商品，如小麦、棉花、羊毛、咖啡、铜、木材等也迅速增加。由于工业发展的需求和运输费用的降低，粮食占当时国际贸易额的1/10。

3. 国际贸易方式和支付方式有了进步，出现了凭样品交易、期货交易方式及信贷、汇票和票据等新的贸易支付手段

以前国际贸易主要是现场看货交易，一手交钱一手交货，现在国际定期集市作用下降，出现了样品展览会和商品交易所，根据样品来签合同。1848年美国芝加哥出现了第一个谷物交易所，1862年伦敦出现了有色金属交易所，1870年纽约成立了棉花交易所。期货交易也已经出现，小麦、棉花等常常在收获之前就已经售出，交易所里的投机交易应运而生。此外，国际间的信贷关系也逐步发展起来，各种票据及汇票等开始广泛流行。

4. 国际贸易组织方式有了改进，出现了有限责任公司和各种专业化的国际贸易组织

18世纪以前为了争夺对殖民地贸易的独占权，英国、荷兰纷纷成立了由政府特许的海外贸易垄断公司，著名的有英国东印度公司、荷兰东印度公司。这些公司享受种种特权，拥有自己的行政机构、船队甚至军队等。如英国东印度公司的全称是"伦敦与东印度贸易公司"，它的主要业务是垄断英国在好望角以东地区的贸易，1600年12月31日，英皇伊丽莎白一世授予该公司皇家特许状，给予它在印度贸易的特权，直到1858年解散。东印度公司拥有27万海陆军，比英国的国家军队还多，因为它除了垄断远东贸易外，还殖民印度，是亦官亦商的典型。随着贸易规模的扩大，拥有特权的外贸公司逐步让位于在法律上负有限责任的股份公司，对外贸易经营组织日趋专业化，出现了许多专门经营某一种商品或某一类商品的贸易公司。同时为国际贸易服务的组织也日趋专业化，出现了专门的运输公司、保险公司等。1720年，经英国女王特许，按照公司组织创立了伦敦保险公司和英国皇家交易保险公司，专营海上保险。1871年，英国成立了一个保险社团组织——劳合社。劳合社设计的条款和报单格式在世界保险业中有广泛的影响，其制定的费率也是世界保险业的风向标。

5. 政府在对外贸易中的作用有了改变

自由竞争时期的资本主义在国内主张自由放任，反映在对外贸易上，就是政府对具体经营干预的减少。而在国际上为了调整各国彼此间的贸易关系，协调移民和其他待遇方面

的问题，国家之间开始普遍签订贸易条约。这些条约最初是为了资本主义国家之间能够公平竞争，发展相互间的贸易往来，后来逐步演变成在落后国家谋求特权、推行侵略扩张的工具。这一时期英国大力鼓吹和实行自由贸易政策，推动了英国出口的迅速增长，形成了20世纪50年代以后又一次工业增长高潮。而美国、德国等后起的资本主义国家则实行贸易保护政策，政府竭力充当民族工业发展保护人的角色，采取各种措施限制进口，扶持本国幼稚工业的发展，但当工业发展起来以后，就转向了自由贸易。总之，自由竞争时期政府的作用和资本主义原始积累时期政府直接经营国际贸易有很大的不同。

6. 英国为国际贸易的中心，垂直型的国际分工格局形成

这一时期英国成为"世界工厂"，垄断了世界贸易。由于工业革命发生在英国，英国迅速成为制造业的中心。1870年，英国的工业产值在世界工业总产值中的比重为32%，1850年，英国生产了世界上40%的机器，1870年，英国的煤产量为11 200万吨，占世界总产量的2/3，生铁产量在1848年已超过了所有国家的总和，在1870年，高达597万吨，纺织业更是独占鳌头，英国几乎消耗了全球原棉产量的一半，英国轮船的总吨位超过法德美俄等国的总和，占世界一半，几乎垄断了世界航运，出口占全球的1/3，英镑成为世界货币，伦敦成为国际贸易中心、国际金融中心和国际航运中心。这一时期形成的国际分工体系是典型的垂直型的国际分工体系：一头是以英国为中心，出口工业制成品，进口初级产品和矿产品；另一头是沦为世界农村的广大亚非拉国家和殖民地，成为英国的原料产地和商品销售市场。"英国是农业世界的大工业中心，是工业太阳，日益增多的生产谷物和棉花的卫星都围着它运转"①。英国经济学家史丹莱·杰温斯这样描写道："北美和俄罗斯的平原是我们的粮田；芝加哥和奥得萨是我们的粮仓；加拿大和波罗的海沿岸是我们的林木生产者；在澳大利亚和新西兰放牧着我们的羊群；在阿根廷和北美的西部大草原放牧着我们的牛群；秘鲁运给我们白银，黄金则从南美和澳大利亚流到伦敦；印度人和中国人替我们种植茶叶，在东西印度扩大了我们的咖啡园、甘蔗和香料园；西班牙和法国是我们的葡萄园，地中海沿岸各国是我们的菜园主。我们的棉田，长期以来都是分布在美国南方，而现在差不多扩展到地球上各个热带地区去了。"②

三、资本主义垄断时期的国际贸易

19世纪末到20世纪初各主要资本主义国家相继从自由竞争阶段过渡到垄断阶段。这一时期发生了第二次工业革命，电力和内燃机的广泛使用使人类历史从蒸汽时代进入了电气时代。机械、电气工业发展迅速，石油、汽车、电力、电器工业的建立，交通运输工具的发展，特别是苏伊士运河（1869年）和巴拿马运河（1913年）的相继建成，电报、海底电缆的出现，都大大促进了生产力的发展，使国际分工进入形成阶段。此时垄断代替了自由竞争，资本输出成为主要经济特征之一。第一次世界大战前，英国和法国是两个主要的资本输出国。过去亚非拉国家只是被卷入国际商品流通，现在则被卷入世界资本主义生产，从而使宗主国与殖民地、工业品生产国与初级产品生产国之间的分工日益加深，形成了以欧美少数发达国家为中心的国际分工新体系。这一时期国际贸易具有以下特点：

---

① 马克思，恩格斯. 马克思恩格斯选集（第4卷）[M]. 北京：人民出版社，1995.
② 周一良，吴于廑. 世界通史资料选辑（近代部分上册）[M]. 北京：商务印书馆，1964.

1. 国际贸易仍在扩大，但是增长速度下降

截至第一次世界大战前，国际贸易仍呈明显的增长趋势，但与自由竞争时期相比，增长速度下降了。例如，在1840—1870年国际贸易量增长了3.4倍，而在1870—1900年国际贸易量只增长了1.6倍。据统计，世界工业产量在1870—1900年的30年间增长了2.2倍，在20世纪初的13年又增长了66%。可见国际贸易量的增长速度已经落后于世界生产的增长速度，这表明世界市场的扩大速度已赶不上世界生产的扩大速度，生产与市场之间的矛盾已趋于尖锐化，主要资本主义国家争夺市场的斗争日益加剧。而两次世界大战之间（1914—1945年），国际贸易的发展几乎处于停滞状态，国际贸易只增长了3%，年增长率仅为0.7%，国际贸易值反而减少了32%，而且国际贸易的增长更为明显地落后于世界工业生产的增长。

2. 垄断组织控制了国际贸易，第二次世界大战前国际卡特尔控制了世界主要市场

垄断组织早在19世纪60年代和70年代初在欧美先进资本主义国家就已开始出现，1873年的经济危机使许多中小企业破产，进一步推动了生产的集中，不过直到19世纪末的经济高涨和1900—1903年的危机期间，垄断组织才在所有发达资本主义国家普遍发展起来，成为全部经济生活的基础。

由于各国的社会经济和历史条件不同，垄断组织发展的程度和形式也有很大差异。美国的垄断组织主要采取托拉斯的形式，美国出现的第一个托拉斯是1879年成立的洛克菲勒的美孚石油公司，到1904年，美国共有318个工业托拉斯，其中236个是在1898年以后建立的。这318个工业托拉斯吞并了5 300个工业企业，拥有全部加工工业资本额的40%，其中最著名的是美孚石油公司、美国钢铁公司、国际收割机公司、杜邦火药公司以及福特、通用、克莱斯勒3家汽车公司等。德国垄断组织发展的程度仅次于美国，普遍采用"卡特尔"的形式，俄国垄断组织以辛迪加为主，日本的垄断组织大多采取康采恩的形式，其主要代表是三井、三菱、安田、住友等从事"多角经营"的财阀。在工业生产集中并形成垄断的同时，银行资本的集中和垄断也达到很高的程度。20世纪初，摩根和洛克菲勒两大银行集团统治着美国的整个银行业；柏林的德意志银行等9家大银行及其附属银行支配的资本约占德国银行资本总额的83%，法国的法兰西银行是该国金融中心。另外三大银行——里昂信贷银行、国家贴现银行和信贷总公司拥有分行总数达1 229家，遍布全国各地。英国的银行"五巨头"—密德兰银行、威斯敏斯特银行、劳埃德银行、巴克莱银行和国民地方银行掌握了全国银行存款的39.7%。随着银行资本的集中与垄断，它们控制了全社会工商业的经营，并在这个基础上与工业资本相融合，形成所谓的"金融资本"。

为了避免激烈的国际竞争导致两败俱伤，垄断组织在控制国内市场的基础上，通过缔结协议组成国际卡特尔垄断世界市场，使国际贸易成为垄断组织追求最大利润的手段。到1914年，缔结正式协定的国际卡特尔共有116个，其中关于煤、铁、钢生产的有26个，化学产品19个，运输业18个，纺织业15个，陶器8个，纸及木浆7个，电气设备5个，其他行业18个。如果把那些口头的"君子协定"也包括在内，这个时期内国际卡特尔的数目更要大得多。他们通过相互缔结协定，按一定比例瓜分世界市场，规定垄断价格、生产限额和出口数量，维持对市场的垄断，攫取高额垄断利润。如1884年，在欧洲面临钢轨生产过剩危机的情况下，由德国、英国和比利时三国钢轨制造商成立的国际制造商协会规定三国分割国外市场的比例为：英国66%、德国27%、比利时7%。

在两次世界大战之间，随着垄断化过程的加快和生产过剩危机的进一步恶化，各国垄断资本之间争夺世界市场和势力范围的斗争更趋激化，出现了国际卡特尔发展的全盛时期，到第二次世界大战前大约增加为1 200个，世界市场上成百种重要商品在很大程度上都为各种大大小小的国际卡特尔所控制。在1929—1933年，国际卡特尔在世界出口总值中控制的比重高达42%。同时，这个时期的国际卡特尔不仅限于分割市场和规定价格等流通领域，而且已经扩大到分割世界原料产地和投资场所等方面；特别是在一些生产高度集中的工业部门中（如钢铁、化学、石油、电气、铝、铜、火柴、钻石等），出现了包括整个世界工业部门的国际卡特尔。

3. 发达国家开始了资本输出，通过资本输出控制国际市场

为了确保原料的供应和对市场的控制，少数资本主义国家开始把大量"过剩资本"输出到国外，主要是输往落后国家或者是后起的资本主义国家。资本输出不仅带动了商品出口，而且能以低廉的价格获得原材料，同时还可以排挤竞争对手。在第一次世界大战前，英国和法国是两个主要资本输出国。英、法两国资本输出的地区与方式有所不同。19世纪末20世纪初，英国的资本输出占世界的第一位，英国资本大部分输往殖民地、半殖民地以及美国，并且很大一部分采取生产资本即直接投资的形式，主要投资在采掘业和铁路。加拿大和新西兰国内投资的1/3、澳大利亚国内投资的1/4来自资本流入。当时英国资本输出平均达到GDP的5%，尤其在其末期，接近GDP的10%。第一次世界大战前的几年中，英国每年在殖民地和国外的投资额与在本国的投资额之比是六与五，到1913年，英国的国外投资总额已达40亿英镑，相当于英国国民财富的1/4，英国1/3的资产为海外资产。英国资本输出的一半以上投放在殖民地、半殖民地国家。资本输出给英国带来惊人的利润，仅1912年就达17 600万英镑，殖民地对英国的兴衰具有极大的意义。法国成为仅次于英国的第二大资本输出国，法国垄断资本家还把大量资本投在信贷领域，而不是投在生产领域；投资国外又远远多于投资国内。1892年，法国出售的债券及其他有价证券达770亿法郎，而投入工商业的资本只有66亿法郎，其输往国外的投资又大大多于国内投资，其1890年对外投资额为200亿法郎，到1914年时达到600亿法郎，但法国的资本输出绝大部分是给外国政府的财政贷款，而不是像英国那样生产性的投资。这种非生产性的高利贷性质的资本输出，使法国每年收获巨额利息，法国成了欧洲的高利贷者。第一次世界大战后，美国也成为主要的资本输出国，英国资本输出总量的2/3，美国资本输出总量的80%，都是投资于国外政府债券。

4. 发达国家竞相采取贸易保护主义，尤其是1929年大危机之后

1870年达到自由贸易的最高峰后，1873年爆发资本主义有史以来最大的一次危机。国内外市场的饱和与竞争的激化，导致各国政府加强了对国际贸易的干预。1875年前后，除比利时、荷兰和美国外，西方工业国都大幅度地提高了关税。德国起了带头作用，它在1879年首先提高进口关税，随后在1885年、1887年、1902年连续三次提高关税，使农产品的平均进口税率达到36%，工业品达到25%。大约同一时期，法国也连续三次提高关税。英国虽仍奉行自由贸易政策，但在保护主义浪潮的冲击下，也不得不逐步扩大关税的征收范围。

第二次保护主义浪潮发生在1929年经济大危机之后。空前严重的经济危机使市场问题十分尖锐，各国为了转嫁经济危机，保护本国市场，纷纷采用关税战、倾销战、货币

战,并组织相互对立的经济集团,同时为了争夺国外市场,各国纷纷加强了奖励出口的政策。1930年6月,美国通过《斯姆特—霍利关税法》,将2 000多种进口商品平均税率提升到53.2%,由此引起世界主要国家间的一场关税大战,40个国家随后采取报复行动,纷纷提高关税,1931—1932年有76个国家提高了关税。与此同时,主要国家间也爆发了一场货币战。1931年,英国率先放弃金本位,令英镑贬值30%。两年后美国也放弃金本位,使美元贬值50%。经济危机期间,先后有56个国家实行货币贬值以争夺国际市场,并先后形成了英镑集团、法郎集团、德国双边清算集团等几个排他性的货币集团。贸易保护主义的结果使国际贸易的发展几乎处于停滞状态。

5. 国际贸易格局发生变化,英国地位下降,亚非拉国家成为畸形地出口单一作物的国家

第二次工业革命后,英国经济地位迅速下降,而美、德、法、日等后起资本主义国家经济地位迅速上升。英国工业生产占世界工业生产总额比重从1870年的32%下降到1913年的14%,位居世界第三;而德国则从13%上升到16%,位居世界第二;美国则从23%上升到36%,遥遥领先。与此相对应,英国贸易占世界的比重也迅速下降到1913年的13.1%,国际贸易中心从英国变成以美国为首的发达国家。

此外,发达国家掀起了瓜分非洲的狂潮,到1912年为止的27年时间,英、法、德、意、比、葡、西等国已经占领了非洲96%的领土,只有埃塞俄比亚、利比里亚两国名义上保持独立,但实际上也已沦为半殖民地国。发达国家通过人为的强制手段和市场力量,最后通过资本输出,逐步将亚非拉国家特别是非洲变为畸形地片面发展单一作物的国家。非洲经济的发展是以掠夺殖民地的自然资源和满足西方列强的需要为基础的。各个殖民地片面发展一种或几种供出口的农业经济作物或矿产品。如加纳的可可和黄金、苏丹和乌干达的棉花、塞内加尔和冈比亚的花生、南非的黄金和金刚石、津巴布韦的烟草和黄金、赞比亚的铜矿石、桑给巴尔的丁香、尼日利亚和塞拉利昂的棕榈产品、莫桑比克的甘蔗、喀麦隆和多哥的可可、坦桑尼亚的咖啡和剑麻、刚果的铜矿石和铁矿砂、几内亚的铝矾土,等等。传统的农业和手工业遭到扼杀,现代工业几乎等于零。非洲出现了非常奇特的现象,输出花生却进口花生食品、输出咖啡豆却进口咖啡饮料、输出棉花却进口纺织品、输出铁矿砂却进口铁器生产工具、输出铝矾土却进口铝制器皿……非洲人被迫生产他们所不消费的产品,而消费他们不生产的产品,因此造成了亚非拉国家的两种依赖性:一种是经济发展对少数几种产品的高度依赖;另一种是对工业发达国家市场的高度依赖。这种畸形的经济结构直到现在仍未根本改观。联合国贸发会议(UNCTAD)2021年9月8日发布《2021年大宗商品依赖状况报告》指出,当一个国家商品出口总额的60%以上为大宗商品时,该国即被认定为大宗商品出口依赖国家。过去10年,大宗商品依赖国家从2008—2009年的93个增至2018—2019年的101个,其中87个为发展中国家。在101个依赖大宗商品的国家中,38个国家依赖农产品出口,32个国家依赖矿业出口,31个国家依赖燃料出口。非洲和大洋洲国家对大宗商品出口的依赖尤其值得注意,这两个地区超过3/4的国家70%以上的商品出口收入依赖大宗商品。非洲54个国家中有45个依赖农业、矿业和采掘业初级产品的出口。在中非和西非,大宗商品出口依赖程度高达约95%。南美洲所有12个国家对大宗商品的依赖程度都超过60%,其中3/4的国家大宗商品出口占商品出口的份额超过80%。

从表 2.2 可以看出，直到 20 世纪 90 年代，非洲多数国家仍靠一两种产品出口为生，如毛里求斯 1986 年蔗糖出口竟占其出口总额的近 90%，乌干达 1990 年咖啡出口仍占其出口总额的近 80%，由此可以推断当年亚非拉国家经济殖民化的畸形程度。

这一时期国际贸易的商品结构也发生了变化，矿产品占贸易比重增加，食品和农产品原料占贸易比重下降，纺织品占贸易比重下降，金属产品的生产和出口增加。

表 2.2 非洲部分国家出口贸易对少数产品的高度依赖

国家	商品	占出口总额/%	统计年份
乌干达	咖啡	79.6	1990
卢旺达	咖啡	58.8	1990
布隆迪	咖啡	74.7	1990
埃塞俄比亚	咖啡	66.4	1989
马达加斯加	咖啡和香料	59.5	1988
坦桑尼亚	咖啡和棉花	49.5	1988
喀麦隆	咖啡和可可	47.5	1989
肯尼亚	咖啡和茶叶	44.6	1990
中非共和国	咖啡	62.9	1990
圣多美和普林西比	可可	80.1	1988
赤道几内亚	可可	76.6	1988
加纳	可可	51.0	1989
科特迪瓦	咖啡和可可	39.1	1988
马里	棉花	50.3	1990
乍得	棉花	53.6	1990
贝宁	棉花	52.2	1987
布基纳法索	棉花	45.3	1988
苏丹	棉花	42.7	1989
毛里求斯	蔗糖	89.2	1986
斯威士兰	蔗糖	33.5	1989
马拉维	烟草	67.6	1990
几内亚比绍	腰果	53.1	1986
冈比亚	花生及其产品	82.1	1986
塞舌尔	椰干	61.9	1981
科摩罗	香荚兰	77.0	1986
毛里塔尼亚	鱼类	70.0	1990
索马里	活畜	50.6	1990
莫桑比克	虾	48.4	1986

资料来源：徐天新，梁志明. 世界通史·当代卷 [M]. 北京：人民出版社，1997.

第三节　当代国际贸易[①]

第二次世界大战后发生了第三次科学技术革命，出现了电子、信息、服务、软件、航空航天、生物工程、原子能、高分子化学、网络等新型产业，并渗透到经济生活的各个方面，对国际贸易产生重大影响。同时，非殖民化过程开始，各殖民地政治上纷纷独立后，为了追求经济上的独立，普遍干预对外贸易以发展本民族的工业。第二次世界大战后资本输出的特征也发生了重大变化，跨国公司迅速发展，为了增强整体竞争能力，越来越多的国家"抱团出击"，区域经济一体化飞速发展。

这一时期国际贸易具有以下特点：

1. 国际贸易迅速发展，进入空前繁荣时期，世界贸易的增长速度大大超过世界生产的增长速度

第二次世界大战后世界贸易的增长速度大大超过世界生产的增长速度，世界贸易占世界生产总值（GDP）的比重、各种类型国家的对外贸易占它们各自国内生产总值（GDP）的比重都增加了。世界商品出口规模1948年只有590亿美元，到2008年已经增加到157 170亿美元，增长了265.4倍，61年来年均增长9.59%，远远超过同期世界GDP的增速。对外贸易占世界GDP的比重从1948年的10%左右增加到2008年的25.94%。2020年世界商品出口额达170 696亿美元，进口额达173 758亿美元。

2. 国际服务贸易也发展迅速，增长速度超过货物贸易

第二次世界大战后国际贸易的一个突出现象是服务贸易异军突起，特别是自20世纪80年代以来增长速度大大超过货物贸易。1970年国际服务贸易出口额仅为710亿美元，2018年增长到48 652亿美元，增加了67.5倍，年均增速9.21%，明显超过同期世界货物贸易的增长速度8.98%，具体见表2.3。

表 2.3　1970—2018 年国际服务贸易发展

项目	年份及增速	1970 年	2018 年	1970—2018 年增速/%
服务出口总额		710	48 652	9.21
货物出口总额		3 146	194 750	8.98
服务贸易相当于货物贸易的比重/%		22.56	24.98	—
服务贸易构成/%	运输服务	38.5	21.6	—
	旅游服务	28.2	24.2	—
	其他商业服务	33.3	54.2	—

国际服务贸易不但规模迅速扩大了，而且结构也迅速变化。传统服务业，如运输、旅游所占比重迅速下降，而金融、保险、通信、信息等新型服务业所占比重迅速增加。1970

[①] 本节材料主要来自 International Trade Statistics 2009，http：//www.wto.org.

年，国际运输服务占 38.5%，国际旅游占 28.2%，其他商业服务占 33.3%。2018 年，国际运输服务下降到 21.6%，国际旅游占 24.2%，其他商业服务则上升到 54.2%。

相对于货物贸易而言，世界服务贸易的发展更不平衡，发达国家占据世界服务贸易的主导地位，而在新型服务贸易中表现得更加明显。

从表 2.4 可见，2018 年世界服务贸易前十大出口国除了我国和印度以外都是发达国家，仅美国一国就出口了 6 860 亿美元，占世界服务贸易的 14.1%，美英两国服务出口超过世界服务贸易的 1/5，发达国家约占世界服务贸易的 80%，而且基本都是顺差，如美国 2018 年服务贸易顺差就高达 2 702 亿美元，这与货物贸易 8 913 亿美元的逆差形成鲜明对比。而发展中国家服务贸易基本是逆差，如我国货物贸易多年来是巨额顺差，2018 年顺差高达 3 517.6 亿美元，而服务贸易却有 2 913 亿美元逆差。

表 2.4　2018 年世界服务贸易前十大出口国

国家	金额/亿美元	占世界服务贸易比重/%
美国	6 860	14.1
英国	3 290	6.8
德国	2 670	5.5
法国	2 630	5.4
中国	2 222	4.6
日本	1 580	3.3
荷兰	1 560	3.2
印度	1 540	3.2
西班牙	1 350	2.8
爱尔兰	1 330	2.7
全球	48 652	100

世界服务贸易的迅速发展主要是因为第二次世界大战后发达国家产业结构的变化，第三产业居于主导地位；还有商品贸易迅速发展对相关服务业的带动作用、跨国公司全球化生产导致的资金、技术和人员的国家之间流动、科技发展带来的交通运输和通信条件的革命，特别是在网络技术基础上的电子商务，使各种服务"外包"非常盛行，大大推动了服务贸易的发展。

3. 国际贸易的商品结构发生重大变化，初级产品贸易比重下降，制成品贸易比重上升，而在制成品中，劳动密集型产品比重下降，资本、技术密集型产品比重上升

第二次世界大战后初级产品贸易比重继续下降，2018 年，初级产品出口比重已经下降为 30%，制成品贸易比重则上升到 70%，发达国家制成品出口比重都在 90% 以上。在初级产品中，石油贸易比重上升，而农产品和原料贸易发展缓慢。在工业制成品中，纺织服装、玩具等轻工产品比重下降，而汽车、机械、办公和运输设备、耐用消费品等资本、技术密集型产品比重上升，新商品大量涌现，特别是以电子产品为代表的高新技术产品贸易迅速增长。

4. 国际贸易格局发生重大变化，发达国家总体地位下降，但仍占据统治地位，发展中国家或地区地位上升，不过发展极不平衡，国际贸易高度集中在少数"后起之秀"尤其是"四小龙"和"金砖四国"上

第二次世界大战后国际贸易格局发生重大变化，北美地位迅速下降，中南美洲、非洲也在明显下降，而亚洲地位迅速上升，中东由于石油涨价地位也显著上升。1948—2021年，北美占世界贸易的比重从28.1%下降到12.4%，中南美洲从11.3%下降到3.2%，非洲从7.3%下降到2.5%，欧洲基本不变，而亚洲则从14.0%迅速上升到38.2%，见表2.5。

表2.5 1948年与2021年各地区占世界贸易比重的变化　　　　　　　单位:%

年份\地区	北美	欧洲	亚洲	中东	中南美洲	非洲
1948年	28.1	35.1	14.0	2.0	11.3	7.3
2021年	12.4	35.8	38.2	5.1	3.2	2.5

就国家类型而言，发达国家地位下降，但仍占据统治地位，2018年，发达国家货物贸易仍占世界60%左右，发展中国家或地区上升到40%左右，其中变化最大的是美国与我国。1948年，美国货物出口占世界的21.7%，雄居榜首，而我国只有0.9%，到2021年，美国下降到7.9%，我国则上升到15.1%。2018年，世界商品贸易前十大出口国或地区除了我国外都是发达国家或地区，见表2.6。

表2.6 2018年世界商品贸易前十大进出口国（地区）

国家	出口额/亿美元	比重/%	国家	进口额/亿美元	比重/%
中国	24 870	12.8	美国	26 140	13.2
美国	16 640	8.5	中国	21 360	10.8
德国	15 610	8.0	德国	12 860	6.5
日本	7 380	3.8	日本	7 490	3.8
荷兰	7 230	3.7	英国	6 740	3.4
韩国	6 050	3.1	法国	6 730	3.4
法国	5 820	3.0	荷兰	6 460	3.3
中国香港	5 690	2.9	中国香港	6 280	3.2
意大利	5 470	2.8	韩国	5 350	2.7
英国	4 860	2.5	印度	5 110	2.6
世界	194 750	100	世界	198 670	100

无论发达国家还是发展中国家或地区，贸易发展都极不平衡。发达国家除了美国贸易地位急剧下降外，还有意大利、加拿大等，而德国、日本贸易地位则急剧上升。1948—2021年，意大利出口占世界的比重从11.3%下降到2.7%，加拿大从5.5%下降到2.3%，德国则从1.4%上升到7.3%，日本从0.4%上升到3.4%。发展中国家或地区国际贸易发展更不平衡，高度集中在少数"后起之秀"尤其是"四小龙"和"金砖四国"上，见表2.7。2021年，"四小龙"和"金砖四国"出口占发展中国家或地区出口总额的近3/4，其中仅我国的出口就远远超过了中南美洲和非洲的总和，超过发展中国家或地区出口总额的1/3。

表 2.7　1948 年与 2021 年主要发达国家与"四小龙""金砖四国"贸易地位的变化　单位:%

国家或地区\年份	美国	加拿大	意大利	德国	日本	中国	印度	巴西	俄罗斯	韩国	中国香港	新加坡	中国台湾
1948 年	21.7	5.5	11.3	1.4	0.4	0.9	2.2	2.0	2.2	—	—	—	—
2021 年	7.9	2.3	2.7	7.3	3.4	15.1	1.8	1.3	2.2	2.9	3.0	2.1	2.0

5. 国际贸易地理流向发生重大变化，发达国家之间的贸易占主导地位，而发达国家与发展中国家之间的贸易占次要地位，区域内部贸易迅速发展

与第二次世界大战前国际贸易地理流向不同，第二次世界大战后发达国家之间的贸易占主导地位，发达国家互为主要进出口国，而发达国家与发展中国家之间的贸易占次要地位。如 2018 年加拿大货物出口 4 497.5 亿美元，其中对美国出口 3 377.1 亿美元，占出口总额的 75.1%；对中国出口 212.7 亿美元，只占出口总额的 4.7%。2018 年，欧盟 27 国对美国、中国和瑞士的出口额分别为 4 728.2 亿美元、2 451.2 亿美元和 1 835.5 亿美元，分别占欧盟 27 国出口总额的 20.3%、10.5% 和 7.9%。

发展中国家之间的贸易较少，即发展中国家的主要贸易对象还是发达国家。如 2018 年墨西哥货物出口 4 509.2 亿美元，其中对美国出口 3 443.2 亿美元，占其出口总额的 76.4%；自美国进口 2 158.2 亿美元，占其进口总额的 46.5%；对中国出口只有 72.0 亿美元，仅占其出口总额的 1.6%，自中国进口 835.0 亿美元，占其进口总额的 18.0%。

第二次世界大战后国际贸易地理流向发生的另一个重大变化是区域内部贸易迅速发展，形成了欧盟、亚洲和北美（美加墨）三大贸易圈。从表 2.8 可以看出，2018 年欧盟贸易总额为 45 574.85 亿美元，其中欧盟内部贸易额 34 267.90 亿元，占比 75.19%；北美（美加墨）贸易总额 25 654.38 亿美元，其中内部贸易额 12 661.84 亿美元，占比 49.36%；亚洲贸易总额 69 024.51 亿美元，其中内部贸易额 38 689.09 亿美元，占比 57.50%。

表 2.8　2018 年欧盟、北美和亚洲总贸易和内部贸易的规模及比重

项目\地区	贸易总额		内部贸易额	
	绝对额/亿美元	占全球贸易比重/%	绝对额/亿美元	占各自贸易总额的比重/%
欧盟	45 574.85	23.32	34 267.90	75.19
北美自贸区	25 654.38	13.13	12 661.84	49.36
亚洲	69 024.51	35.31	38 689.09	57.50

6. 国际贸易商品流向也发生重大变化，同类产品相互交换的产业内贸易占主导地位，而不同类产品相互交换的产业间贸易占次要地位

第二次世界大战前的国际贸易主要发生在发达国家与发展中国家之间，发达国家出口工业制成品，而发展中国家出口农产品和矿产品。至于发达国家之间的贸易，也是相互出口不同的工业产品，如挪威专门生产和出口铝、比利时专门生产和出口铁与钢、德国出口化工产品、芬兰出口木工产品等。第二次世界大战后随着国际分工从产业间分工转向产业

内分工，无论发达国家还是发展中国家，同类产品相互交换的产业内贸易迅速发展并逐步占主导地位，而产业间贸易地位迅速下降。如印度 1970 年产业内贸易比重只有 22.3%，到 1999 年就增加到 88.0%；墨西哥更是从 29.7% 增加到 97.3%；2007 年我国工业制成品产业内贸易比重也高达 80.1%。① 至于发达国家产业内贸易比重更高，如法国 1970 年产业内贸易比重就高达 78.1%，1999 年更是高达 97.7%，具体见表 2.9。

表 2.9　1970—1999 年部分国家产业内贸易比重　　　　　　　　　　　单位：%

发达国家	1970 年	1987 年	1999 年	发展中国家	1970 年	1987 年	1999 年
美国	55.1	61.0	81.1	印度	22.3	37.0	88.0
日本	32.8	28.0	62.3	巴西	19.1	45.5	78.3
德国	59.7	66.4	85.4	墨西哥	29.7	54.6	97.3
法国	78.1	83.8	97.7	泰国	5.2	30.2	94.8
英国	64.3	80.0	91.9	韩国	19.4	42.2	73.3
意大利	61.0	63.9	86.0	新加坡	44.2	71.8	96.8
加拿大	62.4	71.6	92.8	阿根廷	22.1	36.4	48.7

资料来源：海闻. 国际贸易［M］. 上海：上海人民出版社，2003.

7. 跨国公司内部贸易发展迅速，中间产品贸易迅速增加

跨国公司内部贸易的主要商品是中间产品，由于跨国公司在全球优化价值链，将研发、核心部件和销售、品牌等高附加价值环节控制在自己手里，留在母国，而将低附加价值的劳动密集型组装环节外包出去，或在发展中国家直接投资，从而导致大量中间产品的往返运输和贸易。2008 年中间产品贸易在不包括燃料的世界商品出口中占 40% 左右，但在不同国家或地区之间差别很大。2008 年我国台湾地区进口的 65% 和出口的 71% 都是中间产品，我国大陆地区进口的 60% 和出口的 40% 也是中间产品。具体见图 2.1。

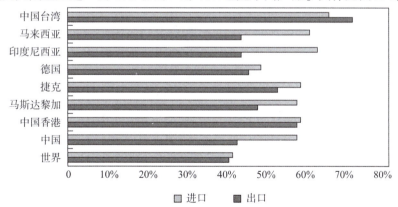

图 2.1　2008 年部分国家或地区中间产品在不包括燃料的世界商品贸易中的比重
资料来源：World Trade Report 2009，https：//www.wto.org.

中间产品贸易在不同行业之间差别也很大，最适合将组装环节外移的运输设备和电子产业中间产品贸易比重最高。以东亚为例，日本、韩国、中国台湾地区利用中国大陆引进

---

① 周秋瑜，张雪佳，陈敏. 中国产业内贸易水平的实证分析［J］. 中国商界，2010（12）：10-12.

外资的机会向中国大陆投资,然后向中国大陆出口中间产品,在中国大陆组装以后再向美欧出口最终产品,中国大陆实际上是日本、韩国、中国台湾地区的出口"中转站",导致了中国大陆对日本、韩国、中国台湾地区巨额贸易逆差、对美欧巨额贸易顺差的局面,实际上中国大陆对美欧的贸易顺差是日本、韩国、中国台湾地区"出口"到我国的,也直接导致了我国出口以加工贸易为主导和以外资为主导的局面。具体见图2.2。

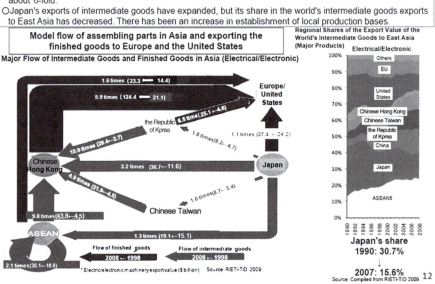

图2.2 1998—2008年东亚电子产业中间产品贸易情况

资料来源:White Paper on International Economy and Trade 2010 Summary,http://www.meti.go.jp.

8. 国际市场的竞争重点发生变化,价格竞争让位于非价格竞争

长期以来,市场竞争的重点都是价格竞争,谁的生产效率高、成本低、价格低,谁就在国际竞争中占优势,因此,国际贸易主要发生在要素禀赋差距大的发达国家与发展中国家之间。现在价格竞争重要性下降,非价格竞争逐步占据主导地位,尤其是新型产品。由于供过于求、市场饱和导致的激烈竞争、消费者的需求逐步分化、工资成本的上升等因素的影响,发达国家的企业首先采用细分市场、提高质量、树立品牌等非价格竞争手段来避开发展中国家的廉价竞争,占领高端市场,攫取高额利润。最典型的是法国、意大利的服装、鞋类等日用消费品,通过加强设计、树立品牌等方法,普通商品摇身一变成名牌商品,价格提高几倍甚至几十倍仍然非常畅销,落后国家的廉价商品无法与之竞争。目前发达国家品牌商品已经占GDP的40%以上,世界最著名的100个商标绝大多数是发达国家的。

9. 区域经贸集团迅速发展,国际贸易的"三足鼎立"局面初步形成

第二次世界大战后国际分工的发展导致经济一体化迅速推进,最典型的是区域经贸集团迅速发展。区域一体化集团的建立将国际竞争从国家间竞争推向区域集团间的竞争,这使未加入一体化组织的国家倍感压力,从而产生"多米诺骨牌"效应,于是参加区域一体化的国家越来越多,经济一体化的层次也越来越高。据WTO统计,截至2021年12月7

日，向 GATT/WTO 通报的仍然有效的区域贸易协议为 571 个，其中自由贸易协议 314 个，经济一体化协议 182 个。2021 年，三大区域经贸集团欧盟（EU）、北美自由贸易区（NAFTA）和中国—东盟自由贸易区（CHIN-AASEAN），贸易之和接近世界贸易总额的 2/3，其中欧盟比重最高，占世界贸易的 29.73%，国际贸易的"三足鼎立"局面初步形成。具体见表 2.10。

表 2.10　2021 年欧盟、北美自由贸易区和中国—东盟自由贸易区的贸易规模及比重

地区 项目	总额/亿美元	占全球比重/%
欧盟（27 国）	66 255.60	29.73
北美自由贸易区（美加墨）	27 521.75	12.35
中国—东盟自由贸易区（6 国）	50 840.10	22.81
全球	222 838.19	64.89

10. 贸易自由化成为主流，国际贸易摩擦虽然频繁发生，但是国际贸易协调机制已经组织化、系统化，可以确保国际贸易平稳发展

第二次世界大战后美国极力主张贸易自由化，在其推动下，美、英、法、中、印等 23 个国家于 1947 年 10 月 30 日在日内瓦签署《关税与贸易总协定》（GATT）。关税与贸易总协定成立后主要任务就是推进贸易自由化，为此组织了 8 轮多边关税减让谈判，大幅度降低关税并抑制非关税壁垒。1995 年世界贸易组织建立后一如继往地推进贸易自由化，现在发达国家关税平均水平只有 5% 左右，发展中国家关税平均水平在 12% 左右，第二次世界大战前大大降低，从而促进了国际贸易的迅速发展。当然贸易摩擦不可能避免，特别是非关税壁垒引起的贸易摩擦越来越多，金融危机时更是愈演愈烈，但是 GATT 特别是 WTO 有一套完善的争端解决机制，各方可以通过和平方式解决争端，从而可以确保国际贸易平稳的、可预测的发展。第二次世界大战后没有爆发过以前的贸易保护主义浪潮就是明证。

第四节　中国对外贸易发展历史

我国是世界四大文明古国之一，历史悠久，经济发达，直到清朝中期以前我国经济一直领先世界，对外贸易也不例外。早在 4 000 多年前的夏朝，黄河流域部落贸易就已经出现，到了封建社会，对外贸易有所发展。公元前 2 世纪的西汉时代，我国就已经开辟了从新疆经中亚到中东和欧洲的"丝绸之路"，唐朝以后又开辟了海上"丝绸之路"。由于我国对外贸易源远流长，本节因篇幅所限，将其分为中华人民共和国成立前的封建社会对外贸易和中华人民共和国成立后的对外贸易两个时期，后者又分为改革开放前和改革开放后两个时期，以做提纲挈领的介绍。

一、中华人民共和国成立前的封建社会对外贸易

（一）我国封建社会对外贸易的商路

我国封建社会有 2 000 多年，其对外贸易随着国内政局的变化和经济的兴衰而起伏，

一般说来，国内政局稳定，经济繁荣，对外贸易就比较发达；而国内动乱，经济凋敝，对外贸易也停滞、倒退。纵观我国 2 000 多年的封建社会，隋唐、两宋、明清对外贸易最发达。我国除了与近邻的朝鲜、日本互有贸易外，主要的对外贸易商路有两条：陆上"丝绸之路"和海上"丝绸之路"。前期以陆路为主，后期以海路为主。大约以唐朝为界，唐朝以前以陆路交通为主，唐朝时海陆贸易并重，宋元明清时，陆路贸易下降，海路贸易地位日渐上升。我国主要出口商品是丝绸、瓷器和茶叶。下面将摘要介绍。

1. 陆上"丝绸之路"

丝绸之路是古代横贯亚欧的商业通道。在西汉（公元前 202 年—公元 8 年）时期由张骞出使西域而开辟，其起点一般认为是长安（今西安），其实它随朝代更替政治中心转移而变化。长安（今西安）、郏鄏（今洛阳）、平城（今大同）、汴梁（今开封）、大都（今北京）曾先后为丝路起点，往西经甘肃、新疆，到中亚、西亚，并一直延伸到罗马，在新疆按其路线又分为南道、中道、北道三道。在通过这条漫漫长路进行贸易的货物中，有丝绸、瓷器、糖、五金等出口货物和香料、药材、宝石等进口货物，但以产自我国的丝绸最为出名，19 世纪末德国地质学家李希霍芬将张骞开辟行走的这条东西大道誉为"丝绸之路"。德国人胡特森在多年研究的基础上，撰写成专著《丝路》。从此，丝绸之路这一称谓得到世界的承认。我国的丝、绸、绫、缎、绢等丝制品，源源不断地运向中亚和欧洲，因此，希腊、罗马人称中国为赛里斯国，称中国人为赛里斯人。所谓"赛里斯"，即"丝绸"之意。隋唐年代（589—896 年）是丝绸之路空前繁荣的时期，胡商云集东都洛阳和西京长安，定居者数以万计。唐中叶战乱非常频繁，丝路被阻，后虽有恢复，但规模远不如前，海上丝路逐渐取而代之。丝绸之路不仅是古代亚欧互通有无的商贸大道，还是促进亚欧各国和我国友好往来、沟通东西方文化友谊之路，是中国、印度、希腊三种主要文化交汇的桥梁。历史上一些著名人物，如出使西域的张骞、投笔从戎的班超、西天取经的玄奘，他们的故事都与这条路有关。

2. 海上"丝绸之路"

由于陆上丝绸之路位于我国西北，地处内陆，只能向西运输商品，而我国传统的外销商品（如丝绸、瓷器、茶叶等）产地都在东南沿海。陆路西运，远离商品产区，既不经济，又不方便。何况对于环太平洋各国，陆上丝路无法到达。陆上丝路的自然条件又十分恶劣，要越过崇山峻岭和戈壁沙漠，风沙弥漫，行程艰巨，又只能靠骆驼运输，运输量有限，而且时间久，运费高。另外陆上政权（如奥斯曼帝国）横征暴敛，对来往客商征收苛捐杂税。随着我国经济重心的南移，南方经济地位提高，加上两宋时期陶瓷制品比重很大，由于其易碎不适合陆上长途运输，因此海上"丝绸之路"日益兴盛起来。宋代以后，航海业和造船业的发展、航海经验的积累、指南针的应用为此提供了技术保证。

海上"丝绸之路"形成于秦汉时期，发展于三国隋朝时期，繁荣于唐宋时期，转变于明清时期，是已知的最为古老的海上航线。实际上汉武帝以后，汉朝就开辟了与南海诸国及印度半岛等地的水上交通线，从事经常性贸易活动，这就是海上"丝绸之路"的前身。到了隋唐时期逐渐繁荣，特别是明朝郑和七下西洋后，海上贸易达到全盛时期。起点一般认为是福建的泉州，主要港口还有广州、宁波、福州、扬州、明州等。通常从广东沿海港口出发，向西沿海岸线、印支半岛南下，绕过今马来半岛，出马六甲海峡，到孟加拉湾沿岸诸国，抵达印度半岛南端和斯里兰卡、波斯湾，明代到达非洲东海岸和红海沿岸地区，与亚非 30 多个国家和地区直接贸易。因为海上通道在隋唐时运送的主要大宗货物是丝绸，所以大家都把这条连接东西方的海道称作海上"丝绸之路"。到了宋元时期，瓷器渐渐成为主要出口货物，因此，人们也把它称作海上"陶瓷之路"。同时，还由于输入的商品历来主要是香料，因此也把它称作海上"香料之路"。

（二）我国封建社会对外贸易的"中国特色"：朝贡贸易

我国封建社会的对外贸易很大程度上有"朝贡贸易"的色彩。因为自商周以来，中原王朝一直都认为自己居天下之中，是"天朝上国"，是世界的主体，故自称"中国""中华"；而周边乃至更远的地区与国家都是蛮夷戎狄居住的化外之地。这样，他们与中原王朝的关系自然被限定为自下而上的朝贡关系。朝贡外交的实质是名义上的宗主认同外交，并不是扩张式的帝国外交，因而，在政策导向上则是"王者不治夷狄，来者不拒，去者不追"。即凡肯朝贡的国家、地区、部族，不论远近，不论是否有过恩怨前嫌，一概慨然接纳；凡要与中原王朝建立关系、展开外交者，必须以朝贡方式进行。与朝贡外交相配套的则是"朝贡贸易"。所谓朝贡贸易，就是我国官方贸易不以营利为目的，而是以经济手段"诱使"外国承认我国"天朝上国""中心大国"的地位，具体来讲，凡来朝贡者，我国王朝都奉行"厚往薄来"的"赏赐贸易"政策，都大量回馈，盛情相待；我国使臣之外行，则是多携礼物，大量赠送。在这一贸易体系中，政治动机大于经济目的，奢侈消费的需求大于对商业利润的追求。他们的根本动机是造就"四夷顺而天下宁""四海宾服，八方来仪"的宏大场面。如张骞第二次出使西域时，即率随员三百人，带牛羊万头以及大批的绢帛、钱币、价值"数千巨万"；郑和第一次下西洋，就有宝船 62 艘，士卒 27 000 多人，并带有大量的绢帛、瓷器、茶叶以及金银钱币。每到一地，都是大加赠送，动员当地首领到中土朝贡，并不攻城略地或进行经济掠夺。郑和的七下西洋实际上是七次"送礼"，东南亚的"朝贡者"们，每次都免费搭乘郑和的伟大舰队，到我国大做"朝贡生意"，只要向我国政府说上几句好话，就可以得到大把实惠。在利益的驱动下，"朝贡贸易"成为"藩属们"捞钱的手段。如暹罗（泰国）的"碗石"，正统二年（1437 年）的"赏赐价"是每斤①250 贯，暹罗人就使劲"上贡"，七年后（1444 年）居然"进贡"8 000 斤，礼部无奈，只好降价为每斤 50 贯，之后继续打折，但暹罗人还是继续"上贡"，礼部最后只能明令禁止。同样在日本一把只值 800～1 000 文的军刀，大明帝国的"赏赐价"高达 5 000 文，日本人立即把这作为好生意，前两次每次"上贡"3 000 把，第三次增至 9 968 把，第四次 3 000 多把，第五次 7 000 多把，第六次竟高达 37 000 多把。明朝禁止民间持有武器，政府只好照单全收。这种"不对等"的生意致使朝贡使团络绎不绝地来到明朝"吃大户"，明成祖在位年间（1402—1424 年）总共接待了 193 个使团。这种"赏赐贸易"最终使明帝国财政不堪重负，以至于到了明成祖去世前 3 年（1422—1424 年），官员们的工资除了春夏两季能领到钞票外，秋冬两季只能领取各藩邦"进贡"的胡椒、苏木。难怪到了成化年间，有太监鼓动明宪宗朱见深再下西洋时，车驾郎中刘大夏烧毁了郑和下西洋

---

① 1 斤 = 500 克。

的所有文件，这说明了没有商业价值贸易是不可持续的。①

（三）我国封建社会对外贸易的主要商品简介

1. 丝绸

丝绸是由蚕茧抽丝后编制取得的天然蛋白质纤维，再经过精心编制而成的纺织品，在古代，丝绸就是蚕丝（以桑蚕丝为主，也包括少量的柞蚕丝和木薯蚕丝）织造的纺织品。现代由于纺织品原料的扩展，凡是经线采用了人造或天然长丝纤维织造的纺织品，都可以称为广义的丝绸，而纯桑蚕丝所织造的丝绸，又特别称为"真丝绸"，以区别其他纤维的广义丝绸。

关于丝绸的产生我国有一个美丽的传说。远古时代黄帝打败了蚩尤，"蚕神"亲自将她吐的丝奉献出来以示敬意，黄帝命人将丝织成了绢，以绢缝衣，穿着异常舒服。黄帝之妻西陵氏嫘祖便去寻找能吐丝的蚕种，采桑养蚕。后世民间崇奉嫘祖为养蚕的蚕神，黄帝为织丝的机神。我国是世界上最早饲养家蚕和缫丝织绸的国家。现有的考古发现证明我国的丝织技术最少应该出现在5 500年之前，我国人工养蚕则最早可以追溯到公元前3世纪。到了商代，丝绸生产已经初具规模，具有较高的工艺水平，有了复杂的织机和织造手艺。随着战国、秦、汉时代经济大发展，丝绸生产达到了一个高峰。几乎所有的地方都能生产丝绸，丝绸的花色品种也丰富起来，主要分为绢、绮、锦三大类。锦的出现是中国丝绸史上的一个重要的里程碑，它把蚕丝的优秀性能和美术结合起来，丝绸不仅是高贵的衣料，而且是艺术品，大大提高了丝绸产品的文化内涵和历史价值，因此，丝绸在某种意义上说，代表了中国悠久灿烂的文化。被称为三大名锦的古代四川蜀锦、苏州宋锦、南京云锦是丝织品中的优秀代表，至今在世界上仍享有很高声誉。到了汉代，我国丝绸的贸易和输出达到空前繁荣的地步，从而形成了著名的"丝绸之路"。三国、两晋、南北朝的长期战乱，造成对黄河流域经济的严重破坏，到了隋代，我国蚕桑丝绸业的重心已经转移到了长江流域。唐朝是丝绸生产的鼎盛时期，无论产量、质量和品种都达到了前所未有的水平。丝绸的生产组织分为宫廷手工业、农村副业和独立手工业三种，规模较前代大大扩充了。同时，丝绸的对外贸易也得到巨大的发展，不但"丝绸之路"的通道增加到了三条，而且贸易的频繁程度也空前高涨。丝绸的生产和贸易为唐代的繁荣做出了巨大的贡献。

宋元时期，随着蚕桑技术的进步，我国丝绸有过短暂的辉煌。不但丝绸的花色品种有明显的增加，特别是出现了宋锦、丝和饰金织物三种有特色的新品种，而且对蚕桑生产技术的总结和推广也取得了很大的突破。明清两代，由于资本主义的萌芽与发展，丝绸的生产与贸易也发生了较大的变化：丝绸生产的商品化趋势日渐明显，丝绸的海外贸易发展迅速。但是，到了清朝后期，我国丝绸业在苛捐杂税和洋绸倾销的双重打击下，陷入了十分可悲的境地。

由于蚕丝被誉为"纤维皇后"，其织物具有滑爽、轻柔、悬垂性好、透气吸湿性强等优点，加上丝绸制品给人以高贵、华丽之感，历来备受人们特别是女性的青睐。历史上丝绸主要用于制作高级服装和高级装饰。丝绸织品技术曾被我国垄断数百年，是我国封建社会对外贸易中长期垄断的"拳头"产品，加上路途遥远，运输成本高昂，到了西方价格平均翻了1 000倍，贵如黄金！难怪在罗马帝国只有黄帝和贵族才能享用。

---

① 雪珥. 与海为敌：被郑和舰队撞沉的商业文明［N］. 中国经营报，2010-12-13（D1）.

起初我国严密保护着养蚕和丝绸织造技术的知识产权，严格控制丝绸织造业和养蚕业的技术外流，但韩国则在我国移民的协助下，于公元前 200 年成功实现养蚕技术的突破。此外，西域和田河流域（公元前 500—公元前 300 年）与印度（公元前 300 年之前）成功实现养蚕。不过罗马帝国则是在公元 550 年左右才得到蚕种并发展养蚕技术的。传说在我国传教的僧侣回国时将蚕种放在中空的手杖中，私自从我国带出，并辗转到达君士坦丁堡。另外一种说法是在唐朝时期西域国的一位公主到长安访问，利用国宾行李"免检"的机会，将蚕种从首饰盒中带走。但是由于我国在丝绸织造技术上一直领先，因此，在国际市场上仍然天下无敌！

中华人民共和国成立我国丝绸业发展进入了一个新的历史时期。1980—1990 年的 10 年间，我国生丝产量从 3.6 万吨上升到 5.7 万吨，增长了约 1.58 倍；丝织物的产量增长了 2 倍多；丝织品消费量也从 4 亿米增长到了 12.2 亿米，增长了约 3 倍；出口的生丝占世界生丝贸易量的 80% 以上，绸缎也占 50% 上下，丝绸产品已行销全世界 100 多个国家和地区。尽管我国丝绸产品出口量大，但换汇水平却仅为韩国的 1/2、日本的 1/4、意大利的 1/13，即我国在国际丝绸市场上实际扮演的是一个原料和半成品出口大国的角色，原因是丝织设备与印染后整理设备落后，服装设计水平不高，缺乏世界知名品牌，主要生产中、低档及初级产品。当前世界丝绸贸易的基本格局仍可用"东丝西绸"四个字概括，即东亚地区为世界生丝和半成品主要供应地，而西方国家（主要是法国、意大利）则单纯依靠丝绸深加工再出口，占据丝绸产业链的高端。因此，我国要恢复昔日的丝绸强国地位任重道远。

2. 瓷器

我国是瓷器的故乡，我国瓷器的发明是中华民族对世界文明的伟大贡献，在英文中"瓷器"（China）一词即指"中国"。烧制瓷器必须同时具备三个条件：一是制瓷原料必须是富含石英和绢云母等矿物质的瓷石、瓷土或高岭土；二是烧成温度必须在 1 200 摄氏度以上；三是在器表施有高温下烧成的釉面。瓷器是从陶器演变而来的，经历了从低级到高级、从原始到成熟逐步发展的历程。早在公元前 16 世纪的商代中期，我国就出现了早期的瓷器，真正的瓷器出现是在东汉时期（23—220 年），首先是在南方地区的浙江省开始出现的。经过三国、两晋、南北朝和隋代共 330 多年的发展，到了唐代政治稳定，经济繁荣，制瓷业有了飞速发展，如北方邢窑白瓷"类银类雪"、南方越窑青瓷"类玉类冰"，形成了"北白南青"两大窑系。宋代是我国瓷器空前发展的时期，出现了百花齐放、百花争艳的局面，瓷窑遍及南北各地，名窑迭出，种类繁多，除青、白两大瓷系外，还出现了黑釉、青白釉和彩绘瓷，并形成了汝窑、官窑、哥窑、钧窑、定窑五大名窑。江西昌江以南的一个小镇昌南镇瓷器也很有名，公元 1004 年刚与辽缔结"澶渊之盟"的北宋真宗皇帝将祈求天下太平的年号"景德"赐予了昌南镇，从此改名景德镇，进而开创了我国瓷都的千年历史，"China"称号也由此而来。元代是我国瓷器生产承前启后的转折时期，在很多方面都有创新和发展，最为突出的则是青花和釉里红的烧制，尤为突出的是元青花的烧制成功，在我国陶瓷史上具有划时代的意义。元世祖忽必烈至元十五年（公元 1278 年）在江西景德镇设立了"浮梁瓷局"统理窑务，为景德镇瓷业生产的发展创造了有利条件，并为其在明清两代成为全国制瓷业中心和饮誉世界的"瓷都"打下了坚实的基础。明、清两代是中国瓷器生产最鼎盛时期，瓷器生产的数量和质量都达到了高峰。明代从洪武三十五年开始在景德镇设立"御窑厂"，200 多年来烧制出许多高、精、尖的产品。清代康雍乾时期瓷器的发展臻于鼎盛，达到了历史的最高水平，是我国瓷器发展史上的第二个高峰。景德镇瓷业盛况空前，作为"瓷都"统治明清两代瓷坛长达数百年，直至今日。当时各种颜色釉瓷和彩绘瓷是景德镇制瓷水平的突出代表。

与丝绸相比，陶瓷进入对外贸易较晚。从公元8世纪末开始，我国陶瓷开始向外出口，经晚唐五代到宋初达到了一个高潮。这一阶段出口的陶瓷品种有唐三彩、邢窑（包括定窑）白瓷、越窑青瓷、长沙窑彩绘瓷和橄榄釉青瓷。出口的国家有东亚的朝鲜与日本；东南亚的新加坡、泰国、马来西亚、印度尼西亚、菲律宾；南亚的斯里兰卡、巴基斯坦和印度；西亚的伊朗、伊拉克、沙特阿拉伯、阿曼；北非的埃及；东非的肯尼亚和坦桑尼亚。此时海上交通路线主要有两条，一条是从扬州或明州（今宁波）经朝鲜或直达日本的航线；另一条是从广州出发到东南亚各国，或出马六甲海峡进入印度洋，经斯里兰卡、印度、巴基斯坦到波斯湾的航线。宋元到明初是我国瓷出口的第二个阶段，这时向外国出口的瓷器品种主要是龙泉青瓷、景德镇青白瓷、青花瓷、釉里红瓷、釉下黑彩瓷、吉州窑瓷、赣州窑瓷，福建、两广一些窑所产青瓷等，出口国家较之前大为增加，有东亚、东南亚的全部国家，南亚和西亚的大部分国家，非洲东海岸各国及内陆的津巴布韦等国。明代中晚期至清初的200余年是我国瓷器出口的黄金时期，这个时期瓷器出口数量很大，17世纪每年输出约20万件，18世纪最多时每年约达百万件。据近人考察，1602—1682年间荷兰东印度公司贩运的中国瓷器即有1 600万件以上。我国出口瓷器运输路线主要有两条：一条是从我国福建、广东沿海港口西行达非洲，继而绕过好望角，沿非洲西海岸航行达西欧诸国；另一条是从福建漳州、厦门诸港航至菲律宾马尼拉，然后越太平洋东行至墨西哥的阿卡普尔科港，上岸后陆行，经墨西哥城到达大西洋岸港口韦腊克鲁斯港，再上船东行达西欧诸国。这就是著名的"大帆船贸易"。

我国在历史上很长的一段时间中，是世界上最大的瓷器生产国及出口国，直到现在我国陶瓷产量与出口金额均居世界首位。目前我国陶瓷产量占全球总产量的约70%，总产值超过2 100亿元，全国规模以上陶瓷企业达2 000余家，年出口额40亿美元左右，但是，与丝绸一样，因生产技术落后，缺乏创新和著名品牌，只能靠廉价取胜。我国的建筑陶瓷和卫生陶瓷中，60%～70%是中、低档产品，而日本中、低档产品仅占20%，意大利中、低档产品仅为2%～4%；我国陶瓷产品的一级品率平均为50%，日本同期为80%，意大利则高达96%～98%。我国出口一件日用瓷是30美分，而同类产品其他国家的出口价在3～4美元；瓷砖方面，意大利、西班牙的出口价大约是每平方米12美元，但我国出口价不到3美元；洁具方面，我国出口价为11～12美元一件，但国外是40～50美元一件。我国陶瓷出口多以OEM形式，赚取可怜的加工费。作为千年"瓷都"的景德镇的衰败就是一个缩影。千年"瓷都"竟无一个世界级陶瓷品牌，仍然是一个加工车间，产品只能在地摊上销售，1995年10月，景德镇十大瓷厂破产，7万名瓷业工人，1/3下岗，1/3退休，只留下1/3在原企业维持，年产值只有区区数十亿元，出口1亿美元左右，而广东佛山2009年陶瓷产值900亿元左右，出口20亿美元左右，事实上广东潮州、福建德化、山东淄博、河北唐山陶瓷产业规模均远远超过景德镇！因此，为恢复我国陶瓷强国的地位还应继续努力！

3. 茶叶

我国是茶树的原产地，是茶的故乡，是世界上最早发现茶树、利用茶树和栽培茶树的国家。茶的利用最初孕育于野生采集活动之中。成书于西汉年间的《神农本草经》是我国的第一部药学专著，其中有这样的记载："神农尝百草，日遇七十二毒，得茶而解之。"据考证：这里的茶是指古代的茶，这虽然是传说，带有明显的夸张成分，但也可从中得知，人类利用茶叶，可能是从药用开始的。后来发展到食用，即以茶当菜，煮作羹饮。茶叶煮熟后，与饭菜调和一起食用，此时用茶的目的，一是增加营养，二是作为食物解毒。"茶"字的基本意义就是"苦菜"，到了秦汉时期饮茶风俗开始产生，经过三国、两晋、南北朝的发展，到了唐代，饮茶蔚然成风，并传到朝鲜、日本以及中亚、西亚等近邻。制茶技术日益进步，饮茶方法也日益讲究，唐朝陆羽写成了《茶经》，备言茶事，对茶之饮之煮有详细的论述。

"茶兴于唐而盛于宋"，宋代制茶方法和饮茶方式有许多创新，到了明清两代又有了发展，特别是品茶方法日臻完善，形成了六大茶类，即绿茶、红茶、乌龙茶（青茶）、白茶、黄茶和黑茶。由于最早喜好饮茶的多是文人雅士，有关茶的诗词歌赋越来越多，于是在两晋南北朝时出现了茶文化，茶已经脱离作为饮食的物态形式，具有显著的精神、文化功能。唐朝时对茶和水的选择、烹煮方式及饮茶环境和茶叶质量越来越讲究，逐渐形成了茶道。

茶叶传到西方非常晚，据说直到16世纪中叶才为西方人所知。1606年，荷兰人首次从万丹将茶叶输往欧洲。1664年，英国国王查尔斯二世接受了从我国带来的两磅气味怪异的黑叶子，之后不到半个世纪，茶叶已经成为英国最普通的饮料。起初丝绸和瓷器等是我国最大的出口商品，但至晚从1717年起，茶叶逐渐成为我国最大的出口商品，直到1890年之前，茶叶在我国出口商品中始终名列第一。英国是我国茶叶出口的主要对象，因为饮茶风气早已遍及英国。从17世纪20年代起，英国东印度公司在绝大部分年份中，所购买的茶叶都占其从我国总进口值的一半以上，在1765—1774年平均提高到71%，在1785—1794年提高到85%，19世纪以后都占90%以上，在其垄断我国贸易的最后几年中茶叶成为其唯一的进口商品。茶叶贸易不但对英国东印度公司的存在生死攸关，从1815年起，公司每年在茶叶贸易中获利都在100万镑以上，占其商业总利润的90%，而且对英国财政也至关重要。因为英国财政部针对茶叶的税率高达100%，在东印度公司垄断的最后几年中，茶叶带给英国国库的税收收入平均每年达到330万镑，占国库总收入的1/10左右。荷兰是18世纪西方各国中仅次于英国的最重要的对华贸易国，荷兰人对我国商品的需求首要就是茶叶，从18世纪20年代到90年代，茶叶占荷兰输入我国商品总值的70%~80%，有些年份甚至超过85%。

由于当时我国处在高度的自给自足的自然经济时代，英国工业品在我国没有多大的市场，再加上清政府只开放广州一地对外贸易，因此，在与西方的贸易中，我国一直是巨额顺差，而西方一直是巨额逆差。1765—1766年英国东印度公司从我国输入的商品是对华出口商品值的302%，在1775—1776年这一比值是256%，1785—1786年这一比值是428%。巨额的贸易顺差导致大量白银流入我国，使我国进入银本位时代！根据估算，在1700—1840年，从欧洲和美国运往我国的白银约17 000万两，其中仅英国在1710—1760年的半个世纪进口茶叶就向我国支付了至少1亿两白银！整个18世纪白银占英国东印度公司对华输出货值的90%！

欧洲人和美国人输华的白银都来自西属美洲。当时美洲是全球最大的白银产地，美洲白银生产集中于两个地区，即上秘鲁（今玻利维亚）和新西班牙（今墨西哥）。从16世纪70年代到17世纪30年代，秘鲁所产白银占西属美洲输出白银总量的65%，18世纪初以后墨西哥成为世界最大的白银产地，1803年墨西哥所产白银占全美洲的67%。起先英国通过非洲、美洲的三角贸易获得白银。英国货船先从本土装上制造品、烈酒等物品，运到非洲海岸卖掉，完成第一笔交易；再用得到的钱买下非洲黑人，装上船，运到中美洲，把黑人作奴隶卖给那里的农场主，这是第二笔交易；这些利润一部分用来购买美洲白糖、棉花、咖啡，剩下的以白银的形式运回来，再运往东方。那时候美洲产出的白银，有一半最终留在了我国。

1790年以后，由于很多银矿枯竭，美洲白银产量开始下降；1807年，英国和美国通过法律，严禁贩卖奴隶的行为；1811年，西属美洲爆发独立革命战争。这场持续15年的革命战争摧毁了很多银矿，美洲的白银产量大为减少。英国人之前位于美洲的"三角贸易"链彻底受阻，手里可以控制的白银资本已经中断，面对我国茶叶的贸易逆差日益增大，英国人不得不寻找新的出路，最终找到了像英国人需要茶叶一样我国人也需要的商品——鸦片，可以说英国人贩卖鸦片是"逼良为娼"。早在18世纪中期东印度公司就走私鸦片到我国，在18世纪最后十年中，每年从印度销往我国的鸦片约为2 000箱，1800—1810年每年超过4 000箱，1824年第一次超过了1万箱，达12 434箱，1832年以后每年超过2万箱，到1838年更高达40 200箱！根据有关统计，1800—1838年输入我国的鸦片达422 676箱，每箱平均价约750银元，因此，1790—1838年输入我国的鸦片价值约2亿4 000万两白银！鸦片贸易不仅使英国人平衡了50多年以来持续的对华贸易逆差，相反还有大量的盈余换成白银运出我国，至此一个新的三角贸易链开始形成，在这个英国、印度与我国的三边贸易圈里，东印度公司的货船依旧充当着载体，他们从英国装上制造品，运到印度卖掉，再装上印度盛产的鸦片，然后运到广东沿岸，把鸦片在我国卖掉，换成茶叶、丝绸、银元，装上船运回英国，随后爆发的鸦片战争使我国走上了被动对外开放的道路。

在世界三大饮料——茶叶、咖啡、可可中，只有茶叶成功地征服了全世界。而今，在世界各地茶叶无处不在，茶叶在世界上的消费超过了咖啡、巧克力、可可、碳酸饮料和酒精饮料的总和。现在我国仍然是茶叶的生产与贸易大国，2009年，我国茶园种植面积达186万公顷，茶叶产量135万吨，均居世界第一，茶业出口30.3万吨，出口金额7.05亿美元，位居世界第三。目前斯里兰卡与肯尼亚的茶叶国际市场占有率一直处于领先地位，我国和印度的市场占有率呈现交替上升状态，印度尼西亚一直居于第五位，前五大茶叶出口国国际市场占有率之和接近70%。现在我国有大约8 000万茶农，有5 000万以上人员从事茶叶销售、茶馆服务等第三产业的工作，有7万余家茶企。但是与陶瓷、丝绸一样，没有国际品牌，深加工技术落后。目前我国出口茶叶在国际市场上平均每公斤仅值2美元左右，平均茶价比印度低40%，比斯里兰卡低60%多，甚至比肯尼亚的茶叶价格还要低20%。2008年，我国茶业产值为300亿元，而英国立顿茶叶年产值约230亿元，相当于我国茶业产值的2/3。因此，重振我国茶叶出口强国的地位时不我待！

二、中华人民共和国成立后的对外贸易

中华人民共和国成立后的经济社会发展可以划分成改革开放前和改革开放后两个重大历史时期，前后差别很大，对外贸易也不例外。本节分改革开放前和改革开放后两个时期分别介绍。

（一）改革开放前的我国对外贸易

中华人民共和国成立后，我国立即废除了帝国主义在华的一切特权，收回了长期被外

国霸占的海关管理权,取消了外国资本在金融、航运、保险、商检、公证仲裁等方面的垄断权,实行了对外贸易统制。随后没收官僚资本的对外贸易企业和改造民族资本主义外贸企业,建立国营外贸企业一统天下的高度集中的社会主义外贸体制。

由于中华人民共和国成立后我国政府实行对苏联"一边倒"的外交政策,导致以美国为首的西方国家对我国实行封锁、禁运,我国只有全力发展同苏联、东欧等社会主义国家的经贸关系;又由于我国实行计划经济,对外贸易的作用是"互通有无,调剂余缺",外贸体制也只能是计划体制,具体而言:在对外经营方面,由国有外贸公司统一经营,1953年,全国按进出口商品的品种和类别分别成立了12个外贸专业公司;在对内经营方面,实行严格的出口收购制和进口拨交制;在管理体制方面,全国实行单一的直接计划管理体制,行政命令成为主要的管理手段,盈利一律上缴,亏损财政补贴;在外汇分配方面,国家实行严格的外汇管制,出口外汇统一上缴,进口用汇由国家计划审批,中国银行是唯一的外汇专业银行。概括地说,就是高度集中、国家统制、国家专营、统负盈亏、政企合一的外贸体制,它不仅与高度集权的计划经济模式相吻合,也是应对当时国际经济环境和外交格局必然的产物。该体制的缺点是独家经营,产销脱节;高度集中,统得过死;不负盈亏,缺乏利益激励机制。因此,对外贸易增长缓慢,不能满足国民经济发展的需要;而且不讲效益,只讲创汇,不讲创利,亏损严重,国家财政不堪重负!当时为了抢夺出口货源,各个外贸公司普遍抬价竞购;为了尽快出口,则竞相压价销售,导致巨额亏损,成为国家财政的沉重负担!

尽管如此,改革开放前我国对外贸易仍然是增长的。1950—1978年我国进出口贸易总额从11.35亿美元增长到206.38亿美元,年均增长10.91%;其中进口贸易从5.83亿美元增长到108.93亿美元,年均增长11.02%,出口贸易从5.52亿美元增长到97.45亿美元,年均增长10.79%。1978年,我国出口总额排在世界第三十二位。出口商品结构有所优化,1953年,初级产品和矿产品的出口占近80%,工业制成品出口只占20%左右。1978年,初级产品和矿产品的出口比重降到53.5%,而工业制成品出口比重上升到46.5%。至于进口结构则以机械设备和工业原材料为主。贸易对象20世纪50年代以苏东为主,60年代以后逐步转向亚非拉等第三世界国家。

(二) 改革开放后的我国对外贸易

以1978年十一届三中全会为标志,我国转向了以经济建设为中心,对内改革、对外开放的新的历史阶段。1980年设立深圳、珠海、汕头、厦门4个经济特区,标志着我国对外开放航船正式扬帆起程。20世纪80年代中期至90年代初对外开放的范围由特区逐步扩大到了沿海、沿江、沿边地区,初步形成从沿海向内地推进的格局。1992年相继开放沿海14个城市,开放太原等11个内陆省会城市。2001年12月,我国加入世界贸易组织,原区域性推进的对外开放转变为全方位的对外开放,至此,一个从沿海到内地、由南向北、自东向西、全方位对外开放的区域格局基本形成。

随着对外开放的推进和经济体制改革的深化,对外贸易体制改革也不断推进,大体分为4个阶段。1979—1987年为外贸体制改革的探索阶段,主要是下放外贸经营权,打破独家垄断的局面,全国按行业和地区成立了一批工贸公司和外贸公司;下放商品经营权,大体是中央经营一类出口商品,地方经营三类出口商品,二类商品在中央协调下由地方经营;开展工贸结合试点;建立海外贸易机构,走出去做生意;实行政企分开;实行出口承包经营责任制等。1988—1993年为外贸体制改革的整体推进阶段，主要有全面推行承包经营责任制，并逐步过渡到取消出口的财政补贴，建立自负盈亏机制；深化改革外贸机构，加强宏观管理机构，减少微观管理机构；深化改革进出口经营体制，进一步下放外贸经营权；改革外贸管理体制，由直接控制为主转向间接控制为主，综合运用法律手段、经济手段及必要的行政手段，调节市场关系，引导企业行为；改革外汇留成比例，加强出口收汇管理等。1994—2000年为外贸体制改革的全面深化阶段，也为"入世"做准备，主要有汇率并轨，实行经常项目自由可兑换；取消外贸承包经营责任制，实行股份制改革，建立现代企业制度；改革所得税制，完善出口退税制度；加强立法手段，1994年7月1日实施的《中华人民共和国对外贸易法》标志着我国对外贸易发展开始进入法制化轨道；改革行政手段，放宽生产企业经营外贸的审批标准，放开商品经营的范围；降低进口关税水平；鼓励出口信贷等。2001—2006年为履行"入世"承诺、外贸体制全面接轨阶段，主要进行转变政府职能，依法行政，因为世贸组织的法律文件主要是约束政府的；清理、修改和制定各种外贸法律法规；外贸企业由审批制改成登记制等。

  外贸体制改革推动了我国对外贸易的飞速发展。2009年，我国货物出口12 016.7亿美元，首次超过德国成为世界第一大出口国。2013年，我国货物进出口额达4.16万亿美元，首次超过美国成为全球最大贸易国，从此一直稳居世界第一贸易大国的位置。2022年我国货物进出口额达到63 065.1亿美元，占全球贸易总额的19.71%，与1978年相比增长了304.5倍，年均增长率高达13.89%，远远高于同期世界贸易8%的增速，如此长时间持续地高速增长举世罕见！20世纪90年代以前我国外贸多是逆差，90年代以后则是顺差，且顺差越来越大，使我国从一个外汇捉襟见肘的国家到2006年一跃成为世界第一外汇储备大国，并持续保持世界第一。截至2023年3月末，我国外汇储备规模为31 839亿美元。目前我国是128个国家和地区的最大贸易伙伴。1978—2022年我国货物进出口额如表2.11所示。

表 2.11 1978—2022年我国货物进出口额   单位：亿美元

年份	进出口额	出口额	进口额	顺差（+）或逆差（-）
1978	206.4	97.5	108.9	-11.4
1980	378.2	182.7	195.5	-12.8
1985	696.0	273.5	422.5	-149.0
1990	1 154.4	620.9	533.5	87.4
1995	2 808.6	1 487.8	1 320.8	167.0
2000	4 742.9	2 492.0	2 250.9	241.1
2002	6 201.7	3 250.0	2 951.7	298.3
2003	8 509.9	4 382.3	4 127.6	254.7
2004	11 545.6	5 933.3	5 612.3	321.0
2005	14 219.0	7 619.5	6 599.5	1 020.0
2006	17 604.4	9 689.8	7 914.6	1 775.2
2007	21 765.8	12 204.6	9 561.2	2 643.4
2008	25 632.6	14 306.9	11 325.7	2 981.2

续表

年份	进出口额	出口额	进口额	顺差（+）或逆差（-）
2009	22 075.3	12 016.1	10 059.2	1 956.9
2010	29 734.8	15 777.8	13 957.0	1 820.8
2011	36 420.6	18 986.0	17 434.6	1 551.4
2012	38 671.2	20 487.1	18 184.1	2 303.0
2013	41 603.1	22 100.2	19 502.9	2 597.3
2014	43 030.4	23 427.5	19 602.9	3 824.6
2015	39 586.4	22 765.7	16 820.7	5 945.0
2016	36 849.3	20 974.4	15 874.8	5 099.6
2017	41 044.7	22 634.9	18 409.8	4 225.1
2018	46 230.4	24 874.0	21 356.4	3 517.6
2019	45 753.0	24 984.1	20 768.9	4 215.1
2020	46 559.1	25 899.5	20 659.6	5 239.9
2021	60 438.7	33 571.4	26 867.3	6 704.1
2022	63 065.0	35 921.4	27 143.6	8 777.8

从表2.12可见，改革开放以来我国外贸增长速度超过了被称为经济奇迹的日本高速增长时期的外贸增长速度，说明我国外贸体制改革是十分成功的，其对生产力发展的促进作用有目共睹，我国制度自信是有事实依据、有底气的。

表2.12　1980—2020年时的中国与1960—2000年时的日本对外贸易增速比较

国家＼项目	对外贸易/亿美元	对外贸易/亿美元	年均增速/%
中国	378.2（1980年）	46 559.1（2020年）	12.79
日本	85.46（1960年）	8 587.6（2000年）	12.22

我国对外贸易迅速增长的背后是制造业的迅速崛起。我国只经过60年的发展，2010年制造业占全球的比重便首次超越美国，成为世界第一，而美国独立以后经过110年的发展，到1894年工业产值才超过英国居世界第一。2019年我国制造业产出占全球比重高达30.9%，相当于美、日、德三国的总和。在500多种主要工业产品中我国有200多种产量位居世界第一。全球市场占有率第一的产品数量，我国在2005年以958个首次超过德国，成为世界第一，2015年继续以1 762个高居榜首。我国拥有41个工业大类、207个工业中类和666个工业小类，是全世界唯一拥有联合国产业分类中所列全部工业门类的国家。

不但进出口规模迅速增长，而且进出口商品结构也迅速优化。1978年，我国出口商品结构中初级产品比重超过一半，到2010年降到只有5%左右，而工业制成品出口比重从不到一半上升到95%左右，超过了发达国家的平均比重，这反映了我国制造业竞争力的迅速提高。而工业制成品出口结构也不断优化，先是纺织服装出口居于主导地位，后来机电产品出口

国贸博览2-1

比重逐步提高，到1995年则超过纺织服装出口，成为我国第一大类出口商品，说明我国劳动密集型产品比较优势下降，而资本密集型产品比较优势上升。2020年我国机电产品出口额为10.7万亿元，占出口总额的59.4%。纺织品、服装、鞋类、箱包、玩具、家具、塑料制品7大类劳动密集型产品合计出口3.6万亿元，只占出口总额的20.1%。随着我国技术的积累和进步，技术密集型产品比较优势也在增强，高科技产品出口迅速增长。1995年我国高科技产品出口只占国际市场的2.1%，2006年时出口额达2 815亿美元，超越欧盟，成为世界第一大高科技产品出口国，占世界高科技产品出口总额的16.9%。短短11年间市场占有率增长了8倍，成为世界最大高科技产品出口国，并一直保持至今。2020年我国出口高科技产品5.4万亿元，具体见表2.13。

表2.13　1978—2021年我国出口商品结构的变化

年份 项目	1978年		2002年		2010年		2021年	
	金额/亿美元	比重/%	金额/亿美元	比重/%	金额/亿美元	比重/%	金额/亿美元	比重/%
初级产品	52.2	53.5	285.40	8.8	817.20	5.2	1 400.72	4.17
工业制成品	45.3	46.5	2 970.6	91.2	14 962.2	94.8	32 229.51	95.83
出口总额	97.5	100	3 256.0	100	15 777.8	100	33 630.23	100

资料来源：本表与下面各表数据均来源于历年中国统计年鉴。

改革开放40年来，我国大规模利用外商直接投资，致使我国贸易方式和贸易主体都发生了显著变化。1992年以前，我国利用外资主要是对外借款特别是政府贷款，外商直接投资一直偏少。1992年利用外商直接投资首次超过对外借款，此后外商直接投资逐年大幅度增长，成为我国利用外资最主要的方式。1983年我国吸收外商直接投资仅9.16亿美元，2010年已达到1 057亿美元，2020年达到1 493.4亿美元。根据联合国贸发会议的数据，2010年我国吸收外资金额居全球第二，到2021年已经30年连续位居发展中国家利用外资的首位。截至2020年年底全国外商直接投资累计超过2.47万亿美元，累计设立外商投资企业超过104万家。

我国外贸主体也发生变化。20世纪80年代之前我国外贸是国企垄断，一统天下，以后随着引进外资，外企进出口所占比重逐步上升，1995年，国企占外贸比重58.62%，仍然居主导地位，外企比重为39.10%。到2001年国企占外贸比重下降到42.53%，外企比重上升到50.83%，我国外贸开始以外企为主体。2002年国家正式允许私营对外贸易，2006年民营企业出口2 139.3亿美元，首次超过国有企业，成为中国出口的第二大市场主体。2015年民营企业出口比重首次超过外资企业，达到45.2%，以后出口一直保持第一。2021年民营企业进出口19万亿元，占全国外贸比重48.59%，超过外企成为最大的外贸主体！外企比重为35.88%，国企比重只有15.19%。总之，改革开放以来，我国国企占外贸的比重一直在下降，民企占外贸的比重一直在上升，外资占外贸的比重先上升后下降。

与此同时，贸易方式从以一般贸易为主到以加工贸易为主，再到一般贸易为主。我国加工贸易比重呈倒"U"型变化，这与外资企业比重变化高度一致，因为外资主要利用我国廉价劳动力组装产品出口。1990年，一般贸易比重53.66%，加工贸易比重38.28%。到1995年一般贸易比重下降到41.41%，加工贸易比重上升到47.03%。到2021年一般贸易比重又上升到 61.59%，加工贸易比重下降到只有 21.73%。一般贸易比重呈 "U" 形变化，而加工贸易比重成呈倒 "U" 形变化。具体见表 2.14、表 2.15。

表 2.14　1995 年、2001 年和 2021 年中国外贸主体结构

年份 外贸主体	1995 年		2001 年		2021 年	
	进出口额/亿美元	比重/%	进出口额/亿美元	比重/%	进出口额/亿美元	比重/%
国企	1 646.42	58.62	2 167.8	42.53	5.94	15.19
外资	1 098.19	39.10	2 591	50.83	14.03	35.89
民企	64.04	2.28	338.9	6.64	19	48.92

表 2.15　1990 年、1995 年、2001 年和 2021 年中国对外贸易方式变化

年份 外贸方式	1990 年		1995 年		2001 年		2021 年	
	进出口额/亿美元	比重/%	进出口额/亿美元	比重/%	进出口额/亿美元	比重/%	进出口额/亿美元	比重/%
一般贸易	619.4	53.66	1 163.1	41.41	2 253.9	44.22	240 840	61.60
加工贸易	441.9	38.28	1 320.8	47.03	2 414.3	47.37	84 979	21.73
其他贸易	93.04	8.06	324.67	11.56	428.62	8.41	10 090.88	16.67

不但货物贸易迅速发展，服务贸易也取得长足发展。1982—2021 年我国服务进出口总额从 46.9 亿美元增长到 8 212.5 亿美元，增长 175.11 倍，年均增长 14.16%，其中服务出口增长 147.66 倍，年均增长 13.66%；服务进口增长 211.39 倍，年均增长 14.71%。1982—2021 年我国服务出口世界排名由第二十八位上升至第五位；进口由第四十位上升至第二位，并连续 10 年保持这一地位。从我国人民出国购物中就可知道我国服务贸易的水平。据旅游局统计，2015 年中国游客境外消费总额超过 1 万亿美元，其中 88% 是购物消费。2019 年上半年，中国境外旅行支出 1 275 亿美元，对全球旅游业增长做出了 1/4 的贡献！财富品质研究院统计，2013 年全球奢侈品市场总容量 2 170 亿美元，中国人消费总额为 1 020 亿美元，即中国人买走了全球 47% 的奢侈品，以至于国外奢侈品商店的员工都要学说汉语，又带动了汉语教育的推广。同时服务贸易结构也逐步优化，初步形成了通信、保险、金融、专有权利使用费和特许费、计算机和信息服务、咨询、广告等全面发展的格局。改革开放之初，以旅游、运输、建筑等为主的传统服务贸易出口比重达 80% 以上，2017 年这一比重已下降到 50% 左右。

我国还鼓励企业积极 "走出去"，对外投资增势强劲。我国企业对外直接投资起步于 1979 年改革开放初期，当时规模很小，2002 年我国对外直接投资仅有 27 亿美元，到 2021 年增加到 1 537.1 亿美元，流量规模首次位居全球第一。2020 年年末，我国对外直接投资存量达 2.58 万亿美元，仅次于美国（8.13 万亿美元）和荷兰（3.8 万亿美元）。对外投资的领域不断拓宽，对外投资的层次和水平不断提升。目前我国企业对外投资呈现出市场多元化发展态势，投资国别已覆盖 170 多个国家和地区，2019 年我国对外直接投资的 80.9% 在亚洲，7.7% 在欧洲。对外投资由单一的绿地投资向跨国并购、参股、境外上市等多种方式扩展。跨国并购已成为对外投资的重要方式，主要流向资源、电信和石油化工等行

业。2010年以收购、兼并方式实现的对外直接投资占全部投资流量的40%。一批境外研发中心、工业产业集聚区逐步建立，境外经济贸易合作区建设取得重要进展。

为了发展对外贸易和境外投资，我国已与123个国家签订了双边投资保护协定，与129个国家和地区、13个国际组织建立了180多个多双边联委会机制。我国从2000年开始建设自由贸易区，截至2021年年底，我国已经签署19个自贸协定，涉及26个国家或地区，对其出口额占到我国出口总额的1/3以上。

本章核心概念

工业革命（Industrial Revolution），朝贡贸易（Tribute Trade），丝绸之路（Silk Road）。

复习思考题

1. 为什么工业革命前世界对外贸易不发达？
2. 简述自由竞争时期资本主义对外贸易的特点。
3. 简述垄断时期资本主义对外贸易的特点。
4. 为什么现在发达国家之间的贸易是国际贸易的主体？
5. 简述我国古代对外贸易线路。
6. 我国出口的丝绸、瓷器、茶叶曾经在国际市场所向无敌，为什么现在都沦为地摊货？应如何解决？
7. 试分析郑和下西洋是促进了我国对外贸易，还是抑制了对外贸易。
8. 改革开放后我国对外贸易为何迅速发展？

参考文献

1. （美）汤姆·斯丹迪奇. 六个瓶子里的历史［M］. 吴平，葛文聪，满海霞，等，译. 北京：中信出版社，2003.
2. 袁耀文. 中国古代对外贸易史［M］. 广州：广东人民出版社，1986.
3. 汪尧田，褚建中. 国际贸易［M］. 上海：上海社会科学院出版社，1989.
4. 孙玉琴，孙倩，王辉. 我国加工贸易的历史考察［J］. 国际贸易问题，2013（4）：167-176.
5. 杨志. 鸦片战争背后的茶叶战争［EB/OL］.（2013-03-13）. http://news.hexun.com/2013-03-13/152000278.html.
6. 雪珥. 与海为敌：被郑和舰队撞沉的中国商业文明［EB/OL］.（2016-10-14）. http://view.news.qq.com/a/20161014/012424.htm.
7. 联合国贸易和发展会议. 2021年大宗商品依赖状况报告［R］. 日内瓦：2021.
8. 联合国贸易和发展会议. 2022年非洲经济发展报告［R］. 日内瓦：2022.

第三章 古典国际贸易理论

本章重点问题

绝对优势理论，比较优势理论，成本递增下的贸易基础和贸易利益，贸易条件。

在谈到国际贸易时，我们首先要回答两个基本问题：不同国家为什么要进行贸易；各个国家根据什么原则来进行贸易。显然有两类贸易（互通有无和调剂余缺）发生的原因很简单，不需要解释。没有哪个国家拥有自己发展所需的全部资源，有的国家石油资源丰富，有的国家石油资源贫乏或没有石油，因此石油贸易就顺理成章；有的国家地处热带，森林资源异常丰富，有的国家地处荒漠，甚至寸草不生，因此木材贸易就必然发生。没有哪个国家能够做到所有产品的供给与需求始终相等，大多数产品都会偶尔发生供需不平衡的现象，如有的国家风调雨顺，粮食丰收，而有的国家气候恶劣，粮食减产，因此粮食贸易就自然发生了。现在的国际贸易多数不是上面的情况，现实中每个国家都能生产很多种产品，那按什么原则来分工呢？最早提出国际分工理论的是18世纪的亚当·斯密，其绝对优势理论论证了各国按绝对成本优势分工，可以获得双赢，随后大卫·李嘉图在绝对优势理论的基础上提出了比较优势理论，更全面地解释了贸易产生的基础和贸易模式的形成。马克思也在亚当·斯密理论的基础上初步提出了自己的国际分工思想，不过没有完成。本节我们先介绍马克思主义的国际分工理论，然后介绍亚当·斯密的绝对优势理论，再介绍大卫·李嘉图的比较优势理论，最后进行比较优势理论的现代分析。

第一节 马克思主义的国际分工理论

马克思从1857年起，开始着手写作自己的经济学著作。在1857年8月为计划撰写的经济学著作而写的《导言》中，马克思提出了五个篇章的写作计划，其中第四部分"生产的国际关系。国际分工。国际交换。输出和输入。汇率"。但马克思生前没有最终完成他的写作计划。事实上，在马克思的著述中，国际分工、国际价值、国际贸易（或海外贸易、对外贸易、世界贸易）、世界市场等范畴经常在重要篇章中出现。马克思在《资本论》第一版序言中明确指出,"我要在本书研究的,是资本主义生产方式以及和它相适应的生产关系和交换关系。"所以,马克思要在《资本论》中研究的,是资本主义生产方式以及和它相适应的生产关系。这里的生产关系既包括国家间的生产关系,也包括与资本主义国际化生产方式相适应的国内生产关系。而要充分剖析资本主义生产方式,离不开对国际贸易和世界市场的分析,因为从人类社会经济发展的历史事实来看,对外贸易的产生早于资本主义生产方式的产生,而且"对外贸易的扩大,……在资本主义生产方式的幼年时期是这种生产方式的基础"。这样,由对外贸易的扩大所形成的世界市场也就成为资本主义生产方式的前提,也就是"世界贸易和世界市场在16世纪揭开了资本的现代生活史"。

当资本主义生产方式确立起来以后,"由于这种生产方式的内在必然性,又由于这种生产方式要求不断扩大市场,它(对外贸易的扩大)成为这种生产方式本身的产物",这样,世界市场也就成为资本主义生产方式的结果。因此,"对外贸易和世界市场既是资本主义生产的前提,又是它的结果",而资本主义生产方式也因国际贸易和世界市场的扩大而在本质上是一种国际化的生产方式。就国家间经济关系而言,马克思通过国际价值理论阐明了比较富有的国家如何剥削比较贫穷的国家;就国内生产关系而言,马克思指出贸易的自由就是资本的自由,就是资本所享有的压榨工人的自由。

马克思认为,国际分工是世界各国间的劳动分工,是国内分工超越国界的发展结果,是国际贸易的基础。生产力的发展水平决定了国际分工的规模、形式、内容以及各国在国际分工中的地位。

1. 国际分工是生产力发展的必然结果

国际分工是世界生产力发展的产物,早在资本主义产生以前,由于各国自然条件的差异,经济发展水平的不同以及国家间的经济发展不同就已经形成了一定的社会分工。当这种局部的地域性分工和交换随着生产力的发展上升为国际分工和国际交换时,统一的国际市场与新的交换关系和组织就形成了。贸易关系和市场联系也从部门之间、地区之间发展到国与国之间的国际分工和市场关系中。国际分工和国际贸易发展的典型形式是随着资本主义工厂手工业向机器大工业的转化出现的,因为工业革命引起原材料需求的急剧增加和广阔的海外市场,真正产生了国际分工。

2. 各国生产力水平决定了在国际分工中的地位,也决定了国际贸易利益的分配

资本主义国际分工在资本主义发展初期表现为文明民族与野蛮民族的分工;在帝国主义时期表现为宗主国与殖民地的分工;在当代则表现为发达国家与发展中国家的分工。两者之间是控制与被控制、剥削与被剥削的关系,因此,国际贸易利益的分配极不平等。当代发达国家充分利用其先进生产力,向发展中国家出口高附加值的技术密集型或资本密集型产品,发展中国家则主要出口低附加值的初级产品和劳动密集型产品,从而使发达国家与发展中国家、工业品生产国与初级产品生产国之间的分工日益加深,形成了国际分工新体系。这种国际分工的格局决定了发达国家获得了绝大部分的国际贸易利益,而发展中国家只获得了很小一部分国际贸易利益。

3. 世界生产力的发展决定了国际分工的形式及内容

随着国际分工的发展,国际分工的形式也发生了变化。国际分工从传统的以自然资源为基础的分工发展为以现代工艺、技术为基础的分工;从产业部门间的分工发展到各个产业部门内部的分工和以产品专业化为基础的分工;从沿着产品界限进行的分工到沿着生产

要素界限进行的分工。这样就形成了哪里有分工和商品生产，哪里就有市场；国际分工越细，商品生产规模越大，国际市场的范畴就越广。因此资本主义大工业与国际分工的深度和广度决定着国际贸易，从而决定了国际市场的规模、范围、方式和速度。国际分工和国际市场这两方面有密切联系，前者是后者发展的前提和条件，后者是前者发展的结果。世界范围市场的形成，意味着国际交换具有了普遍性。各个国家的生产、交换、消费过程和整个世界经济的运行机制相协调，形成普遍的世界交往，这样作为流通过程要素的狭义世界市场把各个国家联结为世界范围内统一的经济整体，这就是国际市场。

在第二次世界大战前，殖民主义宗主国与殖民地落后国家的国际分工以垂直分工为主。这种国际分工的模式主要表现为经济发展水平不同的国家之间的纵向分工，形成了发达国家与发展中国家之间制造业与农、矿业的分工。尤其是某些国家拥有的稀缺资源成为它们参与国际分工的自然基础。比如中东地区的石油生产、非洲许多国家的贵金属矿产。然而这种自然资源和生产要素的拥有并不能决定一个国家在国际分工体系中的地位，现实中大多数发展中国家处于国际分工体系的底层，为世界市场提供原材料和初级产品。而发达国家既是现行体制的既得利益者，又是全球经济规则的主导者，产品价格是以发达国家的标准制定的，发展中国家缺乏讨价还价的能力。这种分工格局的形成，最初是凭借暴力手段和超经济的强制手段得以完成的，形成了宗主国和殖民地之间的分工。但是从 20 世纪 60 年代以来，发展中国家出口的工业制成品不断增加，工业制成品贸易在国际贸易中所占比重超过了初级产品贸易所占比重。垂直式的国际分工逐渐向水平式国际分工转变，工业制成品成为国际贸易中的主要贸易产品。这种国际分工的模式主要表现为经济发展水平基本相同的国家之间的横向分工，形成了发达国家之间在工业部门上的分工。同时在国际贸易商品形成上，国际分工从有形商品领域向服务业领域扩展。服务性国际贸易，如国际保险业、国际运输业、国际通信业在发达国家快速发展。在发达国家中出现了商品贸易与服务贸易相互结合、相互渗透的趋势。

第二节　绝对优势理论

古典国际贸易分工理论的创始人是英国古典经济学家亚当·斯密，在 1776 年出版的《国民财富的性质和原因的研究》（以下简称《国富论》）一书中，提出绝对优势（Absolute Advantage）理论作为各国分工的原则，证明国际贸易并不是一种零和博弈，通过国际贸易能使双方都获益。

一、绝对优势理论提出的历史背景

18 世纪末，英国的经济力量已经超过欧洲大陆的两个对手——法国和西班牙。英国的产业革命运动开始展开，经济实力不断增强，新兴的产业资产阶级迫切要求在国民经济各个领域迅速发展资本主义。但当时重商主义制度下所建立起来的贵族经济上的特权和垄断制度已经暴露出效率低下和严重浪费等弊端，仍存在于乡间的行会制度规章严重限制了生产者和商人的正常活动，重商主义提倡的极端保护主义则从根本上阻碍了对外贸易的扩大，使新兴资产阶级很难从海外获得生产所需的廉价原料，并为其产品寻找更大的海外市场。斯密站在产业资产阶级的立场上，在 1776 年发表的《国富论》一书中，批判了重商主义，创立了自由放任的自由主义经济理论。在国际分工和国际贸易方面提出了主张自由贸易的绝对优势论。

二、绝对优势理论的基本内容

亚当·斯密（1723—1790年）是经济学的主要创立者，也是英国古典政治经济学的主要代表人物之一。其最具影响力的著作《国富论》对经济学领域的创立有极大贡献，使经济学成为一门独立的学科，也确立了他在经济学界崇高的地位。

他在经济学上的主要贡献是，创建了政治经济学的科学体系。在价值论上，不仅论证了劳动价值论，而且确定了这一原理的最早理论体系。它的深刻见解为后来的古典政治经济学奠定了理论基础。他针对资本主义经济的内在发展规律，提出了自由放任的思想，反对国家干预经济，促进了资本主义经济的发展。

亚当·斯密认为，两国间的贸易基于绝对优势。如果一国相对另一国在某种商品的生产上有更高的效率（或具有绝对优势），而在另一种商品的生产上比其他国家效率低（或具有绝对劣势），那么，每一个国家都能通过专业化生产其具有绝对优势的产品并用其中一部分与其他国家交换其具有绝对劣势的产品而获得利益。例如由于气候条件，加拿大种植小麦效率更高，而不适合种植香蕉；尼加拉瓜适合种植香蕉而不适于种植小麦。因此加拿大在种植小麦方面拥有绝对优势，而在香蕉生产方面具有绝对劣势，尼加拉瓜则正好相反。在这种情况下，如果两国各自生产占绝对优势的产品，然后通过国际贸易获得另外一种产品，则两国都会获利。加拿大专业化生产小麦（产量远大于国内需求），用一部分（多余）小麦换取尼加拉瓜（多余）的香蕉。结果，小麦和香蕉的产量都会增加，人们可以获得更多的消费，两国也都会获利。因此，从生产率的角度来看，任何一个国家都不要试图生产自己所需要的所有产品，仅生产自己最能高效生产的产品，用这些商品的一部分与其他国家进行交换，这样总产出和所有人的总福利就会增加。在贸易理论上，这一学说被称为"绝对优势理论"。

三、绝对优势理论的贸易基础、贸易模式及贸易利益

为了更清楚地说明绝对优势理论，我们用一个简单的分析模型来说明国际贸易发生的基础、贸易模式和各国贸易利益的分配，并为进一步阐述李嘉图的比较优势理论奠定基础。

（一）基本假设

（1）存在两个国家和两种产品。
（2）劳动是唯一的生产要素。
（3）两国不同产品的生产技术不同，存在劳动生产率的绝对差异。
（4）劳动供给给定，且劳动要素在国内可以自由流动，国家间不流动。
（5）规模报酬不变。
（6）市场完全竞争。
（7）无运输成本和其他贸易障碍。
（8）两国之间的贸易是平衡的。

（二）贸易基础

斯密认为，自然禀赋和后天的有利条件因国家不同而不同，这就为国际分工提供了前

提，因为有利的自然禀赋或后天的有利条件可以使一个国家生产某种产品的成本绝对低于别国，而在该产品的生产和交换上处于绝对有利地位。

如表 3.1 所示，有两个国家 A 国和 B 国，分别以相应的技术生产两种商品 X 和 Y，劳动是唯一的生产要素。A 国生产每单位 X 需要投入 2 单位劳动时间，而 B 国需要投入 4 单位劳动时间，两国在生产同一种产品上投入不同的成本，表现出有差异的生产效率。因此 A 国在生产 X 上具有绝对优势，B 国在生产 Y 上拥有绝对优势。在封闭条件下，A 国国内一单位 X 的价值仅相当于 0.5 单位 Y 的价值（因为生产每单位 Y 要投入生产每单位 X 2 倍的劳动时间），而在 B 国，一单位 X 的价值却相当于 2 单位 Y 的价值，在开放经济条件下，A 国当然愿意用产品 X 去交换 B 国的 Y。反之，B 国也愿意用产品 Y 去交换 A 国生产的 X。这恰恰是建立在绝对优势基础上的贸易动力。

表 3.1 两国两种产品的绝对优势

项目 国家	A 国	B 国
每单位 X 所需劳动时间/小时	2	4
生产每单位 Y 所需劳动时间/小时	4	2

（三）贸易模式

斯密认为，分工可以极大地提高劳动生产率，如果每个人都专门从事他最有优势的产品的生产，然后彼此进行交换，则对每个人都有利。他指出："如果一件东西在购买时所付出的代价比在家里生产时所花费的小，就永远不会想要在家里生产，这是每一个精明的家长都知道的格言。裁缝不想制作他自己的鞋子，而是向鞋匠购买。鞋匠不想制作他自己的衣服，而由裁缝裁制。农民不想缝衣，也不想制鞋，而宁愿雇用那些不同的工匠去做。他们都感到，为了他们自身的利益，应当把他们的全部精力集中使用到比别人处于某种有利地位的方面，而以劳动生产物的一部分购买他们所需要的任何其他物品。"

在斯密看来，适用于一国内部不同个人或家庭之间的分工和贸易的原则，也适用于各国之间。他认为，每个国家都有其适宜于生产某些特定产品的绝对有利的生产条件，如果每个国家都按照其绝对有利的生产条件（即生产成本绝对低）去进行专业化生产，然后彼此进行交换，则对所有交换国都是有利的。如表 3.1 所示，A 国生产 $1Y$ 的代价为 $2X$，而如果到 B 国 $1X$ 能换到 $2Y$，因此，对 A 国来说，明显从 B 国购买 Y 的代价更低，因此 A 国应专门生产 X，然后换回 Y。对 B 国来说则应生产 Y 换回 X。

（四）贸易利益

这种专业化分工和交换有什么好处呢？两国的贸易利益又如何得到呢？让我们进一步分析开放贸易前后 A、B 两国的利益情况。

开放贸易前，两国都是封闭经济，各自生产 X 和 Y 满足本国消费。为了方便起见，我们假设每个国家都有 100 小时劳动时间并将自己的生产时间平均分配生产 X 和 Y 两种产品，那么 A 国生产 25 单位 X 和 12.5 单位 Y，B 国则生产 12.5 单位 X 和 25 单位 Y。在封闭经济中，各国产品的生产量也是各国的消费量，也即是其所得到或拥有的利益，两国拥有的产品总量为 37.5 单位 X 和 37.5 单位 Y。

当开放贸易和专业化分工后，A 国可以生产 50 单位 X，B 国生产 50 单位 Y，我们首先看到的结果是两国拥有的产品总量增加，这是由专业化分工带来的利益增加。其次是两国贸易所获得的利益。为了方便，我们假设在两国贸易中 X 和 Y 的交换条件是 1∶1（无论是对 A 国还是 B 国这都是可以接受的），那么 A 国在保证原有消费的基础上，拿出余下的 25X 交换 25 单位 Y，而 B 国则可以交换 25 单位 X，最终两国的消费量（25 单位 X 和 25 单位 Y）都比开放贸易前要多，达到了在封闭条件下无法达到的消费水平，这就是贸易利益。

四、绝对优势理论的评价

1. 绝对优势理论的科学性

首先，斯密对社会经济现象的研究，从流通领域转到生产领域，第一次从生产角度阐述国际贸易的根本原因，首次明确肯定国际贸易可以为参与双方带来经济利益，这与重商主义相比是一大进步。

其次，他的绝对优势论反映了当时社会经济中已成熟了的要求，成为英国新兴产业资产阶级反对贵族地主和重商主义者发展资本主义的有力理论工具，在历史上起过进步作用。

最后，绝对优势理论揭示了国际分工能够提高劳动生产率和专业化分工能使资源得到有效使用的规律，将劳动分工的思想扩大到国际范围，提出了参加国际分工、开展国际贸易对所有参加国都有利的见解，虽然经历了 200 多年的历史，但仍具有重大的现实意义。

2. 绝对优势理论的局限性

斯密的绝对优势理论本身有一定的局限性，它只能解释部分国际贸易的发生，比如发达国家和发展中国家之间的一些贸易。然而现实生活中，大多数国际贸易，尤其是发达国家之间的贸易是无法用绝对优势理论来解释的。如果有的国家没有任何一种产品处于绝对有利的地位，那是不是这个国家就不能参加国际贸易呢？对于这一重要问题，斯密的绝对优势理论并未论及，这不能不说是理论的一大缺憾。

第三节　比较优势理论

1817 年大卫·李嘉图出版了《政治经济学及赋税原理》一书，提出了比较优势理论。比较优势理论（Comparative Advantage）的提出是西方古典国际贸易理论体系建立的标志，具有划时代的意义。

一、比较优势理论提出的背景

1815 年英国政府为了维护土地贵族阶级利益而修订了《谷物法》，规定国内谷物价格低于每夸脱 80 先令时，禁止从国外进口谷物，以维持国内市场高价，并且这一限价还被不断提高。该法一经颁布便导致英国粮价上涨，地租猛增，这对地主阶级是有利的。粮价和地租的上涨使工人货币工资被迫提高，导致工业制成品成本上升，出口竞争力下降，严重损害了产业资产阶级的利益。新兴资产阶级和地主阶级的斗争主要体现在《谷物法》的废除上，地主贵族阶级千方百计地维护《谷物法》，其中主要的理由就是英国在谷物生产上并非处于绝对劣势，没有进口谷物的必要。在绝对优势理论无法给予有力支持的情况下，英国产业资产阶级迫切需要找到论证谷物自由贸易优越性的理论。于是，李嘉图站在产业资产阶级立场上，主张废除《谷物法》，这引起了人们广泛的关注，不久，他进一步对有关利润和收入分配的问题提出了质疑。1817 年，李嘉图的代表作《政治经济学与赋税原理》出版，在国际贸易方面他继承了斯密的思想，提出了比较优势理论。

二、比较优势理论的基本内容与条件假设

大卫·李嘉图（1772—1823 年）1772 年出生于伦敦的一个富裕的犹太人家庭。他 13～14 岁就跟着父亲做事，因为父亲是做金融的，所以他在证券与股票市场上做投机，没几年就发了大财，后来专门研究国际贸易的理论问题。他在 1817 年出版的主要代表作《政治经济学及赋税原理》中继承和发展了斯密的学说，提出了比较优势理论。该理论一直是主流贸易理论的核心思想。此外，李嘉图还对经济学做出了其他贡献。他解释了国民收入是如何在工资、利润、地租之间分配的，并解释了不同时期国民收入分配的变化及其给英国经济带来的影响。此外，他还发展了劳动价值论。

李嘉图和斯密一样推崇自由贸易，认为自由贸易在带来个人财富增加的同时也有利于整个社会。但他并非重复斯密关于贸易基础、贸易模式和贸易利益的阐述，而是提出了更加系统的"比较优势"理论来论证自由贸易与专业化分工的必要性和规律。比较优势理论认为，即使一个国家在两种产品的生产上较之另外一个国家都处于绝对劣势，国际贸易仍然可以进行。这个国家可以专门生产其绝对劣势较小的产品（即该国家拥有比较优势的产品）用以出口，而进口其绝对劣势较大的产品。

比较优势理论和绝对优势理论一样，实际上都是在一系列假定前提下展开说明的，基本的李嘉图模型在古典经济学范式下有一系列假设条件：

（1）世界上只有两个国家、两种商品。

（2）模型中采用劳动价值论。商品的相对价值仅取决于它们的相对劳动投入量。

（3）在一国国内，生产要素可以在不同的行业中移动。在国与国之间，生产要素不能自由移动。

（4）生产成本不变，即当产量发生变化时，产品的生产成本不会发生变化。

（5）虽然不同国家之间存在着技术水平差异，但各国的技术水平都是给定的。

（6）两国自由贸易，运输成本为零。

（7）经济在充分就业状态下运行。

（8）生产要素市场和产品市场是完全竞争市场，政府对于经济活动没有任何干预。

在这个模型中只有两个国家、两种商品，是为了便于说明。这很容易推广到多种商品多个国家。采用劳动价值论意味着只有一种生产要素，不考虑自然资源、资本的影响。后面几条假设意味着，随着时间的推移，两国的优势不会发生变化，也不存在垄断势力、政府对经济运行的干扰和影响等。

三、比较优势理论的贸易基础、贸易模式和贸易利益

大卫·李嘉图以上述假定为前提，继承和发展了亚当·斯密的理论，提出了比较优势论。亚当·斯密认为由于自然禀赋和后天的有利条件不同，各国均有一种产品生产成本低于他国而具有绝对优势，因此按绝对优势原则进行分工和交换，各国均获益。大卫·李嘉图发展了亚当·斯密的观点，认为各国不一定要专门生产劳动成本绝对低（即绝对有利）

的产品,而只要专门生产劳动成本相对低(即优势较大或不利较小)的产品,便可进行对外贸易,以实现社会劳动的节约并能从中获益。

(一) 贸易基础

大卫·李嘉图在阐述比较优势论时,是从个人的情况谈起的。他在《政治经济学及赋税原理》中论述道:"如果两个人都能制造鞋和帽,其中一个人在两种职业上都比另一个人强一些,不过制帽时只强1/5或20%,而制鞋时则强1/3或33%,那么这个较强的人专门制鞋,而那个较差的人专门制帽,岂不是对双方都有利吗!"李嘉图由个人推及国家,认为国家间也应按"两优相权取其重,两劣相权取其轻"的比较优势原则进行分工。如果一个国家在两种商品的生产上都处于绝对有利地位,但有利的程度不同,而另一个国家在两种商品的生产上都处于绝对不利地位,且不利的程度也不同。在此情况下,前者应专门生产有利程度最大的商品,后者应专门生产不利程度最小的商品,通过对外贸易,双方都能取得比自己以等量劳动所能生产的更多的产品,从而实现社会劳动的节约,给贸易双方都带来利益。

如表3.2所示的例子当中,A国在两种商品生产上的效率都不如B国,但是A国在生产X商品上的劣势更小一点,生产时间只有B国的2倍,而在Y商品上生产时间是B国的5倍,因此A国在生产X商品上处于比较优势。相反,B国在生产Y商品上优势更大一点,因此B国在生产Y商品上处于比较优势。A国应专门生产X,B国应专门生产Y,然后进行交换,两国都会获益。

我们以表3.2的情况为例,A国在生产两种商品上的时间都要比B国长,也就是A国在两种商品上都处于绝对劣势,绝对优势理论并不能告诉我们两国是否应该分工。但按比较优势理论,因为A国在生产X的时候劣势更小,因此A国在生产X上有比较优势。而B国在生产Y时优势更大一点,因此在Y上有比较优势。最终按照比较优势的原则,A国专门生产并出口X,B国专门生产并出口Y,对两个国家都有利。

表3.2 两国两种产品比较优势

项目 国家	A国	B国
生产1X所需劳动时间/小时	2	1
生产1Y所需劳动时间/小时	4	0.8

(二) 贸易模式

在没有贸易前,生产的社会必要劳动时间决定商品的价值,因此在A国两种商品的相对价格$P_A=1/2$,在B国两种商品的相对价格$P_B=1.25$。即两国两种商品的相对价格存在差异,在A国X更便宜,而Y更贵,B国则正好相反,这就构成了两国贸易的基础,在这一点上绝对优势和比较优势理论是相同的。如果两国开放贸易,商人就会通过低买高卖的方式获取利益,从A国出口X到B国,从B国出口Y到A国。最终两地两种商品的价格将趋于一致,即A国X的价格上升,Y的价格下降,B国的情况正好相反。因为我们只有生产方面的信息,而没有两国对这两种商品需求方面的情况,我们无法确定最终的价格是多少,但它必然比低的高。所以最终的国际价格P_W会在0.5和1.25之间。

只要最终的国际价格在$0.5<P_W<1.25$之间两国都会获利。如图3.1所示,A国每生产

1个单位 X 的成本是 0.5 个 Y，只要在国际市场上换回的数量多于 $0.5Y$，即在 A 国国内交换线 P_A 以上的部分，A 国即可获利。B 国每生产 1 个单位 Y 的成本是 0.8 个 X，只要在国际市场上换回的数量多于 0.8 个 X，即在 B 国国内交换线 P_B 以下的部分 B 国即可获利。因此，如果两种商品的相对价格确定在 $0.5 < P_W < 1.25$ 之间，即 P_A 线和 P_B 线中间的部分两国都可获利。

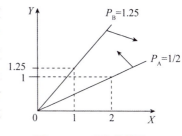

图 3.1　互利贸易范围

图中 P_A 线为 A 国在没有贸易前的交换线，反映 A 国在贸易前两种商品的交换比率，即通过原点斜率为 $1/2$ 的射线。在 P_A 线的每一点都表示了两种商品的交换比率为 $1X$ 换 $1/2Y$。该线以上部分的点与原点连线表示的交换比率为 $1X$ 换回大于 $1/2$ 个 Y。B 国没有贸易前的交换线为 P_B，其斜率为 1.25。P_B 线以下的部分的点与原点连线表示的交换比率为 $1Y$ 换回大于 $0.8X$。最终，互利贸易的范围为两线中间的部分。

（三）贸易利益

我们假定，最终两种商品的比价为 $P_W = 1$。A 国每多生产 1 单位 X 用于出口获得的利益是 0.5 个 Y。而 B 国每多生产 1 个单位 Y 出口获得的贸易利益是 0.2 个 X。因此，按照比较优势的原则分工，会使两国都获利。我们也可以从总量上进行分析。只要再假定两个国家在一段时间内（如一年以内）可以投入劳动时间的总量，我们就可以得到这两个国家的生产可能性曲线。如图 3.2 所示，我们假定 A 国一年可以投入 200 万个单位的劳动时间，而 B 国可以投入 100 万个单位的劳动时间。我们将两国生产这两种商品的组合反映在两种商品数量平面上，就可以得到两国的生产可能性曲线。生产可能性曲线是指一国使用其所有资源和最佳技术时所能生产的两种商品的组合。生产可能性曲线是直线意味着，当增加一种商品的产量所放弃另一种商品的数量是不变的，即机会成本是固定的。在没有国际贸易的情况下，两国只能在生产可能性曲线上消费。在生产可能性线以内的部分，表示两国尚有没被消费的商品。在生产可能性曲线以外的部分，是消费不可能达到的水平。

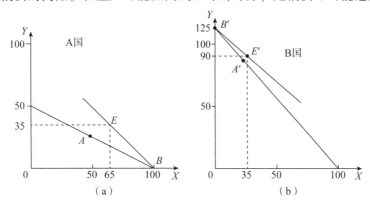

图 3.2　固定成本下的贸易利益
（a）A 国的生产可能性曲线；（b）B 国的生产可能性曲线

当两国开展贸易后，两国的消费将不再仅局限于生产可能性曲线。因为两国按比较优势专业化生产，A 国专门生产 X，B 国专门生产 Y，然后按 $1:1$ 的交换比例交换，这样我们就获得了新的两国消费可能性曲线。这时消费的数量明显要大于贸易前，即整个社会的福利增加。贸易后的消费可能性曲线与生产可能性曲线之间的那块面积为消费者福利增加的范围。

图 3.2（a）为 A 国的生产可能性曲线，图 3.2（b）为 B 国的情况，生产可能曲线由该国可以投入的总的劳动时间和生产两种商品所需劳动时间得到，因为机会成本不变，所以生产可能性曲线为一条直线。在贸易前 A 国可能选择的消费组合为 A 点（$50X$，$25Y$），B 国可能选择的消费组合为 A'（$32X$，$85Y$）。在贸易后，A 国专门生产 X 商品，产量为 100 万，B 国生产 Y 商品，产量为 125 万。两国都可以按 1∶1 的比例交换另一种商品，从而可以得到两国的消费可能性曲线，那么 A 国可能选择的消费组合就可以达到 E 点（$65X$，$35Y$）（贸易利益为 15 单位 X 和 10 单位 Y），而 B 国则可以达到 E' 点（$35X$，$90Y$）（贸易利益为 3 单位 X 和 5 单位 Y）。因此，贸易后两国消费者都可以达到更高的消费水平。不过需要说明的是，各国的贸易利益会因国际贸易的比价不同而变化，我们可以看到，在以 1∶1 的比例进行交换的过程中，A 国获得的利益要大于 B 国，但是在另外一个交换比例下可能并非如此。另外，衡量各国贸易利益的得失不能仅看产品消费的绝对数量，也和消费偏好有关。如果 A 国特别偏好 Y，B 国特别偏好 X，又会有其他的贸易模式和贸易利益分配情况。

四、比较优势的例外

假如在上例中 B 国生产一个单位 X 需 1 个小时，一个单位 Y 需 2 个小时，那么 B 国在生产两种商品上的效率都比 A 国高 2 倍，我们无法在两优之中取其重，也无法在两劣之中取其轻。因此，两个国家在两种商品上都不存在比较优势。同时，因在两种商品上两个国家的优劣程度一样，这两个国家在没有贸易时两种商品的比价也相同，商人无法通过低买高卖获取利益。那么，这两个国家将无法通过分工节约劳动。但这只是一个特例，在现实世界中，一个国家生产成千上万种商品，不同国家之间这些商品的相对价格都相同的概率几乎为零。因此，在现实世界中，一个国家和其他国家相比，必然在一些商品上处于相对优势地位，另一些处于相对劣势地位。

五、比较优势理论的货币模型

比较优势理论的分析是以物物交换为前提，在现实生活中商品都以货币结算。当商人和消费者在选择来自不同国家的商品时，并不是考虑哪个国家在哪些商品上具有比较优势，而是在同等质量的前提下选择价格最低的商品。实际上，我们只要将前面例子中的劳动时间转化成货币模型就可以解决这个问题。

（一）从汇率角度观察比较优势

假如在 A 国每小时工资为 20 元人民币，B 国为 10 美元。两国情况将如表 3.3 所示。

表 3.3 两国比较优势理论的货币模型

国家 商品	A 国/元人民币	B 国/美元
$1X$	40	10
$1Y$	80	8

当美元和元的比价在 4 元人民币<1 美元<10 元人民币时，两国各进口一样商品出口另一样商品，即 A 国出口 X 进口 Y，B 国出口 Y 进口 X，两国贸易可以达到平衡。而当 1 美元兑换少于 4 元人民币时，A 国在两种商品上的价格都要高过 B 国，A 国只进口不出口，这种贸易无法持续，而且 A 国长期逆差的结果是人民币肯定贬值。当 1 美元兑换超过 10 元人民币时，则情况正好相反。因此，两种货币的汇率必然在 4 元人民币<1 美元<10 元人民币之间。

（二）从工资率角度观察比较优势

在 X 产品上，A 国的生产率为 0.5 单位/小时，而 B 国为 1 单位/小时，B 国生产率是 A 国的 2 倍；在 Y 产品上，A 国的生产率为 0.25 单位/小时，B 国为 1.25 单位/小时，B 国生产率是 A 国的 5 倍。一般来说，生产率低的国家工资率也较低，假设国际汇率既定的情况下，国家之间工资率的比值将影响比较优势的实现。

由前面的假设和计算，当 B 国和 A 国的工资率之比低于 5（即两国在 Y 产品上的生产率之比），那么 B 国高生产率的优势要超过其高工资的劣势，B 国在 Y 产品的生产上依然具有比较优势，这是发达国家可以从发展中国家的贸易中获利的重要原因。当 B 国和 A 国的工资率之比高于 2（即两国在 X 产品上的生产率之比），那么 A 国生产率的劣势要低于其低工资的优势，A 国在 X 产品的生产上仍然具有比较优势，这是发展中国家可以从与发达国家的贸易中获利的重要原因。

六、比较优势理论的运用——金融互换

金融互换是两个或两个以上的当事人按照商定条件，在约定的时间内，交换一系列现金流的合约。规避风险和降低融资成本是金融互换的主要原因，主要包括货币互换和利率互换两类。由于本节篇幅所限，仅举货币互换的例子。货币互换是将一种货币的本金和固定利息与另一种货币的等价本金和固定利息进行交换，前提是双方分别需要对方所持有的币种，并且数量和期限一致，其主要原因是双方在各自国家中的金融市场上具有比较优势。假设有两家公司 A、B，由于信用等级不同，融资成本不同，如表 3.4 所示。

表 3.4　A、B 两家公司的融资成本　　单位:%

公司 \ 债券	日元	港元
A	5	9
B	8	10

A、B 两家公司发行 1 年期日元债券的利率分别是 5% 和 8%，发行 1 年期港元债券的利率分别是 9% 和 10%。A 公司需要 1 年期 1 000 万港元，B 公司需要 1 年期 1 亿日元，假设 1 港元=10 日元。如果独自筹资，则 A、B 公司分别付出 9% 和 8% 的利率代价。事实上可以根据比较优势进行分工，进行货币互换降低双方的融资成本。A 公司融资成本都比 B 公司低，处于绝对优势，但相对而言在日元债券市场优势更大，B 公司融资成本都高，处于绝对劣势，但相对而言在港元债券市场劣势更小。双方可以达成协议，A 公司替 B 公司发行日元债券，B 公司替 A 公司发行港元债券，B 公司另外补贴 A 公司 2% 的利息，这样 A 公司得到港元债券的利率是 8%（10%-2%），比自己发行港元债券低 1 个百分点的

利率；B 公司得到日元债券的利率是 7%（5%+2%），比自己发行日元债券低 1 个百分点的利率。

七、比较优势理论简评

（一）比较优势理论的贡献

比较成本理论的提出，奠定了国际自由贸易理论分析的基本框架，后来出现的各种国际贸易理论，都可以视为比较成本法则的继承和发展。

首先，比较成本提出了各国可以普遍遵循的参与国际贸易的标准。绝对优势理论无法说明一国在所有商品生产效率都低于别国的情况下能否从事国际贸易。而比较优势理论则更进一步，根据国际间商品成本比率的相对比较，任何一个国家都有参与国际贸易的可能和必要。一个国家无论多么落后，总能找到成本比较低的生产部门，通过把这样的产品推向国际市场，从而获得进口商品的能力，这为发展中国家参与国际贸易并从中获取利益提供了理论依据。从发达国家的角度讲，一个国家无论怎么先进，总存在相对落后的经济部门，把资源集中到相对优势的生产部门，然后进行国际交换，也会获得比自给自足条件下更高的福利。

其次，比较优势理论从更广泛的意义上揭示了国际分工、专业化生产的必要性，清晰地解释了国际贸易的基础和利益来源。不同发展程度的国家都可以选择专业化生产自身具有相对比较优势的产品参与国际分工和国际贸易，从而获得更高的利益。从机会成本的角度还可以解释为全世界范围内总成本节约，提高有限资源的利用效率和生产总量，具有重要的政策意义。

从历史上看，比较优势理论对推动英国走向自由贸易起了巨大的作用。李嘉图的比较成本理论提出之后，在社会上产生了很大的影响，最终促成了英国国会废除《谷物法》，这为英国日后成为世界经济中心奠定了重要的基础。

（二）比较优势理论的局限

当然比较成本理论也存在不足之处，主要有以下方面：

1. 比较优势理论只是静态的分析而不是动态的分析

当不同国家商品的成本比率一定时，比较优势告诉了人们进出口模式会怎样决定。一国如何通过成本比较来选择进口什么商品，出口什么商品。也就是说，比较优势法则是关于现有的既定条件下的国际分工理论，其贸易利益是一种静态的利益。然而，这种利益是否符合一个国家的长期利益？比较优势理论对此没有做出应有的回答。

这个问题对发展中国家来说尤其具有重大的现实意义。发展中国家成本比较低的商品，往往是技术比较落后的大量使用劳动力生产出来的商品，或者主要是大量耗费资源生产出来的商品。出口这类商品虽然对经济有利，但通常会遇到两个非常突出的矛盾。一是需求有限，价格偏低；二是会造成本国的产业结构滞后，对国民经济的长远发展不利。简单地按照比较优势法则行事，发展中国家面临的困境恐怕会日益严重，这是对比较优势理论提出批评最多的地方。应当说，这个问题也不只是发展中国家的问题。将比较成本法则动态化是国际贸易研究中人们一直在努力的领域之一，至今尚未取得令人满意的结果。

2. 比较成本理论是一种高度抽象的单一因素分析

李嘉图把商品的成本简单归结为对劳动时间的耗费，不同国家的商品成本比率不同，实质上都是来源于劳动生产率的不同，即在同一劳动时间所能提供的商品数量不同。这种用劳动价值论来解释国际贸易内在原因的思路具有很大的科学价值，但是，它没有解释影响劳动时间耗费的具体因素有哪些。同时，在现实的生产活动中，技术、资本、土地等要素也起着作用，这些因素李嘉图也没有做出深入的分析。

3. 按照比较优势分工进行互利贸易的现象掩盖了强国剥削弱国的事实，掩盖了贸易利益分配极度不均衡的现实

不同国家比较优势领域是不一样的，落后国家比较优势领域往往集中在劳动密集型产品领域或者自然资源产品领域，获利极为有限，甚至是污染环境才获得的比较优势，而发达国家比较优势领域往往集中在高科技领域，且控制了国际销售渠道与品牌，获利极为丰厚，与落后国家不可同日而语。孟加拉国出口衬衫每件还不到 1 美元，而在欧美零售价每件超过 100 美元。

国贸博览 3-1

国贸博览 3-2

第四节　比较优势理论的现代分析

在李嘉图中的模型中，假设生产成本不变。然而，在实际当中，随着某一种产品产量的增加，再增加一个单位的产量，放弃另一种商品生产的数量会不断增加，即机会成本递增。下面将这个李嘉图的模型加以扩展，使之更符合实际。在分析中我们将考虑机会成本递增的情况，以及一个国家的供给和需求是如何一起决定该国的比较优势的。

一、经济学基本工具

在分析机会成本递增的情况时，我们需要相关的经济学基础知识。

（一）成本递增条件下的生产可能性曲线

1. 生产可能性曲线的形状

在现实中，一个国家往往面对的是成本递增的机会成本而不是固定成本。这是因为在生产商品时投入各种生产要素的比例总是固定不变的，而各种要素在生产同一种商品时质量不总是相同的。当一种商品生产的数量相对较少时，这个国家会把效率最高、最适合这种商品生产的要素投入其中，此时增加一个商品的生产要求从其他商品生产中转移的要素相对较少。当生产一种商品的数量已经很大时，最适合这种商品生产的要素已经使用完，这时必须用效率相对较低并且不太适合的要素生产该商品，这就要求有更多要素从其他商品的生产中转移到该商品的生产上，因此，随着这种商品的产量增加，再增加一个单位该商品的生产要求放弃的其他商品的数量会增加。同时，当这种商品的生产量较小时，其他商品的产量相对较大，也就是在其他商品的生产上使用了效率较低和不太适合的要素，这时要素的转移对产量的影响较小。而当其他商品的产量较小时，这时投入该商品生产的要素为效率较高且比较适合该商品生产的要素，因此要素转移对产量的影响较大。这也同样意味着，当生产越来越多的某种商品时，再增加该商品的产量，放弃其他商品的数量会越来越多，这反映在两种商品的平面上就是一条凹向原点的曲线。

2. 生产可能性曲线的一些特征

生产可能性曲线上某一点切线的斜率为$-dy/dx$（在这里为了便于表述我们把斜率取正值，即原来的斜率dy/dx是负值，加负号使之变正），即增加一个单位X商品的生产所放弃Y商品的数量，这也是X对Y的边际转换率。如图3.3所示，产量从A点到B点的移动过程中，随着X商品的产量增加，每增加一个X商品的生产所放弃的Y商品的数量不断增加，反之产量从A'到B'的移动过程中，随Y产量的增加放弃的X的产量也不断增加。因此，切线的斜率也越来越大。

在生产可能性曲线上的任意一点为生产者利用所有资源生产的可能性的组合，在曲线以内尚有资源未被充分利用，而在生产可能性曲线以外超过了资源所能允许的范围，因此，厂商必然在生产可能性曲线上生产。

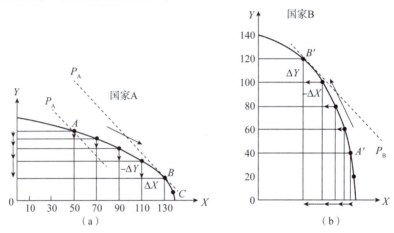

图 3.3　生产可能性曲线
（a）A 国的生产可能性曲线；（b）B 国的生产可能性曲线

图中P_A和P_B分别为两国的价格线，它表示了两国两种商品的相对价格，它是斜率为负的直线（我们在这里取正值讨论）。当 A 国在 A 点生产时，在 A 点上生产可能性曲线的切线斜率dy/dx要小于价格线斜率，这时 A 国厂商可以通过沿生产可能性曲线增加X商品的产量减少Y的产量增加收入。如果在 C 点生产，在 C 点上切线的斜率要大于价格线斜率，这时厂商可以沿生产可能性曲线增加Y商品的生产减少X商品的生产增加收入。最终，A 国在生产可能性曲线与P_A线相切的B点生产，此时通过B点的切线与价格线重合，即$Px/Py=-dy/dx$，在这一点上厂商的总收入$TR=Px·Qx+Py·Qy$达到最大。

（二）社会无差异曲线

社会无差异曲线显示对这个社会或国家产生同等满足的两种商品的各种组合。更高的曲线代表更大的满足，更低的曲线代表更小的满足。作为有意义的曲线，它们之间必须是不相交的（熟悉个别无差异曲线的读者会注意到，社会无差异曲线与个别无差异曲线几乎完全是相同的）。

图 3.4 给出了 A、B 两国三条假设的无差异曲线。因为两国的需求偏好不同，所以两国的社会无差异曲线也不同。

A 国在 N 点和 A 点得到同等满足，是因为这两点都在无差异曲线 I 上。E 点和 H 点代表更高的满足水平，是因为这两点都落在更高的无差异曲线上。

注意图 3.4 中社会无差异曲线是向下倾斜的。如果这个国家要保持相同的满足水平，那么要消费更多的 X，就必须减少 Y 的消费，因而社会无差异曲线向下倾斜并凸向原点。

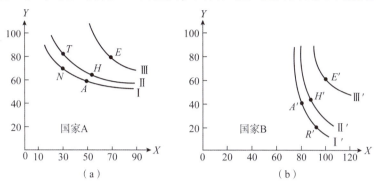

图 3.4　社会无差异曲线
（a）A 国的社会无差异曲线；（b）B 国的社会无差异曲线

图 3.4（a）为 A 国的社会无差异曲线，图 3.4（b）为 B 国的社会无差异曲线。社会无差异曲线离原点越远代表消费者所获得的满意程度越高。如 E 点代表消费者所获得的满意程度要高于 H 点和 A 点。E' 要高于 H' 和 A'。在同一条社会无差异曲线上的点所代表的消费者获得的满意程度相同，如 A 点和 N 点、T 点和 H 点以及 A' 点和 R' 点。

我们定义 X 对 Y 的消费边际替代率（MRS）是指一国为增加一单位 X 消费所放弃 Y 的数量，消费组合仍在同一条社会无差异曲线上。边际替代率可由社会无差异曲线上消费点的切线斜率 $-\mathrm{d}y/\mathrm{d}x$（同样在这里我们斜率取绝对值便于讨论）来表示。这个斜率随着该消费点在无差异曲线上向下移动而降低。

边际替代率的降低或无差异曲线切线斜率的降低反映了边际收益递减的规律，越是消费更多的 X 和更少的 Y，对该国来说多增加一个单位 X 获得的满意程度越低，而减少一个单位 Y 所损失的满意程度越大。

边际替代率降低意味着社会无差异曲线是凸向原点的。因此，生产上递增的机会成本反映为凹形生产可能性曲线，而消费边际替代率的降低则表现为凸形社会无差异曲线。

（三）一国孤立状态下的均衡

现在我们来看看一国在没有贸易的条件下这些需求和供给的相互作用，是怎样决定均衡点或社会福利极大化的点的。

在没有贸易的情况下，一国在给定生产可能性曲线上可能达到的最高无差异曲线时，就进入了均衡状态。社会无差异曲线与该国生产可能性曲线的切点就表示了这种均衡。两曲线切点的共同斜率就是该国国内均衡商品相对价格，并反映了该国的比较优势。

如图 3.5 所示，在没有贸易的情况下，A 国的无差异曲线与生产可能性曲线切于 A 点，A 国在 A 点生产与消费，此时的两种商品的相对价格 $P_A = 1/2$。B 国的生产可能性曲线与无差异曲线切于 A'，B 国在 A' 点生产和消费，此时市场均衡的相对价格 $P_B = 2$。A 国在 X 商品上具备比较优势，B 国在 Y 商品上具备比较优势。

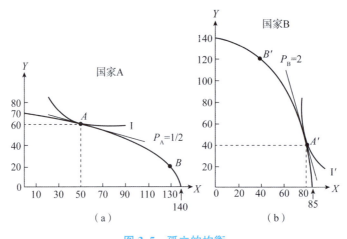

图 3.5 孤立的均衡
（a）A 国孤立的均衡；（b）B 国孤立的均衡

我们看到，无差异曲线 I 是 A 国在其生产可能性曲线上所能达到的最高无差异曲线。因此，在没有贸易或闭关自守的情况下，当 A 国在 A 点进行生产和消费时，该国就处于均衡状态，并实现了国民福利最大化，这时，同时通过无差异曲线与生产可能性曲线切点的切线就是在没有贸易下的均衡价格 $P_A=1/2$。同样地，B 国在 A' 点实现了均衡，在这一点，该国的生产可能性曲线与无差异曲线相切。这时的切线斜率 $P_B=2$，即为均衡的在没有贸易情况下的价格。

注意，因为社会无差异曲线是凸向原点并且相互之间是不交叉的，所以只有这样一个切点或均衡点。不仅如此，我们还能肯定，一个这样的均衡点的存在，是因为存在无数条消费无差异曲线（即无差异曲线图是密集的）。更低的无差异曲线上的均衡点是可能的，但没有实现国民福利的最大化。此外，该国在现有资源和技术条件下，也不可能达到更高的无差异曲线。因此，在孤立的条件下，商品的相对价格是由在生产和消费的均衡点上一国生产可能性曲线和消费无差异曲线公切线的斜率决定的。

二、成本递增条件下的贸易基础和贸易利益

在没有贸易的情况下，A 国两种商品相对价格要小于 B 国，这构成了两国贸易的基础。当开放贸易后，商人将从 A 国购买 X 商品出口到 B 国，并从 B 国购买 Y 商品出口到 A 国。这种贸易将导致 A 国的 X 商品价格上升而 Y 商品价格下降，这时 $Px/Py>dy/dx$，厂商为了获得更多的收入，将沿着生产可能性曲线增加 X 商品的生产减少 Y 商品的生产，直到两国相对价格相等时为止。如图 3.6 所示，当最终价格确定在 $P_{A'}=1$ 时，厂商在 B 点生产并达到均衡，这时 $P_{A'}=dy/dx=1$，即生产了更多的 X 商品，生产了更少的 Y 商品。在 B 国随着商人从 B 国出口 Y 商品到 A 国，并进口 X 商品到 B 国，Y 商品的价格将上升而 X 商品的价格将下降，这时 $Px/Py<dy/dx$。B 国厂商将沿着生产可能性曲线增加 Y 商品的生产并减少 X 商品的生产，当最终比价确定在 $P_{B'}=1$ 时，B 国从原来的 A' 点生产转向 B' 点生产，在 B' 点上 $P_{B'}=dy/dx=1$，即在贸易后生产了更多具备比较优势的 Y 商品，而减少了不具备比较优势的 X 商品的生产。这时 A 国出口 CB 的 X 商品正好等于 B 国进口 X 商品的数量 $C'E'$，A 国进口 Y 商品的数量 CE 正好等于 B 国出口 Y 商品的数量 $C'B'$，这样两国消费者分别在 E 点和 E' 点消费。

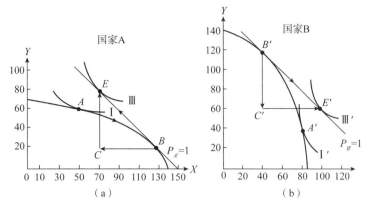

图 3.6　成本递增条件下的贸易基础和贸易利益

1. 成本递增条件下的整体贸易利益

在贸易前，A 国在生产可能性曲线与所能达到的最高的无差异曲线Ⅰ相切的那一点上生产与消费。当贸易后 A 国将从 A 点移到 B 点生产，A 国可以用在 B 点上所生产出来的商品组合，以 $P_{A'}=1$ 的价格与 B 国交换产品，从而可以达到更高的无差异曲线Ⅲ，即消费者可以在 E 点上消费，获得更高的满足水平。从无差异曲线Ⅰ到无差异曲线Ⅲ，即为 A 国所获得的贸易利益。

同样，B 国一开始在 A' 点上生产消费，在贸易后在 B' 点生产，并可以在 E' 消费。B 国消费者也可以获得更高的满足程度，从无差异曲线Ⅰ到无差异曲线Ⅲ，即为 B 国所获得的贸易利益。贸易后两国的福利水平都获得提高。

2. 贸易利益的构成：交易所得与分工所得

在 A、B 两国所获得利益当中，实际上由两部分构成：交易所得与分工所得。交易所得为当开放贸易后商品的比价发生变化，而生产数量没有发生变化，所引起的消费者满意程度变化情况。分工所得为扣除交易所得后，因产量发生变化引起的消费者满意程度变化情况。

我们以 A 国为例，如图 3.7 所示，当价格发生变化后，假定 A 国仍然在 A 点生产，因为可以在国际市场上以 $P_W=1$ 的价格交换产品，因此，消费者可以在通过 A 点的价格线 P_W 上消费，这时可能达到更高的消费水平无差异曲线Ⅱ，并与无差异曲线Ⅱ切于 T 点，从 A 点到 T 点即为交易所得。实际上，当价格发生变化后，均衡的产出点在 B 点，A 国在 B 点上生产，消费者在分工后可以在通过 B 点的价格线上消费，这时可以达到无差异曲线Ⅲ，并切于 E 点，扣除由于价格变化

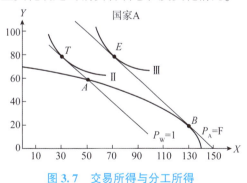

图 3.7　交易所得与分工所得

引起的 A 点到 T 点，从 T 点到 E 点，消费者福利从无差异曲线Ⅱ增加到无差异曲线Ⅲ，即为分工所得。

3. 不完全分工

在图 3.2 的固定成本模型中，两个国家都是完全分工，都专业化生产自己具备比较优势的产品，A 国专业生产 X，B 国专业生产 Y，然后交换，这是因为两国随着某一商品产

量的增加其机会成本是不变的。即使两个国家规模不同,至少有一个国家(小国)是完全分工,即专门生产一种产品,而另一个国家(大国)是不完全分工,即两种商品都生产。

而在成本递增的模型中,两国都是不完全分工。A 国在增加了 X 商品的生产后仍保留了部分 Y 商品的生产。同样 B 国在增加了 Y 商品的生产后仍部分保留了 X 商品的生产。这是因为,当一国增加一种商品的生产时其机会成本将不断增加,当其机会成本等于其商品的国际比价时,该国将不会增加该商品的生产。如图 3.6 所示,当国际市场上的价格为 $P_A = 1$ 时,意味着 A 国增加产量到 B 点后,增加 1 个 X 商品的生产成本为 1 个 Y,如果再增加 X 商品的产量,其成本会超过市场价格,得不偿失,因此厂商会选择在 B 点生产。同理 B 国在 B′ 点生产。

4. 基于不同偏好的贸易

在图 3.6 中,A、B 两国是因为其生产可能性曲线和无差异曲线都不同,造成了两国在贸易前两种商品的比价不同,因此两国在不同的商品上具有比较优势是由生产和消费两方面的原因造成的。在成本递增的情况下,即使两国在生产方面不存在差异,即生产可能性曲线相同,仅消费者的消费偏好存在差异,即无差异曲线不同,两国也会产生比较优势,并通过分工使两国都获益。

我们可以通过图 3.8 来说明基于不同偏好的贸易。因为两国生产方面不存在差异,所以我们可以用同一条生产可能性曲线来表示两国的生产情况。在图 3.8 中,由于两国的消费偏好存在差异,在没有贸易的情况下,A 国在 A 点达到均衡,此时商品的比价为 P_A。B 国在 A′ 点达到均衡,均衡价格为 P_B。由于 $P_A < P_B$,贸易前 A 国 X 商品的价格较低,在 X 商品上具备比较优势,B 国在 Y 商品上价格较低,在 Y 商品中具备比较优势。

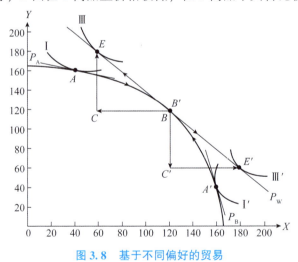

图 3.8 基于不同偏好的贸易

随着贸易的展开,A 国将增加 X 商品的生产,减少 Y 商品的生产,即沿生产可能性曲线向下移动。B 国将增加 Y 商品的生产,减少 X 商品的生产,即沿生产可能性曲线向上移动。当两国的价格到达 P_W 时,两国的贸易达到平衡。此时 A 国在 B 点生产,E 点消费。B 国同样在 B 点生产,而在 E′ 点消费。A 国出口 X 商品的数量 BC 正好等于 B 国进口 X 商品的数量 C′E′,B 国出口 Y 商品的数量 B′C′ 正好等于 A 国进口 Y 商品的数量 CE。贸易后两国的福利都增加,A 国从无差异曲线 Ⅰ 增加到无差异曲线 Ⅲ,B 国从无差异曲线 Ⅰ′ 增加到无差异曲线Ⅲ′。因此，即使两国生产方面不存在差异，只要消费方面有差异，互利贸易也可以展开。

第五节 贸易条件

在表3.2的模型中，当相对价格 $Px/Py=1$ 时，A国每多生产一个 X 商品，通过国际交换可以多获得 0.5 个 Y 利益。如果 $Px/Py>1$ 时，A国通过国际交换获得的利益超过 0.5 个 Y。相反，B国获得的利益将比 0.5 个 X 要少。因此，国际价格的确定将决定各国从贸易中获得利益的大小。下面将从局部均衡和一般均衡两个方面来分析最终国际价格的确定及对各国利益的影响。

一、国际价格的局部均衡分析

在图 3.9 中，在 A 国的 X 商品市场上，没有贸易的情况下，A 国将在 Ea 点达到均衡，这时均衡价格为 1 元。在 B 国的 X 商品市场上，没有贸易的情况下，B 国将在 Eb 点达到均衡，这时均衡价格为 3 元。当两国开放贸易后，因 A 国 X 商品的价格较低，A 国将出口 X 商品，B 国将进口 X 商品。当价格高过 1 元时，A 国 X 商品的供给大于需求，其差额构成了 X 商品在国际市场上的供给量，得到 X 商品在国际市场的供给曲线 Sx。当价格低于 3 元时，B 国 X 商品的需求量大于供给量，其差额最终构成了在国际市场上的需求曲线 Dx。此时在国际市场上 X 商品供给曲线 Sx 与需求曲线 Dx 的交点即为国际市场的均衡点 E，这时 X 商品价格 $Pe=2$ 为国际市场的均衡价格，A 国出口 X 商品的数量正好等于 B 国进口 X 的数量。

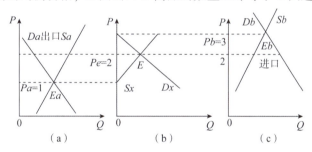

图 3.9 单个商品国际价格的局部均衡
（a）A 国 X 商品市场；（a）X 商品的国际市场；（a）B 国 X 商品市场

二、国际价格的一般均衡分析

前面我们仅从一种商品的供给和需求情况分析了国际价格的形成，但这种分析还很不全面，因为一种商品的价格形成还受到其他商品价格的影响。这就需要用一般均衡方法分析国际价格的形成。

（一）提供曲线

提供曲线（Offer Curves），有时也称为相互需求曲线（Reciprocal Demand Curves），反映了一国为进口其需要的某一产品而愿意出口另一商品的数量。从另一个角度看提供曲线也反映了在不同价格水平下一国愿意进口和出口的商品数量。提供曲线是由两名英国经济学家阿尔弗雷德·马歇尔（Alfred Marshall）、伊西德罗·埃奇沃思（Ysidro Edgeworth）在20世纪初共同提出的。

1. 提供曲线的形状（见图3.10）

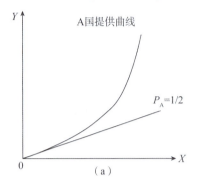
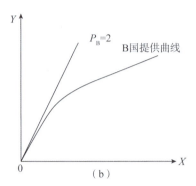

图 3.10 提供曲线

(a) A 国的提供曲线；(b) B 国的提供曲线

图 3-10（a）为 A 国的提供曲线，它是一条斜率递增的曲线，并且在其国内交换线 P_A 的上方，因为 A 国只有在 $Px/Py>1/2$ 的情况下才愿意出口 X 商品，才可以从贸易中获利。图 3.10（b）为 B 国的提供曲线，它是一条斜率递减的曲线，并在其国内交换线 P_B 的下方，因为 B 国只有在 $Px/Py<2$ 的情况下才愿意出口 Y 商品，才可以从贸易中获利。A 国提供曲线斜率不断递增，这表示随着 A 国出口 X 商品的数量增加，每增加一个 X 商品的出口要求换回 Y 商品的数量不断增加。B 国提供曲线斜率不断递减，这同样表示随着 B 国出口 Y 商品的数量增加，B 国每多出口一个单位的 Y 商品，要求换回 X 商品的数量不断增加。A、B 两国都是随着出口数量的增加要求换回更多的进口商品。这是两方面的原因造成的：一方面，当一国出口商品数量增加，国内存量减少，再增加一个单位的出口，消费者损失的满意程度增加，所以要求换回更多的进口商品补偿；另一方面，随着进口数量增加，消费者从每多进口一个单位的进口商品中所获得满意程度不断减少，边际效用递减，这也使该国要求换回更多的进口商品。

2. 提供曲线的推导（见图3.11）

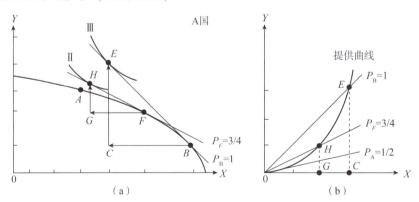

图 3.11 提供曲线的推导

(a) 推导过程示意一；(b) 推导过程示意二

如果我们把 A 国和 B 国在不同价格下愿意出口和进口的数量反映在两种商品数量的平面上，就得到了两国的提供曲线。曲线上的每一点和原点连线的斜率就表示了不同的价格水平。在图 3.11（a）中，开始 A 国在 A 点生产和消费，当贸易后价格变为 $P_F=3/4$，这时 A 国在 F 点生产 H 点消费。此时 A 国出口了 FG 的 X 商品，进口了 GH 的 Y 商品。将 A 国的进口数量和出口数量反映在图 3.11（b）上得到 H 点。当价格为 $P_B=1$ 时，这时 A 国在 B 点生产 E 点消费。A 国出口 X 商品的数量 BC 和进口 Y 商品的数量 EC，反映在图 3.11（b）上为 E 点。我们在图 3.11（a）上可以找到不同价格水平下的 A 国出口和进口商品的数量并反映在图 3.11（b）上，就可以得到 A 国的提供曲线。同理可以得到 B 国的提供曲线。

3. 均衡价格的形成

将两国的提供曲线反映在同一张图上，我们就可以得到均衡价格和均衡贸易数量。当两国的提供曲线相交时，交点所代表的价格即为均衡价格。此时两国的贸易达到平衡，除了该点以外的任何一点两国的贸易都不能达到平衡。

如图 3.12 所示，A、B 两国的提供曲线最终交于 E 点，这时均衡的价格水平为 $P_E=Px/Py=1$，在 E 点上两国的贸易达到平衡。当价格偏离均衡的价格时，如 $P_D=0.8$ 时，A 国愿意在 D 点进出口，B 国愿意在 G 点进出口。在 D 点上 A 国愿意出口的 X 商品的数量要小于 B 国愿意进口的 X 商品的数量，X 商品的价格将上升；A 国愿意进口的 Y 商品的数量要小于 B 国愿意出口的 Y 商品的数量，Y 商品的价格将下降，最终两种商品的相对价格将上升。

如果价格向上偏离均衡价格，如 $P_C=1.2$ 时，A 国愿意在 F 点进出口，B 国愿意在 C 点进出口。这时，A 国愿意出口的 X 商品的数量要大于 B 国愿意进口的数量，X 商品的价格将下降。同时，A 国愿意进口的 Y 商品的数量要大于 B 国愿意出口的 Y 商品数量，Y 商品的价格将上升。最终两种商品的相对价格将下降，并回到均衡水平。

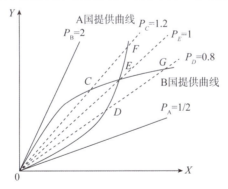

图 3.12　提供曲线与国际价格的一般均衡

4. 贫困化增长

贫困化增长最初是由普雷维什和辛格提出的，后来印度经济学家巴格瓦蒂将贸易条件和经济增长联系起来研究，其基本含义是：大国经济增长引起贸易条件严重恶化，以致社会福利下降程度远远高于人均产量增加对社会福利的改善程度，最终会出现越增长越贫困的结果，因此又叫作"悲惨的增长"。贫困化增长的出现是一种极特别的现象，它的发生需要具备以下几个条件：①经济增长必须是偏向出口部门的；②外国对本国出口商品的需求必须是缺乏弹性的，以致出口供给的扩大一定导致出口价格的迅速下跌；③该国必须是一个贸易大国，这样其大幅度的出口扩大必然导致该国价格贸易条件的恶化；④该国经济严重依赖对外贸易，贸易条件的大幅度恶化才有可能导致整个社会福利的绝对下降。

在图3.13中，A国与B国原来提供曲线相交于E点，A国出口x_1换回y_1，后来A国经济增长，提供曲线右移到A'，A国与B国提供曲线相交于E'点，A国出口x_2换回y_2，A国出口更多x，却只能换回更少的y。

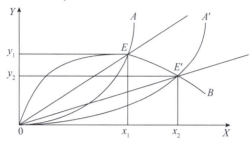

图3.13 提供曲线与贫困化增长

（二）贸易条件

前面我们讨论了国际价格的形成，国际价格关系到参与贸易的国家从贸易中获得利益的大小。所谓贸易条件，是一个国家以出口交换进口的条件，即两国进行贸易时的交换比例。由于现实生活中参与国际交换的商品种类很多，而且价格水平也在不断变化，因此这种贸易条件通常用出口商品价格指数与进口商品价格指数之比，即贸易条件指数来表示。当比率上升时，意味着出口同样多的商品可以换回更多的进口商品，这个国家的贸易条件改善了。反之，则这个国家的贸易条件恶化。贸易条件指数主要有三种，它们表示不同含义的贸易条件。

1. 商品贸易条件指数

商品贸易条件指数是一定时期内一国出口商品价格指数与进口商品价格指数之比。它表示一国每出口一单位商品可以获得多少单位的进口商品。以Px代表出口商品价格指数，Pm代表进口商品价格指数，商品贸易条件指数为T。

$$T=（Px/Pm）\times 100$$

如果商品贸易条件指数大于100，表明同等数量的出口商品换回了比基期更多的进口商品，贸易条件得到改善；如果商品贸易条件指数小于100，则表明贸易条件恶化。需要注意的是，在现实经济生活中，一国的进出口商品结构有时会发生较大的变动，比如以前进口的商品现在转变为出口，就可能对商品贸易条件产生很大影响。因此，这种指数的有效性只限于不发生结构变动的一定时期内。还需注意的是，当一国出口商品的生产效率提高引起出口商品价格下降，贸易条件指数下降，并不意味着这个国家福利水平下降，因为随着生产效率的上升成本下降，该国主动降低出口价格以占领出口市场，可以用更少的劳动换回比以前更多的进口商品。

2. 要素贸易条件指数

把商品贸易条件与要素生产率结合起来考察，可以得到要素贸易条件指数。如果只是考察贸易条件与一国出口商品生产部门的要素生产率的关系，那就是分析单要素贸易条件状况；如果同时考察进出口商品生产部门要素生产率对贸易条件的影响，那就是分析双项要素贸易条件状况。

单要素贸易条件指数是一定时期内一国出口商品生产部门要素生产率指数与同期商品贸易条件指数的乘积。单项要素贸易条件指数：

$$S=(Px/Pm)\times Zm$$

S 代表单要素贸易条件指数，Zm 代表一国出口商品生产部门要素生产率指数。单要素贸易条件指数测度了该国出口商品中每单位国内生产要素所得到的进口商品的数量。当该指数上升，说明单位国内生产要素所得到的进口商品数量上升，反之则下降。

在双要素贸易条件指数中，不仅考虑了出口生产要素生产效率，还考虑了其他国家在生产本国进口商品的要素生产效率。双要素贸易条件指数：

$$D=(Px/Pm)(Zx/Zm)\times 100$$

D 代表双项要素贸易条件指数，Zm 代表进口商品要素生产率指数。当该指数上升，表示国内每单位生产要素换回他国的生产要素上升，该国贸易条件改善，反之则恶化。这反映了进出口国的贸易竞争实质上是劳动生产率的竞争。劳动生产率水平的高低，是决定一国商品国际竞争力的关键，也是影响一国分享贸易利益多少的主要因素。

3. 收入贸易条件指数

它表示一国用出口支付进口的能力。其计算公式为：

$$J=(Px/Pm)\times Qx$$

J 代表收入贸易条件指数，Qx 代表出口量指数。它表示一国用出口支付进口的能力。出口价格指数与出口数量指数的乘积表示一国的出口总收入指数，再除以进口价格指数，显然表示一国进口支付能力。当该指数上升表示该国对外支付能力增强，可以购买更多的进口商品，贸易条件改善。反之，表示对外支付能力变弱，贸易条件恶化。这个指数对发展中国家具有重要意义，因为发展中国家要靠出口进口资本设备与先进技术推进工业化。

本章核心概念

绝对优势（Absolute Advantage），比较优势（Comparative Advantage），社会无差异曲线（Community Indifference Curve），分工所得（Gains from Specialization），交易所得（Gains from Exchange），提供曲线（Offer Curves），贸易条件（Terms of Trade）。

复习思考题

1. 比较优势理论在哪些方面优于绝对优势理论？
2. 比较优势原理的例外是什么？普遍性如何？
3. 设中国和美国生产每单位产品所需劳动时间如表 3.5 所示：

表 3.5 3 题表

产品 \ 假设	假设 1		假设 2		假设 3		假设 4	
	中国	美国	中国	美国	中国	美国	中国	美国
小麦	8	2	4	1	8	2	4	2
布	2	4	3	2	4	4	2	1

（1）中国和美国在哪些产品上拥有绝对优势？

（2）中国和美国在哪些产品上拥有比较优势？

（3）当中国和美国各拥有 100 单位劳动时间，试画图分析假设 2 情况下，中国和美国贸易的比价范围和贸易利益。

4. 一国机会成本与生产可能性曲线之间的关系如何？比较固定成本和机会成本递增下，生产可能性曲线的形状。

5. 孤立均衡的相对商品价格表示什么？在各个国家这个相对价格是如何确定的？

6. 为什么在机会成本递增条件下会出现不完全分工？固定成本下和递增成本下得出的结论有什么区别？

7. 什么是交易所得？什么是分工所得？

8. 简述提供曲线和贸易条件的含义。

9. 结合实际分析我国贸易条件恶化的原因及解决对策。

参考文献

1. （英）亚当·斯密. 国富论［M］. 长沙：湖南文艺出版社，2011.

2. （英）大卫·李嘉图. 政治经济学及赋税原理［M］. 北京：华夏出版社，2005.

3. 赵虎林. "比较优势陷阱"与我国对外贸易战略的选择［J］. 现代商贸工业，2015（25）：48-49.

4. 欧玉芳. 比较优势理论发展的文献综述［J］. 特区经济，2007（9）：268-270.

5. 郭界秀. 比较优势理论研究新进展［J］. 国际贸易问题，2013（3）：156-166.

6. 段亚丁，车维汉. 国外李嘉图比较优势理论实证研究之评述［J］. 国际贸易问题，2014（4）：164-172.

7. 李玉梅. FDI 对我国价格贸易条件效应的实证分析［J］. 统计与决策，2016（21）：103-105.

8. 李萍，赵曙东. 我国制造业价值链分工贸易条件影响因素的实证研究［J］. 国际贸易问题，2015（7）：57-66.

9. 何莉. 中国工业制成品贸易条件影响因素分析［J］. 统计与决策，2015（2）：107-110.

10. 韩平平. 中国贸易条件研究文献回顾［J］. 现代经济信息，2014（5）：163-164，166.

11. 吴浜源，王亮. 发展中国家贸易条件对经济增长影响的实证研究［J］. 国际贸易问题，2014（3）：63-71.

12. 宗毅君. 中国制造业的出口增长边际与贸易条件：基于中国 1996—2009 年微观贸易数据的实证研究［J］. 产业经济研究，2012（1）：17-25.

13. 刘渝琳，梅新想."贫困化增长"的衡量：贸易条件及其局限性［J］. 经济问题探索，2012（2）：165-172.

14. 徐怡. 论中国增长贸易条件负效应：贫困化增长［J］. 中国外资，2012（8）：204.

第四章 要素禀赋理论

 本章重点问题

赫克歇尔—俄林理论；要素价格均等化理论；里昂惕夫之谜。

截至目前我们已经了解了绝对优势下两国间贸易的互利性和比较优势下两国间贸易的普遍存在性，即使其中一国相对于另一国而言在两种商品的生产上都处于绝对劣势，也可以参加国际分工，那么这种广泛存在的比较优势又是如何产生的呢？李嘉图模型假设劳动是唯一的生产要素，也就暗示了各国之间在各种商品的生产上，劳动生产率的差异是产生比较优势的唯一原因。但是我们都知道日本从印度尼西亚大量进口木材不是因为印度尼西亚工人生产木材的相对效率比日本工人更高，而是因为日本国土狭小，林木资源相对于日本而言更加稀缺。因此想要更合理地解释国际贸易的基础，我们必须引入更多的生产要素来更大程度地解释比较优势。

本章首先引入资本这一生产要素，并和劳动要素一起说明各国所拥有的要素的不同如何促成了国际贸易的发生，而国际贸易又是如何反过来对要素收入产生影响的。然后我们会对本章前面所得出的理论进行经验检验。最后，我们会进一步扩充生产要素的内涵，以更好地解释现实世界中所发生的贸易现象。

瑞典经济学家伊莱·赫克歇尔和他的学生伯尔蒂·俄林在20世纪初首先提出用国家之间资源的差异来解释国际贸易，这一学说被称为赫克歇尔—俄林理论。

第一节 要素密集度与要素丰裕度

一、要素密集度

要素密集度是指在生产各种商品的过程中所需投入的生产要素的组合或比例。这是一个相对的概念，与所使用的生产要素的绝对量无关。在衡量一种商品的要素密集度时重要的是一种单位要素所需要匹配的另一种要素的量，而不是生产这种商品所需的两种要素的绝对数量的多少。

无论要素的相对价格如何变动，如果在一种商品的生产中两个国家所使用的劳动—资本比率都大于生产另一种商品时所使用的劳动—资本比率，那么就称该商品为劳动密集型产品，而另一种商品就是资本密集型产品。例如，如果在生产个人电脑的过程中 K/L 的比率大于粮食生产中 K/L（K 代表资本，L 代表劳动）的比率，个人电脑就是资本密集型商品，粮食就是劳动密集型商品。重要的是生产个人电脑的过程中每单位劳动所匹配的资本大于生产粮食的过程中每单位劳动所匹配的资本，而不是生产个人电脑所需资本的绝对数量大于生产粮食时所需资本的绝对数量。

我们可以用 w 代表劳动的价格——工资，r 代表资本的价格——利率，劳动相对于资本的价格就是 w/r，同样道理，资本的相对价格就是 r/w。用 X 代表个人电脑，Y 代表粮食，K/L 代表生产过程中所使用的资本—劳动比率。如图 4.1 所示，我们可以看到在任意的 w/r 下，$\left(\dfrac{K}{L}\right)_x > \left(\dfrac{K}{L}\right)_y$，也就是说给定任意的要素相对价格，在生产个人电脑过程中所使用的资本—劳动比率都比生产粮食时要高。在这种情况下，我们说个人电脑是资本密集型的，粮食是劳动密集型的。另外，当 w/r 升高时，即劳动的相对价格上涨时，生产 X 商品和 Y 商品的 K/L 都随之上升。也就是说，在生产每一单位商品时都比之前使用了更多的资本更少的劳动。这是因为当一种要素变得更加昂贵时，追求利润最大化的厂商自然会用便宜的生产要素来替代这种昂贵的要素。

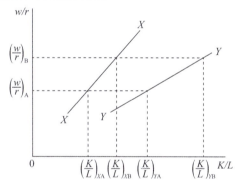

图 4.1　要素密集度

现在我们可以定义 $\left(\dfrac{w}{r}\right)_A$ 是 A 国国内劳动的相对价格，$\left(\dfrac{w}{r}\right)_B$ 是 B 国国内劳动的相对价格。A 国生产每单位 X 商品和 Y 商品时所用的资本—劳动比率分别为 $\left(\dfrac{K}{L}\right)_{XA}$、$\left(\dfrac{K}{L}\right)_{YA}$，B 国生产每单位 X 商品和 Y 商品时所用的资本—劳动比率分别为 $\left(\dfrac{K}{L}\right)_{XB}$、$\left(\dfrac{K}{L}\right)_{YB}$。

从以上的分析中我们已经知道国内资本相对价格更便宜的 B 国在生产两种商品时都使用了比 A 国资本密集程度更高的生产技术。可是为什么 B 国资本的相对价格会比 A 国更便宜呢？B 国的初始要素禀赋和对要素的需求共同决定了 B 国要素的相对价格。

二、要素丰裕度

要素丰裕度，又称为要素禀赋，是用来衡量一国所拥有资源的情况，是指一个国家所拥有的不同生产要素之间比较所表现出来的相对丰裕与稀缺的程度，也是一个相对的概念，而不是针对各国所拥有的生产要素的绝对数量。要素丰裕度可以根据要素的相对供给量或要素的相对价格来判断。

在第一种方法中，如果一国可用总资本和可用总劳动的比率大于另一国的这一比率，那么该国就是资本丰裕的。设 A 国有 600 万单位资本，300 万单位劳动；B 国有 1 200 万单位资本，400 万单位劳动；从绝对量上看，B 国无论资本还是劳动要素拥有量都比 A 国高，但是，从相对比例上看，$\left(\frac{K}{L}\right)_B > \left(\frac{K}{L}\right)_A$，故 A 国为劳动要素丰富的国家，B 国为资本要素丰富的国家。必须强调的是，当我们说一个国家资本丰裕另一个国家劳动丰裕时，这只能说明这个国家所拥有的资本和劳动的比率大于另一个国家，而不能说明这个国家可用的资本的绝对数量大于另一个国家。

在第二种方法中，如果一国国内资本的价格（利率 r）和劳动的价格（工资 w）之间的比率小于另一国国内的这一比率，该国就是资本丰裕的。例如，A 国国内资本的价格（利率 r）为 5，劳动的价格（工资 w）为 4，B 国国内利率 r 为 6，工资 w 为 12。虽然 A 国资本的绝对价格 5 小于 B 国的资本价格 6，但不能据此判断 A 国是资本丰裕的，B 国是劳动丰裕的，而应该比较两国要素国内相对价格的大小。在这个例子中，由于 A 国 $w/r = 0.8$，B 国 $w/r = 2$，$\left(\frac{w}{r}\right)_A < \left(\frac{w}{r}\right)_B$，所以劳动力相对便宜的 A 国是劳动丰裕型国家，而资本相对便宜的 B 国是资本丰裕型国家 $\left(\frac{r}{w}\right)_A > \left(\frac{r}{w}\right)_B$。

虽然这两种方法都可以用来界定一国的要素丰裕度，但二者还是有区别的。供给量定义只考虑了一国可提供的要素相对数量的多少，并没有考虑对要素的需求，而价格定义则同时反映了需求和供给两方面的情况。我们可以想象这样一种情况：A 国可利用的劳动和资本之比大于 B 国，根据供给量定义我们可以认为 A 国是劳动丰裕型国家，但 A 国国民对劳动密集型商品的偏好远远强于 B 国国民对这一商品的偏好，这将导致 A 国对于劳动的派生需求远远大于 B 国的这一需求，这样 A 国国内劳动的相对价格就很可能高于 B 国国内劳动的相对价格。根据价格定义，A 国又变成了资本丰裕的国家，B 国相应变成劳动丰裕的国家。可以看到，在这种情形下，两种定义方法出现了矛盾。

在本书中，我们将选择价格定义作为衡量一国要素丰裕度的方法。实际上，由于赫克歇尔—俄林理论已经事先假定了两国的偏好是相同的，因此无论用哪种方法我们得出的结论都是相同的，即资本和劳动的相对数量比值更大的国家，其国内资本和劳动价格的比率一定也比另一国更小。

三、生产可能性曲线

生产可能性曲线即生产可能性边界（Production Possibility Frontier），是用来说明和描述在一定的资源与技术条件下可能达到的最大的产量组合曲线。在两国具有相同的技术水平、生产规模报酬不变以及最终产品的要素密集度既定的前提下，如果一国是资本丰裕的，该国的生产可能性曲线将在资本密集型产品所在轴延伸较长，因为该国运用全部生产要素可以生产的资本密集型产品和另一个劳动丰裕的国家运用全部生产要素可以生产的资本密集型产品相比一定相对更多。而劳动丰裕型的国家由于可以生产出的劳动密集型产品一定相对更多,所以其生产可能性曲线将在劳动密集型产品所在的轴延伸较长。

我们继续使用以上设定:A 国是劳动丰裕型国家,B 国是资本丰裕型国家;X 是劳动密集型产品,Y 是资本密集型产品。如果我们用横轴度量 X,纵轴度量 Y,再将 A 国和 B 国的生产可能性曲线画在同一个坐标系内,那么这两个国家的生产可能性曲线的形状大致可用图 4.2 来表示。

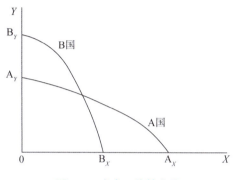

图 4.2　生产可能性曲线

第二节　赫克歇尔—俄林理论

赫克歇尔—俄林(H-O)理论也称为要素禀赋理论,它主要考察了各国要素禀赋的差异对国际贸易模式的影响。H-O 理论认为一国应当出口在生产过程中密集使用该国相对丰裕的要素生产的商品,进口在生产过程中密集使用该国相对稀缺要素生产的商品。即劳动丰裕型国家应当出口劳动密集型商品,进口资本密集型商品。资本丰裕的国家应当出口资本密集型商品,进口劳动密集型商品。

一、H-O 理论的一般均衡框架

H-O 理论强调不同国家之间的要素禀赋差异是导致国与国之间商品相对价格差异的众多原因中最主要的一个,其推理过程可用图 4.3 所示框架进行说明。

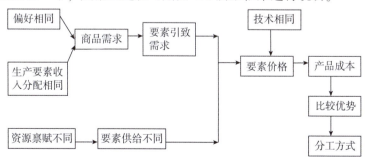

图 4.3　H-O 理论的一般均衡框架

我们可以看到作为一国比较优势体现的商品的相对价格是由要素价格和生产技术决定的，而要素价格是在要素的需求和供给这两股力量共同作用下决定的，其中要素需求是由对商品的最终需求派生出来的需求，对商品的最终需求是根据人们对商品的偏好和生产要素的收入分配情况确定的，要素供给则体现了一国的要素禀赋。

由于 H-O 理论已经假定各国的需求偏好以及收入分配是完全相同的，从而各国对商品的需求及进一步的对要素的派生需求都是相同的。因此各国要素相对价格的差异来源于各国要素禀赋的差异。由于各国采用完全相同的技术进行生产，因此最终各国商品相对价格的差异是由一开始各国要素丰裕度的不同导致的。

实际上以上过程可以简化为：给定相同的需求条件和生产技术，不同国家在资源禀赋上的差异决定了商品的相对价格和贸易模式，这就是 H-O 理论的核心观点。

二、H-O 理论的基本假设

如同任何理论一样，为了简化分析和方便掌握，H-O 理论做了如下一系列假设：

（1）2×2×2 框架（两个国家、两种产品和两种生产要素）。
（2）两国的技术水平相同。这样两国在生产同一种商品时将使用同样的生产函数。
（3）两国的偏好相同。这样我们可以用同一组无差异曲线来表示两国的消费偏好。
（4）两国在生产中均为不完全分工。也就是说，在两国进行贸易以后，两国仍然会同时生产两种产品，只是此时国内两种产品的生产比例已经发生了变化。
（5）两国的所有市场都是完全竞争的。即指两国的要素市场和产品市场都具有完全竞争的市场结构。
（6）两国的资源都得到了充分的利用。
（7）两国间的贸易是平衡的，即每一国的进口总额都刚好等于其出口总额，不存在贸易逆差或顺差。
（8）要素可以在一国国内自由流动，但不能在国与国之间流动。
（9）没有运输成本、关税或任何其他影响国际贸易自由进行的障碍。
（10）两种商品的生产都是规模报酬不变的。
（11）不存在贸易密集度逆转。

需要补充说明的是，H-O 理论的成立所依赖的假设条件其实并没有那么严格。最重要的假设在于规定各国的初始资源禀赋存在差异性，这是 H-O 理论的首要前提。但是将两个国家、两种商品、两类生产要素的条件放宽为 N 个国家、N 种商品、N 种生产要素并不会对理论的证明产生任何实质性的影响，仅仅是增加了分析的难度而已。另外，H-O 理论也并不要求各国的需求偏好、收入分配和生产技术完全相同，放宽这些假定 H-O 理论依然可以成立。

三、H-O 理论计算与解析模型

（一）H-O 理论的计算模型

为了简化分析，假设 A 国和 B 国以相同的投入比例使用 K 和 L 两种生产要素生产 X

第四章 要素禀赋理论

和 Y 两种产品。由于 A、B 两国的初始要素禀赋存在着差异，因此这种差异将决定两国的分工。两国的具体生产情况如表 4.1 所示。

表 4.1 要素比例、要素价格与比较成本

国家及产品	项目	要素投入比例		要素价格/元		单位产品成本/元
		K	L	K	L	
A 国	X 产品	1	3	5	1	8
	Y 产品	7	1	5	1	36
B 国	X 产品	1	3	1	2	7
	Y 产品	7	1	1	2	9

可见 A 国生产 X 的相对成本 8/36＜B 国生产 X 的相对成本 7/9，而 B 国生产 Y 的相对成本 9/7＜A 国生产 Y 的相对成本 36/8，从而 A 国应该分工生产并向 B 国出口 X 产品，同时 B 国应该生产并向 A 国出口 Y 产品。这种分工格局体现了两国的要素禀赋所决定的比较优势。

（二）H–O 理论的解析模型

我们已经知道在一系列前提条件下，资本丰裕型国家的生产可能性曲线会相对较偏向代表资本密集型产品的坐标轴，而劳动丰裕型国家的生产可能性曲线相对而言更偏向代表劳动密集型产品的坐标轴。现在我们可以将这两条形状各异的生产可能性曲线与两个国家相同的偏好（这可以用相同的一组无差异曲线来表示）结合起来，就可以得到两组在没有任何国际贸易的情况下两国不同的国内相对价格。

如图 4.4 所示，A 国的生产可能性曲线和无差异曲线相切于 A 点。A 点就是 A 国组织生产的点，经过该点的切线的斜率可以看作 A 国 X 商品的相对价格 $\left(\frac{P_x}{P_y}\right)_A$。同样，B 国的生产可能性曲线和无差异曲线相切于 B 点，B 国在 B 点处组织生产，经过该点切线的斜率就等于 B 国 X 商品的相对价格 $\left(\frac{P_x}{P_y}\right)_B$。可以看出，A 国切线斜率小于 B 国切线斜率，所以 A 国国内劳动密集型商品 X 的相对价格 $\left(\frac{P_x}{P_y}\right)_A$ 小于 B 国国内 X 商品的相对价格 $\left(\frac{P_x}{P_y}\right)_B$，这就产生了进行国际贸易的比较优势基础。由于 $\left(\frac{P_x}{P_y}\right)_A < \left(\frac{P_x}{P_y}\right)_B \left[即 \left(\frac{P_y}{P_x}\right)_B < \left(\frac{P_y}{P_x}\right)_A\right]$，A 国在 X 商品上具有比较优势，而 B 国在 Y 商品上具有比较优势。根据比较优势理论，A 国可以多生产 X 商品，B 国可以多生产 Y 商品，然后 A 国用一部分 X 商品交换 B 国的 Y 商品。由于发生贸易后，A 国 Y 商品的供应将增加，B 国 X 商品的供应将增加，于是在 A 国国内 Y 商品的相对价格将下降，B 国国内 X 商品的相对价格也将下降，这种有利于双方的贸易将一直进行到两国商品的相对价格相等时为止。由于世界上只有两个国家，所以此时的价格就是国际价格。

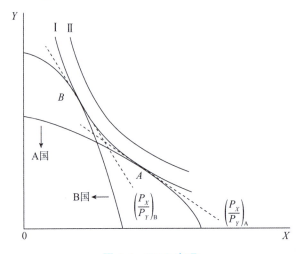

图 4.4 H-O 定理

图 4.5 就说明了 A、B 两国进行分工贸易后的状况。由于我们假设发生贸易时两国的贸易是平衡的且两国在生产中均为不完全分工，所以此时 A 国在生产相对较多的 X 商品用于国内消费和出口的同时也生产一部分 Y 商品，B 国也是同样的情况，即仍然同时生产两种商品。在图 4.5 中就表现为 A 国生产从 A 点出发达到 A' 点为止，B 国生产从 B 点出发达到 B' 点为止。此时两国的生产可能性曲线和同一条相对价格线相切。A 国出口 $A'C$ 的 X 同 B 国交换 $B'C'$ 的 Y。图中 $A'C$ 代表 A 国 X 商品的出口，$C'E$ 代表 B 国对 X 商品的进口，$A'C = C'E$；$B'C'$ 代表 B 国对 Y 商品的出口，CE 代表 A 国对 Y 商品的进口，$B'C' = CE$。两国的最终消费组合在无差异曲线 Ⅱ 上的 E 点。由于无差异曲线 Ⅱ 的位置比无差异曲线 Ⅰ 的位置更高，因此分工和贸易使 A 国和 B 国的状况相较于贸易发生前得到了改善。

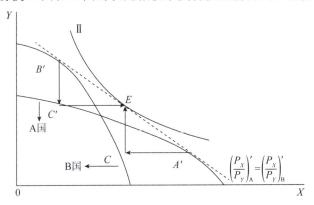

图 4.5 H-O 模型的贸易均衡

这样，H-O 理论解释了各国初始要素禀赋的差异如何形成了互利贸易的基础——比较优势，弥补了李嘉图比较优势理论的不足，从而使比较优势理论有了坚强的根基，同时对实际更有指导价值。这种"靠山吃山、靠水吃水"的资源优势理论对第二次世界大战前的国际贸易格局和发达国家与发展中国家之间的贸易具有很强的解释力。

但是该理论是建立在生产要素价值理论的基础上，否定了马克思的劳动价值论，否定了资本主义生产关系对国际分工的作用，一定程度上论证了西方庸俗经济学的"科学性"。

该理论认为一切社会生产都不可缺少劳动、资本和土地这三个要素,商品价格由三个要素共同创造,即劳动创造工资、资本创造利润、土地创造地租,将产品价格的不同归结于构成产品各个要素的成本不同,掩盖了不变资本与可变资本的区别,认为资本的利润、土地的地租等剥削性收入来源于按要素禀赋进行的分工,与劳动无关,从而是正当的收入,论证了资本主义剥削制度的合理性;国际分工与贸易来源于各国要素禀赋的差异,是自然形成的,与社会制度无关,这都是违背历史事实的。各国要素禀赋差异自古就存在,那为什么以前没有国际分工?马克思曾指出:"先生们,你们也许认为生产咖啡与砂糖是西印度的自然禀赋吧。200年前跟贸易毫无关系的自然界在那里连一棵咖啡树、一株甘蔗也没有生产出来。也许不出50年,那里连一点咖啡、一点砂糖也找不到了,因为东印度正以其更廉价的生产得心应手地跟西印度虚假的自然禀赋做竞争。"① 自然禀赋差异是造成生产力差异的重要因素,因而也是导致国际分工的重要因素之一,但是国际分工最主要的推动力量是资本主义的生产关系。脱离特定的社会制度和生产关系来研究国际分工是不正确的。

第三节　要素价格均等化定理

前已述及,国家间要素禀赋的不同决定了要素相对价格的差异进而导致同种商品在不同国家间的价格差异,这为国际贸易的发展奠定了基础。商品经过国际贸易之后,贸易双方的产品相对价格最终一致并与世界价格相等,那么商品价格的变动反过来会不会对其生产要素产生影响呢?

一、要素价格均等化的提出

(一)要素价格均等化理论

由上述分析可以看出,X、Y 两种商品的价格影响着劳动力与工资的价格,而国际贸易的开展会使两种贸易商品的价格发生变动并最终与世界价格一致,因此国际贸易发生必然会引起各国要素价格的变动,其变动的结果就是本节所讲的要素价格均等化定理(Factor Price Equalization Theorem):两国要素价格的差距将会随着贸易的展开而逐步缩小并最终相等。

要素价格均等化理论首先是由俄林提出的,但是他认为生产要素价格完全相同几乎是难以想象的,因为首先影响市场价格的因素复杂多变,不同的市场之间存在着差别,价格水平难以一致;其次生产要素在国家之间不能充分流动,即使在国内,生产要素从一个部门流向另一个部门也不是十分便利;另外,集中的大规模生产必然使有些地区要素价格相对较高,有些地区相对价格较低,从而阻碍了生产要素的完全均等;最后产业需求往往是对几种要素的联合需求,它们结合的比例不能任意变动。所以,俄林认为生产要素价格均等化只是一种趋势,而不是必然结果。1949年,萨缪尔森(P. A. Samuelson)发表了题为"再论生产要素价格均等化"的文章,用数学方法论证了在特定条件下国际要素价格均等化是必然的,而不是一种趋势。由于萨缪尔森对要素价格均等化的证明是在 H-O 理论上推论出来的,因此,

---

① 马克思. 关于自由贸易的演说 [M]. 北京:人民出版社,1976.

要素价格均等化定理又被称为赫克歇尔—俄林—萨缪尔森定理，即 H–O–S 定理。

H–O–S 定理：自由贸易必然会导致各国同质生产要素的相对价格和绝对价格趋向一致。

即使要素不具备国家之间流动的条件，只要自由贸易得到了充分的发展，两国经过贸易后不仅商品的相对价格相等，而且相同要素的相对价格和绝对价格都会相等。也就是说，两国所有工人都会获得同样的工资，所有资本都会获得同样的利润，所有土地都会获得同样的地租，而不管两国生产要素的供给与需求如何。

（二）斯托尔帕—萨缪尔森定理（Stolper-Samuelson Theorem）

在完全竞争的假设条件下，生产要素在每一部门的报酬等于其边际产品的价值，即等于其边际产出与商品价格的乘积。假设 A 国是劳动丰裕型国家，出口劳动密集型产品 X，进口资本密集型产品 Y，则在 A 国有：

$$w_X = P_X \times MPL_X \tag{1}$$

$$w_Y = P_Y \times MPL_Y \tag{2}$$

$$r_X = P_X \times MPK_X \tag{3}$$

$$r_Y = P_Y \times MPK_Y \tag{4}$$

劳动丰裕的 A 国对外开放后将增加劳动密集型产品 X 的生产和出口，长期内要素将从资本密集型行业向劳动密集型行业转移。作为劳动密集型产品的 X 需要的劳动要素较多，资本要素较少，但是从资本密集型行业释放出来的要素中资本相对较多，劳动相对较少，与生产 X 产品要求的要素比例不匹配，于是要素市场上就出现了劳动的超额需求与资本的超额供给，结果使 w/r 上升。w/r 上升后两个行业中都将出现资本对劳动的替代（因为资本变得相对便宜），于是 A 国国内的 K/L 也呈上升趋势。

两个行业资本投入的增加使劳动的边际生产力 MPL 提高，资本的边际生产力 MPK 降低。又根据 H–O 理论，A、B 两国进行贸易之后 A 国的 X 产品的相对价格会提高，而 Y 产品的相对价格会下降。于是根据上述等式可以看出 X 的价格上升与国内要素流动导致的劳动边际生产力的提高使劳动密集型行业的工资水平 w_X 加速上升，同理，资本密集型行业的资本价格 r_Y 会加速下降。而由下降的 P_Y 和上升的 MPL_Y 决定的生产 Y 产品的劳动力工资 w_Y 以及由上升的 P_X 和下降的 MPK_X 决定的生产 X 产品的行业资本报酬 r_X 的变动效果则不确定，但是根据 H–O 理论中完全竞争和在长期内要素国内自由流动的假定，不同产品使用的同种要素价格最终趋于一致，即 $w_X = w_Y$ 和 $r_X = r_Y$，所以总的来说，国际贸易引起的价格变化长期内使劳动丰裕型国家劳动要素的实际收入加速上升，资本所有者的实际收入加速下降，这就是斯托尔帕—萨缪尔森定理的基本思想。

斯托尔帕—萨缪尔森定理：某个产品价格上涨不会导致生产该产品所使用的所有要素的实际收益增加，而是导致这一产品密集使用的要素的实际收益增加，而没有密集使用的要素的实际收入反而减少。

根据上述分析，国际贸易会使劳动丰裕的国家劳动者的实际收入上升，资本所有者的收入下降；而在资本丰裕的国家内则是资本所有者的实际收入上升，劳动者的实际收入下降。换言之，国际贸易使一国丰裕要素收益增加，稀缺要素收益减少，从而不同国家同种要素收入趋于一致。商品价格对不同要素的影响导致不同生产者对贸易的不同态度，比如美国的农业生产者和技术密集型行业的所有者总是倾向于自由贸易，而劳动密集型行业的劳动者则要求实行贸易保护。

二、要素价格均等化的推导

如上所述，要素价格均等化定理是在 H-O 模型的基础上推导出来的，也必然遵守 H-O 理论的各个假设。H-O 模型中假定各国的生产技术是相同的并且 X 是劳动密集型产品，Y 是资本密集型产品，且不存在要素密集度的颠倒，即不论在哪个国家生产，不论要素价格发生什么改变，X 始终是劳动密集型产品而 Y 也始终是资本密集型产品。在这个前提下，每一种商品的价格都只有一种要素相对价格和一组要素比例。

我们仍然以 A、B 两国为例。在贸易之前，A 国 X 产品的相对价格低于 B 国，B 国 Y 产品的相对价格低于 A 国，这是两国进行贸易的基础。当两国贸易开展后，A 国分工生产 X 产品，并减少 Y 产品的产量，因此对生产 X 商品时密集使用的劳动力要素的相对需求就会上升，从而工资率有所提高，对资本的相对需求下降，从而利息率降低。B 国所发生的一切恰好与 A 国相反，B 国分工生产 Y 产品，减少 X 产品的生产量，以至于对 Y 产品密集使用的资本要素的相对需求上升，促使利息率提高，对劳动要素相对需求的减少导致工人工资率下降。因此国际贸易提高了原本较低的生产要素的价格，降低了两国国内较高的生产要素的价格，缩小了同质生产要素的价格差异，为要素价格的均等化提供了空间。这个过程可以简单地用图 4.6 来表示。

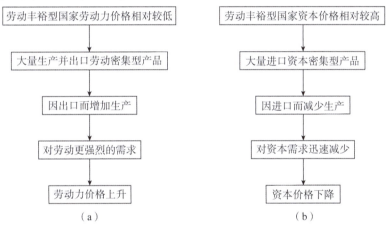

图 4.6　劳动力价格上升和资本价格下降的过程
（a）劳动力价格上升；（b）资本价格下降

在各国增加出口产品产量的同时，出口产品的相对价格也在发生变化，如图 4.7 所示：横轴表示劳动力与资本的价格比例 w/r，纵轴是 X、Y 两种产品的价格比例 Px/Py。A 国劳动力丰裕，劳动力的价格——工资率比较低，因此 w/r 也比较低，其分工生产的 X 产品的价格主要是由 X 密集使用的劳动力要素的价格决定，因此当劳动力价格上升时，X 的相对价格也会上升，也就是说 w/r 与 Px/Py 呈现出如图 4.7 所示的正比关系。在图 4.7 中，A 国的 w/r 与

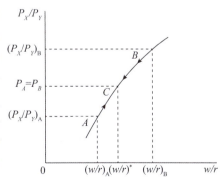

图 4.7　要素相对价格均等化图解

Px/Py 位于曲线较低的 A 点，B 国位于较高的 B 点。贸易发生后，X、Y 的相对价格一定会位于 $(Px/Py)_A$ 与 $(Px/Py)_B$ 之间，如图中 C 点所示。当两国价格逐渐趋近于 C 点的时候，两国的相对要素价格 w/r 也逐渐向 C 点移动，并最终在 C 点重合，即两国相对要素价格相等。

要素相对价格均等化也可以用数学方法来证明。

仍然用 A、B 两国进行分析，X—劳动密集型产品，Y—资本密集型产品；L—劳动投入量，K—资本投入量；w—工资，r—利息率；A 国劳动力丰裕，B 国资本丰裕；S 表示生产某种产品所需要的资本与劳动力的比例，Q 表示两国劳动要素与资本要素的价格比例。根据欧拉定理，A 国生产 X 的单位成本为：

$$P_{AX} = L_X \times w_A + K_X \times r_A = L_X w_A \left(1 + \frac{K_X \times r_A}{L_X \times w_A}\right)$$

令 $S_X = K/L$　$Q_A = w_A/r_A$，则 $P_{AX} = L_X w_A \left(1 + \frac{S_X}{Q_A}\right)$

同理 $P_{AY} = L_Y w_A \left(1 + \frac{S_Y}{Q_A}\right)$

$P_{BX} = L_X w_B \left(1 + \frac{S_X}{Q_B}\right)$

$P_{BY} = L_Y w_B \left(1 + \frac{S_Y}{Q_B}\right)$

两国相对价格差：

$$\frac{P_{AX}}{P_{AY}} - \frac{P_{BX}}{P_{BY}} = \frac{L_X(1 + S_X/Q_A)}{L_Y(1 + S_Y/Q_A)} - \frac{L_X(1 + S_X/Q_B)}{L_Y(1 + S_Y/Q_B)}$$

$$= \frac{L_X[(S_X - S_Y)/Q_A + (S_Y - S_X)/Q_B]}{L_Y(1 + S_Y/Q_A)(1 + S_Y/Q_B)}$$

上式分子分母同时乘以 $Q_A Q_B$ 得出：

$$\frac{P_{AX}}{P_{AY}} - \frac{P_{BX}}{P_{BY}} = \frac{L_X(S_X - S_Y)(Q_B - Q_A)}{L_Y(Q_A + S_Y)(Q_B + S_Y)} \tag{5}$$

由于生产不同的产品 X 和 Y 需要的资本与劳动量的比值不同，即 $S_X \neq S_Y$，而当国际贸易发生后，两国商品的相对价格将会趋于一致并最终与世界价格相等，于是 $\frac{P_{AX}}{P_{AY}} = \frac{P_{BX}}{P_{BY}}$ 即 $\frac{P_{AX}}{P_{AY}} - \frac{P_{BX}}{P_{BY}} = 0$，又式（5）中分母明显不会为零且分子上 $S_X \neq S_Y$，因此当两国商品相对价格相等时，$Q_A = Q_B$，即两国要素相对价格相等。

同理可以证明资本要素绝对价格在两个国家的贸易中最终也相等（证明推导见附录）。

三、对要素价格均等化定理的评价

从以上分析来看，商品的流动实际上替代了要素的流动，并将收益平均分配到了各国同质要素之间，使不同国家同质要素的价格趋于一致。美国劳工组织极力阻挠墨西哥移民到美国，他们担心移民的增加会影响到美国工人的工资和就业，然而根据以上分析，墨西哥只要生产和出口劳动密集型产品到美国同样会影响美国劳动力的价格。而一些欠发达国家的资本比较缺乏，这些国家中主要的资本拥有者就极力阻挠外国资本的流入，事实上，对外国资本密集型产品的进口同样会降低本国资本的价格。

如果要素价格均等化定理真的能实现，则各国不必进行生产要素的国际流动，只要通过自由贸易，各国的劳动、资本和土地就都可以获得完全相等的报酬，这样一来国家之间的贫富差距（如美国、日本、印度、越南等国劳动者的收入差距）将会消失，这无疑对世界经济发展有着重要的意义。但是我们都清楚地知道现实并非如此。以上分析中反复提到了要素价格均等化定理是H-O理论的推论，同时也受到H-O理论各个假定的制约，其中比较重要的三个假设有：①国家间必须存在完全竞争；②国家之间没有贸易壁垒；③国家间具有相同的生产技术。

以上三个假设在现实生活中很难满足。首先，大量垄断和寡头出口企业的存在打破了国家间完全竞争的假设；其次，受自然条件的约束，运输成本会对贸易有阻碍作用，特别是对服务贸易。各个国家参加国际贸易的商品并不是该国全部商品，而是部分产业的部分产品；再次，各国贸易保护严重破坏了"自由贸易"的假定。关税、配额、补贴、倾销等都对产品成本造成影响，从而导致最终商品贸易的价格也不会相等；最后，现实中各国在技术上的差异根本无法满足"生产技术相同"的假定。研发（R&D）与一国国力有很大的关系，国力较强的政府重视研发并对其进行大量投资促进技术的进步与创新，国力较弱的国家则相反，再加上一些国家的技术垄断，国家间技术相同的可能性几乎不存在。

根据要素价格均等化理论，随着贸易的发展，一些资本丰裕的国家将由于进口劳动密集型的产品，会减少对劳动力的需求，从而降低了劳动力的工资。但是现实中这些资本丰裕的国家由于经济和贸易的发展，人们的收入水平提高，对于服务业的消费越来越多，而服务业的劳动生产率提高相对缓慢，因此吸收劳动力较多。于是在这些资本丰裕的国家里，劳动力的工资又有上升趋势。劳动力价格下降与上升趋势同时存在，是对要素价格均等化理论的挑战。

虽然要素价格均等化理论在现实世界中很难实现，但也正是种种阻碍世界要素价格均等化的因素刺激了生产要素的国际流动。要素价格完全相同是不可能的，但是随着要素的国家之间的流动，如同俄林所坚持的：要素价格均等化是一种趋势。

第四节　里昂惕夫之谜

里昂惕夫利用美国的投入产出表计算了美国在1947年每100万美元出口产品和进口替代品中劳动和资本的数量，并最终比较两类商品的要素密集度（见表4.2）。计算结果显示：美国每100万美元出口产品所需资本为2 550 780美元，而每100万美元进口替代产品所需资本为3 091 339美元，所需劳动分别是182人/年和170人/年，即进口替代品的资本密集度高于出口产品，美国实际上是出口劳动密集型产品，而进口资本密集型产品。美国显然是资本丰裕型国家，所以检验之前里昂惕夫期望的结果是美国出口资本密集型产品，进口劳动密集型产品，但是检验结果却令人大吃一惊，与H-O模型预期的结果完全相反。这就是轰动西方经济学界的"里昂惕夫之谜"。

表 4.2　1947 年美国每 100 万美元出口产品和进口替代品对资本和劳动力的需求额

项目＼商品种类	出口产品	进口替代品
资本（按 1947 年美元）	2 550 780	3 091 339
劳动力（年人工）	182	170
资本/年人工（美元）	14 015	18 184

资料来源：Leontief. Factor proportions and the structure of American trade：further theoretical and empirical analysis［J］. The Review of Economics and Statistics，1956. 38（4）386-407.

尽管里昂惕夫的检验结论与 H-O 理论不符，但他并没有去推翻 H-O 模型，而是尽力去解释这个结果。里昂惕夫认为各国劳动素质差异较大，1947 年在相同资本配合下美国劳动生产率是外国工人的 3 倍，如果把美国劳动数量乘以 3 再和国内可用资本比较，就会发现美国其实是一个劳动丰裕的国家。但是这个结论并没有被广泛接受，因为美国劳动生产率比外国高时，资本生产率也较高，这样美国的要素禀赋不会有太大的变化。后来里昂惕夫本人也否定了这个解释。经济学家对"里昂惕夫之谜"进行了各种各样的解释，下面主要介绍几种比较普遍的解释：

一、生产多要素论（自然资源论）

俄林假设只有资本和劳动力两种要素，但是如果某种产品含有第三种要素，并在其中起决定性作用，就会产生不同的结果。美国大量进口矿产品和木材，这些产品使用大量资本和自然资源，而大量出口使用大量劳动力和土地的农产品，因此，里昂惕夫之谜是一种巧合：美国进口的自然产品碰巧是资本—劳动力比率高的，而出口的产品碰巧是资本—劳动力比率低的。

二、人力资本论

里昂惕夫所定义的资本仅仅包含了实物资本，而完全忽视了人力资本（Human Capital）。人力资本就是工人所拥有的能提高其劳动生产率的教育、工作培训、健康状况等一系列支出。它可以改善劳动者的素质，极大地提高劳动生产率，从而对外贸格局产生重要影响。一般来说，人力资本充裕的国家往往出口人力资本密集型产品。如果把人力资本投资算作一国的资本存量，即算作产品生产中的资本投入，那么人力资本密集型产品也就是资本密集型产品。美国在人力资本上的投入远远超过了其他国家，劳动力接受了更多的教育和培训，具有更多人力资本。将人力资本这一部分加到实物资本上来看，美国出口商品的资本密集度就大于进口商品的资本密集度。

三、贸易保护论

H-O 模型的假设前提是自由贸易，但是现实中存在运输成本、关税壁垒以及其他非关税壁垒使各国的贸易模式有别于 H-O 模型的结论。美国是资本丰裕型国家，自由贸易将会提高资本所有者的实际收入，降低劳动所有者的实际收入，因此劳动所有者更倾向于贸易保护。实际上美国对纺织服装、鞋类等劳动密集型产品一直限制进口，降低了进口商品的劳动密集度，这在一定程度上解释了里昂惕夫之谜。

四、生产要素密集度逆转论

要素禀赋理论假设无论要素价格如何变化，某种商品总是以某种要素密集型方法生产的。其实同一产品所含要素比例在不同国家会发生重大改变，造成要素密集性逆转，就是同一商品在劳动丰富的国家是劳动密集型产品，而在资本丰富的国家是资本密集型产品，原因是要素价格发生变化时，两种产品的要素替代弹性不同，一种产品比另一种产品更容易进行要素替代。美国进口商品在贸易伙伴国是劳动密集型产品，但是在美国国内生产的进口替代品却是资本密集型产品。里昂惕夫用进口替代品测算美国进口商品在贸易伙伴国的要素密集度可能会导致误差，产生里昂惕夫之谜。

五、跨国公司论

美国跨国公司遍布世界各地，所生产的产品约50%返销美国。美国跨国公司的产品主要是利用东道国的各种资源和劳动力，加上美国的资本和技术生产出来的，其中大多属于资本密集型产品，这类产品的返销，按照国际统计惯例，算作东道国的出口和美国的进口，即美国跨国公司的体内循环，导致美国进口资本密集型产品。

六、生产与消费的资本与劳动比率之比

在一个多要素的世界中，通过比较生产与消费的资本与劳动比率，而不是比较进出口的资本与劳动比率，才能说明问题。利默尔发现1984年美国生产与消费的资本与劳动比率远大于进出口的资本与劳动比率，说明里昂惕夫之谜并不存在。

附录：

要素绝对价格相等推导

要素绝对价格相等意味着贸易使两国劳动的实际工资率相等，资本的实际利率也相等。要证明此结论也需要用到欧拉定理和克拉克法则。欧拉定理指的是在规模报酬不变并且一切产品刚好被消费完毕的条件下，某种产品的产量等于投入的各生产要素的数量与其边际生产力的乘积之和。如产品 X 的产量等于劳动力的投入量与劳动力边际生产力的乘积加上投入的资本量与资本边际生产力的乘积，即 $X = MPL \times L + MPK \times K$，其中 MPL 是劳动力的边际生产力，MPK 是资本的边际生产力。"克拉克"法则指的是要素报酬与其边际生产力相等，即劳动力工资与其边际生产力相等，资本的利息率与资本的边际生产力相等，即 $w = MPL$；$r = MPK$；则有 $X = w \times L + r \times K$；

整理可得

$$w = \frac{X}{L} - \frac{r \times K}{L} = \frac{X}{L} - \frac{r \times K}{L \times w} \times w$$

移项可以得出

$$w \left(1 + \frac{r \times K}{w \times L}\right) = \frac{X}{L}$$

于是有

$$w = \frac{X/L}{1 + \frac{r}{w} \times \frac{K}{L}}$$

可以看出决定劳动力工资 w 的有 X/L、r/w 和 K/L，其中 X/L 是 X 的产量与劳动力数量的比率，即劳动生产率，因为 H-O 模型假设中两国生产技术与规模报酬不变，所以劳动生产率在两国是相等的 $(X/L)_A = (X/L)_B$；r/w 即两种生产要素的相对价格，前面已经证明贸易会使两国相对要素价格相等，所以 $(r/w)_A = (r/w)_B$；K/L 是生产 X 所投入的资本与劳动比例，由于两国技术相同，生产 X 需要的资本与劳动要素的比率也相同，即 $(K/L)_A = (K/L)_B$。既然决定劳动力工资的三个方面 X/L、r/w 和 K/L 在两国都相等，则可以得出两国劳动力绝对价格最终相等，即 $w_A = w_B$。

本章核心概念

要素密集度（Factor-Intensity），要素丰裕度（Factor-Abundance），生产可能性曲线（Production Possibility Curve），社会无差异曲线（Community Indifference Curve），商品相对价格（Relative Commodity Price），要素价格均等（Factor-price Equalization），里昂惕夫之谜（Leontief Paradox），技术（Technology），人力资本（Human Capital），研究与开发（Research and Development）。

复习思考题

1. H-O 理论的主要内容是什么？
2. 什么是要素密集度逆转？试着举个例子。
3. H-O-S 理论的主要内容是什么？
4. 新要素理论与 H-O 理论是怎样的关系？
5. 举例说明研究与发展（R&D）要素在国际贸易中的地位。

参考文献

1. （瑞典）贝蒂尔·俄林. 地区间贸易和国际贸易（中文版）[M]. 北京：首都经济贸易大学出版社，2001.
2. 吕宁，迈夫. 要素禀赋理论与克鲁格曼的新贸易理论的比较 [J]. 中共长春市委党校学报，2005（3）：41-42.
3. 吴俊，张家峰. 规模收益递增、产业内贸易与要素禀赋理论 [J]. 世界经济，2008（8）：42-56.
4. 付亚星. 信息经济下新要素禀赋理论的应用 [J]. 经营管理者，2014（24）：214.
5. 吕春成. 要素价格均等化定理研究动向考察 [J]. 山西财经大学学报，2002（1）：

7-9.

6. 王小燕，石红莲. 从现代国际贸易实践看要素禀赋理论的局限性 [J]. 商场现代化 2013（11）：38-39.

7. 江建军. 对斯托尔珀—萨缪尔森定理的质疑 [J]. 经济学家，1997（3）：83-87.

8. 汪淼军，冯晶. 关于里昂惕夫之谜解释的综述 [J]. 浙江社会科学，2003（1）：79-82.

9. 刘桦林. 里昂惕夫之谜与战后贸易理论的发展 [J]. 国际贸易问题，1994（1）：29-32，59.

第五章 新贸易理论

> **本章重点问题**
>
> 产业内贸易理论，产品生命周期理论，公司内贸易理论，国家竞争优势理论，企业异质性模型，企业内生边界模型，企业内部化抉择。

20世纪70年代末至80年代初，以美国经济学家克鲁格曼为代表的一批经济学家提出了"新贸易理论"（New Trade Theory）。新贸易理论认为除资源禀赋差异外，规模经济亦是国际贸易起因和贸易利益来源的另一个独立因素。克鲁格曼指出："即使在缺少偏好、技术和资源禀赋方面差异的情况下，规模经济也可以引导各国开展专业化分工和贸易。"新贸易理论引入了规模经济的假设，使研究重心由关注国家间的差异转向市场结构和厂商行为方面。如果将以新古典学派一般均衡分析作为基础的比较优势理论冠以"国际贸易的完全竞争理论模型"，那么新贸易理论则可被称为"国际贸易的不完全竞争理论模型"。因为不完全竞争理论没有形成统一的分析范式，所以新贸易理论至今还没有像比较优势理论模型那样在表达形式上达到完美的地步。不过，这并不妨碍该理论的巨大应用价值。迄今为止，新贸易理论经历了40余年的发展，已经比较成熟，并成为国际经济学或国际贸易教科书中的重要组成部分。

新贸易理论的出现有两大渊源。

一是随着国际贸易实践的发展，传统的贸易理论已不能很好地解释许多重要的国际贸易现象，例如，20世纪60年代以后，世界贸易绝大部分发生在偏好、技术和资源禀赋都比较相似的发达国家之间，而资源禀赋差异比较大的发达国家和发展中国家之间的贸易在世界贸易中的比重在不断下降；在国际贸易流量中，产业内贸易（发生在属于同一产业类别中的双向贸易）已成为主流。关于后一种现象，早在20世纪60年代中期，一些经济学家就已经注意并开始研究，其中格鲁贝尔（Grubel）和劳埃德（Lloyd）在20世纪70年代还提出了一种测量产业内贸易密集度的指标方法，用于测算国际贸易中产业内贸易的重要性。两位学者根据测算的结果，将产业内贸易分为三种类型：第一类是消费上的替代性商品，即对消费者来说，这类商品替代性比较强，例如化纤类服装与天然棉花类服装；第二类是生产中投入系数相似的商品，即要素密集度比较相似的商品，例如焦油与汽油；第三

第五章 新贸易理论

类是既具有消费替代性又具有技术类似性的商品。其中第一类商品的产业内贸易早在20世纪60年代就已经由林德提出的重叠需求理论给予解释；而对于第二类商品的产业内贸易，有学者指出这并不与要素禀赋理论相冲突，它完全可以用修正后的要素禀赋理论来加以解释；但对于第三类商品的产业内贸易，格鲁贝尔和劳埃德两位经济学家认为只有规模经济和产品差别化才能解释，而这又与传统的贸易理论相抵触，因而需要发展一种新的贸易理论来解决这一问题。

二是产业组织理论的发展为新贸易理论的出现奠定了坚实的理论基础。事实上，早在亚当·斯密的关于贸易扩大市场规模从而提高劳动生产率的著名论断中，就已经提出了规模经济的思想。但后来随着新古典学派的兴起，规模经济由于与完全竞争市场结构相对立，所以一直被排除在以竞争性均衡为核心的一般均衡理论之外。虽然古诺、张伯伦等经济学家在不完全竞争分析方面做出了巨大的贡献，但长期以来，不完全竞争分析一直游离于主流经济学之外。20世纪40年代兴起的产业组织理论可以说填补了这方面的空白，简单地说，产业组织理论（SCP框架）可看作微观经济学中市场结构理论的一个后续发展，它主要以不完全竞争市场结构为考察对象，分析市场结构（S）、厂商行为（C）、市场绩效（P）之间的因果关系。20世纪70年代中期产业组织理论出现了一次大的发展，特别是博弈论方法被引入产业组织理论之后，对于不完全竞争市场结构下（主要针对寡头市场）厂商行为的描述与研究取得了巨大的成功，大大丰富了经济学的理论基础。新产业组织理论的兴起对经济学许多分支的发展都产生了巨大的推动作用，国际贸易领域自然也不例外。1978年，克鲁格曼在其麻省理工学院的博士毕业论文中，首次将迪克西特和斯蒂格利茨两人所共同提出的将差异产品和（内部）规模经济考虑在内的垄断竞争模型（又称为"新张伯伦模型"）推广到开放条件下，提出了一套全新的贸易理论。

第一节 产业内贸易理论

产业是一个"集合"的概念，是一种同一属性的生产经营活动、同一属性的产品和服务、同一属性的企业的集合。从统计上讲，产业内贸易是指一个国家在出口的同时又进口某种同类产品。这里的同类产品是指按国际贸易标准分类（SITC）至少前3位数相同的产品，即至少属于同类、同章、同组的商品，它们既出现在一国的进口项目中，又出现在该国的出口项目中。产业内贸易兴起于第二次世界大战后发达国家之间的双向贸易，随着贸易投资自由化和市场一体化趋势的发展，产业内贸易逐渐活跃起来。到20世纪70年代末，发达国家和新兴国家贸易中有一半左右为产业内贸易；到20世纪90年代，其产业内贸易接近60%。在当今全球贸易中，大约3/4是由产业内部的双向贸易构成的。

一、产业内贸易指数（L-G）

一国到底以产业间贸易为主还是以产业内贸易为主，可以通过产业内贸易指数来衡量。产业内贸易指数既可以是某一产业的产业内贸易指数，也可以是一国的产业内贸易指数。就某一产业而言，产业内贸易指数的计算公式如下：

$$IIT = 1 - \frac{|X - M|}{|X + M|}$$

其中，X 和 M 分别代表一个产业（或同类产品）的出口额和进口额。由公式可知，IIT 指数的值介于 0 和 1 之间。如果某产业只有进口或只有出口，其产业内贸易指数为零；如果某产业既有出口又有进口，产业内贸易指数则大于零。IIT 指数的大小在很大程度上取决于如何定义一个产业或产品，产业或产品定义越宽泛，产业内贸易量越大，IIT 指数的值就会越大。如果将标准国际贸易分类中的"饮料与烟草"定为一类，与将饮料和烟草分为两类相比，会出现更多的产业内贸易。假设一个国家出口饮料、进口烟草，使用较粗的分类，就有产业内贸易；使用更细的分类，就没有产业内贸易。

一国产业内贸易指数的公式如下：

$$IIT = 1 - \frac{\sum |X_i/X - M_i/M|}{\sum (X_i/X + M_i/M)}$$

其中，X_i/X 和 M_i/M 分别代表 i 类产品的出口价值、进口价值占其出口和进口总值的比重，$|X_i/X - M_i/M|$ 表示该类商品出口和进口份额之差的绝对值。IIT 指数的值介于 0 到 1 之间，如果每一行业商品只出口或只进口，IIT 指数为 0，即不存在产业内贸易；如果每一产业商品的出口和进口相等，IIT 指数等于 1；如果 IIT 指数大于 0，表明肯定有些商品同时进口和出口，这就是产业内贸易。IIT 指数的值越大（$|X_i/X - M_i/M|$ 越小），产业内贸易越发达。1999—2007 年中国产业内贸易指数及 SITC 各大类商品产业内贸易指数见表 5.1 和表 5.2。

表 5.1 1999—2007 年中国产业内贸易指数（按 SITC 分类）[①]

年份	初级产品	工业制成品
1999 年	0.852	0.885
2000 年	0.705	0.887
2001 年	0.731	0.904
2002 年	0.734	0.906
2003 年	0.647	0.915
2004 年	0.514	0.891
2005 年	0.499	0.836
2006 年	0.441	0.795
2007 年	0.412	0.801

资料来源：根据商务部统计资料计算。

表 5.2 1999—2007 年中国 SITC 各大类商品产业内贸易指数

年份	0 类	1 类	2 类	3 类	4 类	5 类	6 类	7 类	8 类
1999 年	0.514	0.425	0.471	0.687	0.176	0.603	0.984	0.917	0.236
2000 年	0.559	0.656	0.365	0.551	0.212	0.572	0.991	0.947	0.258
2001 年	0.561	0.641	0.317	0.650	0.254	0.588	0.978	0.940	0.295

---

① 周秋瑜，张雪佳，陈敏. 中国产业内贸易水平的实证分析［J］. 中国商界（下半月），2010（12）：10-12.

续表

年份	0类	1类	2类	3类	4类	5类	6类	7类	8类
2002年	0.528	0.565	0.324	0.609	0.114	0.564	0.956	0.962	0.327
2003年	0.507	0.649	0.257	0.552	0.114	0.571	0.962	0.987	0.415
2004年	0.655	0.616	0.178	0.459	0.061	0.554	0.897	0.991	0.501
2005年	0.611	0.846	0.198	0.448	0.131	0.623	0.777	0.909	0.470
2006年	0.572	0.971	0.172	0.320	0.178	0.674	0.677	0.888	0.470
2007年	0.553	0.999	0.148	0.315	0.087	0.707	0.642	0.842	0.451

资料来源：同表5.1。

二、产业内贸易的理论解释

诚然，有许多简单的原因（如气候、地理、政府政策等因素）都可能造成产业内贸易现象。例如建筑材料沙子、砖头、水泥等本身价值低，但是运输成本高，因此，本国即使有同样的资源，有时候厂商也会到运输条件方便的邻国去购买。供求的季节性和其他突发因素有时会导致一国进口那些在其他时间出口的商品。例如我国夏季是水果丰产季节，产量大，需要出口，而冬季产量小，需要进口。政府不当的政策干预造成的价格扭曲（比如国内价格大大高于国外价格），也会刺激进口国外的同类商品。但是，这些因素具有偶然性和特殊性，不足以从经济学上说明大量存在的同类产品之间贸易的原因。

（一）重叠需求理论（偏好相似理论）

由瑞典经济学家林德（B. Linder）提出的重叠需求理论（Overlapping Demand Theory），又称为偏好相似理论（Preference Similarity Theory），从需求的角度探讨了国际贸易发生的原因。该理论的核心思想是：两国之间贸易关系的密切程度是由两国相似的需求结构与收入水平决定的。

林德认为一种产品是否生产取决于国内市场的有效需求，而若要出口，还需有国外的有效需求。厂商决定生产什么产品，完全取决于他能获得利润的多少，而要使生产有利可图，那么这种产品必须在国内有市场。因此，消费者的收入水平和需求结构决定了厂商的生产方向和内容，这又被称为"消费者统治"。

根据上面的基本假设，如果两国的平均收入水平相近，则两国的需求结构必定相似；反之，则必定存在显著的差异。例如欧美的一些高收入国家收入水平比较接近，打高尔夫球是一项比较普及的运动，麦当劳、肯德基等快餐也卖得相当火热，成为人们生活的一部分。但在非洲的一些低收入国家里，虽然有少数富人从事这项高消费的运动，但它不是代表性的需求，这些国家的人们普遍大量需要的是食品等生活必需品。

两国之间的需求结构越接近，则两国之间进行贸易的基础就越雄厚。例如，若A、B两国的需求结构相同，则对任意一个国家的厂商来说，他会发现对产品的需求除了来自国内还有来自国外。那么很自然地，他会通过贸易（出口）来扩大其产品的有效需求，获取更多的利润。

在图5.1中，横轴表示一国的人均收入水平（Y），纵轴表示消费者所需要的各种商品的品质等级（Q）。所需的商品越高档，其品质等级越高。人均收入水平越高，则消费者所需商品的品质等级也就越高，二者的关系由图中的 OP 线表示。

现在假设 A 国的人均收入水平为 Y_A，B 国的为 Y_B。A 国所需商品的品质等级处于以 D 为基点，上下限点分别为 F、C 的范围内。B 国所需商品的品质等级处于以 G 为基点，上下限点分别为 H、E 的范围内。对于两国来说，落在各自范围之外的点不是太高档就是太低劣，是其所不能或不愿购买的。

A 国的品质等级处于 C 和 E 之间的商品、B 国的品质等级处于 F 和 H 之间的商品，均只有国内需求，而没有来自国外的需求，所以不可能成为贸易品。但在 E 和 F 之间的商品，在两国都有需求，即存在所谓的重叠需求。这种重叠需求是两国开展贸易的基础，品质处于这一范围内的商品，A、B 两国均可输出或输入。

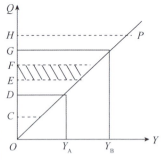

图 5.1　重叠需求理论

由图 5.1 可知，当两国的人均收入水平越接近时，重叠需求的范围就越大，两国重复需要的商品都有可能成为贸易品。因此，两国的收入水平越相似，贸易关系也就可能越密切；反之，如果收入水平相差悬殊，则两国之间重复需要的商品就可能很少，甚至于不存在，因此贸易的密切程度也就越小。

关于重叠需求理论的适用性，林德曾指出其理论主要是针对工业产品或制成品。他认为初级产品的贸易是由自然资源的禀赋不同而引起的，所有初级产品的需求与收入水平无关，它的贸易可以在收入水平相差很大的国家间进行。而工业产品的品质差异较明显，其消费结构与一国的收入水平有很大的关系，因此工业品之间的贸易也就与国家的经济发展水平、收入水平有密切关系了。另外，发达国家的人均收入水平较高，它们之间对工业品的重复需要范围较大，因此工业品的贸易应主要发生在收入水平比较接近的发达国家之间。

重叠需求理论与要素禀赋理论各有其不同的适用范围。概括而言，要素禀赋理论主要用来解释发达国家与发展中国家之间的产业间贸易；而重叠需求理论则适用于解释发达国家之间的产业内贸易，即制造业内的一种水平式贸易。

(二) 市场结构理论

1. 供给原因

(1) 规模经济。

前面讲述的比较优势模型是以规模报酬不变的假设为基础的。事实上，很多行业都具有生产规模越大，生产效率越高的规模经济（边际收益递增）的特征。在这些行业中，产出的增加超过投入的增加。

规模经济可分为外部规模经济和内部规模经济。外部规模经济又称外部经济，是指单个厂商从同产业内其他厂商规模的扩大中获得生产效率的提高和成本的下降；内部规模经济又称内部经济，是指厂商单位产品成本在一定范围内随着生产规模的扩大而下降，取决于单个厂商的规模而不是其所在的行业规模。

外部规模经济对国际贸易的影响表现在以下方面：

①对那些具有显著外部经济的产业来说，需求和出口市场的扩大可以引起供给和产业规模的扩大，产业规模的扩大会强化外部经济的作用，促进产业的平均成本和价格下降，产品竞争力进一步提高。

②在那些具有相似要素禀赋、成本和需求曲线的国家，首先生产某种产品和开辟出口

的国家将获得该产业的比较利益,并能通过外部经济的作用来巩固和扩大该产业的比较利益。这种生产和出口格局有时是由于偶然的历史机遇或政府的扶持造成的。

③为获取具有显著外部经济效应的产业的战略利益和有利的国际专业化分工地位,一个国家不能消极地等待偶然的机遇,而应当通过积极的政策干预达到目的。

④具有外部经济效应的产业的贸易扩展必然会对本国和外国消费者以及出口商品生产者带来利益,甚至能使外国生产者获利,但如果它夺走了外国生产者必需的市场份额,则会使竞争对手受到损害。

内部规模经济一方面促进了各国在各产业内部发展专业化生产,使建立在产业内专业化分工基础上的产业内贸易得以迅速发展。这种基于规模经济的国际分工没有固定的模式,既可以自然(竞争)产生,也可以协议分工。另一方面,规模经济的制约作用使每一国的企业只能生产出品种有限的产品规格,而且使众多生产同类产品的企业在竞争中优胜劣汰,形成一国内某种产品仅由一家或少数几家产商来生产的局面,即寡头市场结构。

(2)产品差别。

前面讲述的比较优势模型是以产品同质的假设为基础的,事实上大多数工业品是有差别的,其市场是垄断竞争市场。一方面各种产品类似并有一定的替代性,因此互相竞争;另一方面产品又不完全一样,各有一定的特征,因此,各自又有一定的垄断性。这样,产品差别即产品所具有的区别于其他同类产品的主观或客观上或大或小的差异,成为普遍的现象。产品的客观差别可分为垂直差别和水平差别。垂直差别是产品根本特性在其程度上的差别,即同一产品在档次上的差别,主要体现在产品的质量等级上。例如,奥迪和奥拓都是小汽车,但一个是豪华型,一个是经济型。水平差别是同一档次的同类产品各种规格、款式之间的差别。例如,奔驰和林肯都是豪华型汽车,但是美式车和德式车还是有区别的。工业制成品所具有的差异化或多样化程度要远远超过初级产品。每一类制成品不但在质量等级上而且在规格上都可以变换出无数的差别,甚至仅仅一个商标的改动、一个名称的改动都可以使其具有与众不同的特点,这是产业内贸易主要发生在资源禀赋相似的发达国家之间的重要原因。

2. 需求原因

(1)消费者需求的多样性。

以前的比较优势模型实际上假设各国消费者需求没有差别,都是追求廉价性的,谁的产品成本低、价格低谁就能竞争胜出。实际上随着收入水平和文化知识的提高,消费者越来越讲究消费的个性化,要与众不同,为了满足自己的个性需求,往往不在乎价格,因此消费者需求呈现多样性。一千个消费者可能有一千个不同的品味。

(2)消费者需求的差别性和重叠性。

消费者需求的多样性体现在消费差别性上,这种差别同样可以分为垂直差别和水平差别。垂直差别主要体现在消费者对同类产品中不同质量等级的选择上,主要受收入水平的制约,例如,购买奥迪汽车和购买奥拓汽车的消费者主要是收入差距太大。水平差别主要体现在消费者对同类同一档次产品的不同规格、款式的选择上,完全取决于主观上的偏好。例如,购买奔驰汽车和购买宝马汽车的消费者都是"高收入者",选择不同完全是因为个人主观偏好不同。喜欢买LV包和喜欢买香奈儿包都是不缺钱的人,选择不同完全是因为主观偏好不同。

不同国家消费者的需求偏好有重叠性,这主要体现在两个方面:一方面,一个国家多数消费者的需求和另一国家少数消费者的需求有可能是重合的；另一方面，发达国家一般消费者的需求和发展中国家高档的消费需求是重合的。如帕萨特汽车在德国是低档车，在我国是中高档车；奔驰、宝马、奥迪在德国都是中档车，在我国都是高档车，这是由两国经济发展水平差别造成的。

当我们考察两个或两个以上国家的供给与需求状况时，就会发现不同国家的产品层次结构和需求层次结构存在重叠现象。对发达国家来说，由于经济发展水平接近，其产品层次结构和需求层次结构大体相同。这就是说，甲国提供的各种档次的同一类产品基本上能够为乙国的各种层次的消费者所接受，反之亦然，这种重合是发达国家产业内贸易发达的重要原因。至于发达国家与发展中国家之间也有部分重合现象，则是两者发生产业内贸易的重要原因。

（三）产业内贸易与公司优势

市场结构理论表明，在产业内贸易中，各国竞争优势主要表现为公司的特定竞争优势，而不像产业间贸易那样，首先表现为国家的竞争优势。产业内贸易的发展意味着国际贸易中国家优势向公司特定优势的转移。公司的特定优势是一个公司相对于其竞争对手所具有的垄断优势，其主要有两类：知识资产优势和规模节约优势。所谓知识资产，包括技术、管理与组织技能、销售技能等一切无形技能在内。公司拥有并控制了这些知识资产，就能生产出差别产品到国际市场上竞争，同时这类公司通常也容易扩大生产，获得规模节约的效益，增强国际竞争能力。

产业内贸易中国家优势向公司优势的转移对发展中国家具有重要的启发性意义。这是因为，发展中国家在绝大多数工业制成品领域与发达国家相比，虽然总体上处于劣势，但是某些竞争力在国际平均水平以上的公司却拥有公司特定优势，并且能够与发达国家同产业内的公司进行竞争，尤其是在一些技术已经成熟和标准化的产业内部，发展中国家已经具备自己特定的产业和公司优势，通过发展劣势产业内的产业内贸易，提高自己的国际分工地位，获得更多的贸易利益。因此，发展中国家政府可以通过产业组织政策，重点扶持有国际竞争力的公司。

总之，产业内贸易的原因是规模经济、产品差别、消费者偏好差别以及不同国家之间产品层次结构和消费层次结构的重合。当两国要素禀赋相似而无多少产业间贸易发生，且规模经济占重要地位和产品高度差异化时，从生产规模化和产品多样化中获得的利益就会超过常规的比较利益，成为贸易利益的主要来源。这些利益主要体现在两个方面：一是生产效率将随着规模优势而不断提高，二是消费者可以从产品多样化和更便宜的价格水平中得到更大的满足，从而提高社会福利程度。

第二节　产品生命周期理论

一、技术差距理论

技术差距理论可以看成是 H-O 理论的动态扩展，它将技术也作为一种生产要素，并且由于各个国家技术发展的水平不一样，这种国家之间的动态技术差异也成为国际贸易产生的原因之一。它可以使技术领先的国家具有技术上的比较优势,从而出口技术密集型产品。

假设有两个国家,一个是技术的"中心",即为创新国(A国);另一个处在技术的"边缘",称为模仿国(B国)。图5.2中,在t_0点,新产品在技术领先的A国开始生产,在模仿国掌握这项技术之前,A国具有技术领先优势。在t_1点,B国出现对该产品的需求,A国开始出口,B国进口。t_0-t_1期间为需求滞后(Demand Lag),即B国在新产品出现后经过这一期间才产生需求,从t_1点开始A国的生产和出口同时增加。

在t_2点,B国开始生产这种产品,t_0-t_2期间为反应期间。此时B国利用技术转移过程中的示范效应并加以研发逐渐掌握该项技术,同时以自己的低劳动成本优势自行大量生产这种商品。随着B国生产的增加,A国的生产和出口减少,最后在t_3点B国进口(即A国出口)为零,t_2-t_3期间为掌握期间。此后B国开始出口。

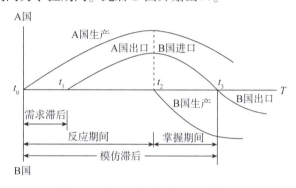

图5.2 波斯纳的技术差距贸易模型

从t_0到t_3整个期间是模仿滞后。A、B两国的贸易期间是t_1到t_3。

尽管创新国可能并不具备生产这种产品所需要的密集要素方面的明显优势,该国仍然可以凭借新的产品获得基于技术的优势地位,出口相关产品。贸易之所以发生和继续进行,是因为其他国家对这种产品产生需求的时间(需求滞后)小于其掌握相关技术生产这种产品满足需求所要的时间(模仿滞后)。而当创新国对此技术的比较优势消失,由此引起的贸易也就结束了。

目前发达国家一直扮演着创新国的角色,而发展中国家是模仿国。技术差距造成南北贸易,那么发达国家之间会产生贸易吗?事实上,即使两个同是发达国家,在技术开发方面具有相同的能力,所开发出的技术与产品仍会有差异,从而促成国际贸易的产生。因此,技术水平接近的国家会因为追求产品的差异性而产生贸易。这也解释了发达国家之间的产业内贸易。

二、产品生命周期理论

产品生命周期(Product Life Cycle)原是销售学概念,指一工业产品从完成试制、投放到市场开始,直到最后被淘汰出市场为止的全部过程所经历的时间。该理论认为商品与人相似,存在一个出生、成长、衰老的过程,1965年,哈佛大学教授雷蒙德·弗农把产品生命周期划分为三个阶段。

1. 新产品阶段

新产品要适合高收入者的需求,因为该产品的创新国是个高收入国家。在这个阶段,该产品只在创新国生产和消费。新产品的开发需要大量的科技人员和巨额资本投入,创新国由于人均收入和单位劳动成本较高,会尽量开发资本密集型产品。其重心在于力求让产品最大限度地满足消费者,随时观察消费者的反应,如果市场试销证明是成功的产品,则会进行扩大再生产,提高生产量和市场供应量,准备外销;如果证明是失败的产品,则停止生产退出市场继续改进。因此产品特征和生产过程正处于不断变动之中,生产规模小,成本较高,不存在国际贸易。

2. 成熟产品阶段

国内市场的不断扩大,使该产品及其特征出现了一些一般的标准,并开始大规模地标准化生产。规模经济降低了成本,同时出口到其他具有类似消费结构的高收入国家从而产生了国际贸易,此时创新国处于垄断地位。而其他国家则会自发地通过模仿生产该产品以满足本国需求。因引入新产品而拥有垄断力量的厂商将会试图通过价格歧视的办法来发挥它的垄断力量。由于发放许可证并不能满足最优歧视的条件,自己生产就是一个超优的选择。为了在国内生产以供出口和国外建立自己生产性的子公司这两者之间进行理性的选择,厂商就要比较两种成本——在母国生产出口商品的边际成本加上运输成本和进口国征收的关税,以及在国外子公司生产的单位产品的成本。因此,在此阶段创新型厂商有可能在发展中国家建立自己的子公司,从而由创新国向发展中国家的出口会萎缩乃至消失,但向发达国家的出口仍然继续。

3. 标准产品阶段

产品达到高度标准化使其生产过程容易普及推广,并被其他国家仿制生产,无论是消费者还是生产者对该产品都非常熟悉,产品的生产不再具有任何秘密。创新国失去了技术优势,生产成本成为生产布局的决定因素,由于创新国生产的是资本密集型产品,资本的流动性高于劳动力的流动性,资本的价格差异小于劳动力价格差异,而模仿国拥有更低的劳动成本,产品价格低于发明国的价格。这将造成生产的重新布局,导致创新国从出口激增转向出口减少,甚至会慢慢从出口国转化为该商品的进口国,先从发达国家进口,再从发展中国家进口。

这一发展过程可以通过图 5.3 来表示①:

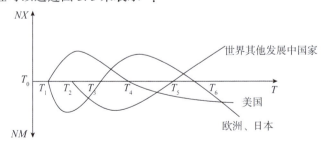

图 5.3 雷蒙德·弗农的产品生命周期模型

---

① 图形参考:国彦兵. 西方国际贸易理论历史与发展 [M]. 杭州:浙江大学出版社,2004.

图 5.3 用 T 表示时间，纵轴原点以上 NX 表示净出口，原点以下 NM 表示净进口。横轴代表整个产品生命周期，分为以下阶段：

（1）T_0-T_1：新产品阶段。美国自产自销。

（2）T_1-T_2：产品成熟阶段。美国开始出口，并且出口量快速增长。

（3）T_2-T_4：产品标准化阶段。美国出口速度减缓，到 T_4 点出口停止，国内产量也降至很小，同时欧洲、日本开始逐渐取代美国的地位。

（4）T_3 以后，欧洲、日本生产扩大化，开始向美国出口，美国生产日渐萎缩停止，成为纯进口国。

T_2：发展中国家开始进口，T_5：发展中国家开始出口。

此产品经过以上四个阶段完成了从美国到欧洲再到发展中国家的逐步转移，直至该产品的生产完全转移到发展中国家，欧洲、日本也成为纯进口国。与此同时，美国又会重新研制开发更新的产品，从而开始另一场类似的生命周期历程，周而复始。

这一模型在 1967 年被贺希进一步补充和发展，贺希从产品生命周期理论出发，考察了各国工业的潜在竞争能力，划分出了三组国家：

A 组：以美国为代表的最发达的工业化国家。

D 组：以荷兰、瑞士为代表的较小的工业发达国家。

L 组：以印度、土耳其为代表的已经开始工业化的发展中国家。

贺希认为这三类国家各有特点，这就使他们在产品生命周期的不同阶段上处于优势地位，可以据此进行专业化生产和国际贸易。

A 组国家有能力生产各个阶段上的产品，但由于 A 组国家在资金、研发方面有雄厚的实力，管理完善，国内市场广阔，因此在创新产品和成长产品的生产上更具有优势。

D 组在研制新产品的开发阶段上具有优势，这是因为它们具有相对丰富的人力资本和科学研究实力，但国内市场较狭窄，企业不能扩大生产实现规模经济效益，到了产品的成长期其优势就会逐渐下降，到了成熟期优势会完全丧失。

L 组国家在成熟阶段产品的生产上具有优势。由于在此阶段的生产过程已经定型，技术也已成熟和普及，这时只要具有熟练劳动力就可以进行生产。虽然这种产品还属于资本密集型商品，但廉价劳动力可以弥补资本的不足，甚至还具有相对优势。此外，由于这种成熟产品的市场已经被开发出来，出口也相对更容易。

贺希将 H-O 模型和产品生命周期理论联合在一起，把科技人员、管理、外部经济效益和非熟练劳动四个因素引入国际贸易理论的分析中，将比较优势理论动态化了，认为随着产品生命周期的不断发展，比较利益会在各国之间进行转移，每个国家只在同一产品的不同阶段上具有比较利益，而不能永远垄断某一产品的比较利益。这大大发展了国际贸易理论。

第三节 公司内贸易理论和价值链理论

随着国际贸易的发展，国际投资也迅速发展，而国际投资的主体是跨国公司，于是一种新的贸易方式——公司内贸易出现了。公司内贸易是指跨国公司内部不同国家的子公司与母公司之间或不同国家的子公司之间进行的商品、劳务、技术、信息、资本的交换买卖活动。跨国企业内部贸易已经成为世界贸易的一个重要组成部分。据联合国贸易与发展会议发布的《1995年世界投资报告》统计，1993年，公司内部贸易的市场规模为1.63万亿美元，相当于世界贸易量的1/3，过去10年，跨国企业内部贸易市场扩大了一倍多，并且还有继续扩大的趋势。美国商务部下属的经济分析局所编的《美国海外直接投资概览》表明，1998年，由美国本土内的母公司向海外子公司的出口占美国出口总额的35.5%，而公司内进口贸易的比重则达43.1%。利柯鲁1986年研究了日本在东南亚五国轻工制造业的111家跨国公司的公司内国际贸易情况，发现这个比例达到了79%。

公司内部贸易是跨国公司对外直接投资的必然结果。随着发达国家劳动力成本的上升和竞争的加剧，跨国公司必须优化其价值链，将特定产品一体化的生产过程分为若干个独立的生产工序，并且这些工序根据各个国家或地区的要素禀赋被安排在不同国家、地区完成，从而形成产品内分工，在贸易上表现为中间产品贸易（即半成品、零部件的贸易）。

由于不同工序、零部件的生产存在着技术差异与要素投入比例的差异，因而以要素禀赋为基础的比较优势就成为决定生产区位选择的首要因素。在发达国家，由于拥有资本、技术、高人力资本的优势，因此，在发达国家进行产品的研发、营销等工序具有比较优势。而在发展中国家，由于劳动力成本较低，在该国进行技术含量较低的加工、组装环节具有比较优势。跨国公司将劳动密集型的工序与区段转移到劳动力成本便宜的发展中国家，而将资本和技术密集型工序和区段留在国内，是符合双方比较优势的选择，如图5.4所示。

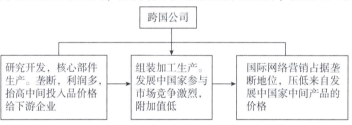

图5.4 跨国公司产业链分工

价值链是指包括研发、制造、销售、服务等环节的广义的增值过程。众所周知，这些环节的价值和利润分配并不相同，上游的核心技术和下游的售后服务等环节的附加值高，中游的组装和加工环节利润空间小。如果将附加值按照制造工序的流程加以表示，那么就会呈现出"两头高，中间低"的U型曲线，即所谓的"微笑曲线"效应，如图5.5所示。

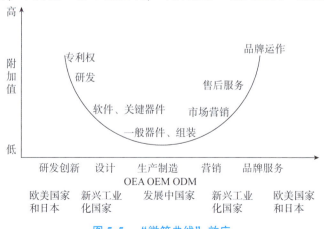

图5.5 "微笑曲线"效应

一、公司内贸易理论

研究跨国公司内部贸易现象的是内部化理论，最早由科斯于 20 世纪 30 年代提出，到 70 年代由巴克利和卡森加以系统化。所谓内部化，就是变市场上的买卖关系为企业内部的供需关系，以降低交易成本和克服外部市场的不完全性。具体来说，内部化有以下优势：

（1）内部化能够获得协调各种业务活动的利益。

跨国公司可将研究、开发、生产、销售联为一体，对"上游"和"下游"的区位布局进行国际性最优化选择和协调，尤其是协调关键投入要素移动的能力得到极大的提高，从而降低成本，提高效益。

（2）内部市场能够从公司的总体利益出发，通过差别性定价策略充分地掌握市场力量。例如，根据不同市场的需求价格弹性，可以在不同市场采用不同的价格，使公司总体利润最大化。

（3）通过内部长期的供需安排以避免外部市场的不确定性。

以市场为媒介所联系的公司活动会产生"时滞"弊端。公司的生产活动是一个连续的过程，它不仅需要完全竞争的即期市场，也需要完全竞争的远期市场。但在正常的市场条件下，这种市场远期协调机制是缺乏的。公司通过内部化，就可将相互联系的活动在统一的控制下进行，然后用内部贸易渠道将其连接起来。

（4）将买卖双方所有权合二为一，可消除知识资产的定价难题和在市场转移中的不确定性。

知识资产市场是不完全的，从买方来看，存在着"买方的不确定性"，即在使用诸如专利技术等知识资产之前，无法确切判断它的价值，而知识和技术的市场价值又往往取决于它的保密程度。从卖方来看，由于担心买方低价购买知识资产并发展成卖方的竞争对手，所以往往有控制这些优势的愿望。显然这种买卖双方的"不确定性"会导致市场的低效率。公司内部市场进行技术贸易，则可防止公司技术和知识优势的流失。

（5）便于利用调拨价格或转移价格，以逃避税收、转移利润和避免政府干预。

国与国之间税收差异很大，跨国公司在内部贸易中可以随心所欲地制定价格，以便逃避税收、转移利润和压低工人工资等。调拨价格又称转移价格，是指跨国公司为了最大限度地减轻赋税、逃避东道国的外汇管制等目的，在公司内部制定的购买商品的价格。它与成本和市场竞争无关。英国媒体披露，Facebook 公司 2014 年在英国销售额为 1.05 亿英镑，而纳税额只有 4 327 英镑，相比之下，一名年薪 2.65 万英镑的英国人，全年纳税 5 393 英镑，Facebook 公司比一名普通英国人纳税还少，原因就是利用转移价格逃避税收。苹果公司截至 2014 年年底在海外避税 592 亿美元，苹果海外收入的税率只有 3.3%。经济合作与发展组织（OECD）的研究显示，美国跨国公司海外利润在"避税天堂"的比例由 2000 年前后的 30% 提高到 2019 年的 60%。据联合国估算，每年全球各国因跨国公司利润转移损失的税收高达 5 000 亿~6 000 亿美元。因此，引进外资的时候一定要加强监管，跨国公司绝不是什么天使（当然也未必就是魔鬼），资本的本性就是追逐利润。马克思说："如果有 10% 的利润，资本就会保证到处被使用；有 20% 的利润，资本就能活跃起来；有50%的利润，资本就会铤而走险；为了100%的利润，资本就敢践踏一切人间法律；有300%以上的利润，资本就敢犯任何罪行，甚至去冒绞首的危险。"[1] 事实证明，还是马克思说得对！因此，我们在引进外资的时候一定要坚持以马克思主义为指导，一定要制止为了引进外资不惜竞相优惠甚至出现违法犯罪的现象，否则，将彻底违背对外开放的初衷。

二、价值链理论

国贸博览 5-1

20世纪80年代，随着国际投资和跨国公司的发展，跨国公司内部贸易和零部件、半成品等中间产品贸易迅速增长，与此相对应，全球价值链理论应运而生。

1985年，哈佛商学院教授迈克尔·波特在《竞争优势》一书指出，企业的价值创造是通过一系列活动构成的，这些活动可分为基本活动和辅助活动两类，这些互不相同但又相互关联的生产经营活动，构成了一个创造价值的动态过程，即价值链。企业与企业的竞争，不只是某个环节的竞争，而是整个价值链的竞争，整个价值链的综合竞争力决定企业的竞争力。

科洛特认为，价值链基本上就是技术与原料和劳动融合在一起形成各种投入环节的过程，然后通过组装把这些环节结合起来形成最终商品，最后通过市场交易、消费等最终完成价值循环过程。

当国家比较优势决定了整个价值链条各个环节在国家或地区之间如何配置的时候，企业的竞争能力就决定了企业应该在价值链条上的哪个环节和技术层面上倾其所有，以便确保竞争优势。

Gereffi（1994）等将全球价值链分为生产者驱动型（Producer-Driven）和采购者驱动型（Buyer-Driven）两种模式，认为全球价值链各个环节在空间上的分离、重组和正常运行等是在生产者或者采购者的推动下完成的。口罩价值链如图5.6所示。

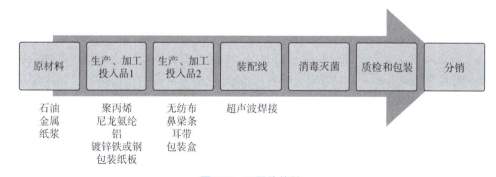

图5.6　口罩价值链

生产者驱动是指由生产者投资来推动市场需求，形成全球生产供应链的垂直分工体系。一般资本和技术密集型产业的价值链，如汽车、飞机制造、计算机、半导体和装备制造等，大多属于生产者驱动型价值链。

---

[1] 马克思. 资本论（第一卷）[M]. 北京：人民出版社，1976.

采购者驱动是指拥有强大品牌优势和国际销售渠道的跨国公司通过全球采购和贴牌加工（OEM）等生产方式组织起来的跨国商品流通网络，其能够形成强大的市场需求，拉动那些奉行出口导向战略的发展中国家的工业化。传统的劳动密集型产业，如服装、鞋类、玩具、自行车、农产品、家具、食品、陶瓷等大多属于这种价值链，发展中国家企业大多参与这种类型的价值链。

全球价值链可分为三大环节：

其一是技术环节，包括研发、创意设计、生产加工技术、技术培训等环节；

其二是生产环节，包括采购、系统生产、终端加工、测试、质量控制、包装和库存管理等分工环节；

其三是营销环节，包括销售后勤、批发及零售、品牌推广及售后服务等分工环节。

就增值能力而言，以上三个环节呈现由高向低再转向高的 U 形，或曰"微笑曲线"状（见图 5.7）。靠近 U 形曲线中间的环节，如零部件、加工制造、装配等环节在价值链中创造出较低的附加值，靠近 U 形曲线两端的环节，如研发、设计、市场营销、品牌等在价值链中创造出较高的附加值。

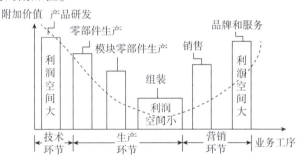

图 5.7 价值链增值微笑曲线[1]

iPod 第五代播放器由苹果公司在 2007 年推出。在美国市场价为 299 美元，共有 451 个部件，其生产价值在全球的分割如图 5.8 所示。

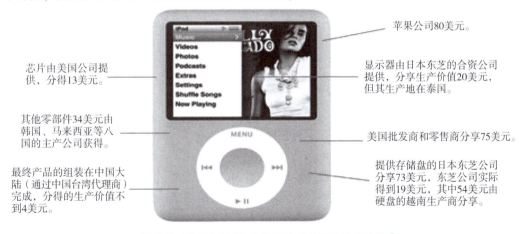

图 5.8 苹果公司 iPod 第五代播放器的价值构成[2]

---

[1] 陈柳钦. 有关全球价值链理论的研究综述［J］. 重庆工商大学学报（社会科学版），2009（12）：55-65.

[2] 资料来源：https://wenku.baidu.com/view.

第四节 国家竞争优势理论

20世纪80年代,日本竞争力迅速崛起,日本产品攻城略地,势如破竹,美国产品节节败退。1983年,在日系汽车的冲击下,美国三大汽车公司全部亏损,克莱斯勒险些破产。1983年,美国总统里根成立国家竞争力委员会来重振美国的竞争力,迈克尔·波特(Michael E. Porter)(哈佛大学商学院著名教授)被任命为产业竞争委员会主席,他要研究一个问题:为什么有的国家产品在国际市场上数百年来长盛不衰,如瑞士手表;为什么有的国家产品昙花一现,迅速衰落,如英国的汽车、家电;为什么有的国家产品后来居上,异军突起,如日本的汽车、家电。波特选择了10个老牌发达国家(包括美国、英国、法国、德国、瑞士、意大利等)和4个后起之秀(包括日本、韩国等)作为研究对象,搜集大量的原始材料,总结提炼后提出国家竞争优势理论,并在1990年出版《国家竞争优势》一书。国家竞争力框架如图5.9所示。

国贸博览5-2

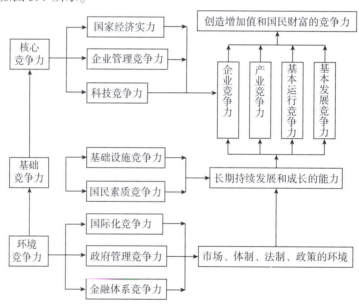

图5.9 国家竞争力框架①

波特认为,一国兴衰的根本在于能否在国际竞争中赢得优势,而取得国家竞争优势的关键在于国家是否有合适的创新机制和充分的创新能力。所谓国家竞争优势,是指一国帮助其产业和企业持续地以较低价格向国际市场提供高质量产品、占有较高市场份额并获取利润的能力。国家竞争优势是由四个基本因素和两个辅助因素决定的,简称"钻石模型",如图5.10所示。

---

① 芮明杰,陶志刚. 中国产业竞争力报告2014 [M]. 上海:上海人民出版社,2014.

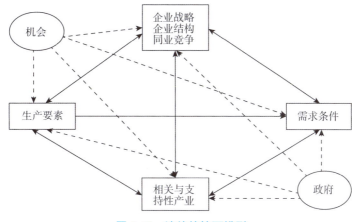

图 5.10　波特的钻石模型

一、四个基本因素

1. 生产条件因素

包括自然资源、人力资本和基础设施。根据它们产生的机制和所起的作用,可分为基本因素和推进因素。前者系指一国先天拥有或不需太大代价便能得到的要素(如自然资源、地理位置、非熟练劳动力等),后者指需通过长期投资和培育才能创造出的要素(如高素质的人力资源、发达的基础设施及 R&D 等)。对于国家竞争优势的形成而言,后者更为重要。在特定条件下,一国某些基本因素上的劣势反而可能刺激创新,使企业在可见的瓶颈、明显的威胁面前为提高自己的竞争地位而发奋努力,最终使国家在推进因素上更具竞争力,从而创造出动态竞争优势。后天因素比先天因素重要实际上验证了马克思主义的观点:人是生产力发展最能动的因素。一切因素都要通过人才能发挥作用。人的主观能动性可以有效弥补先天优势的不足,无数事实证明了这一点。

但是劣势向优势转化是有条件的:一是要素劣势刺激创新要有一定界限,如果企业处处于劣势,则会在过大竞争压力下被淘汰;二是企业必须从环境中接受正确的信息,从而知道挑战的严重性;三是企业要面对一个相对有利的市场需求、国家政策及相关产业条件。

要素根据其作用范围和专门性还可分为一般要素和专门要素,一般要素是指适用范围广泛的要素,专门要素是指专业性很强的要素。越是高级的要素越有可能是专门的要素,专门要素比一般要素更能为一国创造持久的竞争优势。

2. 相关和支撑产业

相关和支撑产业主要指作为生产原料和中间品供应者的国内企业,其重要性不仅在于它们所提供投入品的价格直接关系到主导产业的生产成本,而且,它们与主导产业在空间分布上的邻近,将有利于它们之间的信息传递、技术交流,从而有力地促进企业的科技创新,形成良性互动的产业集群,企业则进行"虚拟化"经营。意大利鞋类相关和支撑产业如图 5.11 所示。

国贸博览 5-3

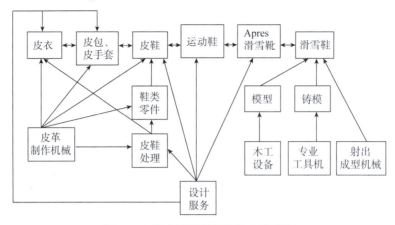

图 5.11 意大利鞋类相关和支撑产业

3. 需求因素特别是国内市场的需求状况

本国市场的需求大，将有利于企业迅速达到规模经济；前瞻性和代表性的国内需求有助于国内企业在国际竞争中取得领先地位；更重要的是，如果本国消费者比较"挑剔"，要求复杂且标准较高，则会促使本国企业努力改进产品质量和服务。

4. 国内企业之间的竞争

国贸博览 5-4

在现实经济生活中，各类企业作为国民经济的细胞，有其不同的规模、组织形式、产权结构、竞争目标、管理模式等特征，这些特征的形成和企业国际竞争力的提高在很大程度上取决于企业所面临的各种外部环

国贸博览 5-5

境。企业要在竞争中赢得优势，必须根据内部条件和外部环境做出合适的选择。企业之间的良性竞争将会促成整个产业竞争力的提高，优秀的竞争对手是一个好的教师、好的学习对象；相反，恶性竞争会损害整个产业的竞争力。波特强调，强大的本地本国竞争对手的存在是企业竞争优势产生并得以长久保持的最强有力的刺激。因为国内竞争对手的存在，会直接削弱国内企业相对于外国企业可能享有的一些优势，从而迫使它们苦练内功，努力提高竞争能力；另外，激烈的国内竞争，还迫使企业向外部扩张，力求达到国际水准，占领国际市场。

除上述四个基本因素外，一国所面临的机遇和政府所起的作用，对国家整体竞争优势的形成，也具有辅助作用。机遇包括重要发明、技术突破、生产要素供求状况的重大变动（如石油危机）以及其他突发事件。"抓住机遇，实现腾飞"，因为机遇打破了事物正常发展的顺序，为后来居上提供了机会。如 1973 年第四次中东战争导致第一次石油危机，油价上涨 10 倍，为日本汽车大规模进军美国市场创造了难得的机遇。在这之前，日本汽车想进入美国市场困难重重，原因很简单：日本汽车省油，但车型小，美国汽车车型大，很耗油，不过当时石油很廉价，美国消费者购买汽车根本不考虑汽车的油耗。1973 年石油危机使日本汽车十分畅销，1979 年第二次石油危机更使日本汽车被"抢购"，而美国三大汽车公司反应迟缓，以为石油涨价是暂时的，没有调整产品结构，结果到 1983 年全部亏损，克莱斯勒差一点破产，日本汽车从此占据了北美市场的主导地位。当然，机遇总是垂青有准备的人。因此，为了发现机遇，企业要积极搜集分析市场情报，迅速做出反应。日本大

企业都有专门的情报本部，现在对于企业之间的竞争，"情报战""信息战"越来越重要。

政府是制度的供给者，政府公共管理水平和服务效率是影响区域竞争能力的重要因素，其提供的公共产品和服务是要花费成本的，这些成本最终都由企业直接或间接负担。这实际上就是马克思主义的上层建筑反作用于经济基础的观点：上层建筑要成为一种积极的能动的力量，促进自己经济基础的形成、巩固和发展，必须适应经济基础的要求，否则就会阻碍经济基础的发展。

二、四个阶段

波特认为，一国经济地位上升的过程就是其竞争优势加强的过程，根据决定国家竞争优势的主要因素不同，可以将其分为四个阶段：

1. 要素驱动（Factor-Driven）阶段

基本要素上的优势是竞争优势的主要源泉。产业竞争主要依赖于国内自然资源和劳动力资源的拥有状况，具有竞争优势的产业一般是劳动密集型产业和资源密集型产业。在这一阶段，产业技术层次较低。

国贸博览 5-6

国贸博览 5-7

2. 投资驱动（Investment-Driven）阶段

竞争优势的获得主要来源于资本要素。产业竞争依赖于国家和企业的发展愿望和投资能力，具有竞争优势的产业一般是资本密集型产业。在这一阶段，相关和支持产业还不够发达，产品的生产主要依赖于国外的技术和设备，一些产业的技术水平虽然有可能较高，但产业整体技术水平仍然落后于世界先进水平。

3. 创新驱动（Innovation-Driven）阶段

竞争优势主要来源于企业的创新。产业竞争依赖于国家和企业的技术创新愿望和技术创新能力，具有竞争优势的产业一般是技术密集型产业，如高新技术产业或被高新技术改造过的传统产业。在这一阶段，企业能够在广泛的领域成功地进行市场竞争，并不断实现技术升级；越来越多的企业进入高水平的服务业，高水平的服务业具有越来越高的国际地位。

4. 财富驱动（Wealth-Driven）阶段

产业竞争依赖于已获得的财富，投资者、经理人员和个人的动机转向了无助于投资、创新和产业升级方面；企业回避竞争，更注重保持地位而不是进一步增强国际竞争力，实业投资下降，有实力的企业试图通过影响政府政策来保护自己。大量的企业兼并和收购现象是进入富裕导向阶段的重要迹象，反映了各行业希望减少内部竞争以增强稳定性的愿望。在此阶段，产业竞争力逐渐衰退，即国家靠吃老本维持竞争优势，竞争力逐步下降。

第五节　新新贸易理论

20 世纪 90 年代以后，国际经济贸易活动出现了新特征：第一，跨国公司内部贸易增长速度快，如 1990—2002 年期间，跨国公司海外工厂的销售增长率高于商品和非要素服务总贸易增长率7个百分点；第二，跨国公司经营行为日益复杂化，Feinbesg 和 Keane 对美国跨国公司在加拿大附属机构的调查显示，69%的企业不是纯粹的垂直型跨国公司或水平型跨国公司，而是被称作"Hybrid"，即复杂一体化跨国公司；第三，日益详尽的微观数据使人们对企业微观国际经营行为有了更精确的了解，出口行为并不是企业主要的经营活动，如2000年550万美国企业中只有4%的企业发生了出口，2002年，以美国制造业企业为例，与非出口企业比较，出口企业就业率、发货额和人均增加值分别高于非出口企业119%、148%和26%。新经验数据显示，在生产分工日益细化的背景下，全球贸易投资一体化趋势不断加强，跨国公司已成为国际竞争的主体，企业规模、利润和国际经营行为有诸多异质性，因此需要研究企业个体特征在企业国际扩张选择中的作用。然而，由于新贸易理论采用对称性企业假设，一体化均衡下同一产业内企业定价、产量、利润、收益和外贸参与程度相同，企业无任何差异，因而它无法解释20世纪90年代以后获得的微观数据，这就迫切需要一种新的摈弃技术对称以及研究企业异质性作用的贸易理论。基于该背景，21世纪以 Melitz 为代表的学者建立并拓展了新新贸易理论，探讨企业特有异质优势在贸易中的决定作用。

一、新新贸易理论概述

新新贸易理论主要解决和回答的问题：什么样的企业会选择服务于国际市场？它们如何服务国际市场（是通过出口还是对外直接投资的方式）？什么情况下企业会选择外包而不是一体化？什么情况下企业会选择国际外包（Offshore Outsource）而不是国内外包？什么情况下企业会选择国内一体化而不是国际一体化（Vertical FDI）？以上提到的问题包含了两个主要的研究方向：一是关于企业国际化路径的选择（International Entry Decision）；二是关于企业内部化抉择（Internalization Decision）。

（一）企业国际化路径的选择

企业可以选择退出市场、供应国内市场、出口国外市场以及通过对外直接投资（FDI）供应国外市场四种类型，且对外直接投资中还包括是通过新建还是跨国并购的方式进入。其要解决和分析的主要问题是：什么样的企业会选择出口？出口能够增强企业的绩效和竞争力吗？贸易自由化对企业和国家的效应是什么？企业如何选择出口和FDI？

（二）企业内部化抉择

企业可以选择一体化（Integration）和外包（Outsourcing）两种形式，再加入国内和国外两种情况，企业共有四种选择：①国内一体化，也称为国内内包（Insource at Home），是指企业只在国内生产；②国际一体化，也称为国际内包（Offshore Insource）和垂直对外直接投资（Vertical FDI），是指企业通过在国外设立分公司生产部分中间产品和零部件，通过公司内贸易（Intra-firm Trade）出口国内母公司；③国内外包（Outsource at Home），是指企业通过在国内外包的形式组织生产；④国际外包（Offshore Outsource），是指企业将部分中间产品和零部件在国外市场外包，再通过贸易进口到国内组织生产。图5.12可以总结新新贸易理论的主要内容和研究方向。

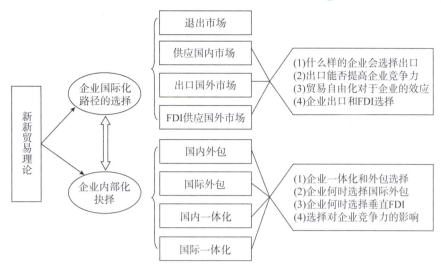

图 5.12　新新贸易理论的主要内容和研究方向

二、新新贸易理论的典型模型

"新贸易理论"自 1985 年被赫尔普曼和克鲁格曼提出后，国际贸易理论的前沿研究长期未能有大的突破，而 2004 年哈佛大学的梅里兹（Melitz，2004）在著名的 Econometrica 杂志发表了《贸易对行业内重新配置和总行业生产率的影响》一文，提出了异质企业贸易模型（也被称为"梅里兹模型"），终于打破了国际贸易研究的长期沉寂。Melitz（2003）建立的异质性企业模型以 Krugman（1980）的垄断竞争贸易模型和 Hopenhayn（1992）垄断竞争动态产业模型为基础，从而成功地将企业生产率内生到克鲁格曼模型中，将贸易理论研究对象扩展到企业层面。异质企业贸易模型吸引了众多研究者的兴趣，随之涌现了一批扩展的模型和实证研究，形成了以梅里兹模型为基本框架的异质企业贸易理论，该理论也被称为"新新贸易理论"（"New New"Trade Theory）。

（一）Melitz 异质性企业模型

Melitz（2003）建立的异质性企业模型用来解释国际贸易中企业的差异和出口决策行为。事实上，企业异质性主要表现为企业（或工厂）生产率、专用性技术、产品质量以及工人技能方面的差异，尤其是企业生产率的差异，而当前对这种差异性的研究主要集中于贸易自由化对产业内部结构变化所产生的重要影响上。Melitz 认为，存在异质性企业的垄断竞争贸易格局中，贸易自由可能会导致企业的再分配，进而可以提高整个经济的生产力水平。具体而言，Melitz（2003）模型假定存在两个对等的国家，两国均有一个生产部门、一种生产要素 L，同时存在贸易成本和沉没成本。根据劳动生产率的不同，企业将分化为三种不同类型，即 X 型企业（Export Firms）、D 型企业（Domestic Firms）和 N 型企业（Non-producers），其中 X 型企业的生产率最高，其将同时在国内市场销售并出口国际市场，D 型企业的生产率居中，其只能在国内市场销售，而 N 型企业因其生产率最低、成本过高而被淘汰出市场。Melitz（2003）模型考虑了贸易自由化进一步发展下的动态效应，即效率最高的 X 型企业通过国内国际市场的激烈竞争，不断进行技术、产品和企业组织的创新，生产效率的进一步提高带来的是市场份额的扩大和利润的增长以及工人工资的增长,同时也导致生产要素和经济资源向其进一步集中,而那些效率低下的企业只能被淘汰出局,整个行业的效率都会因国际贸易的自由化而得到提升。

在封闭经济中,一旦加权企业平均生产率确定,企业数量、价格水平和人均财富都会确定。如图5.13所示,如果在一定的技术水平下,我们得到了加权企业平均生产率和停止运营点生产率A,那么生产率高于A的企业会继续从事生产,而生产率低于A的企业就会停止生产和退出,对于那些试图进入该行业的企业来说,他们进入后能够成功生存下去的条件也是生产率必须高于A。因此,在其他因素不变的情况下,封闭经济中的国内贸易并不能提高行业的整体生产率水平,企业收入、利润、人均财富都因为企业加权平均生产率的确定而确定。在开放经济中,出口企业面临的国际市场停止运营点生产率更高($Ax>A$),因此,自由贸易成为提高行业生产率的另一渠道。

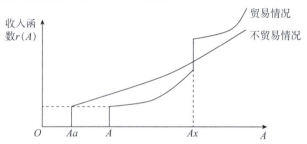

图 5.13　开放经济中收入在行业内的再分配①

为了加以区别,用Aa来表示不进行贸易(Autarky)的停止运营点生产率,A表示进行贸易的停止运营点生产率,Ax表示开放经济中国际市场停止运营点生产率,且$Ax>A>Aa$。图5.14反映了市场份额和利润在产业内进行重新配置的过程:贸易使停止营业点生产率提高到A,这使原来本可以获得利润的部分企业因为生产率低于停止营业点生产率而被迫退出。生产率较高的企业也不是都从事国际业务,只有那些生产率大于Ax的才能在国际市场上获得额外的高额利润,而生产率在A和Ax之间的企业,只能从事国内业务,除非它们的其他动机导致他们即使在国际业务亏损的情况下,也仍然不退出国际市场。这一效应的最终结果是,最低生产率的企业退出市场,市场份额转移到高生产率企业,从而使行业的整体生产率提高,同时国内企业数量降低。梅里兹认为,尽管贸易导致国内企业数量降低,从而降低了国内提供产品的种类,但是贸易使更多的国外高生产率企业向国内销售产品,消费者仍然可以享受到丰富产品种类带来的好处。即使国内企业数量严重减少,商品种类的降低不能得到国外企业的弥补,行业生产率的提高带来的好处也能抵消因为产品种类下降带来的损失,来自自由贸易的净福利仍然是可观的。同时可以发现,市场份额在产业内的重新配置是低生产率企业退出市场的重要原因,具体来讲,贸易导致低生产率企业退出市场的渠道有两个:第一,开放经济中企业面临着更加激烈的竞争,来自国外的高生产率企业获取了更多的市场份额,国内低收入企业不得不退出市场,只有那些生产率较高的企业能够参与竞争并生存下来;第二,国际贸易给具有高生产率的企业提供了获得更多利润的机会,即只有那些能够支付进入成本和进入后获得正利润的企业能够在开

---

① 图5.13~图5.15来源:Melitz M arc J. The Impact of Trade on Intra-Industry Reallocations and Aggregate Industry Productivity [J]. Econometrica,2003,71(6):1 695-7 725.

放经济中生存下来,这时国内的劳动力市场将会发生变化。对劳动力的需求增加导致工资水平上升,从而提高企业的成本,那些低生产率企业会因为成本的上升而被迫退出市场(模型只考虑劳动要素投入)。

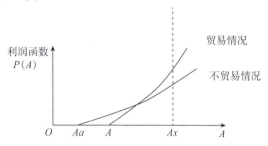

图5.14 开放经济中利润在行业内的再分配

根据梅里兹模型,新新贸易理论主要有两个方面的政策含义。

第一,开放未开放的行业,或者增加已经开放行业的贸易伙伴,这都会直接导致关门生产率的提高和市场份额(收入和利润)向高生产率企业的转移,从而提高行业生产率水平。参与贸易和增加贸易伙伴对均衡的影响如图5.15所示。

第二,降低贸易成本,包括进入国际市场的固定成本。与第一类政策提高行业关门生产率进而提高行业生产率水平不同,因为进入成本的降低会降低国际市场关门生产率,使更多的企业有能力进入国际市场。对于原来从事国际业务的企业来说,新进入的企业会分享它们的国际市场份额,从而降低国际市场的利润水平,但由于国内低生产率企业的退出,这些国际企业同样可以增加国内市场份额,国际市场的利润降低可以从国内市场份额的提高来弥补,总体利润水平同样可以增加。总之,新新贸易理论认为,自由贸易可以提高行业生产率水平和社会福利,它一方面解释了为什么只有一部分企业从事国际业务,另一方面也说明,在不提高单个企业生产率的情况下,贸易也能提高总体生产率和福利水平。

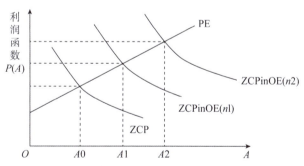

图5.15 参与贸易和增加贸易伙伴对均衡的影响

注:FE—企业自由进入;ZCP—行业中企业的停止运营条件;ZCPinOE—经济中的停止运营条件。

(二)企业内生边界模型

企业在国际化过程中面临着两个关键选择:一是继续作为一个本土的企业还是选择进入国际市场;二是以何种方式进入国际市场,是选择出口还是FDI的形式?原有模型能解释为什么一家本土企业有在外国进行生产的激励,但是这些模型无法解释为什么这些海外生产会发生在企业边界之内,而不是通过常见的市场交易、分包或许可的形式进行海外生产。新新贸易理论的企业内生边界模型从单个企业的组织选择问题入手,将国际贸易理论和企业理论结合在一个统一框架下。Antras(2003)和 Helpman(2004)探讨企业的异质性对企业边界、外包以及内包战略选择的影响,为研究企业全球化和产业组织提供了全新的视角。

关于企业边界有两个相对较为基础的模型,一个模型是将 Coase、Williamson 的交易成本理论应用在企业国际化的研究中;另一个模型是采用 Grossman、Hart 和 Moore 的产权分析方法。Antras(2003)另辟蹊径,将 Grossman、Hart、Moore 的企业观点和 Helpman、Krugman 的贸易观点结合在一个理论框架下,提出了一个关于企业边界的不完全契约产权模型来分析跨国公司的定位和控制决策。Antras 建立的跨国公司产权模型中,假设贸易是无成本的,国与国之间的要素价格不存在差别,均衡时会出现跨国公司,其公司内贸易与目前国际贸易现状相吻合。Antras(2003)在文中揭示了两种公司内贸易的类型,在产业面板数据分析中,公司内进口占美国进口总额的比重非常高,而出口产业的资本密集度更高;在国家截面数据分析中,公司内进口占美国进口总额的比重非常高,出口国家的资本—劳动比例更高。Antras(2003)强调了资本密集度和剩余索取权的配置在企业国际化过程决策中的作用,并验证了这一决策对公司内贸易类型的含义。

一个在企业边界内部生产中间投入品的企业,可以选择是在本国还是在外国进行生产,如果在本国生产,该企业从事的就是标准的垂直一体化;如果在外国生产,该企业进行的就是 FDI 和公司内贸易。同样,一个选择进行中间投入品外包的企业,也可以选择在本国还是外国进行外包。如果在本国购买投入品,就是国内外包;如果在国外采购投入品,就是对外外包或国际贸易。Antras 和 Helpman(2004)建立的理论框架中,是否进行外包或一体化、是否在国内或国外进行等决策都是企业的内生组织选择。

Antras(2003)和 Helpman 将 Melitz(2003)异质企业贸易模型和 Antras(2003)企业内生边界模型进行结合,在两个模型的基础上建立一个新的理论模型。在该模型中,最终产品的制造商控制着总部服务,中间品的供货企业控制着中间品的生产质量和数量,不同产业部门的生产率水平差异和不同产业部门的技术与组织形式差异对国际贸易、FDI 和企业的组织选择产生影响。贸易、投资和企业的组织是相互依赖的,不同组织产生的激励、固定成本的差异以及不同国家工资水平的差异共同构成了均衡的企业组织结构。Antras(2003)和 Helpman 的研究表明异质企业选择不同的企业组织形式、所有权结构和中间投入品的生产地点。产业特征也是非常重要的决定因素。生产率差异较大的产业中主要依赖进口投入品,在总部密集度高的产业中一体化现象更为普遍;一个产业部门的总部密集度越高,就越不会依赖进口获得中间投入品。

Antras(2003)和 Helpman(2006)将 Antras(2003)和 Helpman(2004)的异质企业国际生产组织模型普遍化,允许存在不同程度的契约摩擦(Contractual Frictions),并允许其程度因不同投入品和国家而异。拥有异质性生产率的企业决定是否实行一体化或将中间投入品的生产进行外包,并决定在哪个国家进行。最终产品的生产企业和中间投入品的供货企业进行关系专用性投资,只能进行部分契约化,或者以一体化企业形式,或者以市场交易形式。在均衡点,企业的生产率水平不同,选择的所有权结构和供货商地点也不尽相同,契约制度的质量变化对企业组织形式会产生不同程度的影响。南方国家较好的契约制度提高了离岸生产的可能性,但会减少 FDI 在海外外包的可能性。

第六节　自由贸易理论的比较

传统贸易理论（古典贸易理论与新古典贸易理论）、新贸易理论和新新贸易理论在基本假设、主要结论方面有明显区别。传统贸易理论假设企业同质、产品同质、完全竞争市场、无规模经济；新贸易理论仍然假设企业同质，但是放弃了完全竞争市场结构和报酬不变、产品同质的假设，引入了报酬递增、垄断竞争和产品差异的条件；而新新贸易理论则假设企业也不是同质的。不同理论的主要结论也明显不同，传统贸易理论认为国际贸易是按照比较优势和资源禀赋差异进行的，主要解释了产业间贸易的情况和发达国家与发展中国家之间的贸易；新贸易理论认为市场结构差异和规模经济存在以及产品差异化导致了国际贸易，主要解释了产业内贸易的情况和发达国家之间的贸易；新新贸易理论则认为企业的异质性导致企业的不同贸易决策选择，主要解释公司内贸易和产业间贸易，也解释了产品间贸易。具体情况见表5.3。

表5.3　自由贸易理论的一般比较

贸易理论 项目	传统贸易理论	新贸易理论	新新贸易理论
基本假设	同质企业、同质产品、完全竞争市场、无规模经济	同质企业、产品差异化、不完全竞争市场、规模经济	企业异质性、产品差异、不完全竞争市场、规模经济
主要结论	贸易是按照比较优势和资源禀赋差异进行的；解释了产业间贸易的情况	市场结构差异和规模经济存在以及产品差异化扩大了贸易；解释了产业内贸易的情况	企业的异质性导致企业的不同贸易决策选择；主要解释公司内贸易和产业间贸易，也解释了产品间贸易
理论研究代表文献	Ricardo（1817s）；Heckscher, Ohlin（1920s）；Samuelson, Rybczynski, Venek（1950-60s）；Jones, Bhagwati, Findlay；Deardorff（1960s-70s）	Either, Lancaster, Krugman, Helpman, Brander, Markusen（1980s）；Brander, Spencer, Dixit, Grossman（1980s）；Grossman, Helpman（1990s）	Melitz, Antras, Helpman, Eaton, Bernard, Baldwin, Jensen, Yeaple（2000s）
经验研究代表文献	Leontief（1950s）；Leamer（1970s）；Trefler, Davis, Weinstein（1990s）	Grubel, Lloyd（1975s）；Dixit（1980s）；Levinshon（1990s）；Feenstra, Hanson（1980s-90s）	Bernard, Jensen（1990s-2000s）

传统国际贸易理论解释了不同国家之间依据比较优势（即产品机会成本的差异）的商品流动，生产率差异（"李嘉图"的比较优势）或跨产业的要素密集度差异与跨国家的要素丰裕度差异的结合（"赫克歇尔—俄林"比较优势）是比较优势产生的原因。如表5.3第一栏古典国际贸易理论暗含着"产业间贸易"：不同国家的一系列产业将出口，同时其他产业将进口。要素禀赋驱动的古典贸易理论模型也提供了一种国际贸易影响相对要素报酬（从而也影响收入分配）的机制，因为要素密集度不同的产业之间的专业化生产改变了产品对不同要素的相对需要。

然而，第二次世界大战后国际贸易主要发生在要素禀赋比较相似的发达国家之间，是同一类产品的进出口。因此，保罗·克鲁克曼（Paul Krugman，1980）、埃尔赫南·赫尔普曼（Elhanan Helpman，1981），威廉·埃塞尔（William Ethier，1982）以及格鲁贝尔和劳埃德（Grubel and Lloyd，1975）提出了新贸易理论。在他们的模型中，规模经济与消费者多样性偏好的结合导致同质企业专业化生产不同的水平多样性产品，促进国家间双向或产业内贸易。传统贸易理论认为福利收益来自跨国以及跨行业的产品机会成本差异，而新贸易理论认为福利收益产生于消费者能够消费范围更广的多样性产品。赫尔普曼和克鲁格曼（1985）将传统贸易理论与新贸易理论进行了整合，做出了开创性贡献，将水平产品差异性和规模收益递增纳入以要素禀赋为特征的比较优势模型中。这种综合的框架迅速地成为本领域的标准分析范式。赫尔普曼（1999）认为，当允许改变技术差异、要素价格不均等以及贸易成本之后，这个综合框架为总的国际贸易模式提供了一个非常有说服力的解释。

然而，之后出现了一些文献，对传统贸易理论和新贸易理论提出了挑战，这些文献往往都是经验分析类，关注了国际贸易与微观企业生产率之间的关系，基本结论是出口企业比不出口企业有更高的生产率，但并没有给出具体的原因，还没有形成系统。出口和生产率关系的文献主要分为两类，其一，具有较高生产率的出口企业可以反映出具有效率的生产者进行自我选择进入更具竞争力的出口市场，即"自我选择"效应（Self-selection Effect）。敖等（Aw et al，2000）利用韩国和中国台湾的制造业数据分析生产者的全要素生产率和其参与出口市场的决策之间的关系，结果发现这两个经济体之间在出口选择效应和出口学习效应上存在差异，中国台湾的企业进入和退出出口市场的转变反映了生产率的系统性转变，这与自我选择模型中预测的结果一致，韩国企业进入或退出出口市场并没有引起生产率的明显变化，这与出口学习效应是一致的。其二，出口企业从出口市场中学到了新技术，因而可以采用更先进的生产方法，从而提高了生产率，即"出口中学习"效应（Learning-by-exporting Effect）。伯纳德和简森（Bernard and Jensen，1995）认为，出口企业与不出口企业相比，往往具有更大的规模、更高的生产率、更高的资本密集度和技术密集度以及更高的工资，因而具有更强的竞争力，能够获得更大的利润，提供更多的就业机会。伯纳德和简森（1997）使用美国1984—1992年的数据检验之前的结论，结果证实了出口企业的生产率比不出口企业的高，但是，出口对企业的生产率改善作用并不明显。

伯纳德和瓦格纳（Bernard and Wagner，1997）研究了德国制造业中的企业成功与出口之间的关系，发现高生产率的大型企业更容易成为出口商，但是进入出口市场之后，其绩效并不一定比非出口商好。克莱里季斯等（Clerides et al，1998）使用三个发展中国家（哥伦比亚、墨西哥以及摩洛哥）的企业数据进行实证分析，结果发现低成本的企业更容易进入出口市场，同时，相对于非出口商来说，出口并没有降低出口商的平均可变成本。伯纳德和简森（1999）认为，在相同的行业中美国出口企业比非出口企业有更快的产出和就业增长率，但是没有显示出更快的生产率增长。他们也发现，就即将出口企业的产出率和产出水平而言，进入出口市场之前有大量的优势。伯纳德和瓦格纳（2001）构建了一个出口决策的动态双边选择模型，利用德国制造企业的面板数据，检验出口决策中企业特征以及沉没成本的作用，分析结论是：由企业规模以及生产率测度好的企业更容易成为出口商，而且技能工人密集度高的企业更容易进入出口市场；进入出口市场存在很大的沉默成本：一个企业今天的出口将该企业明日出口的可能性提高50%。进入市场所需的资本不可能在一个时期之后完全贬值，但这种优势贬值很快，大概每年下降 2/3。另有一些学者认为更高生产率的出口企业反映了出口选择效应，即具有更高生产率的企业将进入竞争非常激烈的出口市场。自由贸易理论解释贸易能力的比较见表 5.4。

表 5.4 自由贸易理论解释贸易能力的比较

现实	传统贸易理论	新贸易理论	整合模型	异质性企业模型	整合的异质性企业模型
	李嘉图（1817）赫克歇（1919）俄林（1933）	克鲁格曼（1980）	赫尔普曼和克鲁格曼（1985）	梅利兹（2003）伯纳德（2003）	伯纳德，雷丁，肖特（2007）
贸易					
产业间贸易	是	否	是	否	是
产业内贸易	否	是	是	是	是
产业内部的出口商和非出口商	否	否	否	是	是
贸易和生产率					
产业内出口商的生产率高于非出口商	否	否	否	是	是
贸易自由化通过再分配效应提高了整个产业的生产率	否	否	否	是	是
贸易和劳动力市场					
自由化之后跨产业的劳动力净变动	是	否	是	否	是
贸易自由化之后产业内同时发生的净工作创造和破坏	否	否	否	是	是
贸易自由化影响相对要素收益（收入分配）	是	否	是	否	是

本章核心概念

产业内贸易（Intra-industry Trade），微笑曲线（Smile Curve），公司内贸易（Intra-company Trade），国家竞争优势（National Competitive Advantage），调拨价格或转移价格（Transfer Price），企业异质性（Firm Heterogeneity），企业内生边界（Endogenous Boundary of the Firm），企业内部化（Enterprise Internalization），国际外包（International Outsourcing）。

复习思考题

1. 分析产业内贸易发生的原因。
2. 产品寿命周期理论将产品分为哪几个阶段？各自的特征是什么？
3. 公司内贸易发生的原因是什么？
4. 论述公司内贸易给我国带来的机遇和挑战。
5. 如何制止跨国公司的避税行为？
6. 简述国家竞争优势理论的主要内容。
7. 根据国家竞争优势理论的分析逻辑，简述如何解决目前我国企业成本上升的问题？
8. 新新贸易理论主要解决什么问题？
9. 简述企业异质性模型。
10. 简述企业内生边界模型。
11. 试比较传统贸易理论、新贸易理论和新新贸易理论的异同点。
12. 新新贸易理论与企业管理理论有何联系？

参考文献

1. （美）保罗·克鲁格曼，茅瑞斯·奥伯斯法尔德. 国际经济学（第四版）[M]. 海闻，译. 北京：中国人民大学出版社，2001.
2. （美）多米尼克·萨尔瓦多. 国际经济学基础 [M]. 高峰，译. 北京：清华大学出版社，2007.
3. 戴中. 国际经济学 [M]. 北京：首都经济贸易大学出版社，2007.
4. 国彦兵. 西方国际贸易理论历史与发展 [M]. 杭州：浙江大学出版社，2004.
5. （美）克鲁格曼. 国际贸易新理论 [M]. 北京：中国社会科学出版社，2001.
6. （美）保罗·克鲁格曼. 战略性贸易政策与新国际经济学 [M]. 北京：中国人民大学出版社，2000.
7. （美）甘道尔夫. 国际经济学 [M]. 北京：中国经济出版社，1999.
8. 王立和. 贸易与环境关系问题研究综述 [J]. 世界经济与政治论坛，2007（1）：57-63.
9. 何雄浪，李国平. 运输成本、交易成本与交易效率：新古典经济学分析框架的矫正 [J]. 学术月刊，2007，4（39）：82-89.
10. （美）迈克尔·波特. 竞争战略 [M]. 陈小悦，译. 北京：华夏出版社，2005.
11. （美）迈克尔·波特. 国家竞争优势 [M]. 陈小悦，译. 北京：华夏出版社，2005.
12. 王海军. 新新贸易理论综述、发展与启示 [J]. 经济问题探索，2009（12）：50-54.
13. 余智. "新新国际贸易理论"的最新发展 [J]. 经济学动态，2013（1）：112-117.
14. 金毓. "新新贸易理论"中的选择效应与生产率进步 [J]. 国际经贸探索，2014（8）：29-40.

15. 朱延福，梁会君. 企业异质性、国内市场贸易成本与扩大中国内需：Melitz 模型在中国主要制造业的理论扩展及经验分析 [J]. 财经论丛，2013（2）：15-19.

16. 吕连菊，阚大学. 新新贸易理论、新贸易理论和传统贸易理论的比较研究 [J]. 经济论坛，2011（9）：21-30.

17. 李军. 新新贸易理论文献综述 [J]. 价值工程，2015（24）：256-258.

18. 王悦. 新新贸易理论之异质企业模型概述 [J]. 白城师范学院学报，2014（4）：52-55.

19. Melilz Marc J. The Impact of Trade on Intra-Industry Reallocations and Aggregate Industry Productivity [J]. Econometrica，2003，71（6）：1695-1725.

第六章 保护贸易理论

 本章重点问题

保护幼稚工业理论，超保护贸易理论，适度保护，战略性贸易理论。

最早的国际贸易理论就是保护贸易理论（Theory of Trade Protection）——重商主义，它产生于资本原始积累时期；到资本主义自由竞争时期，与李嘉图的比较优势理论相对应，产生了李斯特的保护幼稚工业理论；到垄断资本主义时期，产生了凯恩斯的超保护贸易理论；第二次世界大战后，与发展中国家追求经济独立自主的呼声相适应，普雷维什的"中心—外围"理论应运而生；到20世纪80年代，随着国际竞争日趋激烈，发达国家之间贸易摩擦日益增多，战略性贸易理论、管理贸易理论等新的理论也出现了。

第一节　重商主义

重商主义是15—17世纪资本原始积累时期代表商业资本利益的经济思想和政策体系。当时封建主义自然经济基础逐渐瓦解，资本主义商品经济迅速发展，货币成为全社会各个阶层普遍追求的东西，成为财富的代表形态。当时商业资本与高利贷资本占据统治地位，商业成为利润和财富的源泉，因而在这一社会背景下，以流通领域为研究对象，认为利润来自流通领域，而与生产过程无关的重商主义（Mercantilism）应运而生。

一、重商主义的主要观点和流派

重商主义者认为，货币（金银）是财富的唯一形态，一国金银货币拥有量的多少，反映了该国的富裕程度和国力强弱，因此，一切经济活动的目的就是获取金银货币。那么怎样才能尽可能多地增加金银货币呢？实际上有三条途径，一是开采金矿银矿，二是暴力掠夺，三是通过商业（对外贸易）去赚。金矿银矿是自然矿藏，是天然禀赋，不是每个国家都有的；事实上资本原始积累时期西方金银货币的主要来源是抢劫，特别是对美洲印第安人的掠夺，当然作为学者不需要研究怎样抢劫，他们能研究的是怎样通过商业（对外贸易）去赚。因此，所谓重商主义，实际上就是重对外贸易。很明显只有保持贸易顺差，才能在国内积累金银货币。又由于在一定时期内全世界金银货币的数量是一定的，一国获取金银货币数量多，另一国必然就少，因此，国家之间的贸易利益是根本对立的，国际贸易是零和博弈，一国所得必为他国所失，从而政府必须干预对外贸易以保持贸易顺差。

重商主义分为两个发展阶段，15 世纪至 16 世纪中叶为早期重商主义阶段，16 世纪下半叶至 17 世纪为晚期重商主义阶段。

早期重商主义代表人物是英国人威廉·斯塔福。其认为金银货币是唯一的财富，任何商品进口都会使货币流出，减少本国货币拥有量，从而减少本国的财富，因此，一国在对外贸易中尽可能多出口少进口，多卖少买，最好只卖不买，只有这样，才能迅速增加货币，积累财富，同时该理论还绝对禁止金银外流。由于早期重商主义把眼光盯在货币收支上，故又称重金主义或货币差额论。

但是，货币是国家之间商品流通的手段，各国都限制金银外流，其结果是窒息了贸易，阻碍了金银的流入，而且货币只有在运动和流通中才能增值，于是早期重商主义发展到晚期重商主义。晚期重商主义代表人物是英国人托马司·孟，其代表作《英国得自对外贸易的财富》被认为是重商主义的"圣经"。与以守财奴的眼光看待货币的早期重商主义不同，他们用资本家的眼光看待货币，开始把金银和商品联系起来，指出"货币产生贸易，贸易增多货币"，主张适当的进口和金银输出，以便扩大出口，但必须遵循一条原则，即卖给外国人的商品总值应大于购买他们的商品总值，保证贸易顺差，但并不要求对每一个国家的贸易都有顺差，而只要有总的顺差就行了，从而增加货币的流入量，增加本国财富。因此，晚期重商主义又称贸易差额论，是真正的重商主义。

二、重商主义的政策主张

重商主义根据自己对财富和贸易的理解，提出了一系列关于贸易政策方面的主张，对后世产生了深远的影响。由于当时西欧各国具体情况不同，因此各国所奉行的政策也不尽一致，但纵观这些政策，都有一个共同点，即属于奖出限入的保护贸易政策。这些政策措施主要有以下几种：

1. 严格管制金银货币

早期重商主义者严禁金银出口，这个禁令流行于 16—17 世纪的西班牙、葡萄牙、荷兰、英国、法国等国。西班牙执行最久，也最严格，输出金银货币或金块银块甚至可以判处死刑。英国规定凡是英国出口商只能到国外指定的地点进行交易，并规定每次出售英国商品所得的货币，必须包括一部分外国货币或金银，以便运回本国；对外国商人则规定必须将出售货物所得的全部金银用于购买英国当地商品，在英国花费掉，以避免金银外流。

2. 实行对外贸易垄断，独占殖民地贸易与航运

16 世纪，葡萄牙国王直接掌握并垄断对东方的贸易，西班牙王室则垄断与美洲殖民地的贸易，不许外国人插手经营。1600 年，英国授予东印度公司贸易独占权，垄断英国与远东（主要是印度与中国）的贸易，开组织海外公司之先河。1651 年，英国通过了《航海法》，该法案规定，一切输入英国的货物必须用英国船只载运或原出口国船只装运；对亚洲、非洲及北美的贸易必须由英国或殖民地的船只载运。

3. 限制进口

重商主义者禁止进口奢侈品，对一般制成品的进口无一例外地征收重税，往往高到使人不能购买的地步，但对原料进口则免税，鼓励加工后再出口。

4. 促进出口

重商主义者鼓励商品出口，特别是制成品的出口，对本国商品的出口给予补贴，降低或免除出口关税。实行出口退税，即对出口商品的原料所征捐税，在出口后，把原征税款退回给出口厂商，但禁止重要原料的出口。

5. 管制本国工业，鼓励和扶持本国幼弱工业的发展

根据当时的制造业还是以手工劳动为主的特点，重商主义者提出了鼓励工业发展的具体建议：奖励人口繁殖，以扩大劳工来源；实行低工资政策以降低生产成本；通过《职工法》，鼓励外国技工的移入，同时禁止本国熟练技工外流；通过《行会法》，鼓励国内工厂手工业的发展等。

除此之外，英国在1660—1689年，通过《谷物法》来限制粮食的进口。

三、对重商主义的评价

重商主义的理论和政策在历史上起过进步的作用，它促进了资本的原始积累，推动了资本主义生产方式的发展。不仅如此，重商主义的思想和政策主张一直影响着后来的经济学家和各国的外贸政策。人们从凯恩斯的外贸理论和政策主张中，从日本、美国等发达国家的外贸政策中，不难看见重商主义思想的影子，以致有人称之为"新重商主义"。但它对社会经济现象的探索只局限于流通领域，而未深入生产领域，因而还不是真正的科学。马克思指出："真正的现代经济科学，只是当理论研究从流通过程转向生产过程时才开始"。①

第二节 保护幼稚工业理论

最早提出保护幼稚工业（Infant Industry）学说的是美国独立后第一任财政部部长汉密尔顿。当时美国政治上虽然独立，但在经济上依然落后，国内产业结构以农业为主，工业方面十分落后，仅限于农产品加工和手工产品的制造。北方工业资产阶级要求实行保护关税政策，以独立地发展本国经济，而南方种植园主则主张自由贸易，用小麦、棉花等农林产品去交换英、法等国的工业品。在此背景下，汉密尔顿代表工业资产阶级的愿望和要求，于1791年12月向国会提交了《关于制造业的报告》，明确提出实行保护关税、发展制造业的主张。但是将保护贸易理论系统化的则是德国的弗里德里希·李斯特，1841年，李斯特在《政治经济学的国民体系》中发展了汉密尔顿的保护关税思想，建立了一套以生产力理论为基础、以保护关税制度为核心、为后进国家服务的保护贸易理论。

李斯特早年信奉李嘉图的思想，鼓吹自由贸易，但是后来李斯特发现，德国的国情与英国不同，如果推行自由贸易，德国的工业将没有发展的机会，从而德国也永远无法强

---

① 马克思，恩格斯. 马克思恩格斯全集（第25卷）[M]. 北京：人民出版社，1974.

大，只能成为英国的附庸。当19世纪上半期英国完成工业革命，法国近代工业也有长足发展的时候，由于封建势力的强大和顽固等，德国还是个政治上分裂、经济上落后的农业国。诸侯割据，堡垒林立，当时从普鲁士到瑞士，商品流通要经过10个诸侯国，海关要征收10次税，货币要兑换10次，人员要签证10次，市场不统一，经济就无法发展，因此，德国资产阶级对内要求废除关卡，统一国内市场，对外要求高筑关税壁垒，保护工业。李斯特代表德国资产阶级的利益，一方面周游列国，游说各诸侯国撤除关卡，统一市场，另一方面在与英国古典学派的论战中系统地提出了保护贸易理论。

一、主要理论观点

1. 普遍的自由贸易理论是无边无际的世界主义经济学，完全忽视了国家的存在，不考虑如何满足国家的利益，而以所谓增进全人类利益为出发点

李斯特认为，在不存在一个"世界范围的共和国"和一个包括一切国家在内的世界联盟作为持久和平的保证时，国家之间、民族之间充满了利益矛盾、冲突乃至战争。因此，对每一个国家来说，民族利益高于一切。每个国家制定贸易政策时都把本国利益放在首位，而不考虑对外国的影响。事实上当年英国工业不发达的时候，也实行过保护贸易政策。现在英国古典学派提倡自由贸易，那是因为英国已经完成工业革命，工业无比强大，推行自由贸易可以使其工业品占领整个世界，只有利于英国的利益而不利于其他国家特别是工业发展落后的国家，由于它们的工业将被迅速摧毁，从而丧失发展壮大的机会。因此，自由贸易理论和政策不适合经济落后的国家，它们应该实行保护贸易政策，使本国工业有一个从弱到强、从小到大的成长机会，当经济上赶上或超过先进国家时，自由贸易才有可能实现，并从中获得利益。可见，要以国家经济学取代英国古典学派的世界主义经济学。

2. 自由学派只考虑通过对外贸易增进财富，只考虑眼前利益，而没有考虑到国家的精神和政治利益、长远利益以及国家的生产力，发展生产力才是制定国际贸易政策的出发点

英国古典学派的自由贸易理论是建立在价值理论之上的，李斯特提出了生产力理论来代替古典学派的价值理论，并以此作为保护贸易学说的理论基础。

李斯特认为，财富本身和创造财富的能力（即财富生产力）是有根本区别的。财富本身固然重要，但是创造财富的能力（即财富生产力）更加重要。他写到："财富生产力比之财富本身，不晓得要重要多少倍。它不但可以使已有的和已经增加的财富获得保障，而且可以使已经消失的财富获得补偿。个人如此，拿整个国家来说更是如此。"① 李斯特还强调指出："生产力是树之本，可以由此而产生财富的果实，因为结果子的树比果实本身价值更大。力量比财富更加重要，因为力量的反面——软弱无能——足以使我们丧失所有的一切，不但使我们既得的财富难以保持，就是我们的生产力量，我们的文化，我们的自由，还不仅是这些，甚至我们国家的独立自主，都会落到在力量上胜过我们的那些国家手里。"② 因此，一国制定外贸政策，首先要考虑是否促进国内生产力的发展，而不是从交

---

①② （德）弗里德里希·李斯特. 政治经济学的国民体系 [M]. 北京：商务印书馆，1961.

换中获得多少财富。

根据生产力理论，李斯特认为落后国家实行保护贸易政策，是抵御外国竞争、促进国内生产力发展的必要手段。在保护贸易政策实行之初，国内生产成本较高，效率较低，消费者利益受损，但消费者暂时做出牺牲是必要的，因为这是发展本国工业的一个条件。当本国工业成长起来后，价格就会下降，消费者的损失会得到充分补偿。短期的损失所赢得的力量永远可以产生难以估量的价值。即落后国家要进入先进工业国的行列，就必须放弃眼前按比较优势进行分工所能获得的贸易利益，限制国外先进廉价的商品进口，付出本国福利水平暂时下降的代价，使本国工业有一个从弱到强、从小到大的成长机会，才可能使本国摆脱附庸的经济地位，跻身于先进工业国的行列。

3. 普遍的自由贸易理论是狭隘的本位主义和个人主义，完全抹杀了国家和国家利益的存在

鼓吹狭隘的个人利益，抹杀国家利益，认为私人利益与国家利益总是一致的，是古典学派反对国家干预经济活动（包括外贸）的原因之一。李斯特认为，国家利益独立于私人利益，国家的存在是个人与人类全体的安全、福利、进步以及文化等的第一条件，因此，私人利益应当从属于国家利益，而且私人利益与国家利益并不总是一致的，追求私人利益并不一定促进整个社会利益，有些在私人经济中也许是愚蠢的事，在国家经济中却会成为明智之举。古典学派把私人利益与国家利益混为一谈，提倡自由贸易，反对任何贸易限制，从经济强国的角度看是正确的，是符合它自身利益的，因为当时英国的私人资本无比强大，根本不需要政府扶持就可以打遍天下无敌手，它所需要的只是普遍的自由贸易，让别国打开大门，开放市场。但如果把自由贸易原则强加到落后国家身上，反对任何贸易保护的做法就非常荒谬了。在落后国家政府为了整体利益实行保护贸易政策，实际上也是为个人投资提供保护，为本国商品提供市场，因此也符合个人利益。他以风力和人力在森林成长中的作用来比喻国家在经济发展中的重要作用。他说："经验告诉我们，风力会把种子从这个地方带到那个地方，因此荒芜原野会变成稠密森林，但是要培养森林因此就静等着风力作用，让它在若干世纪的过程中来完成这样的转变，世界上岂有这样愚蠢的办法？如果一个植树者选择树秧，主动栽培，在几十年里达到了同样的目的，这倒不算是一个可取的办法吗？历史告诉我们，有许多国家，就是由于采取了那个植树者的办法，胜利实现了它们的目的。"①

4. 保护贸易政策只是一种手段，是为了培养自由竞争的能力，而不是目的

李斯特明确指出："国际贸易的自由和限制，对于国家的富强有时有利，有时有害，是随着时间的不同而变化的。"② 因此，要根据本国经济发展的不同阶段选择不同的贸易政策。

李斯特把各国经济成长分为五个阶段：原始未开化时期、畜牧业时期、农业时期、农工业时期、农工商业时期。当一个国家由未开化阶段转入畜牧业，转入农业，进而转入工业与海运事业的初期发展阶段时，应当与先进的国家进行自由贸易，这样会对经济发展和

---

①② （德）弗里德里希·李斯特. 政治经济学的国民体系［M］. 北京：商务印书馆，1961.

社会进步起到强有力的刺激作用。当一个国家已经跨过工业发展的初级阶段,已经具备建成一个工业国的精神上和物质上的必要条件,只是由于还存在着一个比它更先进的工业国家的竞争力量,使前进的道路发生阻碍时,才需要实行保护贸易政策,以便筑一道"防火墙",使国内工业有成长的条件。而当工业化完成,国内工业品已经具备国际竞争能力时,该国就进入了农工商业发展阶段,故应实行自由贸易政策,以享受自由贸易的最大利益,刺激国内产业的进一步发展。

根据李斯特的分析,当时英国已经处在农工商业阶段,工业竞争力世界最强,主张自由贸易理所当然。而德国当时处在第四阶段即(农工业时期),工业还处于建立和发展时期,还不具备国际竞争能力,因此必须实行保护贸易政策。

二、关于保护贸易的具体政策主张

1. 保护对象

(1) 农业不需要保护。着重农业的国家,人民精神萎靡,偏于守旧,缺乏创新和冒险精神,而着重工商业的国家则不然,人民充满进取精神,偏于创新,整个社会富有朝气和活力。

(2) 一国工业虽然弱小,但在没有强有力的竞争者时,也不需要保护。

(3) 只有刚刚开始发展且受到国外强有力竞争的有前途的幼稚工业才需要保护。

李斯特虽然主张对国内工业保护,但是并不主张对所有工业品都采取高度保护措施,而是要区别对待。对于奢侈品,只要征很低的关税,因为该类商品进口总值不大,一旦发生战争影响进口也不会造成大的影响,征税过高反而会刺激走私。而那些对国民经济具有重要意义的部门,即建立与经营时需要大量资本、大规模机械设备以及大量劳动力、生产主要生活必需品的部门,要特别注意保护,因为该类产品价值巨大,在国民经济中比重很大,该类产业的发展能带动一国生产力的巨大进步,解决大量人口就业,刺激资本积累和人才培养,还有利于保持国际收支平衡。至于对机械设备的进口,则应免税或低税,因为机械设备是工业的"母机",限制国外机械设备的进口,实际上会阻碍国内工业的发展。国内不能生产的原料也应免税或低税进口。

2. 保护时间

保护期限最长不超过 30 年,在这个期限内仍然不能成长起来的产业,政府就不应该继续保护。

3. 保护手段

以禁止输入与征收高额关税为主要手段。李斯特指出,要达到保护目的,对某些工业品可以实行禁止输入。在一般情况下,如果某种产业不能在比原来高 40%~60% 的保护关税下长期存在下去,这种产业就没有前途,因而不应该给予保护。而保护的程度应随本国不同的发展阶段以及不同的行业而定,没有哪个是绝对有利或绝对有害的。

一般来说,在工业发展初期,绝不可把税率定得太高,因为税率太高会中断国内外的经济联系,妨碍资金、技术和企业家精神的引进,这必然对国家不利。正确的做法是从国内工业起步阶段开始征税,并随着从国内或国外引进的资本、技术和企业家精神的增长而逐步提高关税,当国内工业开始具备国际竞争力时再逐步降低关税。总之,一国保护税率应该有两个转折点,即由低到高,然后又由高到低。关税税率一经确定就不要轻易变动,以免引起混乱。

三、对李斯特保护贸易理论的评价

该理论实际上体现了马克思主义的辩证思维:优劣势是可以转化的,当前的劣势并不意味着永远劣势,在一定条件下有可能转化成优势,反之亦然。

李斯特第一个创立了系统的保护贸易理论,对德国经济的发展做出了极大贡献,使德国迅速跃为世界强国,同时也为全世界落后国家走上工业化道路提供了重要理论依据,因为李斯特的保护思想和政策主张,反映的是经济落后国家独立自主地发展民族工业的正当要求与愿望,它是落后国家进行经济自卫并通过经济发展与先进国家相抗衡的学说,对发展中国家的经济发展起到了积极作用。

但是要注意,保护贸易政策只是落后国家跃居先进工业国的必要条件,而非充分条件。以美国、德国为例,他们的成功,除了实行保护贸易政策外,还与以下因素有关:政府高度重视教育和科研,提高国民文化素质;抓住第二次产业革命的历史机遇;英国推行全球性的自由贸易政策,对美德没有采取严厉的报复措施;竞争对手较少,世界上实现工业化的国家还是少数,有大量落后的国家及殖民地为其提供原料市场等。

四、适度保护

李斯特的保护贸易理论为多数落后国家所采用,但是成功的国家寥寥无几,除了早期的美国、德国外,后来只有韩国、日本等少数国家。其原因很多,过度保护是一个重要原因,过度保护使国内企业陷入了"落后—保护—再落后—再保护"的恶性循环,因此,要适度保护(Appropriate Protection)。适度保护的含义:

(1)保护的范围要适度:对一国经济发展具有关键性影响的产业才值得保护,要有所为有所不为,不要广泛地进行贸易限制以试图建立全面的工业体系,对小国更是如此,因为小国资源有限。瑞士、瑞典、芬兰等小国之所以能列于发达国家之列,主要是因为其少数产业在国际上居于优势地位,如瑞士的金融、钟表、制药、化工等产业,瑞典的信息、医疗、汽车等产业,芬兰的信息、造船、造纸等产业都名扬世界,这些国家都没有健全的工业体系。另外该产业现阶段还要面临严酷的竞争。

(2)保护的标准要适度:进口关税税率只能让国内先进企业生存和发展,而能有效地阻止大量低效的中小企业进入;保护关税税率不宜高于同类国家的平均水平,并力争降低,即不应当使所有进入该产业的企业都能从市场上获得利润,而应当是成本比较低的企业才能获利,劣势企业亏损,从而优胜劣汰,资源向少数优势企业集中;关税税率要根据国内外的情况不断降低,使被保护的企业时时感受到竞争的压力,只有压力才能有效地迫使其前进。通俗地说,保护程度要控制在既不要隔断国内外竞争联系,又不能使国内企业被竞争冲垮的地步,这显然更像一门艺术!保护成功的标志是涌现出一批世界上著名的企业,如瑞士的雀巢、罗氏、瑞银、瑞典的爱立信、沃尔沃,芬兰的诺基亚等都名列世界500强。

适度的保护关税率可用下列公式来表示：

$$t' = \left(\frac{C_h}{C_f} - 1\right) \times 100\%$$

式中，C_h 代表应受保护的产业国内企业的平均生产成本，C_f 代表国外与受保护产业直接竞争的同类产业中企业的平均生产成本，t' 代表适度保护关税的税率，其取值范围应大于或等于零。

（3）保护的时间要适度：李斯特提出保护期限以 30 年为限是在 19 世纪 40 年代。现在技术进步越来越快，芯片每 18 个月就前进一代。保护期限过长，不但其他国家不答应，还使被保护产业尚未发展成熟即遭淘汰。WTO 在推进贸易自由化时给予发展中国家幼稚产业保护期最长是 12 年。

当然，也有完全反对李斯特的观点。美国经济学家克鲁格曼就认为，比较优势的建立是水到渠成的事，试图现在就进入未来才有比较优势的产业，并非总是好事。保护制造业本身没有什么好处，除非保护本身会使制造业更具竞争力。有些所谓的幼稚工业经过保护取得了成功，但很可能是"假幼稚工业"，即它们是因与保护无关的因素获得成功的，或者说，没有保护也能成长起来，社会却为此无端付出了代价。

第三节　保护贸易理论的发展

自从李斯特提出保护幼稚产业以后，经济学家又对保护贸易理论做了以下几方面的补充和发展：一是如何确定幼稚产业的具体标准；二是对本国失去优势地位的产业寻找保护"论据"；三是为贸易保护主义寻找各种"借口"。

一、关于幼稚产业选择的具体标准

如何选择幼稚产业是保护贸易理论中悬而未决的一个问题，经济学家们提出了各种各样的标准，较有代表性的观点有：

1. 成本差距标准

英国经济学家约翰·穆勒鼓吹自由贸易，但是他赞成幼稚产业保护论。至于如何确定幼稚产业，穆勒提了三条标准：

（1）正当的保护只限于对从国外引进产业的学习掌握过程，过了这个期限就应取消保护。

（2）保护对象只应限于过了一段时间之后没有保护也能生存的产业。

（3）最初为比较劣势的产业，经过一段时间保护后，有可能变为比较优势的产业。

以后巴斯塔布尔又补充了两条标准：

（1）被保护的产业经过一段时间以后，能够成长自立。

（2）被保护产业将来所能带来的利益，必须超过现在保护所造成的损失，即要考虑保护的成本与收益问题。

肯普则把两者结合起来,称之为"穆勒—巴斯塔布尔选择准则",并又补充了一个标准:只有先行企业在学习过程中取得的成果对国内其他企业具有外溢效应时,才值得保护。因为开创一个新的产业,先行企业要冒很大的风险,投资大,风险高,而一旦成功,则容易被其他企业模仿,从而市场竞争激烈,原先的企业无法获得足够的利润补偿所冒的风险,即幼稚产业要具有显著的外部效应。肯普标准可用图6.1表示。

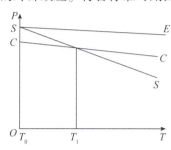

图 6.1 幼稚产业成本变化趋势

P 表示价格(成本),T 表示时间,CC 代表国际产品的价格(成本)随时间推移的发展趋势,如果国内被保护产业的价格(成本)随时间推移按 SE 曲线发展,即与国际成本差距越来越大,则该产业不值得保护,反之,如果按 SS 曲线发展,即与国际成本差距越来越小,并有可能低于国际成本,则该产业才值得保护。开始税率可定在 SC/CT_0,随着国内外成本差距的缩小,逐步降低税率,到 T_1 时降为零。

显然刚开始无法用这个标准选择幼稚产业,只能当一个产业保护一段时间后用此标准判断值不值得继续保护下去。即使被保护产业与国际成本差距越来越大,也不能轻易得出放弃保护的结论,要具体分析原因,对症下药。

2. 要素动态禀赋标准

日本经济学家小岛青对穆勒等人的标准提出了自己的看法,认为这只是根据个别企业或个别产业的利弊得失来判断的,其研究方法不合理。他认为:根据要素禀赋比率和比较成本的动态变化,选择一国经济发展中应该保护的幼稚产业。具体来说,若一国对某产业的保护,使该国的要素禀赋发生有利于该种产业发展成为具有比较优势的产业变化,则该种产业就是有前途的,值得保护。要素禀赋变化的原因有三:

(1) 所保护的产业有利于利用潜在资源。

如果一国实际拥有某种产品密集使用的要素而未被充分利用,保护和发展该产业,就可以大量使用这些被闲置的资源,从而获得良好的经济效果。

(2) 所保护的产业提高了要素利用率。

如果被保护的产业成长起来以后,能对其密集使用的要素加以大规模的节约,从而在既定的要素存量下实现产量的增长,那么该产业就能自给有余,还可以出口。

(3) 所保护的产业增加了要素存量。

被保护产业发展起来后,刺激了该产品密集使用的要素的开发及供给。如果该要素供给具有规模经济或者技术进步迅速,则要素禀赋就会发生有利于被保护产业获得比较优势的变化。

小岛青标准可以用图 6.2 表示。

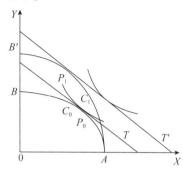

图 6.2　要素禀赋动态变化与幼稚产业保护

起初该国生产可能性曲线为 AB，若国际贸易条件为 T，则该国的生产均衡点在 P_0 点，消费均衡点在 C_0 点，显然该国出口 X 产品，进口 Y 产品，Y 产业为幼稚产业。如果政府保护 Y 产业，使本国的要素禀赋发生变化，导致生产可能性曲线由 AB 变成 AB'，国际贸易条件仍为 T（$T'/\!/T$），则该国的生产均衡点在 P_1 点，消费均衡点在 C_1 点，显然该国出口 Y 产品，进口 X 产品，Y 产业成为出口产业，说明保护成功了。

在经济全球化条件下选择幼稚产业又面临新的困难，主要是当代国际分工深化，从产业间分工发展到产业内分工，再发展到产品上分工和工序上分工，一个产品往往是多个国家合作的结果，从而企业、产品的国籍日益模糊，"民族产业"的含义发生了变化，此时一国很难区分民族企业与外国企业、民族产品与外国产品。如波音 747 飞机的制造需要 450 万余个零部件，可这些零部件的绝大部分并不是由波音公司内部生产的，而是由 65 个国家中的 1 500 个大企业和 15 000 个中小企业提供的。波音在全球 100 多个国家和地区拥有超过 5 200 家供应商，这些供应商是在对质量、发货准时性、成本和客户满意度等方面进行严格挑选后被评定出来的。2007 年 7 月 8 日推出的波音 787 机身 70% 以上的制造工作外包，并且让所有的供应商负责零件的工程设计，这在波音公司历史上也是首次。日本公司和意大利公司设计使用复合材料的机身和机翼；俄罗斯则提供关键的工程人才，设计钛合金的飞机部件；中国加工波音 787 飞机的尾翼；西雅图的生产基地将精力集中在飞机的整体组装上。

政府如果出于民族利益对某一幼稚产业加以保护，最大得益者很可能是进入该产业的外资企业。这种保护限制了竞争，使外资企业能够以落后的技术垄断东道国市场，获得超额利润。在经济全球化条件下，"民族产业"、幼稚产业需要通过开放、竞争和合作才能得到发展，消极保护只能造成落后。

还有政府不要试图追求拥有一个产业的完整产业链，即被保护产业的零部件都自己生产，自给自足，这是做不到的，也是不必要的。要与时俱进，善于利用各国的优势转包生产零部件，本国掌握核心环节即可。我国 C919 国产大飞机就是如此，其零部件来源示意如图 6.3 所示。

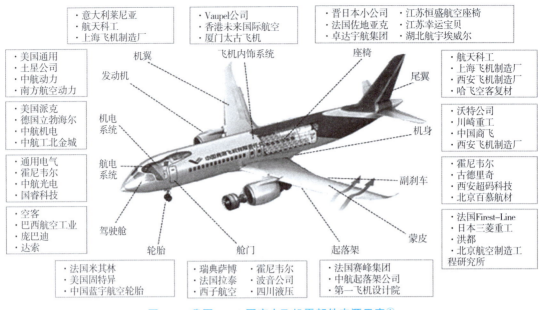

图 6.3　我国 C919 国产大飞机零部件来源示意①

另外，幼稚产业发展具有不确定性。某一产业在其他国家经过一段时期保护后成长起来，但是别国的经验只能借鉴，不能复制或照搬，因为涉及幼稚产业成功发展的因素很多，除了经济因素外，还有各种社会因素、文化因素等，目前的研究并没有穷尽这些因素。因此，上述幼稚产业的选择标准仅供参考。

二、关于保护手段的选择

传统的幼稚产业保护理论都主张通过进口关税限制国外同类产品的进口以达到保护本国工业的目的。但是，后来经济学家认为，最佳策略的选择应该遵循特效法则，即应选择对期望实现的目标最直接有效的方法。例如，为了减少社会犯罪，通过限制人口增长也能取得一定的效果，但这显然不符合特效法则，而通过加强法治打击犯罪要有效得多。同理，经济学家认为，既然保护幼稚产业是为了促进国内生产，而不是减少国内消费，最佳的策略应是采取生产补贴鼓励国内生产，而不是通过关税限制进口。

另外，对于具有显著外溢效应的产品（如高科技产品）限制进口，不仅会带来直接的经济利益损失，还会阻碍整个社会的进步。例如，限制计算机及其软件的进口，不仅会使本国消费者蒙受损失，而且会阻碍计算机的普及使用，拖延整个社会的进步，这种损失是无法估量的。因此，日本通产省很早就开始把限制进口的手段从关税改为优惠贷款、补贴等，并以此促进本国计算机工业的发展，取得了良好的效果。

但是，采用关税限制进口政府可以获得收入，而采用生产补贴手段则不但会失去收入，还要增加支出，因此，在实践中多数政府特别是发展中国家政府倾向于采用关税限制进口，往往造成弊大于利的后果。

---

① 前瞻产业研究院，http://www.cnyjsh.com/hydt.shtml。

三、实行保护贸易政策的论据

自从李斯特提出保护幼稚工业理论以后，为了解决实践中出现的问题，或者纯粹是为了政府的贸易保护政策辩护，经济学家们提出了各种各样的论据。这些论据五花八门，不一而足，经过梳理，大致可以分为两大类：

1. 属于经济方面的观点

（1）保护就业论。

支持贸易保护的理由之一是保护就业，此观点在发达国家颇为流行。这个观点可从宏观和微观两个方面来解释。从宏观方面讲，根据凯恩斯的经济理论，实行奖出限入的贸易保护措施，可以保持贸易顺差，并通过对外贸易乘数效应促进国内生产总值倍数增加，从而扩大有效需求，增加国内就业机会。从微观方面看，发达国家对已经失去了比较优势的劳动密集型产业（如纺织业）实行保护，减弱了外国竞争的冲击，从而保住了该行业的就业机会。

从短期静态的观点看，贸易保护对增加就业有积极作用。但是，从长期动态的观点看，该理论存在很多问题。首先，一国通过保护限制进口，导致贸易伙伴的出口相应减少，其进口能力相应下降，结果影响到实行贸易保护国家的出口。其次，易受其他国家的报复。在国际贸易中，一国的出口就是另一国的进口。一国通过奖出限进来增加国内就业，等于输出失业，转嫁困难，其他国家为了维护自身利益，往往采取报复措施限制进口，结果是两败俱伤。最后，从长期看，一国必须有进口才能维持出口的扩张。贸易保护的结果往往是增加了一个部门的就业，却减少了另一个部门的就业，使资源利用效率降低，消费者利益受损，福利水平下降。

（2）维护公平竞争论。

维护公平竞争也是许多西方发达国家用来支持贸易保护主义的一个理由。什么是不公平竞争？没有统一的定义，但是一般来说，凡是政府直接或间接地帮助企业在国外市场上竞争，并造成对国外同类企业的损害，即可认为是不公平竞争。不公平竞争包括出口补贴、低价倾销、污染环境、对国外知识产权保护不力、不对等开放市场等。目前主要有以下几种：

①抵制外国廉价劳动力的竞争。美国非常流行这种观点。该论点认为，发展中国家故意压低工人工资，不注重劳工权益的保护，从而所生产的商品成本也低，即搞"社会倾销"，而发达国家工资水平高，商品成本高。如果自由进口，势必危害发达国家的劳工利益，从而构成不公平竞争。因此，为了维持本国较高的工资水平和劳工福利，也为了"迫使"发展中国家注重劳工利益，必须实行保护措施。

②反倾销和反补贴。所谓倾销，是指以低于国内市场的价格，甚至低于商品生产成本的价格向国外抛售商品，打败对手占领市场后再提高价格。所谓补贴，是指出口国为了增强商品的竞争能力，在商品出口时政府给予出口商现金补贴或财政上的优惠。无论是倾销，还是补贴，进口国同类商品明显在竞争中处于不利地位，造成不公平竞争。因此，进口国有理由采取保护措施，对进口商品征收反倾销税和反补贴税，这也为WTO所允许。

③抵制生态倾销，保护环境。近年来，绿色消费浪潮在世界范围内兴起，越来越多的国家特别是发达国家重视环境保护，从而以保护环境为名，制定各种复杂、苛刻的技术标

准，以抵制发展中国家的生态倾销，将发展中国家的产品拒之门外。所谓生态倾销，就是发达国家指责发展中国家依靠任意破坏生态环境而获得廉价的自然资源以降低成本，这也被认为是一种不公平竞争。为此，发达国家除了制定绿色标准、绿色环境标志、绿色卫生检疫制度等规则外，还提出了环境成本内在化的要求，即要求污染者彻底治理污染并将治污费用计入成本，否则就是生态倾销，征收生态反倾销税。

维护公平竞争在理论上是为了更好地保证国际上的公平竞争，以推动自由贸易的发展，但在实践中存在以下问题：第一，被某些国家滥用。现在西方国家尤其是美国国内一遇到困难，就责怪别国不公平竞争，从而"合法"地利用反倾销、反补贴手段打击对手。第二，超越了大多数发展中国家的承受能力，阻碍了国际贸易的发展。发达国家往往以自身的标准来要求发展中国家，高的环保标准、高的劳工利益标准将使发展中国家毫无优势可言，从而有可能退出国际分工，这显然与所谓的维护公平竞争背道而驰。

(3) 促进本国产业多样化论。

该观点认为，如果一国高度依赖于专业化生产和出口一种或几种产品，同时其他需求依赖进口，就会形成比较脆弱的经济结构。一旦国际市场发生波动，国内经济也跟着波动，甚至遭遇灭顶之灾。而通过贸易保护，可以促进国内落后产业的发展，形成多样化的产业结构，以保持国民经济结构的平稳，减少对外依赖性。

这一观点对某些出口高度专业化的国家是合理的，如智利的铜矿经济、中东的石油经济等，但是由于资源禀赋和技术条件的限制，一国经济由高度专业化转向多样化生产的投入与风险极大。

(4) 改善贸易条件论。

该理论认为，当一国对某种商品进口量较大，足以影响国际价格时，通过关税等手段限制进口，可以迫使对方降价，从而可以改善贸易条件，使本国获益，因此，应"科学"地征收最适当关税（即最优关税）。最优关税又称科学关税，它使一国贸易条件的改善相对于其贸易量减少的负面影响的净利益最大化。即以自由贸易为起点，当一国提高其关税税率时，其福利逐渐增加到最大值（最优关税率），然后当关税率超过最优关税率时，其福利又逐渐下降，最终这个国家又通过禁止性关税回到自给自足的生产点。

这种损人利己的做法必然会导致其他国家的报复，不仅不能改善贸易条件，还会使贸易量下降，致使进口商品的消费者和出口商品的生产者都蒙受损失。

(5) 改善国际收支论。

对外贸易引起的外汇收支是一国国际收支的重要部分。当出口大于进口时会引起贸易顺差，带来外汇收入和外汇储备的增加；反之，贸易逆差带来外汇储备的减少。当一国国际收支恶化时，通过贸易保护限制进口，可以节约外汇支出，改善国际收支。

当然限制进口确实是改善国际收支状况直接而迅速的途径，但在实施时要考虑两个问题：第一，别国采取的措施及对本国的影响。因为一国实行保护必然涉及对方，无论是别国采取报复措施还是客观上进口能力下降，都会导致本国出口能力的减少。其结果是虽然少进口节约了外汇，但同时又因为少出口而减少了收入外汇，最终国际收支改善不大。事实上一国改善国际收支的根本途径是提高出口产品的国际竞争力。第二，与别国的贸易摩擦。通过贸易保护追求贸易顺差，往往引起逆差国的强烈不满，是产生贸易摩擦的重要原因，由此可能会恶化一国的贸易环境。

（6）利润转移论。

垄断竞争是当今国际竞争的根本特点。许多商品的国际市场是由少数几家大企业控制的"寡头市场"，它们凭借垄断地位，将产品价格定在高于边际成本的水平上，获得超额利润。政府可以通过征税抬高其边际成本，从而将部分垄断利润转移到国内。这个观点对那些进口贸易主要控制在国外垄断企业手中的落后国家有一定的指导意义。

（7）纠正市场失灵论。

不少经济学家认为，我们生活在一个"次优"的社会中，市场经济存在许多"扭曲"和"失常"现象。贸易保护措施有时可以用来纠正市场"扭曲"和"失常"。如商品市场失灵致使某些具有外溢效应的部门不能通过价格得到其全部收益，此时可通过关税倾斜对该部门加以回报；金融市场的不健全使发展中国家传统部门的储蓄不能有效转化为新产业的投资，当然最优的方法是建立和完善资本市场，不过这不可能一蹴而就，此时对新的产业加以保护以提高其利润率，加快资本积累，促使其成长就不失为一个可行的办法。

从理论上说，以"外部扭曲"对付"内部扭曲"效果不好，还会造成新的问题。用其他经济手段去纠正市场失灵比关税效果更好。如对具有外溢效应的部门可直接给予补贴或减税，对新产业的成长可通过政策性优惠贷款再配合减税同样能够达到目的，而且效果更好，不会造成很多"副作用"。

为贸易保护主义提供论据的还有其他观点，如增加政府收入等，此处不再赘述。

2. 属于非经济方面的观点

（1）保障国家安全论。

早在17世纪，英国重商主义者就利用国防安全来论证限制使用外国船舶和海运服务，以促进英国造船业的做法是正当的。后来的经济学家继承和发展了这一思想，为了保障国家安全，必须保护扶植基础产业（农业），保护国防工业和重要行业，防止关键资源的枯竭。有些部门（如粮食、棉花、武器等）不是每个国家都有比较优势，然而这些部门对国家的安全有非常重要的意义，必须保持必要的生产规模。这是因为在和平时期进口这些商品很方便，价格低，但一旦发生战争或出现敌对状态，就会受制于人，国家的主权就会受到影响。因此，有时要算"政治账"，不能仅算"经济账"。

不过在实践中又出现了一种极端的情况，那就是一提国家安全，就不计成本，不算"经济账"，只算"政治账"。事实上国防安全和经济效益是可以兼顾的，至少在保障国家安全的前提下减少成本，经过努力是完全可以做到的。以色列国防工业就是典型。

（2）维护社会公平论。

不少经济学家认为，自由贸易在给整个国家带来好处时，并不会自动均匀地将利益分配给全体成员，而是"几家欢喜几家愁"。出口集团由于出口价格相对高于国内市场而增加了企业和个人收入，进口竞争集团则会因进口商品的增加而受损，使某些企业和个人收入减少，甚至会造成企业破产，工人失业。为了维护社会公平，防止因自由贸易带来收入分配格局变动而引起社会动荡，对某些产业（尤其是停滞产业）实行贸易保护政策，就被认为是正当与合理的。

（3）保护国民身体健康。

有些商品（如食品、药品等）的质量问题直接关系到人类健康。如果自由进口和销售，就可能传播疾病，因此，政府对威胁人民及动植物健康和卫生的贸易产品加以管制就是明智的。这个道理通俗易懂，WTO 也允许，可是在实践中却被许多发达国家"合法"地加以滥用。如 2000 年英国苏格兰农场发现"疯牛病"后，法国、德国等欧洲国家立即停止从英国进口牛肉，以防传染。而美国则直接停止从欧盟进口牛肉，以防传染。2006年，日本实行旨在加强农副产品农药残留管理的《肯定列表制度》，共涉及 302 种食品，799 种农业化学品，54 782 个限量标准。据统计，根据《肯定列表制度》，每种食品农产品涉及的残留限量标准平均为 200 项，有的甚至超过了 400 项，检测项目预计增加 5 倍以上，每种产品的检测成本平均高达 40 000 元。比如大米检测项目由 129 项上升至 579 项，检测费用可达 115 800 元。如此高昂的检测费用，任何一个企业都难以承担。

第四节 超保护贸易理论

凯恩斯（1883—1946）是宏观经济学的创始人。1929—1933 年大危机爆发后，为了解决资本主义面临的矛盾，他在 1936 年出版的《就业、利息和货币通论》中提出了有效需求管理的思想，并以此为基础，提出了政府干预对外贸易的理论——超保护贸易理论（Theory of Trade Super-protection），由于主要是为了保护就业，故又称保护就业理论。

一、超保护贸易理论的主要内容

1. 对古典学派的自由贸易理论的批评

凯恩斯认为传统的外贸理论是建立在充分就业的前提下，不适用于现代社会，因为现代社会是就业不足。凯恩斯还认为古典贸易理论只用"国际收支自动调节机制"来说明贸易顺差、逆差的最终均衡过程，而忽略了国际收支在调节过程中对一国国民收入和就业的影响。他认为贸易顺差对一国有利，而逆差则有害。由于贸易顺差可以给一国带来黄金，扩大货币供应量，刺激物价上涨和降低利息率，从而可以扩大投资和就业，而逆差则是黄金外流，货币供应量减少，物价下跌，利息率提高，从而导致国内经济萧条，失业人数增加，使国民收入下降。因此，凯恩斯主张扩大出口，减少进口，以获得贸易顺差。

2. 提出贸易保护的主张

凯恩斯认为，资本主义的根本问题是有效需求不足，从而导致失业，为此，政府要采取各种措施刺激需求，以促进就业。有效需求包括消费需求和投资需求两部分。投资需求是由资本边际效率（利润率）和灵活偏好（利息率）决定的，而消费需求包括国内消费需求和国外消费需求，前者取决于边际消费倾向，后者取决于贸易收支状况。因此，凯恩斯主张国家积极干预对外贸易，奖出限进，保持贸易顺差，就可以以外需弥补内需的不足，增加就业，促进经济繁荣。

3. 支持保护关税制度

凯恩斯认为，保护关税制度有三大好处：①可以促使人们增加对国内产品的消费，进而增加就业；②可以减轻本国国际收支逆差的压力，以便腾出一定的资金，偿付在扩张政策下的必要进口量，并对贫困的债务国进行贷款；③最能得到社会舆论的支持。因此，他督促英国政府放弃自由贸易政策，恢复保护关税制度。

二、对外贸易乘数理论

为了进一步说明投资对就业和国民收入的影响，强调政府干预的必要性，凯恩斯提出了著名的投资乘数理论，即一国增加投资时，会引起国民收入的增长，其增长幅度是新增投资的若干倍。凯恩斯的跟随者马克卢普在 1943 年出版的《国际贸易与国民收入乘数》一书中，将凯恩斯的投资乘数理论与国际收支差额学说结合起来，提出了对外贸易乘数理论（Theory of Foreign Trade Multiplier）。

1. 投资乘数理论

新增投资会引起对生产资料需求的增加，从而引起从事生产资料生产的人数和工资的增加；人们收入的增加会引起对消费品需求的增加，从而又引起从事消费品生产的人数和工资的增加，通过一系列的连锁反应，其结果是国民收入的增加量将为新增投资的若干倍，而增加倍数的多少取决于边际消费倾向。投资乘数用公式表示如下：

$$K = \frac{1}{1 - \Delta C / \Delta Y} = \frac{\Delta S / \Delta Y}{1}$$

式中，K 为投资乘数，Y 和 ΔY 分别为国民收入及其增量，C 和 ΔC 分别为消费及其增量，S 和 ΔS 分别为储蓄及其增量，$\Delta C / \Delta Y$ 为边际消费倾向，$\Delta S / \Delta Y$ 为边际储蓄倾向。因此投资乘数与边际消费倾向成正比，而与边际储蓄倾向成反比。由于 $0 < \Delta C / \Delta Y < 1$，因此，$K > 1$。

2. 对外贸易乘数理论

凯恩斯主义者把乘数理论应用到对外贸易领域，建立了对外贸易乘数理论。他们认为一国出口和国内投资一样，是"注入"，有增加国民收入的作用；而一国的进口与国内储蓄一样，是"漏出"，有减少国民收入的作用。为此，当一国对外贸易顺差时，就能增加一国的就业量，提高国民收入。对外贸易乘数用公式表示如下：

$$K_f = \frac{1}{1 - \Delta C / \Delta Y + \Delta M / \Delta Y} = \frac{1}{\Delta S / \Delta Y + \Delta M / \Delta Y}$$

式中，K_f 是对外贸易乘数，$\Delta C / \Delta Y$ 为边际消费倾向，$\Delta S / \Delta Y$ 为边际储蓄倾向，$\Delta M / \Delta Y$ 为边际进口倾向（即增加的国民收入中用于增加进口的比重）。可见对外贸易乘数与边际消费倾向成正比，与边际进口倾向成反比，由于 $0 < \Delta M / \Delta Y$，故对外贸易乘数要小于投资乘数。

三、理论简评

凯恩斯的理论把对外贸易作为整个经济运行的重要因素，主张通过对外贸易促进国内经济发展的良性循环，扩大就业。其对外贸易乘数揭示了贸易量与一国宏观经济主要变量之间的相互关系，在一定程度上指出了对外贸易与国民经济发展的某些内在规律，有一定的借鉴意义。

不过该理论与传统的贸易保护理论不同，它是以保护国内先进成熟的工业，增强其在国际市场的垄断地位为目标，而不是保护国内幼稚产业；是积极对外进攻，大规模地扩张本国商品出口以最大限度地占领国际市场，而不是防御性地限制进口以保护国内市场；是通过对外贸易促进国内经济发展，扩大就业，而不是简单地维持国际收支平衡。凯恩斯的理论代表了垄断资本主义的利益，是发达国家推行超保护贸易政策的理论依据。这是以邻为壑、损人利己、转嫁矛盾的侵略性的保护理论，体现了资本主义国家学术界的堕落和腐朽。

凯恩斯的理论本身也存在很多局限性。首先，该理论是 20 世纪 30 年代资本主义大危机的产物，因而只注意研究需求问题，忽略了解决供给问题的重要性。其次，没有考虑到国外经济的反馈效应。事实上一国限制进口，必然使外国减少出口，从而使外国国民收入下降，进而进口能力减少，这又反过来影响该国的出口。如果考虑这种联动效应，对外贸易乘数要小得多。当然如果国外采取报复措施，结果只能是两败俱伤，谁也无法扩大出口。再次，没有考虑保护导致的动态利益损失。与发展中国家不同，发达国家保护的都是失去竞争力的"夕阳产业"。如果没有保护，"夕阳产业"就会萎缩，其资源就会转移到有竞争力的新兴产业中去，从而一国产业结构不断地得到调整和优化。由于贸易保护政策，"夕阳产业"得以继续生存甚至发展，而国外因出口下降也采取措施限制进口，结果本国具有竞争力的产业出口减少，发展受到压制。因此，该理论实际上保护了落后产业，阻碍了本国产业结构的优化，从而付出了降低社会进步的沉重代价。最后，消费者利益严重受损。限制了国外廉价商品的进口，消费者只好消费国内高价商品，从而为保护就业付出了高昂的代价，另一方面每个被保护的就业人员得到的收入却与此不成比例。例如，2009 年美国对从中国进口的轮胎征收 35% 的关税，分摊在每条轮胎上约为 25 美元，导致中国近 10 万轮胎工人失业和 10 亿美元的损失，但彼得森国际经济研究所的研究发现，此举使美国消费者被迫多支出 11 亿美元，因此受到保护的就业岗位不超过 1 200 个。换言之，美国需要每年拿出 90 万美元才能保住 1 个就业岗位，而这些岗位的平均薪酬约为 4 万美元。

此外，由于消费者需要花更多钱购买轮胎，因此对其他商品的消费产生了挤出效应，由此间接影响了零售行业。零售行业损失 2 531 个就业岗位，美国实际上丢失了 1 331 个岗位。

中国对美国采取报复性措施，限制美国鸡肉进口，美国农业行业损失了 10 亿美元。[①] 具体如表 6.1 所示。

表 6.1 美国保护就业的消费者损失估算

被保护行业	消费者为每个就业机会所付代价/万美元
钢铁	75～100
彩电	42
奶制品	22
制鞋业	5.5

资料来源：G. 汉弗巴：《美国贸易保护的 31 个案例分析》[M]．北京：对外经贸大学出版社，1986.

[①] 加利·克莱德·霍夫鲍尔，杰弗里·J. 莫斯特，金伯莉·安·艾略特. 反思经济制裁 [M]. 上海：上海人民出版社，2019.

第五节　普雷维什的"中心—外围"理论

劳尔·普雷维什是阿根廷经济学家，被誉为发展经济学的十大先驱之一，1981年获得第一届"第三世界基金奖"。他曾任阿根廷财政部长、农业财政问题顾问、中央银行总裁和联合国拉丁美洲和加勒比经济委员会（简称"拉美经委会"）执行书记、贸易与发展会议秘书长等职。

一、"中心—外围"理论的主要论点

1949年5月，普雷维什向联合国拉美经委会递交了一份题为"拉丁美洲的经济发展及其主要问题"的报告，系统和完整地阐述了他的"中心—外围"理论（Core and Periphery Theory）。

1. 世界经济体系分为"中心"和"外围"两个部分

普雷维什认为，世界经济体系被分成了两个部分：一个部分是"大的工业中心"；另一个部分则是"为大的工业中心生产粮食和原材料"的"外围"。"中心—外围"体系具有整体性、差异性和不平等性三个特点。所谓整体性，是指无论是"中心"还是"外围"，它们都是整个资本主义世界经济体系的一部分，而不是两个不同的经济体系。普雷维什认为，现存的世界经济体系是资产阶级工业革命以后，伴随着资本主义生产技术和生产关系在整个世界的传播而形成的，维系这一体系运转的是国际分工。在国际分工中，最先完成技术进步的国家就成了世界经济体系的"中心"，而处于落后地位的国家则沦落为这一体系的"外围"。"中心"和"外围"的形成具有一定的历史必然性，是技术进步及其成果在资本主义世界经济体系中发生和传播的不平衡性所导致的必然结果。

所谓差异性，是指"中心—外围"二者在经济结构上的巨大差异。他认为，技术进步首先发生在"中心"，并且迅速而均衡地传播到整个中心体系，因而"中心"的经济结构具有同质性和多样性。所谓"同质性"，是指现代化的生产技术贯穿于"中心"国家的整个经济；而其经济结构的"多样性"表明，"中心"国家的生产覆盖了资本品、中间产品和最终消费品在内的、相对广泛的领域。"外围"部分的经济结构则完全不同：一方面，"外围"国家和地区的经济结构是专业化的，绝大部分的生产资源被用来不断地扩大初级产品的生产，而对工业制成品和服务的需求大多依靠进口来满足。另一方面，"外围"部分的经济结构还是异质性的，即生产技术落后、劳动生产率极低的经济部门（如生计型农业）与使用现代化生产技术、具有较高劳动生产率的部门同时存在。

所谓"不平等性"，是该理论的关键和最终落脚点。普雷维什认为，从资本主义"中心—外围"体系的起源、运转和发展趋势上看，"中心"与"外围"之间的关系是不对称的，是不平等的。

第一，从起源上说，资本主义世界经济的"中心—外围"体系，从一开始就决定了"中心"和"外围"分别处在发展进程的不同起点上，"外围"地区从一开始就落后了。因为工业革命首先发生在英国，而广大的"外围"地区则被迫参与以英国为"中心"的

国际分工，承担着初级产品生产和出口的任务，明显处于不利的地位。

第二，初级产品贸易条件的长期恶化趋势加深了"中心"与"外围"之间的不平等（下面详述）。

第三，资本主义世界经济体系的"动力中心"从英国向美国的转移，进一步加深了"中心"与"外围"之间的不平等。英国由于奉行自由贸易政策，一直保持着较高的进口系数，从而通过进口"外围"国家的初级产品而使其技术进步的部分利益也转移到了"外围"国家，然而，在世界经济体系的"动力中心"转移到了美国以后，"外围"国家和地区就处在了一个更加不利的地位上。造成这种结果的一个主要原因就是美国的进口系数非常低。

该理论揭露了当前国际分工体系存在着严重的剥削性，对发展中国家极为不利，从侧面验证了马克思主义的正确性。马克思认为，资本主义生产规律就是追求剩余价值生产，为此，资本在国内剥削工人阶级等弱势群体，在国外剥削发展中国家等弱势国家。

2. 外围国家贸易条件长期恶化

普雷维什认为，造成外围国家贸易条件长期恶化趋势的主要原因有以下几方面：

（1）技术进步的利益在"中心"与"外围"之间分配不均。在"中心—外围"体系中，技术进步首先发生在"中心"，它的工业部门容易吸收新技术，因而会提高工业生产率，使工业的要素收入增加，并使制成品价格较高。而初级产品部门技术落后，劳动生产率低，投入要素的边际收益递减，从而使初级产品的价格较低。

（2）经济周期对"中心"与"外围"的影响不同。普雷维什认为，在经济周期的上升阶段，制成品和初级产品的价格都会上涨，但在经济周期的下降阶段，由于制成品市场具有垄断性质，初级产品价格下跌的程度要比制成品严重得多。因此，经济周期的反复出现，就意味着初级产品与制成品之间价格差距的不断拉大，从而使"外围"国家的贸易条件趋于恶化。

（3）工会作用不同。在经济周期的上升阶段，由于企业家之间的竞争和工会的压力，"中心"国家中的工人工资会上涨，部分利润用来支付工资的增加。在危机期间，由于工会力量的强大，上涨的工资并不因为利润的减少而下调；而"外围"国家的情况则不同，由于初级产品部门工人缺乏工会组织，没有谈判工资的能力，再加上存在大量剩余劳动力的竞争，"外围"国家的工资和收入水平会在危机期间被压低。这样，在工资成本上，经济周期的不断运动使制成品的价格相对上升，而初级产品价格则相对下降，其贸易条件的不断恶化当然就不可避免了。

（4）初级产品的需求收入弹性大大低于制成品，这样实际收入的增加就会引起制成品需求更大程度的增加，但对于食物和原材料等初级产品的需求不会产生同样的效果。由于初级产品的需求不像制成品那样能够自动地扩大，而它们的需求收入弹性又比较低，因此它们的价格不仅呈现周期性的下降，而且会出现结构性下降。

3. "外围"国家必须实行进口替代工业化战略，独立自主地发展民族经济

普雷维什认为，在"中心—外围"体系下，由于长期奉行初级产品出口战略，"外围"国家形成了脆弱的经济结构，本身缺乏经济增长的动力，再加上初级产品贸易条件存在长期恶化的趋势，这就使"外围"国家更加依附于"中心"国家，因此，"外围"国家

要改变依附地位，就必须改变以初级产品出口为核心的发展模式，走工业化发展的道路，通过进口替代战略（Strategy of Import-substitution）实现工业化。

所谓进口替代，是指以保护和促进本国工业制成品生产来替代进口，目的是减少进口，节约外汇，改善贸易条件，平衡国际收支，改变二元经济结构，使本国经济逐步走上工业化的道路。

进口替代一般会经历两个阶段：

第一阶段是以发展轻加工业、一般消费品工业为主的阶段，目标是建立初步的工业体系；第二阶段是以发展耐用消费品、资本品和中间产品为主的阶段，目标是建立全面的工业体系，以工业化带动整个经济的发展。

普雷维什提出了实施进口替代战略的具体措施：采取有节制的和选择性的保护主义政策，对"外围"国家的幼稚工业进行必要的保护；加强国家对经济增长的指导作用，因为"外围"国家经济结构的脆弱性使市场机制只能发挥部分作用；增加国内储蓄，同时引进外资，提高投资率，以打破"外围"国家存在的"低生产率—低收入—低储蓄率—低投资率—低生产率"的恶性循环；加强"外围"国家之间的合作，为进口替代部门提供更大的活动空间。

二、"中心—外围"理论简评

普雷维什的"中心—外围"理论从发展中国家利益出发，对当代国际分工体系和国际贸易体系中存在的发达国家控制与剥削发展中国家的实质进行了深刻的分析，从理论与实践上揭示了二者之间的不平等关系，为发展中国家的国际贸易理论做出了开拓性的贡献。该理论对第二次世界大战后世界经济格局的分析是正确的，为发展中国家打破国际经济旧秩序、建立新秩序提供了思想武器，也为拉丁美洲及其他发展中国家的进口替代战略奠定了理论基础。

然而该理论对发展中国家贸易条件恶化的原因分析是不全面的。发达国家长期对本国初级产品生产实行贸易保护政策，人为地压缩了对发展中国家初级产品的需求及初级产品本身技术含量低、加工程度低、附加价值低和替代产品增强等也是发展中国家贸易条件恶化的原因。另外进口替代战略的实施割断了国内外的联系，使发展中国家工业毫无竞争力，反而更加落后。

第六节 战略性贸易理论和管理贸易理论

20世纪60年代末以来，国际贸易出现了新的变化：技术密集型产品贸易的比重迅速上升，发达国家之间的贸易已成为世界贸易的主要部分，产业内贸易迅速发展，跨国公司对外直接投资迅猛增长，一些新兴工业化国家迅速取得国际竞争优势。另外，由于第二次世界大战后世界贸易组织的作用，制定新游戏规则已成为贸易参与者博弈的基础，加之20世纪70年代以后博弈论的迅速发展，使利用博弈论解释上述变化的战略性贸易理论成为近年来最为活跃的理论之一。该理论在20世纪80年代初由斯潘塞和布兰德等人首先提出,后经过巴格瓦蒂、克鲁格曼等人的发展,逐步形成了比较完善的理论体系。

一、战略性贸易理论的主要内容

由于国际市场上的不完全竞争和规模经济的存在,一国政府可以通过生产补贴、出口补贴、税收优惠、保护国内市场等政策性手段,扶持本国战略性产业的成长,增强本国具有潜在规模经济优势产品的出口竞争力,以获取规模经济和高额垄断利润,并借机打败竞争对手,劫掠他人的市场份额和产业利润。即在规模收益递增和不完全竞争的环境下,实施这一政策的国家不但无损于其经济福利,反而有可能提高自身的福利水平。战略性贸易理论(Strategic Trade Theory)的观点包括两个部分:一是如果一国政府能保证本国公司相对于外国公司获得先发优势,它对本国企业的扶植就可能提高本国的收入,因此,政府应采取补贴的方法对具有发展前途的新兴行业给予支持。二是如果政府对本国某一行业的干预能帮助国内企业克服已获得先发优势的外国公司设置的市场进入障碍,政府则应进行干预。

经济学家常用美国波音公司和欧洲空中客车公司的假想例子来说明战略性贸易理论。大型飞机的生产具有很强的规模经济性,产量越大成本越低,而全世界市场容量只能允许一家达到规模经济,如果两家同时生产,那两家都会因达不到规模经济而亏损。假设这两家公司技术水平和生产能力接近,图6.4表明两家公司在不同情况下的利润和亏损。

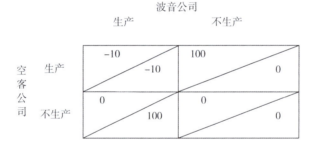

图6.4 国家干预前波音和空客公司生产大型飞机损益(单位:万美元)

图6.4表明,如果两家同时生产,各自亏损10万美元;如果谁独家生产,将获利100万美元;当然不生产则不赢不亏。如果波音公司首先生产这种飞机,空客公司是不会进入这个市场的,因为进入的结果是两败俱伤,损人又害己,因此,波音公司取得先发优势,并以此设立进入障碍,独享垄断利润。

现在假设欧盟承诺给予空客公司20万美元的补贴,帮助它进入大型飞机市场。这种补贴使两家公司的损益情况发生了变化(见图6.5)。显然空客公司决定生产大型飞机,结果两家都亏损10万美元,但是由于空客公司有20万美元的补贴,所以仍然营利10万美元。波音公司现在面临两种抉择,要么继续生产亏损10万美元,要么退出市场不赢不亏。波音公司的理性抉择是退出市场,从而将大型飞机市场拱手相让,空客公司独占市场后获利120万美元(含20万美元补贴)。可见政府补贴可以帮助国内企业克服国外公司的先发优势,并能取得"四两拨千斤"的效果(欧盟只补贴20万美元就获得了100万美元的盈利)。具体见图6.5。

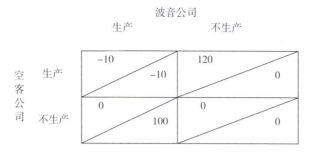

图 6.5　国家干预后波音和空客公司生产大型飞机损益（单位：万美元）

注：假设欧盟给空客 20 万美元补贴。

二、战略性贸易理论简评

战略性贸易理论论证了一国可以在不完全竞争的条件下通过实行贸易干预政策，促进本国战略性产业的成长，增强其在国际市场的竞争力，为一国政府提供了新的选择。该理论还运用了博弈论的分析方法，是国际贸易理论研究方法的创新。

但是该理论的运用存在许多限制条件，如政府拥有准确的信息，对干预的收益和代价成竹在胸；接受补贴的企业必须与政府行动保持一致，且能在一个相当长的时间内保持垄断地位；设置足够的进入壁垒使新厂商无法加入，以保证垄断利润不被侵蚀；别国政府不会采取报复措施等。另外该理论背离了自由贸易传统，采取了富于想象力和进攻性的保护措施，会成为贸易保护主义者加以曲解和滥用的口实，恶化全球贸易环境，也为 WTO 规则所不允许。

三、管理贸易理论

国贸博览 6-1

20 世纪 70 年代中期以后，随着国际竞争日趋激烈，贸易保护主义在世界范围内日益泛滥，由于没有谁公开声明反对自由贸易，管理贸易（Managing Trade）在国际贸易中逐渐流行。实际上，"管理贸易"一词最早由美国学者 J. E. 斯贝茹（1984）提出。斯贝茹认为，20 世纪 70 年代和 80 年代两次世界性经济危机的爆发、国际货币金融体系的不确定性和美国贸易逆差的扩大等成为新贸易保护主义高涨的原因，使许多决策者和分析家不再讨论自由贸易制度，而开始讨论公平贸易或有管理的贸易制度问题，管理贸易由此产生并发展。管理贸易理论又称管理贸易政策，是一种介于自由贸易与保护贸易之间、以协调为中心、以政府干预为主导、以磋商为手段，政府对对外贸易进行干预、协调和管理的贸易制度。因此，被称为"不完全的自由贸易"或"不断装饰的保护贸易"。其基本特点如下：

1. 以立法形式使贸易管理法律化、制度化

为使国家对外贸的管理合法化，各发达国家加强贸易立法，使国家管理对外贸易的法律由过去的单行法律发展为以外贸法为中心、与国内其他法相配套的法律体系。美国是使管理贸易合法化的代表，其涉及管理外贸的法律达 1 000 多种。如美国 1974 年贸易法中的"301 条款"授权总统报复对美国出口实施不公平待遇的国家。1988 年"综合贸易法"中的"超级 301 条款"和"特别 301 条款"分别要求政府对公平贸易做得不好和对美国知识产权保护得不好的国家进行谈判或报复。

2. 在不放弃多边协调的同时，更多地采用单边制裁措施

由于世界经济区域化、集团化趋势加强，国际多边贸易体制受到削弱。为此，主要发达国家尤其是美国更多地借助双边谈判，必要时不惜采取单边贸易制裁措施，以达到所谓"公平、互惠"的目的。例如，美国以1988年"综合贸易法"为依据，强调对等互惠条件，加强有针对性的双边谈判，使"自由与公平"方针成为美国对外贸易的基石。在美国的强大压力下，西欧、日本等对美国有贸易盈余的国家都在许多具体领域做了大量让步，不断开放市场。一旦贸易伙伴不能满足美国的要求，美国就依靠自己的强势地位，采取单边制裁或报复措施。据统计，特朗普政府累计实施逾3 900项制裁措施，相当于平均每天挥舞3次"制裁大棒"。美国实施非法单边制裁，严重损害他国主权安全和国计民生，严重违反国际法和国际关系基本准则，是美国霸权主义在贸易领域的表现。

3. 管理措施以非关税措施为主，行政部门拥有越来越大的裁量权

这是因为非关税措施大多由行政机构实行，在非关税措施普遍使用的情况下，行政机构对贸易政策的影响必然越来越大。截至2021财年，美国政府制裁外国实体和个人高达9 421个，较2000财年增长933%。自中美第一阶段经贸协议生效以来，美国不断对中国采取打压遏制措施，美国商务部将940多个中国实体和个人列入各类限制清单。根据美国财政部外国资产控制办公室数据，截至2021年10月19日，美国制裁含香港、澳门在内的中国实体和个人数量达391个，特别是华为、中兴等高科技企业更是美国制裁的对象，我国崛起之路之难超出想象！没有党中央的坚强领导，我国经济不可能挺得住，更不可能继续发展！

4. 跨国公司在管理贸易中的地位不断上升

随着跨国公司的经济实力不断壮大，其对发达国家的社会经济影响也举足轻重。因此，各发达国家都通过跨国公司的跨国经营活动，来贯彻其对外贸易政策，跨国公司逐渐成为各国实行管理贸易的主角，有时政府还特别参与到跨国公司具体的贸易活动中。如海湾战争结束后不久，沙特航空公司欲购买30架新式飞机，总价值60亿美元。波音和空客都竞争这笔

国贸博览 6-2

订单，沙特提出了一个附加条件，看谁对中东和平的贡献大。为了让这笔订单能落入自己人的腰包，美国总统克林顿写信并打电话给沙特国王法赫德，要求其看在美国解放科威特的面子上，将订单交给波音和麦道。获悉美国的行动后，法国总统密特朗、英国王子查尔斯及法国总理巴拉迪尔先后前往中东访问，对巴勒斯坦人民非常"关心"。针对欧洲人的行动，克林顿除派国务卿赖斯到中东访问，对以色列施加压力外，又打出了波斯尼亚牌。他们向沙特承诺，将阻止波斯尼亚的战争，避免该地区的伊斯兰人受到更多的伤害。这样，60亿美元的订单最终落在了美国人手里。

本章核心概念

重商主义（Mercantilism），幼稚工业（Infant Industry），适度保护（Appropriate Protection），保护贸易理论（Theory of Trade Protection），超保护贸易理论（Theory of Trade Super-protection），对外贸易乘数（Foreign Trade Multiplier），"中心—外围"理论（Core and Periphery Theory），进口替代战略（Strategy of Import-substitution），战略性贸易理论（Strategic Trade Theory），管理贸易（Managing Trade）。

复习思考题

一、简答题
1. 简述重商主义的主要观点和政策主张。
2. 保护贸易理论对自由贸易理论的批评有哪些？
3. 简述普雷维什的"中心—外围"理论的内容并对其进行扼要评价。
4. 简述战略性贸易理论、管理贸易理论的内容和基本特点。

二、论述题
1. 怎么判断一个产业是否为幼稚产业？
2. 分析过度保护与适度保护的区别。
3. 为何保护政策对社会整体不利，但经常被政府采纳？
4. 经济全球化将对保护贸易效果产生何种影响？
5. 试评述现在使用战略性贸易政策的可行性。

三、分析题
1. 讨论我国保护贸易的成败得失——以汽车业为例。
2. 根据"中心—外围"理论制定的进口替代战略，其实践效果为何总是不佳？

参考文献

1. 刘遥. 从幼稚产业保护理论看我国幼稚产业的未来［J］. 商，2013（24）：330.
2. 郁郁，刘为. 保护幼稚产业理论与战略性贸易政策理论比较［J］. 沈阳大学学报，2014（5）：18-21.
3. 李群. 管理贸易、新贸易理论与产业政策［J］. 产业经济研究，2014（6）：40-45，52.
4. 陈汇才. 论我国贸易自由化进程中的适度保护贸易政策［J］. 商业时代，2010（2）：63-64.
5. 陈飞翔. 论适度保护的准则［J］. 开放导报，2002（11）：1，8-11.
6. 陈飞翔，董皓，王艳. 论适度保护关税税率［J］. 财贸经济，2003（6）：56-60，97.
7. 姚俊梅，张炳清. 战后日本汽车产业的崛起［J］. 日本学论坛，1996（4）.
8. 张志华，刘新东，陆逊. 日本汽车产业政策的启示［J］. 汽车工业研究，2004（7）：36-38.
9. 阎启翔. 马西曲线的启示：中国汽车工业忧思［J］. 企业改革与管理，1994（6）：38-39.
10. 刘东勋，翟志成，陈多长. 保护贸易理论是对自由贸易理论的修正和发展［J］.

国际贸易问题，1998（9）.

11. 李秀香. 开放式保护幼稚产业的理论探讨［J］. 江西社会科学，2003（5）：1-5.

12. 陈蓉，陈再福. 日本和美国战略性贸易政策的比较分析［J］. 漳州师范学院学报（哲学社会科学版），2004（1）：14-17.

13. 陈鉴琳. 金融危机后美国贸易保护政策分析［J］. 福建金融，2011（5）：50-51.

14. 温静静. 中美贸易战的原因及启示［J］. 现代商业，2018（29）：38-39.

15. （美）约翰·纽豪斯. 最高的战争：波音与空客的全球竞争内幕［M］. 宁凡，译. 北京：北京师范大学出版社，2007.

16. 加利·克莱德·霍夫鲍尔，杰弗里·J. 莫斯特，金伯莉·安·艾略特. 反思经济制裁［M］. 上海：上海人民出版社，2019.

17. 弗朗西斯·福山. 政治秩序与政治衰败：从工业革命到民主全球化［M］. 毛俊杰，译. 南宁：广西师范大学出版社，2015.

18. 美国民主情况［EB/OL］.（2021-12-05）.https://news.sina.com.cn/c/2021-12-05/doc-ikyamrmy6935794.shtml.

19. 中国人民大学重阳研究院. 十问美国民主［EB/OL］.（2021-12-06）.https://www.360kuai.com2021-12-06.

第七章 国际贸易理论综述

 本章重点问题

国际贸易理论演进的逻辑，保护贸易理论与自由贸易理论的关系，贸易投资一体化理论，内外贸一体化理论。

第一节 国际贸易理论演进的逻辑

对于国际贸易理论的演化，国内学术界居主流的观点是根据理论经济学发展特征划分，把国际贸易理论发展过程归结为"古典贸易理论、新古典贸易理论、新贸易理论、新新贸易理论"。在这一过程中，国际贸易理论的假定前提分别从完全竞争、规模报酬不变、单一要素投入、固定边际成本等发展到不完全竞争、规模报酬递增和多要素投入、边际成本递增，等等；国际分工的视角也沿着国家—国家、产业—产业、产品—产品这一主线延伸……；认为自由贸易与保护贸易是一对孪生兄弟，两者在矛盾中发展；等等。然而，把国际贸易理论简单地进行阶段性划分是一种一维的、封闭的归纳法，没有真正站在演化的角度从根本上探究各种国际贸易理论之间的存在维度、发展路径和内在逻辑，而且以WTO为标志的经济全球化从根本上改变了世界经济的基本格局、运行特征和发展规律，必须以全球性、开放性、多维性的视角分析国际贸易理论发展的内在逻辑及演化路径。值得一提的是，贸易政策与自然、社会、人类发展如何实现统一是国际贸易理论演化的方向，而该领域却是理论研究的盲区。

世界经济功能的发挥既取决于市场，也取决于民族国家的政策。各国的政治目的、竞争和合作相互影响，创造出经济力量在其中运作的政治关系框架。然而，经济和技术的力量会影响各国的利益和政策，也会影响国家间的政治关系。因此，现有的国际贸易理论在面临生产要素有限和技术进步不确定双重难题的约束下，更多的是基于工业经济下自由竞争和国家主义的经典经济理论分析。从国际贸易的演进历程看，偶然、零星与不规范的跨国交易发展为经常、大规模和日益规范的国际贸易，这其中有两方面的因素：一是国际贸易微观主体的逐利行为；二是国际贸易宏观主体（即国家政府的政策协调与维护及其相关的谈判等行政层面)的博弈行为,国际贸易理论相应地分别从微观主体在经济市场的自由竞争和宏观主体在政治市场的国家主义行为展开研究。

(1)自由竞争的基本维度是自由和干预。经济自由主义的核心是市场机制的自发调节作用。个人自由选择的活动形成市场机制,而市场机制决定商品和要素的价格,从而实现资源的合理配置和充分利用,并实现收入的公平分配。然而,市场机制也不是完美无缺,自由主义承认存在"市场缺陷"和纠正扭曲的必要性,而纠正的途径又只能是通过政策干预,这就注定了经济自由主义无法彻底拒绝国家干预。问题在于,自由主义没有理由假定政府干预都是理性而有效的,任何政府政策都可能有对整体经济的连带效应和正反两个方面的影响。对于这一点,自由主义也承认政府干预有可能产生"政府缺陷",从而又产生所谓"政策性扭曲"。这表明,与其他经济理论一样,围绕着自由与干预的争论,国际贸易理论的内涵在不断丰富却又充满矛盾。

(2)国家主义的基本维度是竞争和合作。一方面,国家界限的存在,使国际贸易理论分析的视角和立场都是从一国的利益出发,表现出浓厚的经济民族主义色彩,认为国家之间的利益基本上是对立的、竞争的,一国的经济政策必须以国家利益为出发点。另一方面,对经济市场分析的缺陷("市场缺陷"和"政府缺陷")使人们把目光转向政治市场的分析。从经济市场的一般均衡理论转到政治市场的博弈论,国际贸易理论也由国与国之间的竞争博弈分析转到合作博弈分析,国际贸易的结果也由"零和博弈"走向"非零和博弈",这一理论分析转变的典型表现就是基于竞争博弈的战略性贸易政策与基于合作博弈的世界贸易体制经济学。

因此,国际贸易理论基本上沿着"自由、干预""合作、竞争"两个基本维度演化(见图7.1),不同维度的组合构成了四种不同的贸易理论类型,分别为自由贸易(自由和竞争)、保护贸易(竞争和干预)、管理贸易(干预和合作)和共赢贸易(合作和自由)。

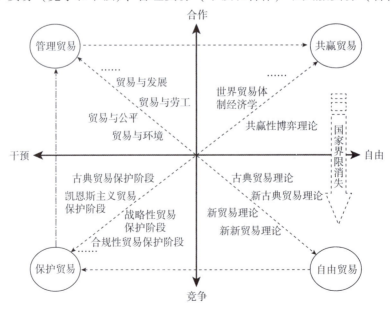

图7.1 国际贸易理论的演化路径

在图 7.1 中，自由贸易与保护贸易理论都是基于国家间竞争的分析，以国家间的独立性、竞争性为共同特征，共同的理论假设前提为国际贸易是国家间的非合作零和博弈。在互相独立、竞争的国家内，自由贸易提出了效率和总体福利原则，主要强调市场机制对经济的自发调节作用，认为一国帕累托最优的获得与政策决定权的归属无关。但保护贸易强调市场机制存在的缺陷需要通过贸易政策的干预进行弥补，强调收入分配关系在贸易政策形成过程中的作用，因此国家在考虑制定贸易政策的过程中，忽略了效率问题而集中于收入分配的问题。两者的出发点分别是国家独立、竞争前提下实现一国总体福利或特定利益集团福利最大化，而对贸易保护中受益者与受损者的辨别及其利益权衡成为自由或保护贸易政策制定的动机。

管理贸易与共赢贸易理论则是基于国家间合作的分析，以国家间相互依存、相互协调为共同特征，共同的理论假定前提是国际贸易是国家间的非零和合作博弈。它们认为，自由贸易中的帕累托有效性是就特定博弈的参与者而定义的，并不代表任何更广泛意义上的有效性，存在着个体理性与集体理性在最优决策上的冲突。而贸易保护中"以邻为壑"政策更无助于实现帕累托最优。只有国家间的合作博弈均衡才能真正实现帕累托最优。在国家间合作的框架下，管理贸易通过国际协作，将环境、劳工等问题纳入贸易政策的制定中，初步实现了有组织的协调；而共赢贸易借助于多边贸易体制，从制度和理性的更高层面有效治理国际贸易博弈困境。

1. 自由贸易与保护贸易：基于国家间竞争的分析

（1）自由贸易。国际贸易理论的初始点是自由贸易，不管是古典贸易理论、新古典贸易理论，还是新贸易理论或者新新贸易理论，虽然理论的假定前提不同，但都把提高经济效率放在首位，倡导自由与竞争，主张最大限度地利用完全竞争的市场机制，主要由私人来协调一切社会经济活动，国家的责任是维护市场竞争秩序，只在最低限度内进行必要的干预。随着 1947 年 GATT 的生效和 1995 年 WTO 的建立，经济全球化进程加快，贸易自由化成为世界各国贸易政策的主流。

（2）保护贸易。与自由贸易相伴而生的是保护贸易，其理论发展经历了四个基本阶段，即古典贸易保护阶段、凯恩斯主义贸易保护阶段、战略性贸易保护政策阶段与合规性贸易保护政策阶段。作为国家与市场共生物的保护贸易政策，其基本维度是干预与竞争。从国际贸易理论演化的路径看，自由贸易与保护贸易受制于世界经济发展的周期和经济贸易大国竞争力的变化。两者共同的维度是竞争（国家间的竞争），但自由贸易政策和保护贸易政策在不同的历史时期，不同的国家在贸易政策的选择上并不一致，程度也不相同；同一个政策下，根据产业竞争力的不同，自由化程度和保护程度均有差异。

2. 管理贸易与共赢贸易：基于国家间合作的分析

（1）管理贸易。国际贸易理论演化的第三阶段是管理贸易，它是自由贸易与保护贸易博弈的结果，而国际政治经济关系的深刻变化、国际经济发展的不平衡、GATT 和 WTO 的实践等因素产生的贸易与环境、贸易与公平、贸易与劳工、贸易与发展等新问题促进了管理贸易的发展。管理贸易是指世界上各贸易主体在最大化由国际分工引致的比较利益这种偏好的过程中，为有效解决合作中的冲突以及实现相互合作的潜在利益，提出的国际贸易理论以及将该理论运用到实践中的政策。管理贸易理论的政策内涵是既兼有自由贸易与保护贸易属性，又具有自己独特的作用机制，与后两者的一个显著区别是管理贸易政策具有博弈的特征。各国会根据国际经济环境及本国在此环境中所处的地位、本国的要素禀赋、技术及预期利益，以及他国贸易政策的变化，选择能最大化本国利益的管理贸易政策。而且，在路径依赖的作用下，各国所选择的管理贸易政策具有不同的偏向性。

贸易政策选择层面上博弈的纳什均衡结果，决定了管理贸易是各国在无法达到最佳目标模式时所能选择的次佳目标模式，是一种各国适应国际经济发展、最大化其参与国际分工利益的制度安排。与自由贸易与保护贸易的政策主张不同的是，管理贸易不再仅仅只是从一国的角度进行贸易政策的安排，它的博弈特征意味着其政策安排本质上是有组织的自由和协调的保护，且一般都具有偏保护主义色彩，都是通过单边、双边或多边的协调方式来管理与各国的贸易关系的。因此，管理贸易与保护贸易并存于干预维度，但同时兼有国家间合作博弈，是干预与合作维度下的国际贸易理论。

（2）共赢贸易。在国家界限存在的情况下，国际贸易理论发展的第四个阶段就是自由与合作维度下的共赢贸易，它的理论基础是共赢性博弈理论。国际贸易作为一种特殊的博弈现象，无论是基于古典经济学的自由贸易博弈治理政策，还是基于产业发展的贸易保护主义治理，或基于现代国际贸易联盟的理想主义管理贸易治理，均具有国别单边主义和投机、偶然与侥幸的机会主义色彩，难免陷入国际贸易博弈困境。这种博弈困境，一是因为缺少必要的经济贸易联系以及交易所赖以形成的统一的世界市场；二是由于缺少制度和理性层面的国际协调机制与规则，以 WTO 为代表的多边贸易体制的日益完善，很大程度上改变了国际贸易博弈的性质。WTO 所具有的规则制定、贸易谈判、争端解决、政策评审的四大基本功能，充分说明 WTO 使各成员政府放弃独立的、单边的、非合作的理性行动而寻求统一的、多边的"游戏规则"，以分享多边贸易体制下国际贸易博弈所带来的共同利益，促进了自由贸易均衡的实现。

在对国际贸易理论演化路径进行梳理后，我们会发现，国际贸易理论的演化逻辑是与人类（理性经济人）、社会、自然三者合二为一的。自由贸易、保护贸易、管理贸易、共赢贸易范畴下各自理论演进的主轴分别与人类、社会、自然三者有着紧密的结合。

自由贸易理论要解决的核心问题是通过经济效率的提高，最终提高"经济人"自身的经济利益，即自由贸易可以扩大生产，提高就业水平，改善人类整体的福利（经济利益）。但自由贸易在提高经济效率的同时，会导致相关产业损害与不同利益集团收益差距的扩大，即扭曲了社会公平，激化了社会矛盾，从而促使保护贸易理论的产生与发展。因此，自由贸易理论与保护贸易理论是在市场经济和竞争秩序下，人类社会在协调效率与公平的矛盾中发展起来的。

建立在古典经济学基础上的自由贸易理论和保护贸易理论都没有论及贸易政策与人类发展是如何联系的，即可持续发展问题，都是基于这样的假定：自然资源相对约束和贸易结果的零和博弈。国际贸易与经济增长加剧了人类、社会和自然的紧张关系，使人们不得不考虑自然资源的绝对约束；零和博弈的结果使各国贸易政策的选择陷入了"囚徒困境"，导致国际贸易冲突不断。这表明，纯粹地从经济市场和单一国家角度建立起的国际贸易理论无法解决自身固有的缺陷，因此催生了管理贸易理论，贸易与环境、贸易与发展等问题进入了管理贸易研究的视野，反映了 20 世纪末人类对贸易与相关社会、环境及可持续发展的认识，并试图通过贸易促进增长、消除贫困、实现可持续发展。

共赢贸易理论更是借助多边贸易体制的制度框架把人类、社会与贸易的和谐发展统一起来，使国际贸易行为再也不是毫无规则约束的无序竞争行为。由于国际贸易使实施较低社会标准的国家工人的生活质量进一步恶化及环境资源的负外部性、市场失灵导致的治理环境的成本和收益不对称等，为了避免各国免费搭车的费用规避心态及建立在不同生产标准上的"不公平贸易竞争"，国际社会制定了一系列国际绿色、社会规范对贸易与人的生存环境关系进行协调，协调的进程实质上就是可持续发展与国际贸易准则相融合的过程。多边贸易体制中议题的扩展和延伸呈现两个特点：一是由边境措施向各成员方国内政策延伸，即议题由直接关注限制市场准入的贸易措施，转向各成员方的补贴、政府采购、环境、知识产权等国内立法，甚至有进一步向劳工、人权等社会标准的立法进行延伸的趋势；二是由针对贸易本身转向与贸易有关的问题，如贸易和环境、贸易与竞争等。共赢贸易理论使各国在多边贸易体制框架下，基于共同利益和愿望，在与国际贸易有关的一系列活动中，以人的全面发展为根本宗旨，尊重人的生命及其价值，以保障人的幸福和尊严为目的，协调效率与公平、技术与人性、科学与人文的关系，使人类活动与社会、自然和谐发展。

因此，国际贸易理论演化的逻辑（指导思想）已经从很少顾及自然资源、生态环境和人类社会的承受能力的、传统的以谋取最大限度的经济利益为目的，逐渐演化为在贸易发展的同时，要关注人的身心健康，保持人与自然、社会的和谐及人类社会整体的协调发展。

第二节　保护贸易理论是对自由贸易理论的修正和发展

国际贸易理论的发展基本上分为两大主线，即保护贸易理论和自由贸易理论。表面看二者是相互对立的，但自由贸易理论有许多假设前提，保护贸易理论修正了自由贸易理论的不现实假定，发展了自由贸易理论。

一般认为，传统的自由贸易理论主要有以下几个明确或隐含的假定：

（1）各国生产要素在本质上保持不变，在国内可以自由流动，但在国际间则根本不能流动。

（2）技术水平固定不变，可自由获取，国际市场上消费者主权占主导地位。

（3）规模收益不变，要素市场和产品市场都是完全竞争的，没有不确定性。

（4）政府在外贸中不起作用，因此国际贸易在相互竞争的小生产者之间展开。

（5）各国贸易总是平衡的。

（6）各国的需求偏好相似且保持不变，各国经济发展水平相似。

（7）各国总是处于充分就业状态，不会将对内目标置于对外目标之上。

（8）各国经济规模相近，经济发展阶段相似。

由于上述假定前提的非现实性，因此出现了对上述假定进行修正后产生的各种保护贸易学说。

1. 保护幼稚产业论修正了传统自由贸易理论中贸易各国都处于相似经济发展水平的假定

保护贸易论的提出者李斯特批评古典贸易理论"没有考虑到各个国家的性质以及他们各自的特有利益和情况""两个同样具有高度文化的国家,要在彼此自由竞争下共同有利,只有当两者在工业发展上处于大体上相等的地位时才能实现"。李斯特提出的历史发展阶段论认为,各个国家在不同的历史时期,应该采取不同的外贸政策,在工业化的中期阶段,实施保护贸易可以迅速发展起本国的民族工业,但在民族工业具有一定的国际竞争力时,必须果断地放弃保护。这实际上是对李嘉图比较利益学说的发展和补充。

2. 发展中国家贸易条件恶化说是对传统自由贸易理论假定贸易各国都可从贸易中对等获益的修正

伊曼纽尔和普雷维什关于发展中国家贸易条件不断恶化的论点得到了普遍的证实,另外世界商品贸易额和比重不断减少、服务贸易额和比重不断增加,在运输、保险、银行、通信和旅游等服务贸易领域,发展中国家更是远远落后于发达国家。即现有的国际贸易体系对发展中国家是极不公平的,因而发展中国家采取适度保护措施就是合理的。

3. 凯恩斯主义超保护贸易理论是对传统自由贸易理论假定各国总处于贸易平衡状态的修正

传统经济理论认为充分就业是经济中的常态,而凯恩斯认为,有效需求不足导致失业是资本主义经济的常态,净出口属于总需求的一部分,可以刺激国民经济的发展,增加就业,而进口则会收缩国民经济,导致失业。因此,凯恩斯主义提倡国家干预国际贸易,大力推动出口,抑制进口,保持外贸顺差,用外需弥补内需的不足,解决失业问题。可见,当国家发生经济危机时,失业和经济衰退就必然导致政府的保护主义倾向。

4. 最优干预政策理论是对传统自由贸易理论市场完美无缺假定的修正

发展中国家的特点是有大量的市场缺陷,其中主要是要素市场不健全、扭曲的部门间工资差别、黏性工资与市场工资超过影子工资,等等。所有这些市场缺陷意味着自由贸易不是最佳选择。此外,由于发展中国家存在非经济偏好(即发展新兴工业),因此,戈登、约翰逊、伯格沃蒂、斯瑞尼瓦萨等人提出了最优干预政策理论,认为当市场扭曲是由国外而非由国内因素所引起,当经济目标属于对外部门时,采取最优干预的保护贸易形式被认为是最优政策。

5. 不完全竞争和规模经济贸易理论是对传统自由贸易理论的完全竞争和规模收益不变假定的修正

不完全竞争和规模经济贸易理论认为,建立在比较优势理论上的古典贸易理论有一个重要的假定,即自由竞争、市场机制决定价格和规模收益不变。事实上现代许多工业具有规模收益递增的特点,即随着生产规模的不断扩大,产品的单位成本呈现递减趋势。规模经济的存在要求每个国家的几家大垄断公司各自生产少数几种产品,而且每种产品应存在差异,以便在生产规模上取得收益递增的好处。

斯宾塞和布兰德等人认为,某些工业,特别是高科技工业,处于不完全竞争情况,市场经济失灵，需要政府干预。在这些行业中，少数大公司垄断市场，形成寡头垄断，他们可以影响市场价格，他们拥有的市场力量可以获取超额利润，从而有利于本国经济的发展，并可取得外部经济利益。政府可以采取多种方式加以支持，比如政府可以对本国大公司给予补贴，从而使外国竞争对手推迟或停止投资与生产，使本国公司占领市场获得超额利润，其利润大大超过政府补贴。不完全竞争前提下的国际贸易理论修正了古典与新古典的自由竞争贸易理论，明确提出国家干预贸易的必要性，修正了古典与新古典贸易理论反对国家干预贸易的主张。而且，事实上欧美日等发达国家已不同程度地实行了这种战略。他们对某些战略工业特别是高科技工业曾不同程度直接或间接地加以支持。例如欧洲对空中客车公司和美国对波音公司等支持，日本对重化工业和半导体工业的支持等。国家对这些工业的支持和保护可以称为"战略性贸易理论"，是"保护幼稚产业论"的现代翻版。

6. 企业内贸易理论是对传统自由贸易理论的市场运行具有完全效率假定的修正

自从科斯提出交易成本和企业理论以来，人们认识到市场运行经常受到各种各样的阻碍，效率并不高。这样，企业就有通过自身组织的内部交易来替代成本相对较高的外部市场来组织交易的倾向。表现在国际贸易方面，就是某些大型的跨国公司经常通过公司内贸易来降低交易成本、增加利润的现象。

7. 技术外溢和技术创新贸易理论是对传统自由贸易理论技术固定不变和把技术作为外生变量假定的修正

传统自由贸易理论假定技术是固定不变的，而且是可以自由获取的。但实际上，人类的生产技术是在生产活动中产生和发展的，并且获取技术，特别是关键技术是需要花费高昂的费用的。

技术外溢理论认为贸易和技术外溢有可能将国民经济的发展引入错误的方向，使贸易各方的长期发展速度都受到影响。技术创新的大幅度进展需要两个必要条件，即对知识产权的保护和对科研投资的鼓励。

消除技术外溢对国民经济的误导和刺激技术创新，都需要国家干预贸易活动。

8. 国际竞争优势论修正了传统自由贸易理论的比较优势论

波特认为，比较优势并不一定是现实的国际竞争优势。为了取得国际竞争优势，政府可以通过补贴对产品竞争力加以影响；对教育的支持可以影响高级要素禀赋的供给；对产品的规模、标准条例等的规定将影响产品的需求和供给；通过财政金融政策可影响产品的供求与竞争状况；等等。

自由贸易理论在主张自由贸易的同时，证明了贸易保护的合理性和普遍性；而保护贸易理论在修正了自由贸易的一些假定后，强调了贸易保护的必要性，同时也没有否定自由贸易的正确性和合理性。二者存在着内在的统一性，二者都认为 国际贸易不是零和博弈，它可以使参与国都有机会获利。二者统一在国际贸易的核心问题——国际贸易利益的分配上。

自由贸易建立在专业化分工的基础上，通过各国的自由竞争、优胜劣汰实现资源在全球范围内的优化配置，提高生产效率，从而提高各参与国的福利。这实际上是将国内的市场竞争推广到了国际范围，是在生产方式不变和国际分工基础上的最佳选择。这在纯经济的角度上是可以接受的，但世界并不是一个大同的世界，其存在着彼此利益各不相同的国家，自由贸易的前提往往满足不了，当涉及各国生存根本利益时，仅考虑资源的优化配置是不够的，各国都能获得发展的权利和空间就显得尤为重要。所以在多数情况下，贸易保护成为现实的选择。自由贸易与保护贸易之间的统一实际上是经济学中公平与效率的平衡。两种理论都在寻求一种公平与效率的平衡在国际贸易上的实现。至于理论与实践的背离问题，关键在于一个国家选择贸易政策是以国家利益为出发点的，当自由贸易有利于国家利益时，就实行自由贸易，反之就实行保护贸易。

从实践上来看，几百年来西方国家自由贸易政策和保护贸易政策二者相互交织，不断变化，只是强弱程度不同而已。从整体上来看，贸易自由化是贸易政策的主流，在经济发展不平衡和产业竞争力变化的情况下，不时出现的贸易保护主义干扰着贸易自由化。但大多数贸易保护政策论者并不否认自由贸易的好处，并没有把贸易保护主义作为长期政策，更多的只是将其作为经济发展到一定阶段的策略。因此，保护贸易与自由贸易实际上是并存于竞争维度，在干预与自由的维度下左右权衡的两种理论。

第二次世界大战后建立的 WTO 规则就体现了自由贸易与保护贸易的统一。WTO 的宗旨就是自由贸易，这体现在 WTO 的主要原则上如最惠国待遇原则、国民待遇原则、市场准入原则、关税保护原则和关税减让原则、一般取消数量限制原则、透明度原则、公平贸易原则、互惠原则、贸易争端的磋商调解原则等，但是由于不同国家发展阶段差别巨大，各国利益诉求差别极大，而 WTO 不能解决国家利益的差别性问题。国家利益有差别，国家保护就有其正当性。在国际政治中，只有国家利益是永恒的。只要世界上还有国家、民族利益的差别与矛盾，贸易保护就不会消失。因此，从国家利益的层面上看，WTO 要有效运转，就必须承认和尊重国家主权，体现一国的基本政治意图。另外 WTO 也不能解决贸易利益分配不均衡的问题。自由贸易可以提高一国的福利，并且世界福利也因各国得到贸易利益而增加。然而，贸易利益不但在贸易国之间的分配并不均等，而且在一国内部分配也不均等。自由贸易的结果是"几家欢乐几家愁"，自由贸易的好处总量巨大，但是分散在众多消费者头上每人只有一点点，而受到自由进口冲击的行业损失巨大，工厂破产，工人失业；同样保护贸易代价巨大，但是分散在每个消费者头上的损失并不大，而受保护的行业受益明显。例如，美国限制食用糖的进口，使美国每个消费者每年增加支出 4 美元，几乎忽略不计，但是美国有 3 亿消费者，算总量代价巨大，美国食糖行业从业人员约 1 万人，这些从业人员受益明显。因此，贸易保护在所难免。WTO 对发展中国家特别优惠的原则、允许例外和实施保障措施原则就是自由贸易理想与现实妥协的产物。因此，WTO 框架下的贸易自由化是有限的、逐步的自由化，WTO 框架下的贸易保护是贸易自由化趋势下的适度贸易保护。

第三节　贸易理论与投资理论统一于贸易投资一体化理论

以比较成本和要素禀赋理论为主线的国际贸易理论，有一个重要假定前提：不存在生产要素的国际流动。这一假定在李嘉图、俄林时代也许是合理的，但在生产要素国际间流动尤其是资本流动已经成为经济全球化主要推动力量的今天，再做这一假定显然已经不符合实际。自20世纪90年代以来，国际投资发展迅速，已经成为推动经济全球化最重要的力量。据联合国贸发会议的资料，仅以国际直接投资为例，20世纪90年代初期，全球直接投资的流量为每年2 000亿美元左右，2000年更是突破了1万亿美元大关，2015年达到1.76万亿美元。国际投资的发展速度远远超过了国际贸易（大约年均增长8%）的发展速度，对国际分工和国际贸易格局产生了深远的影响。贸易投资一体化的迅速发展，也对传统的国际贸易理论提出了诸多挑战，贸易投资一体化理论应运而生。

一、贸易投资一体化的发展，使国际贸易分工基础将由比较优势转变为以跨国公司数量和在国际范围内整合资源的能力为主的竞争优势

传统国际贸易理论有两大特点：一是以国家为基本分析单位，其理论的框架内没有公司和对外直接投资；二是对主要发生在发达国家和发展中国家之间的产业间贸易有明显的解释力。但在贸易投资一体化条件下，比较成本已经不能再成为决定国际贸易分工的主要基础，因为比较成本理论和要素禀赋理论有一个至关重要的假设前提，即要素在国家间的不可流动。正是由于要素的不可流动性才造成了各国比较成本的差异，其他国家无法加以利用，国家之间的分工和贸易就成为弥补各国成本和资源禀赋差异、在全球范围内有效配置资源的唯一途径。但在经济全球化、要素特别是资本要素的流动性日益增强的情况下，企业成为参与国际经济合作和竞争的主体。随着国际贸易和国际投资的日渐融合，企业在国际市场上的竞争优势不再单单表现为贸易优势或投资优势，而是贸易投资一体化优势。一方面，由于要素流动壁垒的降低，一国企业将无法独享基于本国资源禀赋的比较优势，外国跨国公司通过直接投资也可以加以利用，从而整合为竞争优势；另一方面，本国企业也可以利用全球化的机遇，在整合全球资源的基础上，创造企业的竞争优势。可见，某一国的比较优势实际上成为本国及外国都可以利用的区位优势。至于究竟谁可以进行这种"整合"，这就要看哪个国家拥有更多的国际竞争力强的企业。一个国家所拥有的资本实力雄厚或者技术、管理上有竞争优势的企业越多，其利用国外比较优势获利的能力就越强。因此，贸易投资一体化的实质是跨国企业依靠竞争优势，借助投资活动在全球范围内对资源的整合。一国企业的竞争优势，或者说一国企业利用贸易投资一体化的机遇整合全球资源所创造的竞争优势，成为当代国际贸易分工的主要基础。一国具备国际竞争优势的企业越多，就越可以在国际分工中更多地整合别国的资源，并减少本国资源被别国企业整合的可能性。一国企业的这种竞争优势表现在：依靠资本力量从事大规模生产所获得的低成本优势；依靠R&D获取技术优势、生产差别化产品的能力；依靠独特的管理方法降低交易成本的能力；等等。

二、贸易投资一体化的发展，使国际贸易格局由目前的公司间产业内贸易向巨型跨国公司内产业内贸易发展，公司内贸易中高科技精密零部件的比重将不断增加

如上所述，在以比较成本为基础的国际贸易中，国际贸易格局以产业间贸易为主，国

际交换的对象属于不同的产业部门。这是因为在传统贸易理论认为比较成本、要素禀赋的差异是国际贸易基础的情况下，各国必然分工生产要素密集度不同的商品以供交换。它主要发生在经济发展水平不同的发达国家与发展中国家之间，或者经济发展水平相近但要素禀赋差异较大的国家之间，产品的流动是单向的，产品的用途也存在很大的差别。

自 20 世纪 70 年代以来，随着科技的发展、国际分工的深化，发达国家的产业内分工和贸易比重逐渐增加。它主要发生在同一产业部门内部，产品的投入要素比例、最终用途基本相近。根据主要解释产业内贸易的新贸易理论的分析，产业内贸易主要是发达国家的企业在产品差别的基础上为了追求规模经济效益而造成的，有的甚至可以通过协议性国际分工来达到。据此，产业内分工贸易的商品应以同一产业内的最终产品为主，如美国出口豪华轿车、进口经济型轿车，日本出口经济型轿车、进口豪华型轿车，等等。但是，伴随着贸易投资一体化的发展，国际贸易格局又进一步发生了变化：虽然产业内贸易继续发展，但其贸易的对象、贸易的主体已与以前大不相同，跨国公司内贸易迅速增加，一些原来在跨国公司之间进行的产业内贸易也将有一部分转为在跨国公司内部进行。这是因为透过经济全球化的表象可以发现，其实质是跨国公司所"经营"的贸易与投资活动的一体化，跨国公司不仅是经济全球化的载体，更是主宰。

根据联合国贸发会议《2010 年世界投资报告》，目前全球共有 6 万多家跨国公司，在全世界拥有 80 万家海外分公司，它们掌管着全球 90% 的外国直接投资、1/3 的生产、2/3 的国际贸易、70% 以上技术转让。为了壮大自身规模、减少竞争对手、降低经营风险，随着自身资金实力的增强、国际借贷的便捷，很多跨国公司往往既采用横向购并的形式，在某一产业内开展多元化经营、系列化生产。这在近年来的国际汽车、石化、信息等领域表现得非常明显，又采用垂直一体化战略，从原材料到销售终端的"全产业链"控制，其形式既有独资、控股、参股的直接股权控制，也有借助品牌进行的非股权控制的虚拟一体化方式。在直接的股权控制模式中，跨国公司往往自己投资从事研究与开发或者关键零部件的生产，以确保技术领先的优势。普通、标准零部件则采用全球采购的虚拟一体化模式，以降低成本。这种战略导致国际贸易形式的变化：对应于前者，表现为精密零部件在公司内贸易的比重不断上升；对应于后者，则表现为加工贸易在整个国际贸易中的比重持续提高，并有可能成为未来国际贸易的主要形式。

三、贸易投资一体化的发展，使国际贸易利益中的动态利益取代静态利益而占主要地位

一国开展国际贸易的利益更多地表现在贸易对就业、技术进步、税收、GDP 等的促进作用上，传统贸易理论运用静态分析方法，阐述了每个国家只要发挥自己的比较优势参与国际分工和贸易，就会带来整个世界产量的增加、消费水平的提高和要素使用的节约。这是国际贸易的静态利益。但在贸易投资一体化发展的情况下，分析国际贸易利益需要有新的思路。

第一，在贸易投资一体化条件下，国际投资的收益将逐步超过贸易的收益而居于主要地位。

传统的国际贸易理论认为，国际投资与国际贸易之间既相互替代，又相互促进，总体上国际投资促进国际贸易规模扩大，对投资国而言，虽然对外投资替代了原先的对外出

口，但也因此带动了相关设备、关键零部件和原材料的出口，对受资国而言可弥补资本的短缺，使潜在的比较优势得以发挥，增强生产和出口能力。这种分析方法显然是传统的比较成本的分析方法，在国际投资活动中，各国发挥的是自己的比较优势，投资的收益最终仍通过贸易活动得以体现。而且在这种以国家为单位的分析方法下，跨国公司的利益跟国家的利益是一致的，通过跨国公司的对外投资活动，资本输出国的利益会增加。

但在贸易投资一体化发展的条件下，虽然不排除国际投资与国际贸易之间存在相互促进的关系，因为国际投资优化了全球范围内的资源配置，扩大了中间产品、零部件的贸易；但是对资本输出国而言，国际投资的收益不能再通过国际贸易的利益加以体现。这是因为经济全球化下的国际投资活动是跨国公司借助资本这一纽带所进行的全球范围的资源整合，为了利用某一东道国的要素优势（比如廉价的劳动力），它可能到该国投资设厂，但是中间零部件、机器设备则可能来自他国而非母国，生产的产品可以就地销售，或向其他国家出口，出口收益则记在东道国的贸易收支上，跨国公司得到的是投资的收益——利润。如果跨国公司将利润汇回母国，则资本输出国得到了投资收益。相反，如果母国所得税率相对国外较高，跨国公司从自身总体利益出发有可能将利润留在国外。因此，在经济全球化条件下，跨国公司的利益与母国的利益并不总是一致的，只有投资收益才能准确反映资本输出国所获得的直接利益。因此全球化也给资本输出国和输入国政府各提出了一个问题：资本输出国在积极培育跨国公司以提高国际竞争力的同时，如何使之服务于国内的经济活动，增进国内的福利；资本输入国政府在积极吸引国际投资的同时，如何使跨国公司更好地融入本国经济活动中，服务于东道国的经济发展。

第二，在贸易投资一体化条件下，传统的以国家为单位通过进出口额来计算国际贸易收支的统计方法已经不能准确反映一国的贸易利益，以附加价值增加额原产国计算或许更为精确。

进出口额的统计方法在没有要素国际流动的情况下能够准确反映一国的进出口状况，因为在此条件下一国的出口产品全部是用本国要素生产的，进口产品也全部是用贸易对象国的要素生产的，出口表现为外汇收入的净增加，进口表现为外汇对贸易对象国的净支付，两个国家间的贸易差额因而也能够准确反映双方的贸易利益。

但在经济全球化条件下，由于跨国公司的作用及资源的全球流动，一国的出口产品可能不是"本国企业"生产的，而是外国甚至进口国跨国公司的分支机构生产的；出口产品不仅使用了进口原材料和中间产品，甚至大部分来自进口、来自最终产品进口国的进口。这在加工贸易中表现得尤为突出：一些加工出口产品往往大部分原材料、零部件来自国外，加工出口国只获得了极为有限的加工费。根据传统的统计方法，加工贸易出口额都记为加工贸易出口国的出口很显然是不公平的。它不仅片面夸大了出口国的出口规模，更容易导致国际贸易关系的紧张，掩盖了国际贸易中实际的利益分配关系。例如我国出口美国的芭比娃娃，出口价格为 2 美元，但进口原材料为 1 美元，运输、管理费为 65 美分，我国获得的加工费（工缴费）只有 35 美分，其在美国国内的售价为 9.9 美元。美国厂商获得了主要的利益，我国的收益只有 35 美分，但 2 美元的出口额却记在我国的头上。如果采用原产国标准，计算出口国出口产品的附加价值增值率，则能够比较准确地衡量一国的出口收益状况。因此，经济全球化给国际贸易统计体系提出了变革的要求。

第三，在贸易投资一体化条件下，国际贸易的动态利益应成为开展国际贸易的主要追求，对相对落后的发展中国家更是如此。

这是因为，在贸易投资一体化条件下，各国市场都成为国际市场的一部分。在一国市场上从事生产和出口的企业不仅有"纯粹"本国的企业，还有外国的企业、合资企业，出口收入因此并不为出口国所独享，外国企业可以将出口利润汇出国外。特别是当发达国家的跨国公司在发展中国家开展国际化经营时，它们还不可避免地使用转移价格的手段转移利润，发展中国家所获得的直接贸易利益更是大打折扣。在此情况下，国际贸易的动态利益应成为发展中国家开展国际贸易、吸引国外投资的主要目标。一国能否从国际贸易与国际投资中获益，主要看它对本国就业、税收、产业结构升级、国民收入、社会的现代化等方面的贡献。

四、贸易投资一体化的发展，使贸易保护的对象难以确定，保护效果不确定性增加

单边的自主保护妨碍跨国公司的资源整合，将遭到别国厂商和政府的反对。经济全球化的实质是跨国公司在全球范围内的资源整合。要使这种整合能够实现，就必然要求各国市场的相互开放，要求各国对国外企业给予与本国企业相同的国民待遇，允许要素和商品的自由流动，否则经济全球化的链条将在此中断，外国企业利益受损，实施保护的国家必将招致别国的报复。

经济全球化形成了全球性的生产网络，各国都已成为国际生产的一个环节。在资本流动的条件下，一国国内市场上往往是"民族企业"与外资企业群雄纷争，二者的界限很难明确划分。比如基于高科技战略性产业对国民经济发展的重要性，它往往成为一国政府保护、扶植的对象，但在全球化条件下，政府保护的可能不是本国的"民族企业"，而是进入该产业的外资企业。这种保护限制了竞争，使外资企业能够在东道国市场以过时的技术生存，甚至获得高额垄断利润。例如我国的轿车业，目前市场上有竞争力的企业基本上都是合资企业。在高度保护的时期，严格的进入许可使少数外国厂商由于缺乏国外同行的激烈竞争，不需要向我国转移先进技术，而只要转移过时的技术与车型，就能赢得市场并高度营利。显然，这种保护在保护了我国一些汽车厂商的同时却使外国公司免受国外同行的竞争，我国轿车制造业的发展因此受阻。相反，在放宽了外资的进入许可后，国内市场上形成了美国通用、日本本田、德国大众、法国雪铁龙等外国企业竞争的局面，通过"以夷制夷"，迫使它们竞相向中国转让先进的技术与车型，有的甚至与发达国家同步，从而促进了我国轿车业近年来的迅速发展。应该看到，国际投资是双向的，不仅仅是外国企业在本国市场整合资源，本国企业也在国外市场进行着资源整合。一国在存在对外投资的情况下，如果政府出于所谓民族利益，限制外国企业进入或限制外国产品的进口，最终也可能限制了甚至主要限制了本国的海外企业，使民族利益进一步受到损害。例如，由于我国纺织品占领了日本市场90%以上的份额，日本纺织业协会本来也积极推动政府对华纺织品进口实行紧急限制，但调查后却发现大多数日本纺织企业都在中国有投资，限制进口遭到本国70%以上厂商的反对，最后只得作罢。

适应全球化的需要，制定和完善鼓励竞争的贸易政策，在本国市场上为国内外厂商创

造一个公平的竞争环境，或许是较为现实可行的贸易政策。贸易投资一体化使国际贸易政策中的"双边、诸边、多边"成分增加，各国对外贸易政策的自主性减少，保护贸易政策的效果下降。

五、贸易投资一体化发展，使区域经济一体化组织的歧视性下降，开放性增加

这对传统的经济一体化理论提出了挑战，传统的一体化组织大多在经济发展水平相近、政治制度与文化传统相似、地理位置邻近的国家和地区间组成。其封闭性相对较强，对内贸易自由化的同时，对外保持较高的贸易壁垒、实行贸易歧视是其基本特征。在经济日益全球化、要素流动性不断增强、贸易投资一体化迅速发展的推动下，世界经济中出现了新一轮区域经济一体化浪潮，表现出不同以往的一系列新特点，如出现了南北合作型的经济一体化组织，经济一体化组织的地域限制不断被打破，经济一体化组织的歧视性有所降低、开放性增强等。

20世纪80年代下半期以来，贸易投资一体化的推动使贸易的自由化程度有所提高。一方面，关税水平的下降、关税保护作用的降低，使用关税同盟形式来组织经济一体化的重要性和合理性大大降低；另一方面，资本流动、跨国公司全球化生产在所要求的全球自由贸易不可能一蹴而就的情况下，需要采用相对较简单、保护程度较低的一体化形式来推动区域经济的一体化，因此我们看到，自20世纪90年代以来，自由贸易区成为经济一体化主要的目标起点，如北美自由贸易区以及即将建立的美洲自由贸易区、东盟自由贸易区、南部非洲自由贸易区，等等。

企业何时选择对外贸易、何时选择对外投资？假设投资国国内生产成本为 C，产品出口环节的流通成本为 M；而在东道国投资的生产成本为 C'，管理和营销成本为 M'。如果 $C+M<C'+M'$，则选择出口更有利；反之，如果 $C+M>C'+M'$，则选择对外投资更有利。这种分析不仅适用于对哪些国家采用出口、哪些国家采用直接投资的横向选择，还适用于对同一个国家何时采用出口、何时采用直接投资的纵向选择。

第四节　内贸理论与外贸理论统一于内外贸一体化理论

无论是对产业间贸易具有指导意义的比较优势理论还是对产业内贸易具有指导意义的需求相似理论，以及其他相关的贸易理论，都没有割裂国内贸易、国外贸易之间的关系。比较优势理论认为每个国家都应该生产自己有比较优势的商品，并且以此交换自己没有生产效率优势的商品，这样每个国家就能获得比之前更多的商品。该理论认为由于生产效率不同而导致的分工是对外贸易产生的动因，反过来，对外贸易又能加深产业分工，带动劳动效率的提升，从而带动国内贸易的发展。而需求相似理论认为，一种产品的生产前提是国内的有效需求，而此后国外市场的有效需求才能引起该商品的出口，也就是说国际贸易是国内贸易的延伸与拓展，国内贸易是国际贸易的前提与基础，而一般企业的经营原则也是先国内化运营，再国际化运营。

不仅是比较优势理论、需求相似理论对国内贸易与国际贸易的相互影响与发展有过相应的阐述，其他著名贸易理论同样没有单独割裂过内贸与外贸，且都对二者之间的关系进行过或多或少的研究，例如，克鲁格曼在规模经济贸易学说中，也提出了"内贸促外贸"的贸易理论观点。

通过以上相关贸易理论的梳理，我们不难看出，贸易理论的发展，都有其特殊的历史、经济背景，也都随着经济背景的变化而向前演进，具有各自独特的视角与观点。但无论何种贸易理论，都没有割裂过内贸与外贸之间的联系，单独去分析现象研究问题。事实上，内贸与外贸的整合统一、协调发展是必然的历史趋势，国内贸易是国际贸易的基础，推动了国际贸易的发展，而国际贸易是国内贸易的外在延伸，对国内贸易的发展具有促进作用。只有二者协调统一发展，才能有效推进一国国民经济的发展。

内外贸一体化，是指一个以企业追逐最大化利润为内在动力、以市场供求与产业分工为基础、以市场竞争为外在推动，并通过政府政策体制的协调配合最终实现国内外产品市场和要素市场相融合的经济发展过程。

具体而言，可以从三个方面对其解释：第一，微观层面：是指从事内贸或者外贸的企业，能够不受内外贸流通渠道分割的影响，根据企业自身的情况和市场的需求，自主决定其经营范围与区域。第二，中观层面：是指相关中介机构、协会平台能够为企业实现内外贸一体化构建良好的环境，提供应有的帮助和引导。第三，宏观层面：是指政府及相关管理机构，能够转变管理职能，实现管理体制的统一与融合，消除管理上的分割，同时完善相应的法律环境、市场管理环境，为内外贸实现一体化提供良好的市场经济秩序。从经济学角度来讲，所谓"内外贸一体化"是指国内贸易与国际贸易相互联动起来，充分利用国内市场与国外市场，相互联动，协调发展，推动国内外要素市场与产品市场的融合，促进国民经济持续稳定发展。

1. 内外贸一体化本质上是一个经济发展过程

内外贸一体化是与一个国家对外开放程度及经济发展水平正相关的，从本质上讲，内外贸一体化是一个国家经济发展的过程和必然经历的阶段，随着全球化经济发展的深入，且伴随着我国经济发展水平的不断提高，我国经济开放程度也会不断提高，内外贸一体化进程也必然会完成。

2. 企业逐利天性是内外贸一体化实现的动力

内外贸一体化推进的市场主体是企业，其主要的推动力量是市场经济的引导。在市场经济条件下，作为微观市场主体的企业，其经营目标是实现利润最大化。为此，就必然要求企业同时在国内外两个市场上实现要素与产品的最优配置，从广义上来讲，无论是流通企业，还是生产企业，只要其面临的产品需求市场和要素供给市场涉及国内外两个市场，就是内外贸一体化的具体体现。可以说，企业的逐利天性是内外贸一体化实现的根本动力，内外贸一体化的过程是市场自发演进的过程。

3. 内外贸一体化以市场供求和产业分工为基础

从供求关系来看，需求决定供给，需求的规模与结构决定了供给的规模与结构，由此共同导致了内外贸一体化的规模与结构，需要强调的是，这里的需求既包括最终产品的需求，还包括对生产要素和中间品的需求。而产业分工是国际贸易与交换的前提，反过来国际贸易又可以加深产业分工，使各国充分发挥比较优势。因此，市场供求和产业分工是内外贸一体化的前提与基础，从这个意义上来讲，内外贸一体化的过程实际上也是市场供求发生变化、产业分工进一步加深的过程。

4. 基本内容是国内外产品市场和要素市场的融合

国内外产品市场和要素市场的融合是内外贸一体化的基本内容，也是内外贸一体化的体现。具体而言，产品市场（主要是最终消费品）一体化可细分为产品供给市场一体化与产品需求市场一体化。产品供给市场一体化是指企业可以根据利润大小，自主决定在国内外市场销售其产品，而不受地域、国界及流通渠道的限制。产品需求市场一体化主要是指最终消费者可以根据效用最大化原则在国内外市场获得产品供给。要素市场（资本品、劳务、技术等）一体化同样可以细分为要素供给市场一体化和要素需求市场一体化。要素需求市场一体化主要是指企业可以根据要素价格在国内外任何一个市场获得要素的供给，而要素供给市场一体化主要体现在要素所有者可以根据报酬等因素自由向国内外市场提供其生产要素。

5. 市场竞争是内外贸一体化主要的外在推动力

正如前面所述，企业的逐利天性是内外贸一体化实现的根本动力，内外贸一体化是市场自发演进的过程，而市场自发演进的外在推动力主要来自市场竞争。从企业自身的行为来考察，无论是内贸企业转向外贸，还是外贸企业转向内贸，其根本目的都是追求最大化利润，在市场竞争中获得优势地位。市场经济条件下存在的市场竞争，成为内外贸一体化实现的主要外在推动力。

6. 内外贸一体化要求政府体制和政策的协调与配合

虽然内外贸一体化是一个以企业为主体的市场自发演进过程，但政府在内外贸一体化过程中起着至关重要的作用。其主要作用有以下几点：第一，转变管理职能，实现内外贸管理体制的统一与融合，切实消除管理上的分割状态，为内外贸一体化实现提供良好的政策环境。第二，完善相应的法律法规、健全市场经济体制，同时充分发挥政府作用，克服市场失灵行为，为内外贸一体化实现提供良好的、高效的市场经济秩序。第三，帮助企业构建内外贸一体化运营平台，出台相应的优惠政策和指导意见，尽快帮助企业实现内外贸一体化运营。总之，政府的体制和政策的管理、协调和配合对内外贸一体化具有重要的影响，内外贸一体化要想尽快实现，离不开政府的帮助。

7. 自由贸易和国际直接投资是内外贸一体化的直接推手

以前"国界"将内贸和外贸分开，现在自由贸易的推行导致"国界"消失，内贸与外贸自然成为一个整体。国际直接投资的盛行致使企业在国内市场上直接面对外国企业的竞争，从而国际竞争国内化，国内竞争国际化，即企业在全球范围内互相竞争直接导致内外贸一体化。

附录：

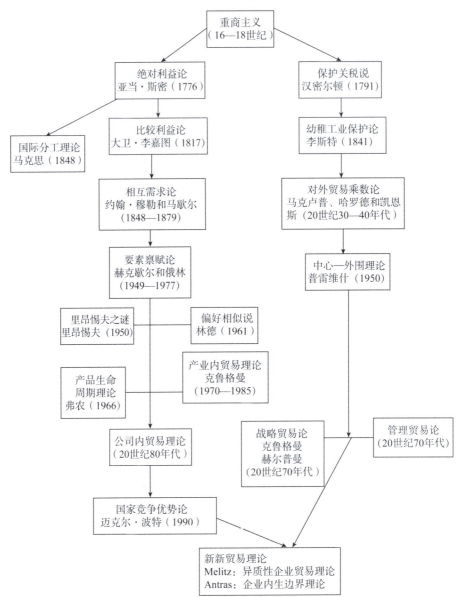

本章核心概念

贸易投资一体化（Trade and Investment Integration），内外贸一体化（Integration of Domestic & Foreign Trade）。

复习思考题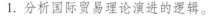

1. 分析国际贸易理论演进的逻辑。
2. 论述保护贸易理论与自由贸易理论的关系。
3. 分析国际贸易与国际投资的关系。

参考文献

1. 吴云翔，叶明华．从自由贸易走向公平贸易：80年代美国贸易政策转向及其原因［J］．求实，2003（11）：120-121．
2. 王佃凯．公平和效率的平衡：论自由贸易理论与保护贸易理论的统一性［J］．国际商务（对外经济贸易大学学报），2019（5）：1-4，22．
3. 冯艳丽．贸易自由化：自由贸易和保护贸易的统一［J］．经济问题，2013（12）：67-68．
4. 黎文龙．自由贸易趋势下的适度保护贸易：WTO理想与现实的妥协［J］．湖南文理学院学报（社会科学版），2018（3）：34-36．
5. 刘东勋，翟志成，陈多长．保护贸易理论是对自由贸易理论的修正和发展［J］．国际贸易问题，1998（9）．
6. 庄惠明，黄建忠．国际贸易理论的演化：维度、路径与逻辑［J］．国际贸易问题，2018（11）：123-128．
7. 彭徽．国际贸易理论的演进逻辑：贸易动因、贸易结构和贸易结果［J］．国际贸易问题，2012（2）：169-176．
8. 海闻．国际贸易理论的新发展［J］．经济研究，1995（7）：67-73．
9. 佟家栋．国际贸易理论的发展及其阶段划分［J］．世界经济文汇，2000（6）：39-44．
10. 朱廷．当代国际贸易理论创新的若干特征［J］．国际贸易问题，2014（2）：89-95．

第八章　国际贸易政策与发展战略

> **本章重点问题**
>
> 国际贸易政策的演变及其原因，进口替代战略，出口导向战略，选择贸易发展战略的原则。

第一节　国际贸易政策概述

前面讲述的国际贸易理论从理论上阐述了一国如何参与国际分工获得贸易利益，但是理论指导实践必须具体化，这就是国际贸易政策。鉴于国际贸易在经济发展中的巨大作用，不同发展中国家对其采取不同的策略，这就是发展战略。下面首先介绍国际贸易政策，然后分析国际贸易政策的基本形式。

一、国际贸易政策的含义

（一）国际贸易政策

国际贸易政策（International Trade Policy）是各国或地区一定时期内进行商品和服务交换时采取的政策。如果从一个国家的角度看，国际贸易政策表现为一国的对外贸易政策。一般而言，对外贸易政策包括以下三个方面的内容：

1. 对外贸易总政策

一国在总体上采取的是相对自由的贸易政策还是保护贸易政策，通常与一国经济发展战略相联系，在较长时期内加以贯彻。

2. 商品贸易政策

根据总贸易政策、国内经济结构与市场供求状况针对不同商品分别制定，通常与该国的产业政策有关。

3. 国别贸易政策

一国根据有关国际经济格局及政治社会关系等，对不同的国家或地区分别制定不同的政策。

尽管世界各国社会制度各异，经济发展水平不同，但是对任何国家而言，外贸政策都是国内经济政策的延伸，都是为本国本民族的利益服务的。也就是说，在一个相互依赖不断加深的世界上，民族利益仍然高于一切。

（二）对外贸易政策的目的

(1) 保护本国市场；
(2) 扩大本国产品的国外市场；
(3) 优化产业结构；
(4) 积累发展资金；
(5) 维护和发展与其他国家或地区的政治经济关系。

（三）外贸政策选择的制约因素

一国选择什么样的外贸政策不是随心所欲的，而是受制于以下主要因素：

(1) 经济力量的强弱。一般来说，经济发达、国际竞争力较强的国家倾向于自由贸易政策，鼓吹自由竞争，因为自由贸易对其有利。反之，经济落后的国家赞同保护贸易政策，对进口加以诸多限制。所以，一国随着竞争力的变化，其贸易政策也会变化。

(2) 经济发展战略的选择。不言而喻，采取外向型发展战略的国家，就会鼓励对外贸易，制定比较开放和自由的外贸政策。对外贸易对一国经济发展越是重要，就越会主张在世界范围内进行竞争和合作。相反，采取内向型发展战略的国家，就会限制贸易。

(3) 贸易理论的影响。实践总是受理论的影响。相信比较优势理论和要素禀赋理论的决策者往往选择自由贸易政策，而受"中心—外围"理论和计划经济理论影响的决策者往往选择保护贸易政策。

(4) 利益集团的影响。不同的贸易政策对本国不同的利益集团影响不同，如自由贸易政策有利于出口集团、进出口贸易商和消费者，但对进口竞争集团带来竞争的压力和利益的损失，所以，外贸政策实际上是不同利益集团之间矛盾和斗争的结果，这在发达国家表现得更明显。

(5) 国际政治经济环境及一国的外交政策。外贸政策和外交政策关系密切，二者之间存在着互相服务、互相促进的关系。特殊情况下对外贸易要服从外交上的需要，但一般情况下外交要为外贸打通道路、提供保护。现在各国领导人出国访问都带企业家随行就反映了这一点。

总之，一国选择什么样的外贸政策，取决于本国的具体情况和国际环境，但有共同的原则：既要积极参与国际贸易分工，又要把获取贸易分工利益的代价降到最低，这也可以说是各国制定外贸政策的共同出发点。

（四）对外贸易政策的制定与执行

对外贸易政策是一国经济总政策和外交政策的重要组成部分。各国对外贸易政策的制定与修改任务由国家立法机构承担。各国的对外贸易政策主要是通过以下方式执行：首先，通过海关对进出口贸易进行管理。各国设置在对外开放口岸的海关，除对进出境的商品、运输工具实行监管，稽征关税和代征法定的其他税费外，还承担着查禁走私的艰巨任务。其次，国家设立各种机构，负责促进出口和监管出口。最后，国家政府出面参与各种国际贸易、关税等的国际机构与组织，进行国际贸易、关税方面的协调和谈判。

二、国际贸易政策的基本形式

（一）自由贸易政策（Free Trade Policy）

自由贸易政策是指政府取消对进出口贸易的限制，不对本国商品和服务的进出口商提供各种特权和优待，力图消除各种贸易障碍，使商品和服务能够自由地输入输出，在世界市场上实行自由竞争与合作，从而使资源得到最合理配置。其实质是"自由放任""不干预政策"。

（二）保护贸易政策（Protective Trade Policy）

保护贸易政策是指政府采取各种措施限制商品和服务的进口，以保护本国的产业和市场不受或少受外国的竞争。同时，政府对本国商品和服务的出口实行补贴和各种优待，以鼓励出口。其实质是"奖出限入"。

其他类型的贸易政策都是在这两种形式的基础上演化而来的，是这两种贸易政策的变形。

第二节　国际贸易政策的演变

在国际贸易形成和发展的不同阶段，各国对外贸易政策都有一定的不同，这种对外贸易政策的演变在一定程度上反映了经济发展过程的要求。

1. 中世纪时期：鼓励进口的政策

11—15世纪西欧各国大都奉行鼓励进口、限制甚至禁止出口的政策，这是与当时许多国家的物资短缺情况相适应的。原因主要有：一是维持国内生活必需品的供应，特别是粮食的供应；二是建立强大的军事力量，这促使许多国家竞相储藏各种战略物资（如木材、生铁、马匹等）；三是增加财政收入，进出口税收是财政收入的来源之一。这一时期西欧国家主要在进口方面相互竞争，各国普遍设立市场、集市和中心贸易城镇来吸引外国商人。

2. 资本主义生产方式准备时期：保护贸易政策

在资本主义生产方式的准备时期，即从16世纪到18世纪中期，为促进资本主义的原始积累，西欧各国普遍实行重商主义下的保护贸易政策。通过限制贵重金属货币外流和扩大贸易顺差的办法来扩大货币的积累，为资本主义生产方式的建立提供了充分的财富积累。重商主义发源于意大利，后来传到西班牙、葡萄牙和荷兰，最后英国、法国和德国也先后实施，其中以英国实施得最彻底。

3. 资本主义自由竞争时期：自由贸易政策

从18世纪中期到19世纪后期，资本主义进入自由竞争时期。这一阶段资本主义生产方式占据了主导地位，世界经济进入了商品资本国际化阶段，自由贸易便成为外贸政策的基调，英国1846年废除《谷物法》，标志着自由贸易的开始，1870年自由贸易达到最高峰。最早完成工业革命的英国和航海业发达的荷兰是全面实行自由贸易政策的国家，其中英国最为典型。英国采取的自由贸易政策措施主要有以下几种：

（1）废除《谷物法》。该法是重商主义的产物，为保持国内粮食价格处于较高水平，用征收滑准关税的办法限制谷物进口。经过工业资产阶级与地主贵族之间的长期斗争，该条例终于在1846年废除，工业资产阶级从中获得降低粮价、降低工资的利益，被视为英国自由贸易的最大胜利。

（2）逐步降低关税税率、减少纳税的商品项目和简化税法。

1842年，英国进口纳税项目共有1 052个，1859年减至419个，1860年减至48个，1882年减至20个。把极复杂的关税税则加以简化，绝大部分进口商品不予征税，并基本上废除了出口税。

（3）取消外贸公司的特权，对广大民营企业开放外贸领域。1813年和1834年英国先后废除了东印度公司对印度和中国贸易的垄断权，从此对外贸易向所有人开放。

（4）废除《航海法》。1651年英国议会通过航海法案（The Navigation Acts），规定只有英国或其殖民地所拥有、制造的船只可以装运英国殖民地的货物。政府指定某些殖民地产品只准许贩运到英国本土或其他英国殖民地，其他国家的制造产品，必须经由英国本土，而不能直接运往殖民地，限制殖民地生产与英国本土竞争的产品（如纺织品等），目的在于保障英国本土的产业发展，并排除荷兰在贸易上的竞争。1854年彻底废除《航海法》。

（5）与外国签订贸易条约。1860年英法两国签订的《科伯登条约》是以自由贸易精神签订的第一项贸易条约，其中有最惠国待遇条款。随后英国与其他国家缔结了一系列贸易条约，形成了一个完整的贸易条约网络。

与此同时，这一时期的德国、美国等起步较晚的国家采取了保护贸易政策，待本国经济有了较大发展之后，才转向自由贸易政策。

4. 第二次世界大战前的垄断资本主义时期：超保护贸易政策

19世纪70年代到第二次世界大战结束前，资本主义逐步向垄断过渡，这一时期各资本主义国家大都实行了不同于以往保护贸易的超保护贸易政策。尤其是1929—1933年经济大危机的爆发使市场问题急剧恶化，争夺国际市场的矛盾更加激烈，主要的资本主义国家开始实行带有垄断性质的超保护贸易政策。这一时期的保护贸易政策与自由竞争时期的保护贸易政策有明显的区别，是一种侵略性的保护贸易政策，因此称其为超保护贸易政策。

超保护贸易政策具有以下特点：

（1）不是保护国内的幼稚工业，而是保护国内高度发展起来的或正在出现衰落的垄断工业；

（2）不是为了培养自由竞争的能力，而是巩固和加强对国内外市场的垄断；

（3）不是防御性地限制进口，而是在垄断国内市场的基础上向国外市场进攻；

（4）保护措施不只限于关税和贸易条约，还广泛采用各种非关税壁垒和奖出限入的措施。

总之，保护政策成为争夺世界市场的手段，成为攻击而不是防卫的武器。

历史上两次保护主义浪潮：

第一次在1875年前后，以大幅度提高关税为特征；

第二次在 1929 年经济大危机之后，除提高关税外，还广泛采用非关税手段和货币贬值的措施。

5. 第二次世界大战后：短暂的贸易自由化

第二次世界大战结束后，随着生产国际化和资本国际化，国际上出现了世界范围内的贸易自由化。主要资本主义国家大幅度削减关税，降低或取消非关税壁垒。从商品类型来看，工业品的贸易自由化程度大于农产品的贸易自由化程度；工业品贸易中，运输、机械产品、科学技术等尖端产品贸易自由化程度大于消费品的贸易自由化程度。从国家来看，发达资本主义国家之间的贸易自由化程度大于它们同发展中国家的贸易自由化程度；区域经济集团内部的贸易自由化程度大于集团对外的贸易自由化程度。

6. 20 世纪 70 年代：新贸易保护主义

自 20 世纪 70 年代中期以来，由于石油危机和普遍的经济衰退，国内经济发展缓慢，使结构性失业不断上升，市场矛盾越来越尖锐，主要的发达国家纷纷采取新贸易保护主义。新贸易保护主义不同于以往的贸易保护政策：首先，它不再以关税为主要保护措施，而是以名目繁多的非关税壁垒的设置为特征；其次，保护的重心是在产业调整中陷于停滞的部门，即对那些即将失去生产优势的"夕阳工业"的保护；再次，奖出限入措施的重点从限制进口转向鼓励出口；最后，保护不设定期限。

（1）被保护的商品范围不断扩大，农产品贸易保护日益加强。

发达国家加强农业保护的原因：

①农产品供给缺乏弹性，只有加强保护才能稳定价格；

②发达国家的农业人口形成了统一的利益集团，在选举中表现出强烈的一致性，使政治家必须重视农民的利益；

③发达国家的农业容易丧失比较优势，受到国外竞争；

④农业对一国经济的稳定起到极其重要的作用。"民以食为天"，农业无法自足的国家，一旦遇到战争或贸易制裁，就无法生存下去；

⑤农产品是土地密集型产品，一旦农业衰落会导致土地资源的极大浪费；

⑥农业衰落会导致农村人口流向城市，加剧城市的社会问题。

（2）限制进口的措施从关税壁垒转向以非关税壁垒为主。

（3）奖出限入措施的重点由限制进口转向鼓励出口。

（4）从贸易保护制度转向系统化的管理贸易制度。

（5）新贸易保护主义使贸易上的歧视性有所增强。

7. 20 世纪 80 年代：战略性贸易政策

战略性贸易政策产生于 20 世纪 80 年代，其理论依据就是所谓的不完全竞争贸易理论，或称新贸易理论。第二次世界大战后，产业内贸易的兴起和发展，加速了各国经济间相互融合、渗透的过程，使国际贸易不可简单地归因于出口国的自然优势，越来越多的贸易来源于规模经济和因技术创新而形成的人造优势。

所谓战略性贸易政策，是指在"不完全竞争"市场中，政府积极运用补贴或出口鼓励等措施对那些被认为存在着规模经济、外部经济的产业予以扶持，扩大本国厂商在国际市场上所占的市场份额，把超额利润从外国厂商转移给本国厂商，以增加本国经济福利和加强在有外国竞争对手的国际市场上的战略地位。

8. 20世纪80年代：管理贸易政策

管理贸易政策是20世纪80年代以来，在国际经济联系日益加强而新贸易保护主义重新抬头的双重背景下逐步形成的。为了既保护本国市场，又不伤害国际贸易秩序，保证世界经济的正常发展，各国政府纷纷加强了对外贸易的管理和协调，从而逐步形成了管理贸易政策。管理贸易政策又称"协调贸易政策"，是指国家对内制定一系列的贸易政策、法规，加强对外贸易的管理，实现一国对外贸易的有秩序、健康的发展；对外通过谈判签订双边、区域及多边贸易条约或协定，协调与其他贸易伙伴在经济贸易方面的权利与义务。管理贸易是介于自由贸易与保护贸易之间的一种对外贸易政策，是一种协调和管理兼顾的国际贸易体制。

第三节 国际贸易政策的政治经济学分析

自由贸易政策将提高世界范围内的要素配置效率，增进各国的经济福利。贸易保护主义的经常盛行，却往往与这种基于比较优势的古典处方相矛盾。一般认为，造成这种反对论的根本原因在于，国际贸易纯理论的假定前提，在现实世界中并未得到充分的满足。新贸易理论则引入了不完全竞争和规模经济，在纯经济分析方面做了进一步的创新阐释。贸易政策的政治经济学分析强调贸易政策并不仅仅简单出自建立在经济学家的成本—收益之上的效率计量，而且与政治因素密切相关。通过运用政治行为的经济分析，考察政治决策过程中贸易政策的选择和变化、各国的相互作用和国内的结构特征。该理论的主要代表人物有鲍得温（Baldwin）、迈吉（Magee）、塔洛克（Tullock）、金德尔伯格（Kindleberger）、奥尔森（Olson）和布坎南（Buchanan）等，唐斯（Downs）、克鲁格（Kruger）、库思（Knrth）和巴格瓦蒂（Bhagwati）等也为该理论的形成与发展做出了重要的贡献。

一、贸易政策的国际政治经济学分析

贸易政策的国际政治经济学分析，采用了与传统的自由主义不同的国际现实主义方法。在古典政治经济学中，亚当·斯密和大卫·李嘉图作为自由竞争和自由贸易的倡导者，其观点基于三个假定前提：第一，个人是政治经济学的基本角色和分析单位；第二，个人是理性的；第三，个人是通过商品交换来实现其效用满足最大化。政府的经济角色相对有限，任何形式的政府干预都会限制市场力量，从而阻碍贸易的发生。诚然，自由主义者也承认某些"公共物品"应由政府而不是由市场提供，认为政府在维护自由竞争中起到了不可缺少的作用。推广到国际经济领域，自由主义者不仅强调了国家内部而且强调了国家之间利益协调的重要性。一个有力的历史佐证是，19世纪，英国废除《谷物法》取得自由贸易的伟大胜利，不仅给英国而且给其他国家带来利益。自由贸易将增进各国福利水平，从而亦使国家冲突和战争缺乏经济基础。同样，政府也需要管理国际经济，通过建立各种经济制度，来保证国际竞争的公平进行。

国际现实主义产生于20世纪30年代，一定程度上解释了大萧条时期主要工业化国家实行"以邻为壑"贸易政策的福利原因。现实主义者认为，第一，国家是国际政治经济学的主要角色和分析单位；第二，理性的国家追求自身权力最大化，各国都有其国家的整体

利益，而各国政府则是这种利益的保证。不同于经济，政治是一种零和游戏；第三，国家通过成本—收益分析，做出实现利益最大化的选择。自由主义者认为，经济学和政治学很大程度上属于各为自主的领域，而现实主义者认为，国际政治学是国际经济学的基础。

他们强调了国家政治与经济利益之间的关系，认为一国的贸易政策仅仅是一国对外政策的反映，贸易政策的制定目的在于增强与国家利益相关的竞争力。此外也强调了贸易的外部性，认为安全因素对一国贸易政策起着重要的影响。贸易政策的这种国际经济学分析，最有代表性的当属金德尔伯格（1973）、格尔潘（1975）和库拉斯纳（1976）等提出的"霸权安定理论"。一国在国际政治经济中的地位决定了其对外经济政策，当国际体系中具有超群的军事力量、政治力量和经济力量的某一突出国家（即所谓霸权国家）出现的时候，它必然要求并试图建立开放的国际贸易体制，并且通过制裁、报复等强制手段来执行规则。霸权国家提供了自由贸易这一公共物品，并具有稳定和维护国际体制的能力。霸权安定理论从英国19世纪中叶到20世纪初这一时期贸易政策的演化中受到了启发，旨在解释各国相对国际地位变化过程中国际经济体制的演变。金德尔伯格甚至认为，20世纪30年代的大萧条部分原因是英国作为霸权国家角色的接力棒交给尚未完全形成霸权国家的美国而不幸落地的结果。拿这一理论来检验第二次世界大战后的贸易政策可以发现，美国作为霸权国家期间，它构筑起自由贸易体制并竭力维持；一旦其霸权地位下降，便逐步从自由贸易的立场后退，转向新贸易保护主义。

贸易政策的国际政治经济学从国际关系的角度解释贸易政策的变化，认为国际贸易是国与国之间关系的一种形式和途径，各国的相互作用决定了贸易政策的选择。各国在选择贸易政策时虽然按国家利益行事，但常处于自由贸易与保护贸易的两难境地，并且常有实施贸易保护的冲动，结果往往背离了效率的原则。因此，在贸易政策实践中，赫莱尼尔（Helleiner）等用国际谈判模型解释了20世纪30年代以来特别是第二次世界大战后关税不断下降的趋势。通过两国或多国谈判达成协议要比单方面实施减税政策容易，单方面实施关税减让会引起国内较强的反对，而双边或多边协议可以得到那些因关税减让而得益的部门、集团和阶层的支持；而且政府之间达成协议之后，各自都承担了相应的国际义务，有助于避免贸易战的发生。

二、贸易政策的国内政治经济学分析

贸易政策不仅是国与国之间相互作用的结果，更是各国国内政治经济诸因素综合作用的结果，是如实反映各种集团利益政治过程的决策。国际贸易研究在这方面的进展得益于公共选择理论对政治市场的开创性研究。在政治领域，人们追求自身利益的最大化。选民作为政治市场需求者，投票选举那些能够增进他们利益的候选人；总统和议员等决策者作为政治市场的供给者，追求当选或连任。这一理论运用于贸易政策的决定，并且假定经济市场是完全竞争、收入再分配可行、以直接投票的简单多数原则确定当选者且投票成本为零，决策者应当选择最有效率的自由贸易政策。根据斯托帕尔—萨缪尔森定理，如果该国劳动者多于资本所有者，出口劳动密集型产品而进口资本密集型产品，政治决策者会顺应大多数劳动者的要求采取自由贸易政策；反之，如果该国进口劳动密集型产品而出口资本密集型产品，自由贸易将直接使大多数劳动者利益受损，因而该国有贸易保护的倾向。但因为自由贸易给资本所有者带来的收益大于这些损失，通过实行收入再分配政策可用于补偿劳动者的损失，所以自由贸易政策仍会得到劳动者的赞成并付诸实施。

但是，为什么会产生贸易保护主义并呈不断加强的趋势呢？这是因为上述结论的种种假设与现实有很大的差距。经济市场的不完全竞争和政治市场的不完善是影响贸易政策选择的两大因素。国际贸易理论的最新发展已经证明，经济市场的不完全竞争和扭曲，使自由贸易政策不具备效率优势，自由贸易的好处亦因不能惠及大多数人而难以显示其优越性。而贸易政策的国内政治经济学是以政治市场的缺陷为前提，解释了政治体系中特殊利益集团进行游说活动的动因。鲍得温等人认为，保护是来自特定的选举人集团、企业、利益集团和政党的要求，并受到政治家和政府官僚的支持，同时以关税保护的游说活动为例对贸易保护作用做了政治市场分析。

图 8.1 中 OA 是游说成本曲线，假定对特定经济利益集团来说，由于获得关税保护越高越困难，使边际成本不断递增，因而这条曲线斜率也逐渐提高，同时，游说成本曲线也反映了政治市场供给者对特定的经济利益部门或产业实行附加保护的意愿。在下列情形下，成本曲线会向下移动：第一，经济利益集团组织得好；第二，游说活动有效率；第三，社会中的其他组织觉得该特定经济利益集团应受到关税保护，比如农民的保护要求得到了社会大众同情性的赞成。

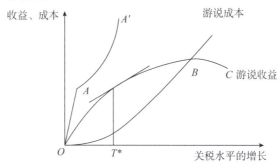

图 8.1 关税保护游说活动的最优分析

图中 OBC 代表保护利益曲线，它代表利益集团从事游说活动带来关税保护的货币价值。关税水平越高，对集团带来的利益就越大，最大值为 B，对应的是禁止性关税。关税的增加至少在一定范围内具有边际的利益，但总体上边际收益递减。关税水平增加到 T' 时，集团的游说努力为最优。因为在该点，收益与成本之间的差异（即租金）为最大。

此外，游说的初始成本（即 OA）很高而整个成本曲线 OAA' 位于游说收益曲线 OBC 上方表明，对特定经济利益集团而言，寻求关税保护的游说活动并不总是值得的。这也可以解释为什么已经组织起来的经济利益集团更能获取额外优势和特权地位，而新建立者却在政治斗争中步履维艰。

运用这一模式，具体说明现实世界中游说和保护的程度，需对成本和曲线的位置与斜率的决定因素加以经验论证，需对不同的产业部门进行分析。一般来说，赞成关税的集团即关税保护的最大受益者，是供应国内市场与进口竞争的国内企业，也包括生产互补性产品和为进口竞争企业提供投入的企业。因为贸易保护的政策效应是有形的和直接的，可以增加国内就业和产量，所以尤其是在国内失业处于高水平时，保护主义者集团往往有着很强的游说力量，在政治斗争中有着重要的影响。而作为赞成自由贸易的主要力量，出口企业意识到加强贸易保护主义必然会导致国外报复，从而影响其出口贸易。但由于这种损失是间接的和难以事先定量的，因而他们很难将其出口利益转移为有效的政治行动。从事国际化生产的跨国公司和生产中使用进口投入品的企业也有赞成贸易自由化倾向的，但这些企业同时往往又属于与保护利益有关的进口竞争部门，因而其政治立场是模棱两可的，甚至是赞成关税的。

同时，作为自由贸易的社会受益者，消费者集团受制于减免关税机会成本的无形性和间接性，在政治上缺乏为削减关税而斗争的动力。事实上，究竟是赞成关税抑或反对关税的利益集团占上风，这取决于组织的政治力量和在政治过程中提出各自要求的强度，关键在于有效的游说组织和获取必要资金的激励与能力。保护是影响特定经济部门或领域任何成员的公共物品，因此存在着某一成员企图享受利益而不愿做出努力的免费搭车倾向。

削减关税是包括那些不卷入矛盾和承担成本的人在内人人都能享受利益的公共物品，由于预期的受益者的利益极不稳定和缺乏透明度，因而他们缺乏参与投票的动力；相反，削减关税的受损者直接感受到了损害，因而愿意组织起来参与政治进程。正因为这种倾向在自由贸易政策中显得比贸易保护时更强烈，政治决策者认识到，应当根据院外活动力量的变化来确定政策取向。通常，院外活动力量作为就某一保护政策进行游说的集团，对于那些在事关该集团利益上持这种或那种立场的官员和候选人会给予或收回自己的金钱或选票。此外，在许多国家尤其是发展中国家，由于税收体制低效率导致税收收入较少，政府通过征收关税来增加财政收入，常倾向于保护贸易。

三、结论和应用

根据政治决策过程中的成本—收益分析，贸易政策的政治经济学阐明了贸易保护的产业特征：消费品产业等进口所占比例较高的产业、纺织业等就业人数多的产业以及钢铁和汽车等寡头竞争产业易于得到更多的保护。同时，该经验论证了贸易政策的格局：第一，阶梯关税的格局。利益集团决定关税结构，各种产业对贸易保护的游说活动有着不同的收益和成本。对最终消费品征收的关税一般高于中间产品和原料，这归结为分散的消费者利益集团受困于大量的免费搭车者，在政治上缺乏组织力量；集体行动的困难解释了有些政策不但得不偿失而且受损选民远超过受益选民却仍被采纳；第二，美国和加拿大的保护格局。政府在决定关税税率时存在偏袒组织得好的、与进口竞争的集团的倾向，这表明出口集团在维护与他们利益相关的自由贸易方面，不如受到进口威胁的集团为实行保护贸易而组织得好；第三，关税减让的格局。战后在GATT主持下以关税减让为核心的贸易自由化谈判实际上是各国相互间的一种让步，谈判者把削减关税当作让步正是出于政治上的考虑，以迎合与进口竞争的生产者集团。

贸易政策的政治经济学理论已在多方面得到应用。第一，对有关"直接非生产性寻租活动"（简称DUP）的经济研究。克鲁格认为，不同于增加社会财富的经济学的寻利行为，这种直接非生产性寻租活动并不增加社会商品和劳务的价值，是追逐利润最大化的特殊形式。在国际贸易中的典型表现是利益集团通过院外活动对该产业实行高关税或进口配额的保护，使该集团获利。这种院外活动包括为某项政策的实施、政策的存在以及针对政策的结果而进行。政府的关税政策旨在保护民族工业的发展，但是当国内市场被少数几家企业垄断时，这些企业可能就没有很强的动力去改进技术，提高质量，增强市场竞争力，从而使关税政策成为对寻租行为的保护。此外，与进口替代政策体制相伴随的进口配额、进口许可证制、汇率高估以及外汇管制等都将产生追求经济租的活动，这种对社会有限经济资源的损耗构成贸易保护社会成本的重要组成部分。第二，对贸易政策工具的选择。当今世界各国广泛使用的政策工具与国际贸易理论分析是相违背的。之所以选择直接让国外承担保护成本的反倾销税、反补贴税和自愿出口限制等造成更大的福利损失,而不运用经济效率最优或次优的政策工具,是因为政治决策者不但从经济上而且更多地从政治上考虑其影响。第三,对贸易政策的决策分析。多数发达国家的政府管理,形成了两个分离的政策领域——产业部门领域和国民经济领域。政策焦点本应是国民经济宏观管理,但实际偏向单个产业部门。例如,各行政部门之间的妥协、与各种利益集团的讨价还价,是美国寡头政治的核心特点,行政部门之间的互相牵制反而可能使代表大多数人利益的贸易政策无法得到实施。在政治经济进程中各个产业反对外国竞争的保护程度高低可以通过经济计量方法加以分析,这方面大量的研究文献为贸易保护的政治经济学提供了有力的验证。

第四节　国际贸易政策的发展趋势——全球竞争政策

第二次世界大战后关贸总协定及其后来的世贸组织不断推进自由贸易,国际贸易规则体系不断拓展,第一阶段是货物贸易自由化为主的阶段。先是削减货物贸易关税,然后是减少、规范非关税壁垒。第二阶段是服务贸易、知识产权保护等被纳入贸易规则中。乌拉圭回合谈判最终达成了《服务贸易总协定》和《与贸易有关的知识产权协定》。第三阶段是更

国贸博览 8-1

多国内政策的议题被纳入国际规则体系。2001年启动的多哈回合谈判涵盖约20个议题,更多涉及一国国内政策的议题,如投资、劳动、环境保护、竞争政策等开始被引入国际贸易规则讨论的范围。第四阶段是更高标准的国际贸易规则。正在商谈中的跨太平洋伙伴关系协定(TPP)和跨大西洋贸易与投资伙伴协议(TTIP)是第四阶段规则的代表。新规则的范围从传统的边境措施向边境后措施延伸,竞争政策成为重中之重。传统的国际贸易规则主要关注边境措施,而对边境后的措施没有关注,结果边境阻碍自由贸易的措施越来越少,但是由于各国国内市场结构不同、竞争政策不同,导致有些商品服务即使自由通过了别国边境,也很难进入其国内市场,因此统一全球竞争政策是大势所趋,当然过程十分漫长。WTO已经专门建立了一个关于贸易与竞争政策的正式工作组,专门解决源于竞争政策问题的国际贸易争端。

一、竞争政策的内容和目标

什么是竞争政策?竞争政策规定竞争的强度、合作的范围以及这二者的法律界限,它是竞争和合作的制度综合。竞争政策旨在使市场运行得更完美,如果设计得当,它将成为完善市场的一种社会基础措施。竞争政策有两大目标:效率与公平。值得注意的是,竞争政策的目标不是竞争,而是效率与公平,而竞争则是次要目标,或更确切地说是一种手段或工具。

作为竞争政策目标之一的效率,其经济学意义比较清楚。它包括静态效率和动态效率,几乎每个国家的竞争政策都致力于减少低效率。最常见的低效率是拥有市场权力的垄断者少生产、定高价,以及相对价格和成本的扭曲,导致对投资者和消费者的误导。其次是产品过度标准化或过度细分;创新活动受压抑;研究与开发严重重复,规模经济得不到重视;等等。

一般来说，各国对于公平的共同看法是反强制和反对各种滥用市场权力的行为。许多竞争政策中体现了反强制原则（如反对强迫合作），其他竞争政策则禁止滥用市场权力的行为，如水平卡特尔禁止分销商与外部供应商的交易，就是一例。美日关于胶卷和摄影器材争端的核心，就是美国指控日本滥用市场权力，妨碍美国胶卷进入日本市场。竞争政策的效率和公平目标可以在微观、中观、宏观三个层次上进行讨论。在开放经济条件下，微观、中观、宏观层次分别指单个部门、提供多种产品和服务的一国经济、国际范围的多国经济。这三者相互联系、相互渗透、相互作用、密不可分。

（一）微观层次——部门的竞争政策

部门的竞争政策可分为四个层次，分别为：单个企业行为、企业间联合行为、生命周期行为和社会行为。下面我们就来具体讨论在各个不同层次上竞争政策关注的主要目标。

1. 单个企业行为

对于单个企业，竞争政策旨在消除定价或营销的非效率、对消费者和竞争者的不公平对待、企业的其他滥用市场权力的行为。这里需要明确的一个问题是：企业规模并不是其能力的度量指标，甚至小企业也会拥有一些特殊权力并滥用它。从本质上讲，为了反托拉斯而将大企业拆成小企业有时既无效率也不公平。同样，对跨国大企业拥有的巨大力量的担心有时也是不必要的。

2. 企业间联合行为

没有一家企业希望其产出市场呈竞争状态，垄断将最受欢迎。因而企业间总有潜在的勾结危险。这时竞争政策将关注兼并、合作中的反竞争行为，确保企业间相互竞争，而不是佯装竞争。

3. 生命周期行为

生命周期的主要目标是更广范围内的效率和公平。此时的效率包含理想投资率、创新以及开发满足顾客不同需要的产品。此时的公平必须规定允许某企业消亡的环境：要么被其他企业吸纳，要么将资本变现、流动。有时效率问题会导致整个部门的消亡，这时常会引起公平问题，特别是当另一国存在同样的部门时。生命周期中考虑最多的是动态或长期效率，因而也就自然涉及知识产权的保护。不过，对于知识产权保护的范围和时限怎样确定最适度，仍是一个不确定的问题。

4. 社会行为

不同部门的竞争政策不同，竞争政策常常要服从于部门公益规定（特别是运输、电信和公用事业），它还要支持农业与高科技产业发展，并且总要基于国家安全的考虑。竞争政策有时也服务于社会目标而不考虑具体产业，如扶持小企业、少数民族企业；维持本土文化；对落后和不发达地区提供保障服务等。

（二）中观和宏观层次——一国经济和世界范围内的竞争政策

1. 一国经济和世界范围内的效率

单个企业或产业的效率在于比较某种产品的投入成本与产出价格，而一国经济的效率在于比较不同部门之间的相关价格和成本。在某个时间点上，如果一国经济满足以下两个条件，那它就是有效率的。首先，各部门产品和劳务价格有着与完全竞争条件下相同的相对价值，而不管这种极端的竞争形式是否真正存在或价格是否接近成本。其次，不同部门、不同企业的投入成本相同，不存在特权部门或企业。缺乏创新使得即使静态低效率也会在长时间内存在，若一国至少对技术引进开放市场，那它就不一定会出现技术落后和资源配置的低效率。而当某国经济对外开放时，由于国内保护所带来的效率的下降，国内企业会感到来自国际竞争者的压力。不断一体化的全球金融市场是这些竞争压力的触发因素。从长期来看，各国不得不进行竞争政策的协商与合作，使各国公司间的竞争趋向公平和效率。

2. 一国经济和世界范围内的公平

当市场的潜在构成者是多部门经营跨国大企业（如三菱、西门子等）时，竞争政策的公平目标对于它们来说就不再那么重要了。其主要原因之一就是：这些企业在许多部门进行多样化经营，因此竞争政策对于不同部门的不同规定，对这样一个企业来讲就不一定不公平。如果它在某个部门经营不佳，它可以改变定位，将资源投入另一个部门进行生产。而那些小企业或仅生产少数几种产品的企业则不然，它们更需要竞争政策，特别是那些不相称地成为市场进入和创新主体的小企业，公平的竞争政策尤为重要。大企业常与成百上千的小企业进行垂直合作，因而这些小企业的公平和效率就需要由大企业而不是政策所代表。最后，如果大企业预见到相互之间可能存在的不公平竞争，还可以通过联合法律行动或其他合作来解决公平问题。

三、全球范围内对竞争政策的协调和实施

从上面的论述可以看出，竞争政策有着多层次、多角度的特点。适用于某个企业、某个产业或某个国家的竞争政策并不总是对其他企业、产业或国家适用。这是因为像其他社会规范一样，竞争政策也反映各国的历史和文化特点。因而，它是在不断变化的，而且在各国之间也不尽相同，尽管一些国家还没有正式的竞争政策，但是正式实施竞争政策的国家正在不断增多。大多数东欧和拉丁美洲国家以及韩国、墨西哥等国家也颁布或修改了它们的法规。还有一些国家正在计划或起草类似政策。各国在制定国家这一层次上的竞争政策时，自然都基于本国、本民族的利益，这不免又要踏上战略贸易政策的老路，极易引起纠纷。因而，迫切需要在宏观层次上（即全球范围内）进行协调。世界贸易组织已经专门建立了一个关于贸易和竞争政策的正式工作组，专门解决源于竞争政策问题的国际贸易争端。另外，美国学者爱德华·M.格雷汉姆和大卫·理查森提出了模仿乌拉圭回合谈判的《与贸易有关的知识产权协定》（TRIPS），达成《与贸易有关的反托拉斯措施协定》（TRAMS），它涉及全球范围的卡特尔，阻碍市场进入的措施、兼并、收购等一系列内容。

从原则上讲，使竞争政策国际化主要有以下四种方式：

1. 创立一个国际法律实体和执行机构

在全球范围内将竞争政策融入世界多边贸易体系最直接的方法，就是在WTO的发起下创立一个执行竞争法的国际机构。然而，这只有在各国对竞争政策的具体原则有较强且持久一致的认识的情况下，才是可行的。

2. 各国竞争法和政策的协调

这里的协调是指各国通过协商和协议的方式采取几乎统一的实体法和执行标准。然而，不论是标准的制定还是实施，目前各国既缺乏政治上的一致，也缺乏理念上的一致。

而且许多国家也不愿改变各自国内的政策法规标准来达成一致。不过，各国还是可以就竞争法和政策的某些方面进行协调，比如大多数国家都禁止人为操纵价格和其他卡特尔安排。

3. 利用 WTO 对 TRAMS 达成一致，并把竞争问题融入 WTO 争端解决程序

许多学者认为，若冲突双方不能通过协商解决争端，则应将问题提交 WTO，通过争端解决程序来解决。最早对此问题提出比较具体的建议的是美国经济学家福克斯（Fox），此后，经济学家爱德华·M. 格雷汉姆和大卫·理查森在福克斯建议的基础上又有所发展，认为应将 TRAMS 的重点放在增强竞争性上。他们提出，TRAMS 协定应包括以下几方面内容：

（1）对外国企业在本国设立的分支企业实行国民待遇。我们知道，增强市场竞争度是达到竞争政策目标的重要途径，那么国民待遇也就是竞争政策问题。事实上，由于它是和 WTO 协定密不可分的投资问题，涉及贸易和投资政策，并和竞争政策高度相关，所以它应该是竞争政策最先考虑的问题。若一国政府对外国企业实行国民待遇，那么有关市场准入的很多贸易政策问题最终都将不复存在。但是，一国政府不会完全地、无条件地给予外国企业国民待遇，因此 WTO 要充分利用已有的机制对此进行协调。

（2）对卡特尔和类似卡特尔的行为进行国际控制。许多国家允许本国出口卡特尔存在是基于这样一种考虑：本国的出口商需要某种集体力量来与外国对手进行有效竞争。然而，若每个国家都允许出口商组成卡特尔，那么任何国家的得益都将被其他国家的出口卡特尔所抵消。到最后，卡特尔限制了产量，提高了价格，损害了消费者，使谁都不能得益。几乎所有的竞争政策专家都同意，在大多数情况下（少数例外）卡特尔是不好的。因此，几乎现有的所有竞争法都包含了反卡特尔条款，那么对于禁止大多数卡特尔达成国际共识将相对容易。

（3）扩大 WTO 协商程序。除卡特尔以外的与贸易有关的问题则很少能像上面所述的那样对争端解决程序达成国际一致，但制定新法规还是有可能的。特别的可以扩大现有的 WTO 协商程序。若私人企业行为被指证为妨碍出口或投资，则 WTO 成员方有义务对此进行协商。

4. 改革世界贸易法

大多数世界贸易法（如反倾销法）可在 TRAMS 协定内部进行改革。例如，在对该协定进行协商的过程中可以包括反倾销改革。然而，对反倾销的改革可能会引起较多争议。因为许多贸易专家视反倾销法为国际贸易法的一个不可缺少的保护措施，因为它保护了国内生产者不受定价低于成本的进口货物的冲击。而大多数经济学家和竞争政策专家则对反倾销持反对态度，因为它提高了价格，降低了消费者福利，并且常被用来作为打击竞争对手的一种手段。因此，可以用竞争法取代反倾销措施（比如欧盟内部、澳大利亚与新西兰之间就进行了此种尝试），这种转变是与国民待遇这个概念相一致的。事实上，受到激增的倾销指控的跨国大企业是反倾销的真正受害者。至今，这些大企业尚未有效形成对抗反倾销的力量。但随着跨国大企业数目的不断增加，在不久的将来，对反倾销进行重大改革甚至取消它的呼声将越来越大。

第八章　国际贸易政策与发展战略

第五节　贸易发展战略与发展中国家的经济发展

前面的分析已经表明国际贸易与经济发展之间确实存在着很大的关系，但是国际贸易对一国经济发展作用的大小与该国选择和制定的贸易发展战略有着直接的关系。

一、贸易发展方式与贸易发展战略

贸易发展战略是在国民经济发展总体战略指导下，对一定时期的对外贸易发展方向、结构、目标以及所要采取的相应措施做出的战略决策，是一定时期内一国发展对外贸易的指导思想。因此，一国选择什么样的贸易发展战略，与该国选择什么样的经济发展战略密切相关。

发展中国家的贸易发展战略，按照一国是限制还是鼓励发展对外贸易，可以划分为外向型发展战略和内向型发展战略。所谓外向型发展战略，是指利用本国和世界两种资源、利用本国和世界两个市场，尤其强调参与国际分工、利用世界市场的机会来获得发展；而内向型发展战略，是指主要依靠本国资源和本国市场来发展经济，拒绝或很少同世界市场进行交换，把对外贸易看作调剂余缺、获得本国无法提供的商品的手段。

世界银行根据有效保护率、对进口的直接控制程度（如进口配额、进口许可证的运用）、对出口贸易的奖励、汇率定值的程度四项指标，对41个发展中国家和地区1963—1985年的数据资料进行了分析，将贸易发展战略进一步细分为四种：

（一）坚定的外向型战略

坚定的外向型战略，是指对出口的奖励在不同程度上抵消了进口壁垒对出口的限制，即采取中性的贸易政策；保持汇率的相对稳定，使之与进出口贸易的实际汇率大体相等。

（二）一般的外向型战略

一般的外向型战略，是指奖励制度偏向为外销生产，不重视为内销生产。但对本国市场的有效保护率较低，有限制地使用许可证等直接控制办法，进出口贸易的实际汇率差别很小。

（三）坚定的内向型战略

坚定的内向型战略，是指奖励制度强烈地鼓励为内销生产；对本国市场的平均保护率很高，普遍实行直接的贸易限制和许可证制度；汇率定值高出很多。

（四）一般的内向型战略

一般的内向型战略，是指奖励制度明显偏向为内销生产，不重视为外销生产。表现为对本国市场的有效保护率较高，广泛实行对进口的直接控制和许可证办法；对出口给予一定的奖励，但很明显有反进口的倾向；本国货币的对外定值过高。

实践表明，外向型经济的发展战略，有利于一国迅速摆脱落后，获得发展。开放度越大，发展的机会就越多。

二、三种贸易发展战略的比较与分析

发展经济学家把发展中国家的贸易发展战略分为三种类型：初级产品出口导向战略、进口替代战略和出口导向战略。实际上这也是三种不同的经济发展战略或工业化战略。

（一）初级产品出口导向战略

1. 初级产品出口导向战略的概念

初级产品出口导向战略，是指利用初级产品出口来发展本国的经济。这里的初级产品指的是农、矿、特产等。

2. 初级产品出口导向战略的利弊

发展中国家通过扩大初级产品的出口，增加了财政收入和外汇收入，这对于它们引进发达国家的先进技术，进口必需品，从而带动经济的发展起到了一定的推动作用。但是，这种战略在外向型经济发展的初级阶段是可行的，也是现实的。长期采用这种战略会遇到越来越大的障碍，这些障碍主要表现为以下几方面：

（1）从需求方面看，国际市场上对初级产品的需求有逐步下降的趋势；

（2）从供给方面看，当今大多数发展中国家人口多，资源相对不足，农产品的增长部分大都被国内吸收而不是用于出口。而如今发展中国家在初级产品市场上已经没有优势了，初级产品出口导向战略自然很难长期奏效；

（3）初级产品的出口连锁效应较弱，导致以出口初级产品为主的发展中国家工业化进展缓慢。

由于初级产品出口导向战略的这些弊端，到了20世纪50年代末60年代初，许多发展中国家纷纷改变这种战略。在理论和实践上，发展中国家为实现经济的工业化、现代化转而采取了进口替代战略和出口导向战略。

（二）进口替代战略

进口替代战略具体是指一国采取各种措施限制某些外国工业品进口，促进本国有关工业品的生产，逐渐在本国市场上以本国产品替代进口品，为本国工业发展创造有利条件，实现工业化。

1. 实施进口替代战略分为两个阶段

（1）以发展加工业、一般消费品工业为主的进口替代阶段，目标是建立初步的工业体系。在这一阶段，由于发展中国家缺乏必要的资本、机器设备、中间产品和技术等，需要从国外进口这些投入，加上缺乏熟练劳动力和管理经验、产品成本相对高等原因，根本不能和国外厂商竞争，发展中国家需要采取保护措施以扶持进口替代工业的发展。

（2）以发展耐用消费品、资本品和中间产品为主的进口替代阶段，目标是建立全面的工业体系，以工业化带动整个经济的发展。在这个阶段需要将大量投资用于机器制造、机床生产、炼钢、轧钢、石化等工业，在生产中尽量多地使用原料和其他投入。

2. 进口替代战略的保护措施

发展中国家为了扶持进口替代工业，特别是在进口替代工业建立初期，需要采取的保护措施主要有以下几方面：

（1）关税保护，即对最终消费品的进口征收高关税，对生产最终消费品所需的资本品和中间产品征收低关税或免征关税，以降低进口替代品的生产成本。

（2）进口配额，即限制各类商品的进口数量，以达到保护进口替代工业的目的。

（3）本国货币升值，以降低进口商品的成本，减轻外汇不足的压力。

（4）进口替代工业在资本、劳动力、技术、价格、收益等方面给予优惠，使他们不被外国产品挤垮。

3. 进口替代战略的优缺点

进口替代战略如果运用得当，可以对发展中国家的工业化和经济发展起到积极的推动作用，具体表现为以下几方面：

（1）工业特别是制造业得到了迅速的发展。实施进口替代战略的国家为本国的弱小工业提供了一个温和的成长空间，使民族工业能在这种环境里从幼稚走向成熟，从弱小走向强大。

（2）改善了发展中国家的经济结构，增强了经济成长的独立性。发展中国家的传统经济结构是单一的、畸形的，主要依靠农产品和矿产品的生产和出口来维持国民经济的运行。通过进口替代战略的实施，使这种传统的经济结构逐步被多样化的经济结构所取代，使发展中国家摆脱了历史上对发达国家过分依赖的状态，增强了独立自主发展民族经济的信心和能力。

（3）具有国际收支效应。进口替代可以从节约进口外汇支出、改善贸易条件等多方面影响国际收支及相关的经济活动。

（4）进口替代工业的发展，还有利于促进培育本国的管理技术人员，带动教育、文化事业的发展，获得工业化带来的动态利益。

但是，为使进口替代战略收到较好的效果，发展中国家必须在资本形成、人力资源开发、市场体系完善等方面做出努力。如果单单指望进口替代的贸易保护政策，不但达不到预期的效果，反而会妨碍本国工业化的进一步发展。许多发展中国家在采取这一战略时都出现了许多问题，具体表现为以下几方面：

①进口替代战略的实施使发展中国家的工业缺乏国际竞争力。进口替代工业是在贸易保护政策的庇护下，在没有国外竞争的环境中成长起来的，企业家满足于国内市场的丰厚利润，缺乏进一步创新和提高效率的刺激，使其国际竞争力难以提高。而且一旦进行了过度保护，出于政治、经济、社会安定的考虑，就很难一下子撤掉。

②进口替代战略还可能导致发展中国家存在的二元经济结构进一步加强。一方面，进口替代产业在政府的保护下畸形发展，资本密集型工业过度膨胀，消耗掉大量发展中国家本来就缺乏的投资基金，而对吸收就业的作用又十分有限，失业问题加重；另一方面，非进口替代工业部门和农业部门的发展被忽视，发展十分缓慢甚至停滞不前，使落后的农业更为落后，二元经济结构得到了进一步的强化。

③国际收支状况未能得到有效改善。随着进口替代工业的发展，进口替代工业所需要的生产设备和原材料、中间产品的进口也相应增加，形成了以生产设备和原材料、中间产品进口替代原来的消费品进口的状况。结果不仅不能减少外汇支出、平衡国际收支，反而导致了国际收支状况的恶化。

④进口替代的进一步发展，会遇到国内市场狭小的限制。由于低效率的工业在国际上

缺乏竞争力，致使扩大出口很难实现，从而无法利用规模经济优势。而且，在简单的制成品被国内生产替代后，必须生产资本更密集、工艺更先进的进口替代品，发展难度会更大。

基于对进口替代战略认识的不足，在20世纪60年代中期以后，许多发展中国家特别是小的发展中国家，纷纷转向把促进出口作为工业化战略的基础，即执行了出口导向的贸易发展战略。

（三）出口导向战略

出口导向战略，是指一国采取种种措施促进面向出口的工业部门的发展，以工业制成品的出口来代替传统的初级产品的出口，扩大对外贸易，使出口产品多样化，以推动本国的工业化和整个经济的持续增长。对原来主要出口初级产品的发展中国家来说，则为出口替代，即用加工的初级产品、半制成品和制成品出口来替代传统的初级产品出口，并以此推动本国的工业化。

1. 出口导向战略一般要经历两个阶段

第一阶段是以劳动密集型工业制成品出口替代初级产品出口，主要发展加工工业，以生产一般消费品为主，如食品、服装、玩具等。这些产品的生产方法比较简单，技术较易掌握，投入要素较易获得，而且国际市场需求较大，需求弹性也不小，故发展起步相对比较容易。

当第一阶段出口商品发展到一定程度，特别是其中某些产品的市场容量已逐渐趋于饱和或生产与贸易条件已变得不利时，就转向以机器设备、机床、电子仪器等资本、技术密集型工业制成品生产为主的出口工业第二阶段。

2. 出口导向战略的保护措施

与进口替代战略的保护措施不同的是，出口导向战略需要实行双向保护政策。

（1）在出口方面，放宽外贸管制，实行鼓励出口的贸易政策。主要包括：放松出口限制，一般取消出口税，并尽可能取消出口配额、许可证等数量限制；建立保税制度，对出口生产所需中间产品投入要素的进口，暂时免征进口税；政府提供出口保险，对出口可能遭受的各种风险予以承保，以增强企业的出口信心；政府为出口企业提供信息服务；设立自由贸易区、出口加工区等有利于扩大出口的经济特区；设立和完善商会等出口协调机构；通过国际协商，为本国商品出口疏通渠道等。

（2）在进口方面，放松对进口的限制。包括：缩小进口配额、许可证管理范围，以便于出口生产过程中所需进口投入要素的获得；降低保护关税，适当减免必需的原材料、半成品或资本品进口的关税等。

（3）在产业政策上，给予出口企业一定政策倾斜。出口替代工业在起步阶段生产规模较小、风险大、竞争力不强，政府应予以支持，表现在：对出口企业实行减免所得税、加速折旧、建立风险基金、免除印花税等财政优惠；提供低利率出口信贷，向出口企业提供政府贷款、外汇贷款等。

（4）放宽外汇管制，实行合理的汇率政策。使出口的实际汇率不低于进口的实际汇率，以鼓励出口。在存在较高的通胀率的情况下，发展中国家应实行适当的货币贬值或推动本币汇率下浮的措施。

3. 出口导向战略的优缺点

出口导向战略的优点有：

（1）刺激了整个工业经济效率的提高。为了打进国际市场，企业就必须按市场需要提供高质量、低成本的产品，这无疑会给本国企业带来竞争的压力和提高效率的刺激。同时，由于相对放松了进口限制，使面向国内市场的本国企业也面临日益增大的国际竞争压力。

（2）出口导向经济由于开放度高，参与到世界经济的循环中，容易抓住发展机遇。随着世界性产业结构的不断调整，各国都在寻找最能发挥本国优势的参与国际分工的形式。由于发展中国家具有劳动力便宜、资源丰富等长处，再加上优惠政策，就可能利用发达国家产业结构调整的时机，引进外资，生产产品生命周期处于成熟期的工业产品，打入国际市场，增加外汇收入，由此带动本国的工业化。

（3）出口导向的工业化能克服发展中国家市场狭小的限制，获得规模经济效益。这一点对于小的发展中国家来说尤其重要。

（4）在第一阶段，出口替代部分较多地集中在劳动密集型产业，且有比较广阔的市场，因此能够吸收较多的劳动力，缓解发展中国家的就业压力。而且由于出口的增加，带来外汇状况的改善，使发展中国家的进口能力增强，实际工资水平保持在较低水平上，从而有利于工业部门利润的增长和积累的增加，提高工业部门对劳动力的吸收能力。

20世纪60—70年代，一些发展中国家和地区运用出口导向战略促进了经济的发展，但是，出口导向战略也存在一定的消极作用，主要表现在以下几方面：

①出口导向工业主要面对国外市场，因而加深了这些经济部门对国外市场、资金和技术的依赖性。

②出口导向战略的实施加剧了经济发展的不平衡：一些出口导向工业由于国家的保护和扶持而发展较快，面向国内的工业和农业部门则发展缓慢，仍然相对落后，加剧了发展中国家的二元经济结构。

③发展出口导向工业引进了大量的外资，从而容易被外资渗透和控制，使大量的利润外流，导致了发展中国家的外债急剧增长。

此外，还有收入不均、两极分化等问题，这给发展中国家经济的发展带来了较为严重的社会和政治危机，阻碍了发展中国家经济的持续发展。

第六节　贸易发展战略的现实选择

一、选择贸易发展战略的原则

一国在选择贸易发展战略时，必须遵循以下几个原则，以使贸易发展战略能够更好地促进本国的经济发展。

（一）立足于提高国家竞争力

1. 国家竞争力的含义

国家竞争力，是指一国产业在与其他国家生产者进行公开竞争时的创新与升级能力，即以竞争优势表现出来的该国产业获得较高生产力水平并使之持续提高的能力。以国家竞争力为基准制定贸易发展战略，有利于利用对外贸易促使国民经济发展，打破瓶颈进入良性循环，这对发展中国家来说尤其重要。如果贸易发展战略的实施提高了国家竞争力，推动了本国产业的创新与升级，本国产品在世界市场上就有竞争优势，进而促使贸易结构高级化，从而带动经济结构的不断优化，促进经济的长期发展。可见，贸易发展战略选择的关键不在于采取进口替代战略还是出口导向战略，而在于战略的选择能否提高国家竞争力，从而推动产业创新和升级，促进经济发展进入良性循环。

2. 制造业国际竞争力的三种状态及相应的贸易战略

为了说明国家竞争力对制定贸易发展战略的基准作用，这里用制造业产值比重与其产品的出口比重之比，来衡量工业制成品的国际竞争力，用公式表示就是：

$$C = M/E$$

其中，C 为制造业的比较国际竞争力，M 为制造业产值比重，E 为制造业出口比重。根据 M 与 E 的各自变动及相互结合，可以得出制造业国际竞争力的三种状态以及应采取的贸易战略：

（1）$M>E$ 或 $C>1$ 的状态。这种情况意味着国内市场需求较大，与其他国家同类产品的生产过程相比较，该国工业制成品还不具备竞争优势，难以外销。这时该国应采用必要的贸易保护政策，减少国内制造业所面临的进口品的竞争，贸易发展战略相应为内向型进口替代战略。

（2）$M=E$ 或 $C=1$ 的状态。这是一种产值比重与出口比重相对称的状态，它表明制造业生产能力的扩大，其产品的国内市场需求相对饱和，国际市场的竞争力不断增强。此时该国应降低贸易保护程度，减少对进口的限制，促进制成品出口参与国际竞争，其贸易发展战略属于出口导向战略的初期阶段。

（3）$M<E$ 或 $C<1$ 的状态。这说明国内市场需求已经饱和，该国的这类产品在国际市场上有明显的竞争优势，因而其出口比重会大于其产值。在这种状态下，该国进入出口导向战略的中后期阶段，产品可以全面参与国际竞争。

理论研究和实证分析都表明，只有从竞争力优势出发制定的外贸战略和政策，才既能体现参加自由竞争的自由贸易政策的要求，又能包含必要的保护贸易的实施，既能保护幼稚工业，又不保护落后。从竞争力优势出发制定的对外贸易发展战略，不是片面强调出口导向或进口替代，而是使这两种外贸发展战略紧密结合起来，兼容二者的优点，避开二者的缺点，可以真正使经济发展进入良性循环。

（二）静态利益和动态利益相结合，以动态利益为主

制定贸易发展战略时，不仅要能获得静态贸易利益，更要着重于国际贸易的动态利益，要注重通过国际贸易参与国际分工，引进新的生产要素，刺激国内的技术创新，从而促进本国生产效率和生产能力的提高，由此获得长远的发展利益。

（三）符合国际惯例

随着国际分工的深化和世界经济联系的加强，当今几乎每个国家都被纳入世界经济体系中。因此，一国制定贸易发展战略时必须适应国际环境，借助贸易战略发展本国经济的措施需要符合国际惯例，"孤立主义"或损人利己的做法是行不通的。即贸易战略的制定

必须放在开放的背景下,过去借助严格保护来发展国内经济的环境已不复存在。例如,一个发展中国家如果想通过关税保护来发展本国的进口替代工业,则其关税率的制定不可能像李斯特保护贸易理论中所说的,以本国经济所处的发展阶段为依据,而要以同等发展水平国家的一般税率为标准。否则,就会遭到别国的报复,贸易战略必将难以贯彻。

此外,维护国内经济的平稳发展、捍卫国家的独立自主等,都是一国制定贸易战略时需要坚持的原则。

二、影响贸易发展战略的因素

选择贸易发展战略时,除了要坚持上述几个原则外,还要考虑以下因素:

(一) 国内因素

在影响贸易战略选择的因素中,起决定作用的是国内经济情况。它主要包括以下几个方面:

1. 经济发展水平

经济发展水平的衡量指标有两种:一种是纵向指标,是指一国经济所处的发展阶段;另一种是横向指标,即以人均 GNP 等指标与其他国家相比,本国在世界经济中所处的地位。毫无疑问,如果一国在经济发展阶段序列中越靠前,在世界经济中地位越落后,则其经济发展水平越低,国际竞争力也越弱。它所面临的主要任务是建立健全国内工业体系和产业体系,提高国内供给水平。因而比较可行的初始贸易战略是发展资本技术含量较低的劳动密集型进口替代产业,而无法选择出口替代战略。相反地,一些经济发展水平很高的国家则可以发展具有较强国际竞争力的资本技术密集型的出口替代产业,而绝不可能发展进口替代产业。至于那些中等发达国家,则可能一方面发展进口替代产业,以提高这些产业的国际竞争力,另一方面可以发展已具备国际竞争力的出口替代产业,实行所谓的平衡发展战略,保持进出口的基本平衡。

2. 经济发展规模

这里的经济规模不是规模经济概念,而是指钱纳里等发展经济学家以一国的疆域、人口等作为衡量指标的一国经济规模的大小。

小国经济,就是指国家疆域狭小、人口较少条件下的经济。这种经济比较容易受到外部市场和国际资金流动的影响,可以借助于对外经济联系来求得本国的经济增长。一般地,在小国的经济发展初期,可实行进口替代战略。等经济发展到一定水平,具备一定的国际竞争力以后,可以迅速转向出口替代战略,而跳过平衡发展阶段。

大国经济则由于地域广阔,人口众多,国内市场容量大,因而经济发展的动力主要来自国内市场需求,初始贸易战略可相应地采取内向型的进口替代战略来建立较为齐全的国内经济体系(当然这一阶段也不排除一些出口替代产业的出现,但这主要是为了出口创汇以支持进口替代产业。这样的出口替代产业往往与国民经济的主导产业相偏离)。等经济发展到一定阶段后,大国经济可以实行平衡贸易战略,使进口替代产业和出口替代产业互相补充、互相支持。是否转入以出口替代为主的贸易战略则可视本国产品的国际竞争力、国内外的需求状况而定。

一般来说,在大国和小国的国民收入水平相当时,前者的出口专业化比重,无论是初级产品，还是制造业产品，都比后者低。美国经济学家梅基用对外贸易份额下降第一规律来概括大国经济与对外贸易份额的这种反比例关系：一国规模越大，其对外贸易份额在该国 GNP 中所占比重越小。

3. 供求状况

一个国家国内供给与需求状况与其贸易战略的制定具有很大关系。如果一国经济水平落后，资源比较贫乏或资源丰富但开发水平滞后，以致供给小于需求，这种短缺状况下的贸易战略一定是内需型的进口替代战略。相反，经济发展水平较高、国内供给大于需求的"过剩型"经济下的贸易发展战略一定是外向型的出口导向战略；至于介于二者之间的供需基本平衡条件下的贸易战略则可能是有进有出的平衡贸易战略。

4. 利益集团的影响

进口替代或者出口导向均需要以国家具体的外贸政策为指导，包括税收、投资政策、补贴等。这些政策均对国内既定的产业或利益集团形成影响。具有影响力尤其是政治影响力的利益集团会根据自身利益需要，反过来又对进口替代或出口导向政策施加影响。而利益集团的这种影响在小国会更加突出。假如一个国家跨国公司在经济生活中居于重要地位，它们必定要求政府采取外向型的贸易战略。

（二）国际因素

贸易战略选择还受到国际因素的影响，表现为以下几方面：

1. 其他国家贸易政策的制约

国际贸易具有相互性，一国的进出口在给本国带来贸易利益的同时，也会给别的国家造成影响；这种贸易可能增进双方的利益，也可能是此消彼长的。当一国的进出口给伙伴国带来不利的影响时，对方一定会运用某种贸易政策加以抑制。

2. 世界经济发展水平

一般来说，当世界经济发展水平普遍较低时，各国为本国产品寻找海外市场的压力较小，这时实行进口替代所面临的外部压力相应也低；而当世界经济发展水平普遍较高，众多国家都要为本国的剩余产品寻找国际市场时，某个国家实行进口替代的压力就比较大，会面临外部要求其开放市场的威胁。

3. 国际政治的影响

政治和经济是相生相伴的。一个政治上的大国与小国在实施本国贸易战略时抗御外国压力的能力之差异是不言而喻的。当然，决定一国国际政治地位高低的因素不只是国土的大小、人口的多寡，而是综合国力的强弱。

三、我国对外贸易战略的演变

改革开放以来，我国由一个近乎完全封闭的状态逐步融入世界经济，从一个微不足道的贸易小国发展成位居世界第一的贸易大国。对外贸易的辉煌成就与外贸战略的调整密不可分。

1. 1949—1978 年，极端的进口替代战略

这一时期，中华人民共和国刚刚成立，国内经过多年战争，百废待兴，国际上以美国

为首的资本主义国家对我国实行封锁。面对国内外严峻的形势，我国不得不采取独立自主、自力更生的发展战略来建立和发展自己的工业体系，同时，受苏联的影响，实行高度集中的计划经济体制。与此相对应，外贸发展战略是典型的封闭条件下的极端进口替代战略，外贸作用定位为"互通有无，调剂余缺"，旨在促进我国自力更生地进行工业化建设。

2. 1978—1992 年，进口替代向出口导向过渡的开放式保护战略

1978 年 12 月，中共十一届三中全会明确了改革开放的基本国策，一直到 1992 年我国都处在由严格的计划经济体制向市场经济体制转变的过程中，与此相对应，外贸战略是由进口替代向出口导向过渡的开放式保护战略。按照决策目标与改革性质，将这一阶段的对外贸易政策分为 1978—1987 年的改革初始期和 1988—1992 年的改革深化期两个阶段。改革初始期，整体上采取有条件的、动态的贸易保护措施，在对外开放的前提下，调动对外贸易部门的经营积极性，注重将"奖出"与"限入"相结合，实行有管制、开放型的贸易保护政策。此阶段改革的主要内容包括：改革高度集中的贸易体制，下放对外贸易经营权，由点到线、由线到面地增加对外贸易口岸，广开贸易渠道；在经济特区实行特殊的经济政策和管理体制，利用外资等。改革深化期，实行有自由化倾向的贸易保护政策，积极鼓励和扶持出口企业，采取外汇留成和复汇率制度，实行出口退税制度；实施较严格的进口产品限制政策，大力吸收外国直接投资等。

3. 1992—2001 年，自由化倾向明显的出口导向战略

1992 年 10 月，中共十四大提出：继续深化对外贸易体制改革，尽快建立符合国际贸易规范的新型外贸体制，以适应社会主义市场经济的发展。因此，这一阶段中国外贸改革的主要内容包括：调整关税政策、减少和规范非关税措施、完善涉外法律法规以促进进口；放开外贸经营权，向具备条件的国有大中型企业、科研院所和商业物资企业加快授予外贸经营权；开放服务贸易，深化服务业改革；调整汇率与国际并轨，1994 年实行以市场供求为基础、单一的、有管理的浮动汇率制度，实行人民币经常项目下有条件的可兑换等。对外贸易迅速增长，外贸结构不断优化，资本和技术密集型产品出口逐步替代劳动和资源密集型产品出口，外商投资企业在中国外贸主体中的地位不断提升，并逐渐居于主导地位，加工贸易开始成为中国主要的贸易方式。

4. 2001—2008 年，向贸易大国转变的全方位对外开放战略

2001 年，中国加入 WTO 标志着中国进入了全方位对外开放的新阶段，同时也开启了全面参与经济全球化、充分利用"两个市场，两种资源"的新时期。中国入世后，持续深入地改革和完善各项进出口管理法律框架和制度，以适应新的发展形势，不断适应 WTO 的规则和要求。2003 年 7 月，国家颁布实施了新修订的《中华人民共和国对外贸易法》，初步确立了外贸管理的三级法律框架体系；2004 年 7 月，以经营登记备案制取代了原来的外贸经营权审批制；2005 年 1 月 1 日起，中国取消了入世承诺中不允许使用的所有非关税措施，到 2017 年，关税水平已由入世前的 15.3% 降至 9.9%；同时，对服务贸易 75% 的领域做了具体的开放承诺，在 160 个分领域中承诺开放了 102 个，远远高于一般发展中国家的承诺水平；在知识产权保护方面，知识产权立法已经达到 WTO 所要求的保护标准。这一阶段中国外贸体制的显著特征是，既遵守国际贸易规范和市场经济的要求，又符合中国国情和特点，改革外贸政策体系，使其不断与国际贸易体制接轨，为中国外贸发展创造了良好的环境，因此得以成功应对入世后过渡期的各种挑战，2001—2008 年中国进出口贸

易年均增速达 25.96%，其中出口年均增速 27.16%，进口年均增速 24.55%。自 2001 年开始，中国外贸顺差逐年扩大，至 2008 年已达到 2 981.31 亿美元，2009 年出口居世界第一，确立了世界贸易大国地位。

5. 2009 年迄今，深度参与全球经济治理的全新开放战略

2008 年 9 月爆发的金融危机改变了世界经济格局。全球经济增速放缓，贸易保护主义抬头，同时国内劳动力、环境、资源等低成本要素价格大幅度上升，能够支撑过去高速增长的条件弱化或消失，中国外贸进入了从"提速增量"的成长期向"提质增效"的成熟期过渡的关键阶段，开始推进"贸易强国建设战略"，核心是推进贸易模式从粗放型经营向质量提高转变，并提升中国在全球价值链分工中的地位。为此，首先，中国实施了更加主动的自由贸易区战略，不断推动开放透明的区域自由贸易安排；其次，通过"一带一路"及亚投行作为中国深度参与全球经济治理的有效途径，以推进中国及沿线国家共同发展以及"人类命运共同体"建设；最后，建立自由贸易试验区作为在新时期主动扩大开放的重要举措，通过承担先行试验的任务、实施更加开放的政策措施，为中国参与双边与区域经贸合作积累经验，为外贸转型升级注入了新的活力。

综上所述，我国对外贸易战略从极端进口替代到一般进口替代再到出口导向再到全方位对外开放，每一步都是根据现实国情和外贸发展状况做出的适时调整，是实现外贸可持续和良性发展的根本保证，说明我国执政党——中国共产党不但具有与时俱进的能力，而且体现了制定战略时的睿智和成熟，是世界上少有的改革非常成功的国家。

本章核心概念

国际贸易政策（International Trade Policy），自由贸易政策（Free Trade Policy），保护贸易政策（Protective Trade Policy），超保护贸易政策（Ultra-protective Trade Policy），战略性贸易政策（Strategic Trade Policy），管理贸易政策（Manage Trade Policy），进口替代战略（Import Substitution Strategy），出口导向战略（Export-oriented Strategy），国家竞争力（National Competitiveness）。

复习思考题

1. 简述国际贸易政策历史演变及其原因。
2. 简述超保护贸易政策的特点。
3. 简述 20 世纪 70 年代新贸易保护主义的特点。
4. 简述进口替代战略的内涵，分析其优缺点。
5. 何为出口导向战略？分析其优缺点。
6. 简述选择贸易发展战略的原则及其影响因素。
7. 分析我国为什么要走向对外开放。

参考文献

1. 盛斌. 国际贸易政策的政治经济学: 理论与经验方法 [J]. 国际政治研究, 2006 (2): 73-94.
2. 严建苗. 国际贸易政策的政治经济学分析 [J]. 经济学动态, 2002 (5): 65-68.
3. 王厚双. 国际贸易政策呈周期性变化的原因探讨 [J]. 国际经贸探索, 2003 (1): 13-18.
4. 刘志彪. 国际贸易政策研究的新成果 [J]. 中国社会科学, 1995 (3): 203-205.
5. 张二震. 国际贸易政策理论的比较研究 [J]. 江苏社会科学, 1993 (3): 16-21.
6. 佟家栋, 王艳. 国际贸易政策的发展、演变及其启示 [J]. 南开学报, 2002 (5): 54-61.
7. 吴云翔, 叶明华. 从自由贸易走向公平贸易: 80年代美国贸易政策转向及其原因 [J]. 求实, 2003 (S2): 120-121.
8. 朱颖. 20 世纪 80 年代以来美国对外经济政策的五大变化 [J]. 世界贸易组织动态与研究, 2008 (9): 25-32, 39.
9. 丁扬, 张二震. 从战略性贸易政策到全球竞争政策 [J]. 经济学动态, 1999 (7): 50-54.
10. 李向阳. 全球竞争政策和竞争方式的发展方向 [J]. 经济研究参考, 2001 (15): 42.
11. 高怀民. 进口替代战略和出口导向战略之比较 [J]. 中共太原市委党校学报, 2006 (2): 119-120.
12. 范爱军, 路颖. 进口替代战略的理论与实证缺陷 [J]. 国际贸易问题, 1997 (12): 1-5.
13. 马小林. 选择"进口替代战略"还是"出口导向战略": 兼与李军鹏同志商榷 [J]. 中国改革, 1995 (6).
14. 房建国. 拉美进口替代战略的实施、问题和启示 [J]. 湖北第二师范学院学报, 2012 (10): 85-87.
15. 夏友富. 进口替代战略与出口替代战略的系统理论研究 [J]. 对外经济贸易大学学报, 1990 (5): 13-19.
16. 黄烨菁. 从出口导向战略到融入经济全球化战略: 经济全球化条件下发展中国家发展战略的转型 [J]. 世界经济研究, 2002 (1): 13-18.
17. 赵应宗. 对我国出口导向战略定位的新思考: 兼析东南亚金融危机的借鉴作用 [J]. 国际经贸探索, 1999 (1).
18. 江小涓. 中国开放 30 年: 增长、结构与体制变迁 [M]. 北京: 人民出版社, 2008.
19. 祖强, 刘海明. 改革开放 30 年来中国加工贸易发展与 FDI 效应及开放度效应的协整分析 [J]. 国际贸易问题, 2009 (1): 19-23.
20. 张曙霄, 焦百强. 中国外汇储备、贸易结构与出口导向战略 [J]. 社会科学战线, 2009 (9): 75-84.

21. 刘兵权，彭菲娅.超额外汇储备、贸易结构与产业结构升级［J］.国际贸易问题，2008（7）：94-101.

22. 杨春立，于明.生产性服务与制造业价值链变化的分析［J］.计算机集成制造系统，2008（1）：153-159.

23. 沈玉良，高耀松.我国加工贸易发展中的几个理论问题［J］.国际贸易，2009（8）：9-14.

24. 陶涛.金融危机对中国加工贸易转型升级的影响［J］.国际经济评论，2009（2）：20-23.

25. 张建中，梁珊.后危机时代中国对外贸易发展趋势及其政策措施［J］.云南财经大学学报，2011（6）：43-48.

26. 毛其淋.改革开放30年我国外贸出口与经济增长：基于外贸体制改革的视角［J］.兰州商学院学报，2009（6）：39-44.

27. 魏磊，蔡春林.后危机时代我国外贸发展方式转变的方向与路径［J］.国际经贸探索，2011（2）：13-20.

28. 李钢.后危机时代中国外贸政策的战略性调整与体制机制创新［J］.国际贸易，2010（3）：4-10.

29. 李钢，白明，李俊，等.后危机时代中国外贸发展战略之抉择［J］.国际贸易，2010（1）：4-11.

第九章 关 税

> **本章重点问题**
>
> 最惠国待遇税,普惠税,最优关税,反倾销税,反补贴税,有效保护率,外汇倾销,出口管制。

前面讲的国际贸易理论都是从理论上论述一个国家在开展国际贸易的时候应该如何做才能使两国获得贸易利益,但是具体到现实中,一个国家要考虑自身的利益,考虑在对外贸易活动中如何采取干预手段使本国利益最大化,这就是国际贸易政策措施,国际贸易政策措施主要分为两大类:关税和非关税壁垒。

这一章中,我们将讨论关税的定义和种类、征收和海关税则,研究关税的经济效应和关税的有效保护率,并讨论鼓励出口和限制出口的措施。

第一节 关税的定义和种类

一、关税的含义及作用

1. 关税的定义

关税(Tariff)是指进出口商品经过一国关境时,政府对进出口商品所征收的一种税。

2. 关税的特点

关税是间接税,由进出口商支付,最终由消费者负担;税收主体是本国进出口商人;税收客体是进出口商品;征税机构是海关。其具有强制性、无偿性和固定性等特点。

3. 关税的作用

征收关税有以下作用:保护国内市场;保护本国幼稚工业;调节产业结构;调节国际收支差额;增加政府收入。

二、关税的种类

(一) 按征收对象不同可以分为进口税、出口税和过境税

1. 进口税

进口税是指进口外国商品时,向本国进口商征收的一种关税。它通常是在外国商品进入关境或国境时征收,或者在外国商品从海关保税仓库提出进入国内市场时征收。

征收进口税的目的是提高进口商品的成本和价格,从而削弱进口商品的竞争能力。在具体征收时,不是对所有进口商品都征收高额进口关税,而是根据本国的利益决定其税率的高低。一般地,对工业制成品的进口征收高关税,对半制成品的进口征收较高关税,对原材料和能源的进口征收低关税,甚至免税。

2. 出口税

出口税是指本国商品出口时,向本国出口商征收的一种关税。由于征收出口关税,势必增加出口商的负担,从而提高出口产品在国外市场的销售价格,削弱其在国外市场的竞争能力,不利于扩大出口。因此,各国出于鼓励出口的目的,一般都不征收出口税。一些发展中国家不同程度地征收出口税,其目的是增加财政收入,或者是保护本国产品生产,又或者是保障本国重要原料的供应。

3. 过境税

过境税又叫通过税,是指外国商品通过本国国境或者关境时所征收的一种关税。由于征收过境税会增加商品的负担,影响国际贸易的进行,尤其是在交通运输条件大为改进以后,征收过境税只会使进出口商选择更方便的运输线路。因此,现在绝大多数国家都不征收过境税,只收取少量的过境费用。

(二) 按征收目的不同可以分为财政关税和保护关税

1. 财政关税

财政关税又称收入关税,是以增加国家财政收入为主要目的而课征的关税。财政关税的税率比保护关税低,因为过高就会阻碍进出口贸易的发展,达不到增加财政收入的目的。随着世界经济的发展,财政关税的意义逐渐减小,并被保护关税所代替。

2. 保护关税

保护关税是以保护本国经济发展为主要目的而课征的关税。保护关税主要是进口税,税率较高。通过征收高额进口税,使进口商品成本较高,从而削弱它在进口国市场的竞争能力,甚至阻碍其进口,以达到保护本国经济发展的目的。保护关税是实现一个国家对外贸易政策的重要措施之一。

(三) 按待遇等级不同可以分为普通税、最惠国待遇税、普惠税、协定税、特惠税、进口附加税(反补贴税、反倾销税)、差价税

1. 普通税(Normal Tariff)

税率最高,一般适用于在没有签订贸易协定的国家之间进出口商品。

2. 最惠国待遇税（Most Favored Nation Rate of Duty，MFNT）

正常的关税，适用于签订有最惠国待遇条款的贸易协定的国家，一般邦交国家之间都是按这种税率征税。它既适用于双边贸易条约，也适用于多边贸易条约，WTO 成员方之间都实行这种税率。例如，2016 年我国海关规定进口卫生巾（护垫）及止血塞（税则号列 96190020），最惠国税率为 10%，普通税率为 80%。

3. 普惠税（Generalized System of Preferences Tariff，GSP）

普惠税是指发达国家对从发展中国家或地区输入的商品，特别是制成品和半制成品，给予普遍的、非歧视的和非互惠的优惠关税，以增加发展中国家的外汇收入，促进其工业化和经济增长。普惠制的原则是普遍的、非歧视的、非互惠的。普遍的是指发展中国家的所有商品出口都应该享受普惠制待遇；非歧视的是指所有发展中国家都应该享受普惠制待遇，不得被歧视；非互惠的是指发达国家单方面给予发展中国家的，不需要发展中国家提供反向的优惠。但是，在实践中发达国家没有完全贯彻这些原则，对普惠制做了种种限制性规定：

第一，对受惠国家和地区的规定。按照非歧视原则，所有发展中国家都应该享受普惠制待遇，实际上发达国家按照与发展中国家关系的亲疏远近而决定给予普惠制的多少，关系好的多给一些，关系差的自然少给一些甚至一点不给。

第二，对受惠商品范围的规定。按照普遍的原则，发展中国家的所有商品出口都应该享受普惠制待遇。实际上发达国家对发展中国家受惠商品范围做出限制，对发展中国家出口潜力大的、竞争力强的商品限制较多，而对竞争力弱的、没有出口潜力的则慷慨给予，既要了面子，又没有失里子。

第三，对受惠商品减税幅度的规定。减税幅度取决于最惠国税率和普惠制税率之间的差额，一般来说，农产品减税幅度小，工业品减税幅度大，少数敏感性商品被排除在外。

第四，对给惠国保护措施的规定。包括以下几方面：

（1）免责条款：又称例外条款，是指受惠国产品的进口量增加到对其本国同类产品或有直接竞争关系的产品的生产者造成或即将造成严重损害时，给惠国保留对该产品完全取消或部分取消关税优惠待遇的权利。

（2）预定限额：是指预先规定在一定时期内对某项受惠产品的关税优惠进口限额，对超过限额的进口则按规定征收最惠国税率。

（3）竞争需要标准：又称竞争需要排除，美国规定在一个日历年度里，对来自受惠国的某项进口产品，如超过竞争需要限额或超过美国进口该项产品总额的一半，则取消下一年度该受惠国或地区该项产品的关税优惠待遇。

（4）毕业条款：按适用范围不同，分为"产品毕业"和"国家毕业"，前者指当受惠国的某项产品显示出较强的竞争力时，则取消该产品的关税优惠待遇，欧盟采用；后者指当受惠国的经济发展到较高程度，使之在世界市场上显示出较强的竞争力时，则取消该受惠国的资格，美国采用。20 世纪 90 年代，美国认为"亚洲四小龙"已经从发展中国家或地区"毕业"了，达到发达国家水平了，便取消了"亚洲四小龙"享受普惠制待遇的资格。

第五，对原产地的规定。为了使普惠制待遇真正让受惠的国家享受，防止别的国家钻"空子"，给惠国对产品原产地做出规定，包括原产地标准、直接运输规则和原产地证明。

原产地标准有两种：完全原产的产品和含有进口成分的产品。完全原产的产品（完全用受惠国的原材料、零部件生产的产品）才有资格享受普惠制待遇；如果含有进口成分的产品，必须满足使进口成分发生"实质性改变"的条件，才有资格享受。衡量"实质性改变"的标准有两种：加工标准和增值标准。加工标准一般规定进口原料或零部件的税则税号和利用这些原料或零部件加工后的制成品税则税号不同，其发生了实质性变化，欧盟、日本采用；增值标准，又称百分率标准，是指用进口成分或本国成分占制成品价值的百分比来确定其是否达到实质性变化的标准，澳大利亚、新西兰、加拿大、美国等采用。

直接运输规则：受惠产品必须从受惠国直接运往给惠国，如果由于客观原因需要经第三国中转，必须置于海关的全程监管之下。

原产地证明：受惠产品必须提供官方授权机构签发的原产地证明，否则不得享受。我国可以提供原产地证明的机构是中国国际贸易促进委员会。

4. 协定税（Agreement Tariff）

协定税税率是一国根据其与别国签订的贸易条约或协定而制定的关税税率。随着我国与别国签订的贸易协定越来越多，适用协定税率的商品范围也越来越广。例如辐射式空间加热器（税则号列85162920），2016年我国普通税率为100%，最惠国税税率为10%，协定税税率（对东盟、中国香港和中国澳门）为0。

5. 特惠税

特惠税（Preferential Duty）全称为特定优惠关税。它是指对从特定国家或地区进口的全部商品或部分商品，给予特别优惠的低关税或零关税待遇，其税率低于最惠国税率。特惠税一般在签订了友好协定、贸易协定等国际协定或条约的国家之间来实施。任何第三国不得根据最惠国待遇条款要求享受这一优惠待遇。特惠税有的是互惠的，有的是非互惠的（单向的）。

（1）互惠的特惠税不一定是对等的相同税率。互惠的特惠税主要是区域贸易协定或双边自由贸易协定成员间根据协定实行的特惠税。如欧盟成员之间、北美自由贸易协定成员之间、中国与东盟国家之间实行的特惠税均属于这一类型。

（2）非互惠的特惠税。目前在国际上影响最大的非互惠特惠税是洛美协定（Lome Convention）。它是欧洲共同市场（现为欧盟）向参加洛美协定的非洲、加勒比海和太平洋地区的发展中国家单方面提供的特惠税。洛美协定关于特惠税方面的规定主要有：欧洲共同市场国家将在免税、不限量的条件下，接受这些发展中国家全部工业品和96%农产品进入欧洲共同市场，而不要求这些发展中国家给予"反向优惠"。又如，中国为扩大从非洲国家的进口，促进中非双边贸易的进一步发展，自2005年1月1日起，对贝宁、布隆迪、赞比亚等非洲25个最不发达国家的部分输华产品给予特惠关税待遇，对涉及水产品、农产品、药材、石材石料、矿产品、皮革、钻石等十多个大类的190种商品免征关税，其中宝石或半宝石制品的关税由35%降至0。

6. 进口附加税（Import Surcharge）

进口附加税是指在征收了正常的进口关税之外，对进口商品再加征的一种附加税。通常把前者称为正税，后者称为进口附加税。征收进口附加税通常是为了限制商品进口和倾销，或者是为了应对国际收支困难，或者是对某国实行歧视性贸易政策。目前一般认可的进口附加税有五种表现形式，即反倾销税、反补贴税、紧急关税、惩罚关税和报复关税，其中最主要的是反倾销税和反补贴税。

进口附加税可以对所有进口商品征收，也可以对个别商品或者个别国家征收。进口附加税的形式主要有反补贴税和反倾销税。

（1）反补贴税。

反补贴税（Countervailing Duty）是指为抵消进口商品在制造、生产或输出时直接或间接接受的任何奖金或补贴而征收的一种进口附加税，又称抵销关税，是差别关税的一种重要形式。

反补贴税最早出现于19世纪末，1897年欧洲几个国家对精制甜菜砂糖给予了高额的出口补贴，出口量大增，使其他国家甘蔗砂糖的销售受到很大损失。英国首先声称对其进口糖征收重税，美国随后做出了对从这些国家进口的精制糖另外征收与出口补贴额相等关税的决定，以后印度等国也加以效仿。

反补贴税的目的在于抵消国外竞争者得到奖励和补贴产生的影响，使其他国家补贴的产品不能在进口国市场上进行低价竞争或倾销，以保护进口国同类商品的生产商。在关贸总协定"乌拉圭回合"多边贸易谈判中达成了"补贴与反补贴措施协议"，WTO将补贴分为三种：禁止使用的补贴、可申诉的补贴和不可申诉的补贴。禁止的补贴是指"在法律上或事实上仅向出口活动，或作为多种条件之一而向出口活动提供的有条件的补贴；在法律上或事实上仅向使用本国产品以替代进口，或作为多种条件之一向使用本国产品以替代进口而提供的有条件的补贴"。所谓可申诉的补贴措施，是指在一定范围内允许实施，但如果在实施过程中对其他成员方的经济贸易利益造成了严重损害，或产生了严重的歧视性影响时，则受到损害和歧视影响的成员方可对其补贴措施提出申诉。所谓不可申诉的补贴，是指各成员方在实施这类补贴时，一般不受其他成员方的反对或因此而采取反补贴措施。

补贴还分为直接补贴和间接补贴。直接补贴是指直接付给出口商的现金补贴，间接补贴是指政府对出口商品给予财政上的优惠。这种奖励和补贴包括对出口国制造商直接进行现金支付以刺激出口，对出口商品进行关税减免，对出口项目提供低成本资金融通或类似的物质补助。

征收反补贴税必须具备三个条件：要有补贴的事实存在，即出口成员国对进口产品直接或间接地给予补贴的事实；要有损害的结果，即对进口国国内相关产业造成损害或损害威胁，或严重阻碍进口国某相关产业的建立；要有因果关系，即补贴与损害之间有因果关系存在。只有同时具备上述三个条件，成员国才能征收反补贴税。

（2）反倾销税。

反倾销税（Anti-dumping Duty）是对实行倾销的外国商品所征收的一种进口附加税，其目的在于抵制商品倾销，保护本国产业和国内市场。

倾销就是将一国产品以低于正常价格的办法挤入另一国市场内的行动。正常价格是指相同产品在出口国用于国内消费时在正常情况下的可比价格（批发价格）；如果没有这种国内价格，则是相同产品在正常贸易情况下向第三国出口的最高可比价格，或是结构价格，即产品在原产国的生产成本加合理的费用和利润。以上价格只能依次选用，只有缺少前一种价格时才能选用后面的价格。另外，对于非市场经济的国家，则可采用类似国家即替代国家的同类产品价格作为正常价格。根据美国国会问责局的测算，被认定为市场经济的国家所适用的反倾销税率明显低于非市场经济国家。一般来说，美国对我国（非市场经济国家）的反倾销税平均税率是98%，而对市场经济国家的平均税率为37%。2018年以来，美国做出18项涉及我国产品的裁决，其中14项税率都在100%以上。美国对市场经济国家提出了六项要求：①货币可自由兑换；②劳资双方可进行工资谈判；③设立合资企业或外资企业的自由度；④政府对生产方式的所有和控制程度；⑤政府对资源分配、企业产出和价格决策的控制程度；⑥商业部认为合适的其他判断因素。欧盟市场经济待遇有五条标准：①市场经济决定价格、成本、投入等；②企业有符合国际财会标准的基础会计账簿；③企业生产成本与金融状况不受非市场经济体制的扭曲，企业有向国外转移利润或资本、决定出口价格和数量等自由；④破产法及资产法适用于企业；⑤汇率变化由市场供求决定。

倾销分为偶然性倾销、掠夺性倾销和长期性倾销。偶然性倾销（Sporadic Dumping）指销售旺季已过或转产，企业以低于成本的价格抛售库存或过剩商品；掠夺性倾销（Predatory Dumping）指为了侵占和垄断特定市场，企业以低于成本的价格销售商品，以便打垮竞争对手，在垄断进口国市场后再提高价格；长期性倾销（Persistent Dumping）指企业一贯以低于国内市场的价格向国外销售商品，依靠国内市场或者第三国市场的利润补贴该进口国市场的亏损，以达到占有该国市场的目的。

征收反倾销税必须符合下列要求：倾销事实存在；倾销对该国工业造成严重损害或严重损害威胁；严重损害是倾销所致，二者存在因果关系。征收反补贴税和反倾销税不得超过补贴数额和倾销幅度；二者不得同时征收；征收期限最长不得超过5年，称为"日落条款"。

7. 差价税

差价税（Variable Levy）是进口国按照其国内市场和国际市场的价格差额对进口商品征收的关税。当某种商品在征收了进口关税后仍然低于进口国国内价格时，为了削弱进口商品的竞争能力，保护国内生产厂商和国内产品市场，进口国按照国内价格和进口价格之间的差额征收关税。

差价税有的是正税，有的是进口附加税，它是一种滑动关税。一个典型的例子是欧共体国家对农产品进口征收的关税。欧共体成立后为促进本地区农业的发展和保护农场主的利益，实施共同的农业政策，制定了农产品的目标价格，作为干预农产品市场标准，目标价格高于世界市场价格。为了免受外来低价农产品的冲击，欧共体对进口农产品征收差价税。具体做法是：用目标价格减去从内地中心市场到主要进口港的运费，确定可以接受的最低进口价格，称为门槛价格（Threshold Price）。然后计算农产品从世界主要市场运至欧共体主要进口港的成本加运费加保费价（CIF），通过比较确定差价税的征收幅度。差价税=门槛价格-CIF。

国贸博览 9-1

第二节 关税的征收和海关税则

一、关税征收标准

1. 从量税（Specific Duty）

从量税是按照商品的重量、数量、容量、长度和面积等计量单位为标准计征的关税，其中重量是较为普遍采用的计量单位。

从量税额计算的公式是：税额=商品的数量×每单位从量税。

征收从量税的优点：课税标准一定，计税手续较为简便；对廉价进口商品抑制作用较大；当商品价格下降时，其保护作用加强。

征收从量税的缺点：税负不合理，同种类的货物不论等级高低，均课以同税率的关税，使课税有失公平；对质优价高的商品，其保护作用相对减弱；当商品价格上涨时，税额不能随之变动，使税收相对减少，保护作用下降。

2. 从价税（Ad Valorem Duty）

从价税按商品的价格为标准计征的关税，保护效果不随价格变化而变化；从价是各国征税时通用的一个原则，即征税时按商品价格的一定百分比确定税额，商品价格高，税额负担重，商品价格低，税额负担轻。从价税是与"从量原则"相对应的。

征收从价税的优点：税负合理。按货物的品质、价值等级比率课税，品质佳、价值高者，纳税较多，反之则较少；税负公平。物价上涨时，税款相应增加，财政收入和保护作用均不受影响；税率明确，便于比较各国税率；征收方式简单。对于同种商品，可以不必因其品质的不同，再详细分类。

征收从价税的缺点：完税价格不易掌握，征税手续复杂；通关不易；调节作用弱，保护性不强；商品价格下跌时，会减少关税收入，特别是在估定货物完税价格时，各国海关做法不一，阻碍了国际贸易的发展。为此，WTO 在乌拉圭回合谈判中达成《海关估价协议》，适用于商业意义上正常进口的货物，不包括倾销或补贴货物的进口、非商业性进口（包括旅客携带入境物品和行李、邮递物品等）、非直接进口（主要指暂时进口的货物、退运货物、运输中损坏的货物等）。该协议规定计税价格要以实际价格为依据，实际价格是在特定时间和地点，处于充分竞争的正常贸易条件下进口商品或类似商品的成交价格。具体确定成交价格依次采用以下方法：

（1）同样商品价格，即以该种商品的同样商品成交价格为依据。

（2）同类商品价格，即以该种商品的同类商品成交价格为依据。

（3）扣除法，以该种进口商品在进口国国内的销售价格为依据，扣除税费和合理利润后得出的成交价格。

（4）计算价格，以制造该种商品的成本、运费及保险费为基础估算的成交价格。

（5）合理方法，如果以上方法都无法使用时，海关可根据自己认为合理的方法估算成交价格。

3. 复合税（Compound Duty）

复合税又称混合税，是对某一进出口货物既征收从价税，又征收从量税，即采用从量税和从价税同时征收的一种方法。

复合税可以分为两种：一种是以从量税为主加征从价税；另一种是以从价税为主加征从量税。这种税制有利于为政府取得稳定可靠的财政收入，也有利于发挥各种税的不同调节功能。混合税率大多应用于耗用原材料较多的工业制成品。美国采用混合税较多，例如，它对提琴除征收每把 21 美元的从量税外，还加征 6.7% 的从价税。混合税兼有从价税和从量税的优点，增强了关税的保护程度，缺点是征收麻烦。

4. 选择税（Select Tariff）

选择税是指对同一物品同时定有从价税、从量税和混合税税率，征税时由海关选择征收，通常是按税额较高的一种征收，有时也会按照税额低的一种征收。选择税具有灵活性的特点，可以根据不同时期经济条件的变化、政府征税目的以及国别政策进行选择。选择税的缺点是征税标准经常变化，令出口国难以预知，容易引起争议。

二、关税征收依据

1. 海关税则

海关税则是一国对进出口商品计征关税的规章和对进出口应税与免税商品加以系统分类的一览表，它是关税制度的重要内容，是国家关税政策的具体体现。

海关税则一般包括两个部分：一部分是海关课征关税的规章条例及说明，另一部分是关税税率表。其中关税税率表主要包括：第一，税则号列；第二，商品分类目录；第三，税率。

2. 税则目录

最初海关税则中的商品分类，是各国根据自身需要和习惯编制的，由于商品的分类非常复杂，其中包含了商品本身和各国贸易政策方面等原因，使得各国海关统计资料缺乏可比性。为了减少各国海关在商品分类上的矛盾和不便，国际经济组织开始制定和完善国际通用的税则目录。

（1）《海关合作理事会税则商品分类目录》。

《海关合作理事会税则商品分类目录》（Customs Co-operation Council Nomenclature, CCCN）是1950年12月15日海关合作理事会在布鲁塞尔召开的国际会议上制定的公约，1953年9月11日生效，该公约最初被称为"布鲁塞尔税则目录"，于1975年正式改名为《海关合作理事会税则商品分类目录》。该目录的分类原则是按商品的原料组成为主，结合商品的加工程度、制造阶段和商品的最终用途来划分。它把全部商品共分为21类、99章、1 015项税目号。每个商品税则号由四位数组成。

（2）《国际贸易标准分类》。

1950年，出于贸易统计和研究的需要，联合国经过理事会下设的统计委员会编制并公布了《国际贸易标准分类》，并在1960年和1972年先后两次修订，1972年修订本将商品分为10类、63章、233组、786个分组、1 924个基本项目。由于是由联合国主持编制的，具有一定的权威性，全球有100多个国家采用。

（3）《商品名称及编码协调制度》（简称《协调制度》）。

两种商品分类目录在国际上同时并存，虽然制定了相互对照表，但仍给国际贸易带来很大的不便。为了更好地协调和统一这两种国际贸易分类体系，海关合作理事会于1970年成立协调制度委员会和由各国代表团组成的工作团，研究探讨建立一个同时能满足海关税则、进出口统计、运输和生产等各部门需要的商品名称和编码的"协调制度"目录。60多个国家和20多个国际组织参加了研究工作。经过十多年的努力，终于完成制定了一套新型的、系统的、多用途的国际贸易商品分类体系《商品名称及编码协调制度》（简称《协调制度》，HS），并于1988年1月1日正式生效实施。

《协调制度》基本上按商品的生产部类、自然属性、成分、用途、加工程度、制造阶段等进行编制，共有21类、97章、1 241个税目、5 019个子税目。每个商品税则号由六位数字组成。与《海关合作理事会税则商品分类目录》相比，《协调制度》使用更广泛，它不仅用于普惠制，还大量地用于航运业、国际经济分析及国际贸易中。1988年1月1日起至今,世界上包括欧盟、美国、加拿大、日本在内的绝大多数国家和地区都采用过《协调制度》。我国自 1992 年 1 月 1 日起也正式实施了《协调制度》。

3. 海关税则的种类

海关税则中的同一种商品,可以按一种税率征税,也可以按两种或两种以上税率征税。按照税率表的栏数,可以将海关税则分为单式税则和复式税则两类。

单式税则又称一栏税则,是指一个税目只有一个税率,即对来自任何国家的商品均按照同一税率征税,没有差别待遇。目前只有少数发展中国家(如委内瑞拉、巴拿马、冈比亚等)仍实行单式税则。

复式税则又称多栏税则,是指同一税目下设有两个或两个以上的税率,对来自不同国家的进口商品按照不同税率征税,实行差别待遇。其中普通税率是最高税率,特惠税率是最低税率,在二者之间,还有最惠国税率、协定税率、普惠制税率等。目前大多数国家都采用复式税则。

第三节 关税的经济效应

一、贸易小国的关税经济效应

1. 局部均衡分析

贸易小国是国际价格的接受者。考察关税对一个小国的经济效应和福利的影响,主要从图 9.1 体现出来。在图 9.1 中,S_X 是 X 产品的国内供给曲线,D_X 是 X 产品的国内需求曲线,那么 S_X 和 D_X 的交点 E 就是供需平衡点,此时 X 产品的国内需求正好等于国内供给,经济完全自给,无须进行贸易。S_F 是世界市场上 X 产品的价格,沿 S_F 的水平线实际上就是外国对该国的出口供给曲线。由于该国是小国,其市场需求量对外国出口商而言很小,因而存在对这一小国的无限出口供给,使该曲线呈现出水平状。在没有征收关税时,在世界价格 S_F 上,将有 AC 单位的 X 产品在国内生产,而在这一价格水平上,国内需求量却为 AB,供需缺口 BC 就需要通过从外国进口来填补。

现在该国政府决定对外国进口的 X 产品征收一定税率的进口关税。由于该国是小国,对世界价格没有影响力,世界价格不会因为该国征收关税造成的进口需求降低而有所下降,仍维持在原有 S_F 水平上,关税所带来的产品价格的提高全部都反映在了该国 X 产品的国内价格上,国内价格上升到 S_F+T,在这样一个价格水平上,国内生产受到鼓励,由 AC 提高到 GJ;而国内消费需求受到抑制,从 AB 下降到 GH,进口也由没有征税时的 BC 减少至征税后的 JH,表现出了关税对进口的抑制。

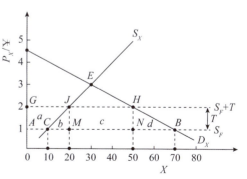

图 9.1 贸易小国关税的局部均衡效应

关税对一国经济福利的影响有哪些以及这种福利影响如何在各方进行分配呢?

对于消费者来说，在 S_F 的价格和 AB 的需求数量下，其消费者剩余是由 D_X 曲线以下和 S_F 价格线以上的面积来衡量。现在由于征收关税，在新的国内价格 S_F+T 水平上，消费者剩余现在为 D_X 曲线以下和 $SF+T$ 价格线以上的面积，所以由于征收关税，消费者剩余减少了 $(a+b+c+d)$ 的面积。同时，价格的提高刺激了国内产品的生产，保护了国内产品和市场。在 S_F 价格水平上，国内生产者必须和众多外国制造商竞争，其生产者剩余仅为 S_X 线以上 S_F 线以下的部分面积。而现在由于征税导致产品国内价格的提高，生产者剩余增加到 S_F+T 线以下 S_X 线以上部分，净增 a 部分的面积。所以 a 部分面积的收益只不过是收入的再分配而已，由消费者转移到生产者手中。对于该国政府，由于征收关税而获得了税收收入，其收益为进口数量乘以税率，也就是图中 c 部分的面积。这样，c 部分面积的收益也是消费者转移到政府的收入再分配。最后剩下的 b 和 d 部分虽然也是消费者损失，但其他人谁也没有得到，因而是社会福利的净损失。我们可以把上述关税的福利效应简要概括如下："－"号代表福利损失，"＋"号代表福利盈余。

消费者剩余减少：$-(a+b+c+d)$；生产者剩余增加：$+a$；

政府关税收入：$+c$；社会总福利的变化：$-(b+d)$。

分解 $-(b+d)$ 的社会福利净损失会发现，其中 b 部分是关税的生产影响，即在自由贸易下原先由高效率的国外生产商生产的产品，现在由于关税的保护作用转而由低效率的国内生产者供应所带来的效率损失。d 部分是关税的消费影响，即由于关税导致的国内价格提高而使消费者被迫减少产品消费所造成的消费损失。

2. 贸易小国关税的一般均衡分析

图 9.2 中给出一国的生产可能性曲线，在自由贸易条件下，该国的生产均衡点在国际贸易条件曲线与生产可能性曲线相切的 P_0 点，消费均衡点在 T_0 线与消费无差异曲线 I 相切的 C_0 点。显然，此时该国的贸易三角形是 C_0GP_0，即该国将出口数量为 P_0G 的 X 产品，进口数量为 C_0G 的 Y 产品。

当该国对 Y 产品征收进口税后，国内 Y 产品相对于 X 产品的价格高于国际市场上 Y 产品的相对价格，国内贸易条件曲线变为比国际贸易条件曲线 T_0 平直的曲线 T_1（表示用较多的 X 产品才能换等量的 Y 产品）。由于受到关税保护使 Y 产品的国内相对价格上升，X 产品国内相对价格下降，促使国内生产者把资源从 X

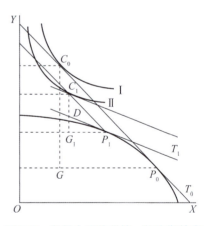

图 9.2　贸易小国关税的一般均衡效应

产品转向 Y 产品，直到生产 Y 产品的边际成本与 Y 产品的国内相对价格趋于一致，这种资源转移才会停止，新的生产均衡点在国内贸易条件曲线 T_1 与生产可能性曲线相切的切点 P_1 处。同时，由于国内价格的变化也使国内消费做出相应的调整，即增加价格相对下降的 X 产品的消费，减少价格相对上升的 Y 产品的消费，直到使两种商品的边际效用比率与国内相对价格趋于一致，也就是使国内贸易条件曲线 T_1 与消费无差异曲线 II 相切于 C_1 点，这 C_1 点就是新的消费均衡点。此时，受关税影响的新的贸易三角形由征税前的 C_0GP_0 变为 $C_1G_1P_1$，表示该国出口的 X 产品由征税前的 P_0G 变为 P_1G_1，进口的 Y 产品由征税前的 C_0G 变为 C_1G_1。也就是说，征收关税使国内 Y 产品供给增加与需求减少造成进口减少，并使

国内 X 产品供给减少与需求增加造成出口减少。

显然，从图9.2中可以看出，新的消费均衡点 C_1 所处的消费无差异曲线 Ⅱ 必然要比征税前的 C_0 点所处的消费无差异曲线 Ⅰ 要低，表示征收关税使本国的福利水平下降。从各个利益集团所受的影响来看，政府通过税收获得了 C_1D 价值的收入（以 Y 产品数量表示）。国内 X 产品的生产减少，减少的数量由 P_1 点到 P_0 点的水平距离表示，Y 产品的生产增加，增加的数量由 P_1 点到 P_0 点的垂直距离表示。因此，X 产品的生产者遭受到价格下降、产量减少的损失，Y 产品的生产者则获得了价格上升、产量增加的收益。另外，国内消费者减少了 Y 产品的消费（数量由 C_1 点到 C_0 的垂直距离表示），增加了 X 产品的消费（数量由 C_1 点到 C_0 点的水平距离表示），总的消费效用水平则下降了（由 C_1 点低于 C_0 点表示）。而且，这一消费均衡点 C_1 是在政府把所有税收都以某种形式返还消费者时才可能达到，否则，征收后的消费均衡点在 D 点，总的消费效用水平还要低。

二、贸易大国的关税经济效应

如果征收进口关税的国家为一个贸易大国，其进口贸易量足以影响国际市场价格，那么，征收进口关税后，不仅会使本国价格上升，还会因为进口商品的国内价格上升造成进口需求减少，从而使国际市场价格下降。

1. 贸易大国关税的局部均衡分析

如图9.3所示，S_H 和 D_H 是某商品本国需求与供给曲线。S_F 是该商品国外的供给曲线，S_{H+F} 是该商品的总供给。在自由贸易的条件下，由于国内市场均衡价格高于国外市场均衡价格，本国会从国外进口该种产品，直至两个市场的价格趋于均等，形成唯一的均衡价格 P_0。在这一均衡价格下，本国进口量为 BC，与国外出口量相等，满足供求平衡的均衡条件。

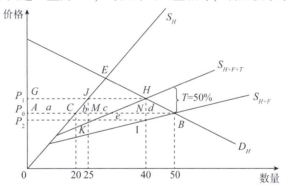

图9.3 贸易大国征收关税的局部均衡效应

当大国征收进口关税时，供给曲线为 S_{H+F+T}，国内价格上升为 P_1，由于征税必然导致进口数量的下降，减少对国际市场该商品的需求，使该商品国际市场的出口价格降低，在图9.3中表示为 P_2，这一部分的利益 e 以价格下降换取出口市场的方式转移给了进口国。消费者剩余减少了 $a+b+c+d$ 的面积，生产厂商获得 a 的面积，政府获得 $c+e$ 的面积，社会净福利损失为 $e-(b+d)$，与小国相比有了改善。同时，世界其他的出口国有相应的损失，整个世界净经济效应为负，说明大国征收关税在给自己改善福利的同时，给出口国和世界带来的都是福利净损失。我们用"−"号代表福利损失，"+"号代表福利盈余。

消费者剩余减少：$-(a+b+c+d)$；生产者剩余增加：$+a$；

政府关税收入：$+(c+e)$；社会总福利的变化：$e-(b+d)$。

2. 贸易大国关税的一般均衡分析

如图 9.4 所示，当一国为贸易大国时，对 Y 产品征收进口关税会使本国的对外贸易条件改善，即通过关税减少 Y 产品的进口需求，使国际市场上的 Y 产品相对价格曲线 T_0 变为 T_2（倾斜程度增加），而关税使国内相对价格曲线由自由贸易时的 T_0（与国际市场一致）变为 T_1（倾斜程度减少）。这样，新的消费均衡点 C_1 就有可能高于征税前的 C_0 点，表示福利水平有可能因征收关税而提高。其他方面的影响则基本与贸易小国的情况相似。

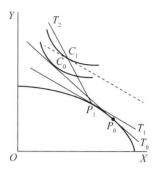

图 9.4 贸易大国关税的一般均衡效应

三、最优关税和报复关税

1. 最优关税

当大国征收关税后，其贸易量减少了，而贸易条件却改善了。一方面，由于该国贸易量的减少将减少该国的福利；而另一方面，贸易条件的改善，又会增加该国的福利。

最优关税（Optimum Tariff）是指这样一种税率，它使一国贸易条件的改善相对于其贸易量减少的负面影响的净所得最大化。即以自由贸易为起点，当一国提高其关税率时，其福利逐渐增加到最大值（最优关税率），然后当关税率超过最优关税率时，其福利又逐渐下降，最终这个国家又将通过禁止性关税回到自给自足的生产点。因此，一国如果在最优关税的税率水平上征收关税，将使本国的福利最大化。最优关税税率 $T=1/S_m$，其中 S_m 为进口供给弹性。

图 9.5 中，A、B 两国自由贸易条件下的提供曲线分别是 1 和 2，由两条提供曲线的交点 E 和原点的连线确定了自由贸易条件下的均衡贸易条件 P_W。当 A、B 两国征收进口关税时，两国的提供曲线分别向本国的进口产品轴方向移动，使国际交换比价变得对本国有利。

B 国的提供曲线逐步向本国的进口产品轴方向移动，使贸易条件逐步改善，同时，贸易量也不断减少。当 B 国的提供曲线移动到图中 2′ 时，提供曲线 2′ 与 A 国的提供曲线相交，表明两国的贸易条件线为 P_W'，同时，该国的无差异曲线 Ⅱ 与 A 国的提供曲线

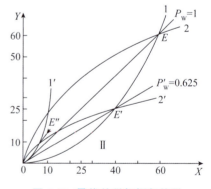

图 9.5 最优关税与报复关税

相切，表示这时 B 国贸易条件的变化使 B 国能够达到更高的无差异曲线，使 B 国由于其贸易条件的改善而增加的福利超过了由于贸易量的减少而减少的福利，这时的关税代表了 B 国通过征收关税能获得的最大福利，即最优关税。

2. 报复关税（Retaliatory Tariff）

然而，随着关税的征收，一国的贸易条件改善了，而其贸易伙伴的贸易条件却恶化了。因为他们的贸易条件变化与征税国是相反的。贸易伙伴面临着更低的贸易量和恶化的贸易条件，该国的福利无疑会下降，结果是贸易伙伴极有可能采取报复行动，也对自己的

进口产品征收最优关税。当贸易伙伴通过征收关税使贸易条件得到改善从而挽回大部分损失时，它的报复性关税无疑会进一步减少双方的贸易量。此时第一个国家也会采取报复行动，如果这个过程持续下去，最终的结果是所有国家都损失全部或大部分的贸易所得。

由于贸易条件恶化和更小的贸易量，A 国肯定要比在自由贸易下更糟糕。结果，A 国可能采取报复行动，也对其进口商品征收最优关税，如提供曲线 1′所示。提供曲线 1′和 2′使均衡点移至 E''。现在 A 国的贸易条件更加有利，而 B 国却要比征收最优关税时更差，但贸易量却大大减少。针对 A 国的行为，B 国也可能采取报复行动。最终两国贸易量越来越接近原点，意味着两国都独立生产，自给自足，使全部贸易所得都丧失了。

注意，即使当一国征收最优关税，其贸易伙伴并不采取报复行动时，征收关税国家的所得也要小于贸易伙伴所受的损失。这样，对整个世界而言，征收关税要比在自由贸易条件下总体福利水平下降。正是从这个意义上考虑，自由贸易是各国政府及世界贸易组织始终追求的目标。

四、关税结构和有效保护率

1. 有效保护率的概念

有效保护率的概念在 1955 年由加拿大经济学家巴勃（C. L. Barber）提出。

名义保护率也叫名义关税率，是指某种进口商品进入该国关境时，海关根据海关税则所征收的关税税率。在其他条件相同且不变的条件下，名义关税率越高，对本国同类产品的保护程度也越高。

有效保护率（Effective Rate of Protective）是指一国实行保护使本国某产业加工增值部分被提高的百分比。

名义保护率只考虑了关税对某种最终产品价格的影响，而不考虑对其投入材料的保护；有效保护率不但注意了关税对最终产品的价格影响，也注意了投入的原材料和中间产品由于征收关税而增加的成本。因此，有效保护率计算的是某项加工工业中受全部关税制度影响而产生的增值比率，是对一种产品的国内外加工增值差额与其国内增值部分的百分比。这里所说的国内增值是指在自由贸易条件下该商品的加工增值。

2. 有效保护率的计算公式

$$Te = \frac{V' - V}{V} \times 100\%$$

其中，Te 为有效保护率，V' 为征收关税后的加工增值，V 为自由贸易时的加工增值。例如，在自由贸易条件下，美国汽车的价格为 300 美元，原料成本为 240 美元，增值 60 美元。当美国开始对进口商品征税后，10%的汽车进口税使国内汽车价格上升到 330 美元，而 5%的原料进口税使成本上升为 252 美元，增值 78 美元，因此，汽车获得的有效保护率为 30%。

$$Te = \frac{78 - 60}{60} \times 100\% = 30\%$$

具体计算时使用下面的公式：

$$Te = \frac{T - \sum a_i t_i}{1 - \sum a_i}$$

其中，T 为某产品的名义关税率；a_i 为自由贸易条件下，某项投入原料的价值占该产品价值的比例；t_i 为该项投入原料的名义关税。

上例中 T 为 10%，t_i 为 5%，a_i 为 240/300 = 80%。

$$Te = \frac{10\% - 80\% \times 5\%}{1 - 80\%} = 30\%$$

3. 对有效保护率的评价

从对公式的检验及其结果我们可以得出以下关于有效保护率和最终商品的名义关税率二者之间关系的重要结论：

（1）如果 $a_i = 0$，有效保护率 = 名义关税率 T。
（2）对给定的 a_i 和 t_i 值，T 值越大，有效保护率越大。
（3）对给定的 T 和 t_i，a_i 值越大，有效保护率越大。
（4）当 t_i 小于、等于或大于 T 时，有效保护率值大于、等于或小于 T。
（5）当 $a_i t_i$ 值大于 T，有效保护率是负的。

为了避免出现有效保护率为负的现象，并且尽可能提高有效保护率，目前各国普遍采用"升级式"关税结构，即产品的税率随着其加工程度而上升，最终产品的税率大于中间产品、零配件的税率，后者又大于原材料的税率，使整个产业的有效保护率大大高于名义保护率。

第四节 鼓励出口和限制出口的措施

一、鼓励出口的主要措施

限制进口和鼓励出口是同一个硬币的两个方面，为了鼓励出口，政府通常采取以下措施：

1. 出口信贷（Export Credit）

出口信贷是一国为了支持和扩大本国产品尤其是大型机械、成套设备的出口，加强国际竞争力，鼓励该国的银行对该国出口商或国外的进口商提供利率较低的贷款，以解决该国出口商资金周转的困难，或满足国外进口商对该国出口商支付货款需要的一种融资方式。其分为卖方信贷和买方信贷。

卖方信贷（Seller's Credit）是出口方银行向该国出口商提供的商业贷款，从而出口商允许进口商（买方）延期付款，扩大产品出口。一般做法是在签订出口合同后，进口方支付 5%~10% 的定金，在分批交货、验收和保证期满时再分期付给 10%~15% 的货款，其余的 75%~85% 的货款，则由出口厂商向出口方银行取得中、长期贷款，以便周转。因此，卖方信贷实际上是出口厂商由出口方银行取得中、长期贷款后，再向进口方提供的一种商业信用。

买方信贷（Buyer's Credit）是出口国政府支持出口方银行直接向进口商或进口商银行提供信贷支持，条件是贷款必须用于购买债权国的商品，是一种约束性贷款。出口买方信贷有两种形式：一是出口方银行将贷款发放给进口方银行，再由进口方银行转贷给进商；二是由出口方银行直接贷款给进口商，由进口商银行出具担保。贷款金额为贸易合同金额的 80%~85%，一般不超过 10 年。

2. 出口信贷国家担保制

出口信贷国家担保制（Export Credit Guarantee System）是一国政府设立专门机构，对本国出口商和商业银行向国外进口商或银行提供的延期付款商业信用或银行信贷进行担保，当国外债务人不能按期付款时，由这个专门机构按承保金额给予补偿。这是国家用承担出口风险的方法，鼓励扩大商品出口和争夺海外市场的一种措施。

出口信贷国家担保的业务项目，一般都是商业保险公司所不承担的出口风险。其主要有两类：一是政治风险，二是经济风险。前者是因进口国发生政变、战争以及因特殊原因政府采取禁运、冻结资金、限制对外支付等政治原因而造成的损失，最高赔偿 90%；后者是因进口商或借款银行破产无力偿还、货币贬值或通货膨胀等原因所造成的损失，最高赔偿 80%。英国的出口信贷担保署、法国的对外贸易保险公司等都是这种专门机构。

3. 出口信用保险（Export Credit Insurance）

出口信用保险是承保出口商在经营出口业务的过程中因进口商的商业风险或进口国的政治风险而遭受的损失的一种信用保险，是国家为了推动本国的出口贸易，保障出口企业的收汇安全而制定的一项由国家财政提供保险准备金的非营利性的政策性保险业务。据调查，我国出口业务的坏账率高达 5%，是发达国家平均水平的 10~20 倍。目前，发达国家出口的一半左右是由出口信用保险支持的，而我国还不到 10%。

4. 出口退税（Export Tax Rebate）

出口退税是指对出口货物退还其在国内生产和流通环节实际缴纳的增值税、消费税等税收，使本国产品以不含税成本进入国际市场，与国外产品在同等条件下进行竞争，从而增强竞争能力，扩大出口。

国贸博览 9-2

5. 出口补贴（Export Subsidy）

出口补贴又称出口津贴，是一国政府为了降低出口商品的价格，增加其在国际市场的竞争力，在出口该商品时给予出口商的现金补贴或财政上的优惠待遇。目前出口补贴最多的是农产品，共有 25 个 WTO 成员对 428 种农产品使用出口补贴。欧盟是全球最大的出口补贴使用者。1995—1998 年欧盟年均出口补贴支出约 60 亿美元，占全球出口补贴支出的 90%。瑞士是第二大出口补贴使用者，补贴份额约占 5%。美国是第三大出口补贴国，补贴份额不到 2%。欧盟、瑞士、美国和挪威四个 OECD 成员的出口补贴占到了全球的 97%。从数量上看，出口补贴最多的产品是粮食；从价值上看，出口补贴最多的产品是牛肉和奶产品。

在图 9.6 中，S 是某产品的国内供给曲线，D 是某产品的国内需求曲线，P_w 是世界市场价格，该国某产品产量 Q_2，国内消费 Q_1，出口 Q_1Q_2。现在该国决定对出口产品每单位补贴 P_wP_s，这相当于该国厂商面对的价格水平是 P_s（因为是小国，所以不影响国际价格）。该国产量扩大到 Q_4，国内消费减少到 Q_3，出口扩大到 Q_3Q_4。补贴对一国经济福利的影响（"-"号代表福利损失，"+"号代表福利盈余）：

消费者剩余减少：$-(a+b)$；生产者剩余增加：$+(a+b+c)$；

政府补贴支出：$-(b+c+d)$；社会总福利的变化：$-(b+d)$。

其中，b 为消费扭曲，即由于补贴导致国内价格的提高从而使消费者被迫减少产品消费所造成的消费损失，d 是生产扭曲，即由于补贴使低效率的国内生产取代了高效率的国外生产。如果国外征收反补贴税，则出口并不能扩大，损失更重。既然如此，为何还要补贴呢？在出口国政府看来，如果补贴能够推动生产规模扩大，获得规模经济，也许这种损失就是值得的。

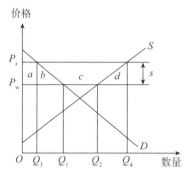

图 9.6　贸易小国出口补贴的局部均衡分析

6. 商品倾销

商品倾销（Dumping）是指出口商以低于正常价格的出口价格，集中地或持续大量地向国外抛售商品，达到打击竞争对手、占领市场的目的。如果没有政府补贴，必须有规模经济或国内利润的支撑。

7. 外汇倾销

外汇倾销（Exchange Dumping）是指一国政府利用本国货币对外贬值的手段来达到提高出口商品的价格竞争能力和扩大出口的目的。这是因为本国货币贬值后，出口商品用外国货币表示价格降低，提高了该国商品在国际市场上的竞争力，有利于扩大出口；而因本国货币贬值，进口商品的价格上涨，削弱了进口商品的竞争力，限制了进口。外汇倾销的成功需要两个条件，一是本国货币对外贬值程度要大于国内物价上涨的程度，即对外贬值要快于对内贬值，二是对方不进行同等程度的贬值或采取其他报复措施。

8. 设立经济特区

经济特区（Special Economic Zone）指一国或地区在其国境以内、关境以外划出一定范围，并通过建立良好的交通运输、通信联络、仓储等基础设施以及减免关税等优惠措施，创造良好的投资环境，吸引外商投资的特殊区域，以促进本国经济和贸易的发展。经济特区主要有五种。

（1）自由港或自由贸易区。

自由港（Free Port）又称自由口岸，一般设在港口；自由贸易区一般设在邻近港口的地区。这二者都允许绝大多数外国商品可以免税进出口，还可在区内自由改装、加工、长期储存或销售，性质、特征、作用等方面基本一样，因此一般把它们并为一类。

自由港或自由贸易区一般有两种类型，一是把港口或设区所在的整个城市划为自由港或自由贸易区，例如中国香港、新加坡。二是把港口或设区所在城市的一部分划为自由港或自由贸易区，例如汉堡、哥本哈根等。

(2) 保税区。

保税区（Bonded Area）亦称保税仓库。这是一国海关设置的或经海关批准注册、受海关监督和管理的，设在港口、机场，允许外国货物不办理进口手续也可以长时间存储商品的区域。在储存期间，进口商品可暂时不缴纳进口税，如再出口，也不缴纳出口税，主要是为了发展加工贸易。

(3) 出口加工区。

出口加工区（Export Processing Zone）是一国或地区在港口、机场等交通方便的地方，兴建码头、车站、通信、道路、仓储等基础设施以及采取减免关税等优惠措施，鼓励外商投资设厂，生产以出口为主的制成品加工区域。世界上第一个出口加工区是1956年建于爱尔兰的香农国际机场。中国台湾高雄在20世纪60年代建立出口加工区。以后一些国家也效法设置。中国在20世纪80年代以后，沿海一些城市开始兴建出口加工区。

出口加工区是在自由港或自由贸易区的基础上发展起来的，但二者仍有区别：自由港或自由贸易区是发展转口贸易，以取得商业方面的收益为主，是面向商业的，是贸易型特区；出口加工区是发展出口加工工业，以取得工业方面的收益为主，是面向工业的，是生产型特区。

(4) 自由边境区。

自由边境区（Free Frontier Zone）一般设在本国的一个省或几个省的边境地区，对于在区内使用的生产设备、原材料和消费品可以免税或减税进口。如从区内转运到本国其他地区出售，则须照章纳税。自由边境区的产品大多在区内留用，以发展边区经济。优惠期限通常较短，一般在边区经济发展起来以后就会逐步取消优惠待遇。自由边境区这种设置仅见于拉丁美洲少数国家。

(5) 科学园区。

科学园区（Scientific Area）是一个国家或地区为了实现产业结构升级和促进高科技产业的发展而在本国境内划出的，以新兴工业产品的研究和开发、高科技产业的生产为主要内容的区域。

世界科学园区起步阶段以1951年创立的美国"硅谷"和英国剑桥科学园区为代表，在20世纪80—90年代快速发展，目前已超过1 000个。科学园区在各国和地区经济发展和产业升级中发挥了极为重要的带动作用，如苏联的新西伯利亚科学城、日本的筑波科学城、新加坡的裕廊、中国台湾的新竹、中国北京的中关村等。

二、限制出口的主要措施

当然，特殊情况下政府也会限制出口（即出口管制）。出口管制是指许多国家特别是发达国家，为了达到一定的政治、军事和经济的目的，往往对某些商品，尤其是战略物资与先进技术产品实行限制或禁止出口。

出口管制一方面出于政治与军事目的，通过限制或禁止出口可能增强其他国家军事实力的战略物资和先进技术，来维护本国的政治利益和国家安全；另一方面出于经济目的，通过限制出口，改善贸易条件，牟取更大的贸易利益；保护稀缺资源，发展本国的加工工业；限制短缺物资出口，控制国内通货膨胀等。需要实行出口管制的商品一般有以下几类：

(1) 战略物资和先进技术资料，如军事设备、武器、军舰、飞机、先进的电子计算机和通信设备、先进的机器设备及其技术资料等。对这类商品实行出口管制，主要是从"国家安全"和"军事防务"的需要出发，以及从保持科技领先地位和经济优势的需要考虑。

（2）国内生产和生活紧缺的物资。其目的是保证国内生产和生活需要，抑制国内该商品价格上涨，稳定国内市场。如西方各国往往对石油、煤炭等能源商品实行出口管制。

（3）需要"自动"限制出口的商品。这是为了缓和与进口国的贸易摩擦，在进口国的要求下或迫于对方的压力，不得不对某些具有很强国际竞争力的商品实行出口管制。

（4）历史文物和艺术珍品。这是出于保护本国文化艺术遗产和弘扬民族精神的需要而采取的出口管制措施。

（5）本国在国际市场上占主导地位的重要商品和出口额大的商品。对于一些出口商品单一、出口市场集中，且该商品的市场价格容易出现波动的发展中国家来讲，对这类商品的出口管制，是为了稳定国际市场价格，保证正常的经济收入。比如欧佩克（OPEC）对成员国的石油产量和出口量进行控制，以稳定石油价格。

（6）保护环境。由于种种原因，发展中国家环保标准不严，许多企业通过破坏环境降低成本以取得出口的优势，为了保护环境，限制污染性产品出口就很有必要。2005年，我国明确提出控制"两高一资（高耗能、高污染和资源性产品）"出口就是例证。

出口管制主要有以下两种形式：

1. 单边出口管制

单边出口管制是指一国根据本国的出口管制法律，设立专门的执行机构，对本国某些商品的出口进行审批和发放许可证。单边出口管制完全由一国自主决定，不对他国承担义务与责任。

2. 多边出口管制

多边出口管制是指几个国家的政府，通过一定的方式建立国际性的多边出口管制机构，商讨和编制多边出口管制的清单，规定出口管制的办法，以协调彼此的出口管制政策与措施，达到共同的政治与经济目的。

1949年11月成立的输出管制统筹委员会（即巴黎统筹委员会，也叫巴统组织），就是一个典型的国际性的多边出口管制机构。该机构以美国为首，将所有发达国家拉拢进去，专门对社会主义国家实行禁运。随着苏联于1991年解体，1994年4月1日，"巴黎统筹委员会"（简称"巴统"）正式宣告解散。在美国的操纵下，包括"巴统"17国在内的28个国家于1995年9月在荷兰瓦森纳召开高官会议，决定加快建立常规武器和双用途物资及技术出口控制机制。1996年7月，以西方国家为主的33个国家在奥地利维也纳签署了《瓦森纳协定》（简称"瓦协"，Wassenaar Arrangement），决定从1996年11月1日起实施新的控制清单和信息交换规则。"瓦协"同样包含两份控制清单：一份是军民两用商品和技术清单，涵盖了先进材料、材料处理、电子器件、计算机、电信与信息安全、传感与激光、导航与航空电子仪器、船舶与海事设备、推进系统9大类；另一份是军品清单，涵盖了各类武器弹药、设备及作战平台等共22类。中国同样在被禁运国家之列。

一国控制出口的方式有很多种，例如，可以采用出口商品的国家专营、征收高额的出口关税、实行出口配额等，但是最常见和最有效的手段是运用出口许可证制度，出口许可证分为一般许可证和特殊许可证，一般许可证控制较松，特殊许可证控制较严。

国贸博览 9-3

第九章 关 税

本章核心概念

最惠国待遇税（Most Favored Nation Rate of Duty，MFNT），普惠税（Generalized System of Preferences Tariff，GSP），最优关税（Optimum Tariff），反补贴税（Countervailing Duty），反倾销税（Anti-dumping Duty），有效保护率（Effective Rate of Protective），出口信贷（Export Credit），出口退税（Export Tax Rebate），出口信用保险（Export Credit Insurance），经济特区（Special Economic Zone），出口管制（Export Control）。

复习思考题

1. 什么情况下可以采用最优关税？分析我国采用最优关税的可能性。
2. 有效保护率有何意义？试计算我国汽车产业的有效保护率。
3. 我国产品屡遭国外反倾销起诉的原因是什么？应如何应对？
4. 学会作图分析贸易小国和贸易大国征收关税的经济效应。
5. 出口补贴会导致什么后果？
6. 简述出口管制的目的。
7. 简述出口管制的商品种类。
8. 分析出口管制对我国的影响。

参考文献

1. 朱智强. 关税理论的研究综述与评析［J］. 时代经贸（下旬刊），2007（9）：73-74.
2. 冯宗宪，尹利群，谈毅. 我国现阶段最优关税和关税结构优化问题［J］. 中国软科学，1999（7）.
3. 王萍. 关税对走私的影响研究：海关与走私商的博弈分析［J］. 上海海关高等专科学校学报，2004（1）：7-10.
4. 冯巨章，陈春霞，彭艳. 我国对外反倾销统计分析：1998—2013年［J］. 经济体制改革，2016（1）：124-130.
5. 中国连续21年成为全球遭遇反倾销调查最多国家［N］. 上海证券报，2016-07-26（8）.
6. 卢艳玲. 加入WTO以来外国对华反倾销特点、原因及对策分析［J］. 北方经贸，2005（3）：34-36.
7. 安礼伟，高松婷. 中国对外反倾销现状、效应及对策分析［J］. 国际商务（对外经济贸易大学学报），2016（2）：49-57.
8. 王瑾. 发展中国家对华反倾销的影响与动因：与发达国家的比较分析［J］. 国际贸

易问题,2008(8):49-55.

  9. 胡艳. 中国遭遇反倾销的现状及对策分析[J]. 现代经济信息,2015(5):168-169.

  10. 欧福永. 反倾销和反补贴与保障措施之比较研究[J]. 世界贸易组织动态与研究,2003(3):34-37.

  11. 张斌. 对华反补贴十年评估:2004—2013[J]. 上海对外经贸大学学报,2015(1):16-25.

  12. 赵英帆,田海霞. 我国出口信贷现状及对策研究[J]. 商场现代化,2016(7):18-19.

  13. 王芳芳. 中国出口信用保险存在的问题及其对策研究[J]. 商,2016(4):191.

  14. 陈利馥,张媛媛. 我国外贸企业投保出口信用保险面临的问题及改善途径[J]. 对外经贸实务,2016(11):82-84.

  15. 沈国兵. 美国出口管制与中美贸易平衡问题[J]. 世界经济与政治,2016(3):6,71-77.

第十章 非关税措施

 本章重点问题

非关税措施的特点与分类，进口配额，外汇管制，技术性贸易壁垒，环境贸易壁垒。

第一节 非关税措施概述

关税曾经是限制进口的主要措施，然而，第二次世界大战后，在 GATT 的主持下，经过 8 轮多边谈判，缔约国的平均关税水平大幅度降低。目前发达国家平均关税不到 5%，发展中国家平均为 15%，我国为 9.8%。为了适应贸易保护发展的需要，各国采取其他种种手段来限制和干预对外贸易。这些手段名目繁多，花样也不断翻新，据统计，已经从 20 世纪 60 年代末的 850 多项增加到 70 年代末的 900 多项，目前已达 2 500 多项。为了与关税措施相区别，我们把除关税以外的所有限制与扭曲贸易的措施统称为非关税措施或壁垒（Non-Tariff Barriers，NTBS）。

一、非关税措施的特点

与关税措施相比，非关税措施具有不同的特点：

1. 种类繁多，适用范围广泛

据统计，非关税措施已经从 20 世纪 60 年代末的 850 多项增加到目前的 2 500 多项，且还在不断增加。与进出口商品、进出口程序有关的种种法律规定、行政管理、技术标准适用范围十分广泛。

2. 具有更大的灵活性和较强的针对性

关税税率的制定必须通过立法程序，具有相对的稳定性。如果要调整或更改税率，往往需要经过比较烦琐的法律程序和手续。在多边贸易体制下，一国对其关税的调整或更改要受到多边协议的约束，牵涉面太广，灵活性较小。而且关税税率的制定往往是针对某一类商品，很难再进行更具体的划分。而非关税措施的制定通常采取行政程序，使用起来比较简便和灵活，能随时针对某国的某种商品采取相应的限制措施，以达到特定的限制进口的目的。

3. 能更有效地限制进口

关税措施是通过征收高额关税，提高进口商品的成本和价格，削弱其价格竞争能力，从而间接地达到限制进口的目的。而非关税措施（如进口配额）预先规定了进口的数量或金额，超过限额就要征收高额关税甚至禁止进口，其限制作用就直接有效得多。

4. 更具有隐蔽性

关税税率确定以后，必须在《海关税则》中公布，任何国家的出口商都可以了解，毫无隐蔽性可言。但一些非关税措施往往并不公开，或者规定极为烦琐复杂的标准和手续，且经常变化，使外国出口商难以应付和适应。

5. 更具有歧视性

一国关税税率是统一的，而且有 WTO 最惠国待遇原则的约束，因此，关税同等程度地限制了所有国家的进口。而非关税措施则可以针对某个国家或某个商品专门制定相应的措施，因而更具有歧视性。

6. 形式上的合法性

GATT 及随后的 WTO 对各国税率的更改有严格的限制，因而擅自提高税率是不合法的。但是，随着经济的发展和人民生活水平的提高，保护消费者的健康、安全，保护自然环境，不但符合社会发展的要求，也符合 WTO 的宗旨和规定。因此，以保护消费者的健康、安全，保护自然环境为名，制定种类繁多的检验程序、技术标准，既可以达到限制进口的目的，形式上也是合法的。

第二次世界大战后尤其是 20 世纪 70—80 年代以来非关税措施迅速"流行"的原因主要有：

（1）各国经济发展不平衡。这是导致非关税措施迅速发展的根本原因。美国的相对衰落，日本的崛起，欧盟的建立和扩大，使市场问题日益尖锐。以美国为首的发达国家纷纷加强了贸易保护手段，而非关税措施具有较强的"传染性"，各国互相模仿，因此这些措施迅速扩大。

（2）第二次世界大战后，在 GATT 的努力下，关税普遍大幅度地减让，各国不得不采用非关税措施来限制进口，以保护国内生产和国内市场。

（3）生活水平和科技水平的迅速提高，使许多非关税措施既有实施的必要，也有实施的可能。随着经济的发展，生活水平的提高，消费者对商品的质量要求也越来越高，经济发展造成的环境污染也使消费者的环保意识越来越强，而科技水平的提高，则相应提高了生产的技术水平和对进口商品的检测能力。发达国家的生产和消费纷纷向环保型发展，相应地对进口商品会提出同样的要求。

（4）非关税措施本身的隐蔽性、灵活性、针对性及形式上的合法性等优点，使它在限制进口、保护国内市场方面效果显著，运用起来得心应手，而且使受害国难以进行报复，当然受到各国的欢迎。

二、非关税措施的作用

非关税措施对发达国家和发展中国家起着不同的作用。

对发达国家来说，非关税措施的作用主要体现在三个方面：一是作为防御性武器来限制外国商品进口，用以保护国内失去比较优势的部门和产业，或者保护国内垄断资本以获取高额垄断利润；二是作为进攻性武器在国际贸易谈判中当作筹码，逼迫对方让步，以争夺国际市场；三是用作对其他国家实行贸易歧视的手段，甚至作为实现政治利益的手段。总之，发达国家设置非关税措施是为了保持其优势地位，压制发展中国家的崛起，维持不合理的国际经济贸易关系，具有明显的剥削性。

与发达国家不同，发展中国家广泛使用非关税措施的主要目的是：第一，限制奢侈品的进口，节约外汇，以发展经济；第二，限制、削弱进口产品的竞争力，以保护民族工业和幼稚产业；第三，作为宏观调控经济的手段，以调节国际收支；第四，作为报复手段，回应发达国家的贸易歧视，不得已而为之；第五，合理利用WTO对发展中国家的优惠待遇条款，以发展民族经济，壮大自己。由于发展中国家与发达国家经济发展水平相差悬殊，如果完全开放，自由竞争，则发展中国家将输在起跑线上，因而发展中国家使用非关税措施具有合理性和正当性。当前存在的主要问题是大多数发展中国家只是被动地模仿发达国家的非关税措施，而不会根据自己的国情，充分利用WTO对发展中国家的优惠待遇条款，因地制宜，主动设置非关税措施。

三、非关税措施的分类

为了深刻认识非关税措施的特征以及准确分析其经济效应并积极应对其不利影响，我们需要对种类繁多的非关税措施进行区别和归类。以不同的标准划分，非关税措施大致可以分为以下几类：

1. **从对进口限制的作用上分类，可分为数量限制型非关税措施和成本价格型非关税措施**

数量限制型非关税措施，是由进口国直接对进口商品的数量或金额加以限制，或迫使出口国直接限制商品的出口。这类措施主要有进口配额制、进口许可证制、"自动"出口限额等。成本价格型非关税措施是指进口国并未直接规定进口商品的数量或金额，而是对进口商品制定种种严格的条例或规定，直接影响进口商品的成本进而削弱外来商品的竞争力，从而间接地影响和限制商品的进口，如进口押金制、最低进口限价、海关估价制、苛刻复杂的技术标准、卫生检疫规定等。

2. **从制定主体角度分类，可分为内生性非关税措施和外生性非关税措施**

二者的区别在于是由本国自主决定还是由外界压力或通过谈判达成协议决定。例如，1981年美国政府要求日本"自愿"限制对美国出口的汽车数量，每年不得超过168万辆，为期三年。由于严重依赖美国市场，日本不得不接受美国的条件，"自愿"限制对美国的出口，这就是外生性非关税措施。目前大多数"自限协定"或"有秩序的销售协定"都是通过谈判达成的，属于外生性非关税措施。同样是在1981年，美国单方面规定从中国进口的羊毛衫配额为18.73万打，即为自主配额，属于内生性非关税措施。

3. **从实施手段的特性角度分类，可分为制度性非关税措施和技巧性非关税措施**

前者如利用进口配额制、进口许可证制、进出口国家垄断、政府采购政策、海关估价制、原产地规则等制度形成制度性措施，后者如利用技术标准、质量标准、环境标准、劳工标准、商品检验标准等形成技巧性措施。技巧性措施隐蔽性高，看上去似乎并不违背 WTO 的原则，但内容却变幻莫测，行之有效，使人防不胜防，因此被越来越多地采用。

4. 从影响方式及程度角度分类，可分为直接影响性非关税措施、间接影响性非关税措施及溢出或旁及影响性非关税措施

表 10.1 是联合国贸易与发展会议（UNCTAD）在 20 世纪 80 年代提出的对非关税措施的分类。每种类型又分为 A、B 两组，其中 A 组为数量限制，B 组为影响进口商品的成本。直接影响性非关税措施，是出于保护国内产业、加强国内产业在国外市场竞争力的考虑，而采取的对进口产品的限制和对本国出口产品的鼓励措施，如进口配额制、进口许可证、进口押金制等，这类措施对贸易的限制直截了当；间接影响性非关税措施从表面上看是出于其他目的而制定的，比较含蓄，不易被发现，但仍被怀疑具有隐藏的限制贸易的动机，如质量标准、海关程序、检验标准等；溢出或旁及影响性非关税措施是指并非主要针对贸易，却不可避免地导致国际竞争条件失常，从而对贸易发生影响的非关税措施，这类措施有：政府对某种商品在生产、销售和分配方面的垄断政策，影响贸易的产业政策和地区发展政策，政府特定的国际收支政策和会计政策等。

表 10.1　联合国贸易与发展会议对非关税措施的分类

Ⅰ. 为保护国内生产不受外国竞争而采取的商业性措施
A 组：（1）进口配额
（2）进口许可证
（3）"自动"出口限制
（4）禁止出口和进口
（5）国营贸易
（6）政府采购
（7）国内混合规定
B 组：（8）最低限价和差价税
（9）反倾销税和反补贴税
（10）进口押金制
（11）对与进口商品相同的国内工业生产实行优惠
（12）对与进口商品相同的国内工业实行直接或间接补贴
（13）歧视性的国内运费
（14）财政部门对于进口商品在信贷方面的限制
Ⅱ. 除商业性政策以外的用于限制进口和鼓励出口的措施
A 组：（15）运输工具的限制
（16）对于进口商品所占国内市场份额的限制
B 组：（17）包装和标签的规定
（18）安全、健康和技术标准
（19）海关检查制度
（20）海关估价
（21）独特的海关商品分类

续表

Ⅲ．为促进国内替代工业的发展而实行的限制进口措施
（22）政府专营某些商品
（23）政府实行结构性或地区性差别待遇政策
（24）通过国际收支限制进口

资料来源：陈宪，韦金鸾，等. 国际贸易——原理・政策・实务［M］. 3版. 上海：立信会计出版社，2003.

为了更清楚地了解非关税措施的主要形式及其特征，我们可以将其归纳为表10.2。

表10.2　非关税措施的主要形式及其特征

影响程度 作用机制	直接影响	间接影响	溢出或旁及影响
控制数量	配额、许可证 "自愿"出口限制 进出口禁令 当地含量要求 混合规定 禁止性政府采购政策 直接影响贸易的投资措施	通信工具限制 广告数量和市场限制 间接影响贸易的投资措施	产业和地区发展政策 特定的国际收支政策 税收制度的差异 国家社会保障制度 折旧期限的差异 国家订货的规模效应 国际运输协定
影响成本	进口附加税 反倾销措施、补偿关税 进口押金制 国内费用的差别待遇	海关估价 外汇管制 包装、标签规定 质量、卫生、环境标准 安全、劳工标准 报关程序 披露规定和行政指导 专业服务中的许可证、文凭 销售证规定	

资料来源：赵春明. 国际贸易学［M］. 北京：石油工业出版社，2003.

第二节　传统非关税措施

一、进口配额制（Import Quotas System）

进口配额制又称进口限额制，是一国政府在一定时期内对某种商品的进口数量或金额所规定的限额。在规定的限额以内商品可以进口，超过限额就不准进口，或征收较高的关税/罚款后才可以进口。它是进口数量限制的重要手段之一。根据控制的力度和调节手段，进口配额又可分为两种：绝对配额和关税配额。

1. 绝对配额（Absolute Quotas）

绝对配额是指在一定的时期内，对某种商品的进口数量或金额规定一个最高限额，达到这个限额后，便不准进口。在具体实施中又分为三种：全球配额、国别配额和进口商配额。

（1）全球配额（Global Quotas）：属于世界范围内的绝对配额，它是指一国当局在一定时期内对某种商品规定一个全球性配额额度，对于任何国家和地区的商品一律适用。主管当局通常按进口商申请先后顺序或过去某一时期的实际进口额批给一定的额度，直至总配额发完为止，超过总配额就不准进口。

（2）国别配额（Country Quotas）：即在总配额内按国别或地区分配给固定的配额，来自任何国家或地区的商品超过规定的配额便不准进口。为了区分来自不同国家或地区的商品，进口商必须提交原产地证书。实行国别配额可以使进口国根据它与有关国家或地区的政治经济关系分配给不同的额度。一般地，国别配额又可分为自主配额和协议配额。

自主配额（Autonomous Quotas）又称单方面配额（Unilateral Quotas），是由进口国完全自主地、单方面强制规定一定时期内从某个国家或地区进口某种商品的配额。这种配额不需要征得出口国的同意。

协议配额（Agreement Quotas）又称双边配额（Bilateral Quotas），是由进口国与出口国双方通过谈判达成协议规定的某种商品的进口配额。如果协议配额是通过双方政府的协议订立的，一般需要在进口商或出口商中进行分配；如果配额是由双方的民间团体达成的，应事先获得政府许可方可执行。协议配额是由进出口双方协商确定的，通常不会引起出口方的反感与报复，并可使出口国对于配额的实施有所谅解与配合，执行起来比较容易。

（3）进口商配额（Importer Quotas）：进口国政府为了加强垄断资本在对外贸易中的垄断地位和进一步控制某些商品的进口，而把某些商品的配额直接分配给进口商。分到配额的多寡决定着进口的多寡。往往大型垄断企业分到配额较多，而中小企业却很难分到或分到的数量很少。比如日本食用肉的进口配额就是在29家大商社间分配的。

2. 关税配额（Tariff Quotas）

关税配额是指对商品进口的绝对数额不加限制，而在一定时期内，规定一定数额的进口配额，对在规定配额以内的进口商品，给予低税、减税或免税待遇；对超过配额的进口商品则征收较高的关税，或征收附加税或罚款。这实际上限制或禁止了超过配额以外的商品进口。

按商品进口的来源，关税配额可分为全球性关税配额和国别性关税配额，前者不分国别来源，对所有商品一律适用；后者则根据不同国家的额度分别适用。

按征收关税的目的，关税配额可分为优惠性关税配额和非优惠性关税配额。

3. 进口配额的经济效应

进口配额是通过对进口数量的直接限制来影响国内市场的价格，从而调节进口和保护国内生产。如果实行进口配额的是贸易小国，那该国由于配额而减少进口不会影响世界市场价格，而只会引起本国价格的上涨。如果配额使进口商品价格上涨的幅度与征收进口关税相同（等效关税），那配额所产生的消费效应、生产效应、贸易效应与关税的局部均衡效应完全相同，假如政府采取竞争的手段将配额拍卖，那财政收入效应也与等效关税相同。

如果实行配额的是贸易大国，那该国就会由于配额限制了外国产品进入本国市场而造成国际市场商品过剩,导致国际市场价格下跌。至于该国会不会因此而改善贸易条件,产生贸易条件效应,就要看具体情况了。在实行配额的条件下,即使国际市场价格下跌,该国也不会增加进口,因此,外国出口商就无法通过降价来扩大出口,对该国就会维持原有的价格水平,甚至可以借机提价。出口国在供给弹性较大的情况下,尤其会这样做。但是如果出口国供给弹性较小,且又十分依赖于该国的市场,那该国实行配额限制进口,就会改善本身的贸易条件,而使出口国的贸易条件恶化,各种效应都与贸易大国征收关税类似。

下面用图 10.1 来分析进口配额对贸易小国的经济效应。

图 10.1 为贸易小国配额经济效应的局部均衡分析。图中 S 曲线和 D 曲线分别代表该国某商品的国内供给曲线和需求曲线。在封闭条件下,S 和 D 的交点 E 为国内供求均衡点。在自由贸易条件下,该国面临具有无穷弹性的国际供给曲线 P_1,其国内生产 OQ_1,总共消费 OQ_4,缺口为进口量 Q_1Q_4。现在假设该国对进口实行配额,规定只允许进口 Q_2Q_3 数量的商品,则此时该国某商品的供给曲线

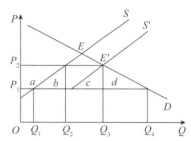

图 10.1 进口配额对贸易小国的经济效应

就会变为 S'。在国际市场价格 P_1 之上,不管价格如何变化,它总是在国内供给基础上加上一个固定的进口量。S 和 S' 之间的距离即为配额数量。此时,国内均衡点为 E',价格为 P_2,该国消费 OQ_3,国内生产 OQ_2,进口 Q_2Q_3。这样,配额的消费效应即国内消费减少 Q_3Q_4,生产效应即国内生产增加 Q_1Q_2,贸易效应即进口减少 $Q_1Q_2+Q_3Q_4$,配额限制的利益和代价为:消费者剩余减少 $a+b+c+d$,生产者剩余增加 a,配额拥有者的利润为 c,配额的净损失为 $b+d$,即配额保护的代价,其中 b 为生产损失,d 为消费损失。

关于配额的分配,大致有三种方法:

(1) 竞争性拍卖。这是最公平、最有效率的办法。政府将配额在竞争性市场上公开拍卖,将配额拍给出价最高的竞买者,理论上配额的超额利润将全部转为国家的财政收入。我国从 1998 年开始对部分配额尝试网上拍卖,现在约有一半的配额公开拍卖。

(2) 无偿分配,又有两种情况:

①直接分配给固定的进口商。政府根据主要进口商前几年平均进口数量或比重选择某一个基期各进口商的份额来分配配额,而不考虑进口商经营效率的变化,这样很难做到公正。不仅如此,由于配额能带来垄断利润,既得利益者会千方百计地采用各种手段(包括贿赂)来维持、扩大其既得利益,严重损害国家的利益,阻碍改革的进行。

②按进口商的申请先后顺序分配。即按先申请、先发放的原则向进口商发放配额。在实践中,由于配额的有限性,加上排队等待可能错过商机等因素,促使进口商通过贿赂政府官员提前获得配额,再加上配额发放的程序不透明,暗箱操作,这就为"寻租"的盛行创造了条件。

(3) 配额由出口国自行掌握。在实行国别配额时,进口国会将配额分配给世界各出口国,由它们按配额控制出口量,或者出口国采用"自愿"原则出口配额,这样,获得出口配额的出口商可以按进口国国内的价格销售,从而获得超额利润,进口国的净损失就会增加。

二、"自动"出口配额制("Voluntary" Export Quotas)

"自动"出口配额制又称"自动"限制出口("Voluntary" Restriction Export),是指出口国或地区在进口国的要求或压力下,"自动"规定某一时期内(一般是 3~5 年)某些商品对该国的出口限额,在限定的配额内自行控制出口,超过限额即禁止出口。

"自动"出口配额制与绝对进口配额制实质上是相同的,都是通过数量限制来控制进口,但也有许多区别。首先是形式上不同,绝对进口配额制是由进口国直接控制进口配额来限制商品的进口,而"自动"出口限额是由出口国直接控制这些商品对指定进口国家的出口。其次,从表现形式看,"自动"出口配额制表面上看好像是出口国自愿采取措施控制出口,而实际上完全是在进口国家的要求或压力下才采取的,并非出口国真正的"自愿"。进口国往往以某些商品的大量进口威胁到国内某些产业的生存为借口,即所谓的"市场扰乱(Market Disruption)",要求出口国实行"有秩序地增长(Orderly Growth)","自动"限制出口数量,否则就采取更为严厉的进口限制措施。第三,从配额的适用范围看,进口配额制通常应用于另一国大多数供给者的出口,而"自动"出口配额制仅用于几个甚至一个特定的出口者,具有明显的选择性。最后是适用期限不同,进口配额制适用时限相对较短,通常为 1 年,而"自动"出口配额制时限较长,通常为 3~5 年。

"自动"出口配额制主要有两种形式:

1. 非协定的"自动"出口配额

非协定的"自动"出口配额,是指出口国政府并未受到国际协定的约束,自动单方面规定对有关国家的出口限额,出口商必须向政府主管部门申请配额,在领取出口授权书或出口许可证后才能出口。有的是由本国大的出口厂商或协会"自动"控制出口。比如 1975 年,在日本政府的行政指导下,日本 6 家大的钢铁企业将 1976 年对西欧的钢材出口量"自动"限制在 120 万吨以内,1977 年又限制在 122 万吨。

2. 协定的"自动"出口配额

协定的"自动"出口配额,是指进出口双方通过谈判签订"自限协定(Self-restriction Agreement)"或"有秩序的销售协定(Orderly Marketing Agreement)",规定一定时期内某些商品的出口配额。出口国据此配额发放出口许可证(Export License)或出口配额签证(Export Visa),自动限制商品出口,进口国海关则进行监督检查。目前"自动"出口配额大多数属于这一种。

"自限协定"或"有秩序的销售协定"内容不尽相同,一般包括配额水平、自限商品分类、限额的融通、保护条款和出口管理等方面的内容。

20 世纪 70 年代以来,用"自动"出口配额制进行保护的趋势日益加强,主要原因有:首先,由于关贸总协定(世贸组织)缔约方的多边谈判已大大降低了关税,而传统的非关税壁垒措施(如进出口数量限制、海关估价制度、进出口许可证制度等)也在多边谈判的基础上受到限制,它们的使用必然受到国际社会的有力监督。因此,要有力地限制进口,必须寻求其他措施;其次,"自动"出口限制协定一般由两国政府采取不公开或半公开的方式私下达成,透明度很低。由于这种出口限制是"自愿"的,其法律地位不明确,是"灰色区域措施";最后,由于国际贸易中不断出现反补贴、反倾销指控,作为出口国,采用"自动"出口限制措施主动化解争端要比其他方法在经济上来得有利,且不伤和气,能继续发展与进口国的经贸关系。从进口国的角度来看，选择"自限"比提高关税或规定配额更能避开关贸总协定（世贸组织）的规则，依自己的意愿针对某个国家采取限制措施，而不涉及出口同类产品的其他国家，则不必担心受到这些国家的报复而使本国的出口遭到损害。

三、进口许可证制（Import License System）

进口许可证制是指国家为管制对外贸易，规定某些进口商品必须事先领取进口许可证，没有许可证，一律不准进口的制度。进口许可证必须注明有效期与进口商品名称、来源、数量及金额等。

进口许可证可分为以下两类：

1. 按进口许可证与进口配额的关系，可分为有定额的进口许可证和无定额的进口许可证

（1）有定额的进口许可证。

有定额的进口许可证是指国家有关机构预先规定有关商品的进口配额，在配额的限度内，根据进口商的申请对每笔进口货物发给进口商一定数量或金额的进口许可证。

（2）无定额的进口许可证。

无定额的进口许可证是指进口许可证不与进口配额相结合，国家有关政府机构也不预先公布进口配额，只是在个别考虑的基础上进行。此种进口许可证由于没有公开的标准，因而给正常贸易造成更大的困难，其限制进口的作用更大。

2. 按进口管制的程度，可分为公开一般许可证和特种进口许可证

（1）公开一般许可证。

公开一般许可证（Open General License）又称"公开进口许可证""一般许可证"或"自动进口许可证"。它对进口国别或地区没有限制，凡列明属于公开一般许可证的商品，进口商只要填写公开一般许可证后，即可获准进口。显然，这种许可证对进口管制最松。属于这类许可证的商品是"自由进口"的商品。填写许可证的目的不在于限制进口，而在于管理进口，如海关可直接对进口商品进行分类统计。

（2）特种进口许可证。

特种进口许可证（Specific License）又称非自动进口许可证。进口商必须向政府有关当局提出申请，经逐笔审查批准后才能进口。这种进口许可证对进口的管制最严，而且多数都指定进口国别或地区。

四、外汇管制（Foreign Exchange Control）

外汇管制也称外汇管理，是指一国政府通过法令，对国际结算和外汇买卖实行限制，以平衡国际收支和维持本国货币汇价的一种制度。负责外汇管理的机构一般都是政府授权的中央银行（如英国的英格兰银行），但也有国家另设专门机构（如法国设立外汇管理局）。一般来说，实行外汇管制的国家，大都规定出口商必须将出口所得外汇收入按官方汇率出售给外汇管理机构，而进口商进口用汇也必须向外汇管理机构申请。此外，该国禁止外汇自由买卖，本国货币出入境也受到严格限制。这样，政府就可以通过确定官方汇率、集中外汇收入、控制外汇支出、实行外汇分配等办法来控制进口商品的数量、品种和国别。

对外贸易与外汇关系十分密切,因为出口必然要收汇,进口必然要付汇,因此,通过对外汇有目的地进行干预,就可以直接或间接地影响进出口。利用外汇管制来限制进口的方式一般可分为两种:

1. 数量性外汇管制

它是指国家外汇管理机构对外汇买卖的数量直接进行限制和分配。进口商如欲进口商品,必须向国家外汇管理部门申请外汇额度,经外汇管理部门批准后,方可获得外汇,支付进口货款。其目的在于国家集中外汇收入,控制外汇支出,实行外汇分配,以限制进口商品品种、数量和国别。

2. 成本性外汇管制

它是指国家外汇管理机构对外汇买卖实行复汇率制度(System of Multiple Exchange Rates),利用外汇买卖成本的差异,间接影响不同商品的进出口。所谓复汇率制度,是指一国货币对外有两个或两个以上的汇率。其目的是利用汇率的差别限制和鼓励某些商品进口或出口。一般来说,对于适当允许进出口的商品使用普通汇率;对于鼓励进出口的商品使用优惠汇率;对于严格限制进口的商品则使用惩罚性汇率,即高价购买外汇,使进口商品成本增加,竞争力下降,从而达到限制其进口的目的。

一些国家同时采用数量性外汇管制和成本性外汇管制,使国家能更有效地控制外汇和商品进口。

五、歧视性政府采购

歧视性政府采购,是指国家制定法令,规定政府机构在采购时,要优先购买本国产品的一种做法,这种做法是对外国供应商的一种歧视,实际上就是一种贸易保护。美国1933年开始实行《购买美国货法案》(Buy American Act),凡是美国联邦政府所要采购的货物,无论是美国制造的,还是用美国原料制造的,只有在美国自己生产的数量不够,或者国内价格过高,或者不买外国货就会损害美国利益的情况下,才可以购买外国货。为了达到限制进口的目的,美国国防部和财政部往往采购甚至比进口货贵50%的美国货。发达国家都有类似的规定。

六、进出口的国家垄断

进出口的国家垄断是指政府对某些商品的进出口由国家直接经营,或把某些商品的进出口权正式给予某个垄断组织。国家垄断进出口的商品主要是烟酒、农产品和武器。

七、最低限价和禁止进口

最低限价又称"保护价",是指一国政府对某种进口商品规定的最低价格,即当进口货物的价格低于规定的最低价格时,则对其征收进口附加税或禁止进口。

八、进口押金制

进口押金制(Advanced Deposit),又称进口存款制。在这种制度下,进口商在进口商品时,必须预先按进口金额的一定比率和规定的时间,在指定的银行无息存入一笔现金后才能进口。这样就增加了进口商的资金负担，影响了资金的周转，从而起到了限制进口的作用。例如，意大利政府从 1974 年 5 月 7 日到 1975 年 3 月 24 日，曾对 400 多种进口商品实行进口押金制度。其中规定，无论来自哪一个国家的进口商品，进口商必须先向中央银行交纳相当于进口货值半数的现款押金，无息冻结 6 个月。据估计，这项措施相当于征收 5% 以上的进口附加税。

九、海关壁垒

海关除了征收关税外，还可以通过本身对进口商品的监督管理功能，利用法律条文的弹性，增加对进口的障碍，这被称为海关壁垒。

（1）海关估价壁垒，即通过专断的方法来高估进口商品的价格，从而增加进口商品的关税负担，以限制商品进口的措施。

（2）海关程序壁垒，是指在经过海关时，要求经过非常繁杂的清关手续，甚至故意制造麻烦，来增加进口阻力，限制进口。

第三节 技术性贸易壁垒

技术性贸易壁垒（Technical Barriers to Trade，TBT）是指一国以维护生产、消费安全及保护人民健康为理由，通过颁布法律、法令、条例、规定，制定复杂苛刻的技术标准、卫生检疫规定以及商品包装和标签规定，增加进口难度，使外国商品难以适应，从而起到限制外国商品进口的作用。

一、技术性贸易壁垒的分类

（一）严格、繁杂的技术法规与技术标准（Strict，Complex Technical Act & Technical Standard）

技术法规是指由进口国政府制定、颁布的有关技术方面的法律、法令、条例、规则和章程，它具有法律上的约束力。技术法规所涉及的范围包括环境保护、卫生与健康、劳动安全、节约能源、交通规则、计量、知识产权等方面，对商品的生产、质量、技术、检验、包装、标志及工艺流程等进行严格的规定和控制，使本国商品具有与外国同类商品不同的特性和适用性。进口商品必须严格遵守这些法规，否则，进口国就有权对此进行限制，甚至扣留、销毁。目前，工业发达国家颁布的技术法规种类繁多，例如《消费产品安全法》《防毒包装法》《控制放射性的健康与安全法》《设备安全法》《防爆器材法》《高频设备抗干扰法》《蔬菜水果进口检验法》《产品含毒物质限制法》，等等。欧共体指令就是典型的技术法规。

技术标准是指由公认的规定产品或有关生产工艺和方法的规则指南或机构所核准，供共同和反复使用的、强制要求与其一致的一种文件，主要适用于工业制成品。进口商品只有符合进口国的标准，才准予进口。目前发达国家利用自己的技术优势，普遍规定了极为严格、烦琐的技术标准，进口商品必须符合这些标准才能进口。欧盟就有 10 多万个技术标准，各个成员国还有自己的标准，如德国就有 15 000 多个自己的标准；日本国家标准分成 8 184 个工业标准（JIS）和 397 个农林标准（JAS）。另外，日本众多的行业协会也制定行业标准，只有极少数标准与国际标准一致。进入日本市场的产品，既要符合国际标准，又要符合日本标准，还要由日本人检验。如化妆品要与日本的化妆品成分标准（JSCL）、添加剂标准（JSFA）、药理标准（JP）的要求一致，只要其中一项指标不合格，日方就可以以质量不达标为由拒之门外。美国技术标准多由企业协会制定，以产业界自律、自治为特征，以自愿加入、自由竞争为其运作形式。美国国家标准学会（ANSI）是其技术标准最重要的管理者和协调者，是一个民间性质的非营利团体。进入这些国家市场的产品既要符合国际标准，又要符合其国内标准。

各国不同的技术标准、法规会人为地阻碍自由贸易，构成实质上的技术壁垒。为了协调世界范围内的标准化工作，以推进国际贸易和科学技术的发展，1946 年于瑞士日内瓦成立了国际标准化组织（International Organization for Standardization，ISO），该组织的主要工作之一就是制定各行业的国际标准，但 ISO 制定的标准只是推荐给各国采用，没有强制性。

2021 年 10 月 10 日，党中央、国务院颁布《国家标准化发展纲要》，在我国标准化事业发展进程中具有里程碑意义，是全体标准化工作者热切期待的一份纲领性文件，是 2021 年中国标准化工作的第一看点。该纲要以习近平新时代中国特色社会主义思想为指导，深入贯彻党的十九大和十九届二中、三中、四中、五中全会精神，按照统筹推进"五位一体"总体布局和协调推进"四个全面"战略布局要求，坚持以人民为中心的发展思想，立足新发展阶段，贯彻新发展理念、构建新发展格局，优化标准化治理结构，增强标准化治理效能，提升标准国际化水平，加快构建推动高质量发展的标准体系，助力高技术创新，促进高水平开放，引领高质量发展，为全面建成社会主义现代化强国、实现中华民族伟大复兴的中国梦提供有力支撑。

国贸博览 10-1

我们有理由期待，我国标准化工作会进入新的阶段。

（二）复杂的合格评定程序（Complex Conformity Assessment Program）

合格评定程序，是指任何直接或间接用以确定是否满足技术法规或技术标准有关要求的程序。TBT 协议规定合格评定程序包括抽样、测试和检查；评估、验证和合格保证；注册、认可和批准以及各项的组合。一般认为，合格评定程序由认证、认可和互认三个方面组成。

国贸博览 10-2

1. 认证

认证，是指由授权机构出具的证明，一般是第三方对某一事物、行为或活动的本质或特征，经对当事人提出的文件或事务审核后给予的证明，通常也被称为"第三方认证"。认证可以分为产品认证和体系认证。产品认证主要是指确认产品符合技术法规或技术标准的规定。其中因为产品的安全性直接关系到消费者的生命健康，所以产品的安全认证为强制认证。体系认证是指确认企业的生产或管理体系符合相应规定。

欧盟在合格评定程序方面有 9 个统一的认证体系，进入欧盟的产品至少需要符合欧洲标准 EN 和欧盟安全认证标志 CE，日本仅认证体系就有 25 种，美国认证体系有 55 种，其中安全认证体系为 UL。目前最为主要的国际体系认证是由国际标准化组织（ISO）制定并实施的 ISO9000 质量管理体系和 ISO14000 环境管理体系认证，行业体系认证有 QS9000 汽车行业质量管理体系认证、TL9000 电信产品质量体系认证、IEC 电气设备安全标准认证、英国劳氏船舶等级社 LR 认证、OHSAS18001 职业安全卫生管理体系认证等。

2. 认可

认可是指权威机构依据程序对某一机构或个人具有从事特定任务或工作的能力给予正式承认的活动。包括产品认证机构的认可、质量和管理体系认证机构的认可、实验室认可、审核机构认可、审核员/评审员资格认可、培训机构等的注册等。到目前为止，世界上已有几十个国家和地区建立了 80 多个认可机构。

3. 互认

互认是指在评审通过的基础上，认证、认可机构之间通过签署相互承认协议，相互承认彼此的认可与认证结果。TBT 协议鼓励成员只要符合技术法规或标准就尽可能接受其他成员的合格评定程序，并就达成相互承认合格评定结果的协议进行谈判。认证工作涉及生产、流通、消费领域，是一项复杂的系统工程。进口商品必须先进行认证，而要认证，首先就要交纳数目不菲的培训费和认证费。这事实上增加了出口商的负担，间接影响了进口。对大多数发展中国家来说，要获得国际著名认证机构的认证是很困难的。

（三）严格的卫生与动植物检疫措施（Strict Sanitary and Animal & Plant Quarantine Measures）

卫生检疫规定是指在成员国境内为保护人类、动植物的生命或健康而采取的技术性措施。随着世界性贸易战的加剧，以及发达国家国民生活水平的提高和保障身体健康的要求，发达国家更加广泛地利用卫生检疫的规定来限制商品的进口，它们要求卫生检疫的商品日益增加，卫生检疫的项目越来越多，规定越来越严格。例如，关于陶瓷制品：美国、加拿大规定含铅量不得超过百万分之七，澳大利亚规定不得超过百万分之二十。2006 年 5 月，日本颁布了旨在加强农副产品农药残留管理的《肯定列表制度》，共涉及 302 种食品、799 种农业化学品、54 782 个限量标准。根据《肯定列表制度》，每种食品农产品涉及的残留限量标准平均为 200 项，有的甚至超过了 400 项，检测项目预计增加 5 倍以上，每种产品的检测成本平均高达 40 000 元。比如大米检测项目由 129 项上升至 579 项，检测费用可达 115 800 元。如此多的检测标准，没有哪个国家的大米能够达到；如此高昂的检测费用，任何一个企业都难以承担。

国贸博览 10—3

近年来，欧盟接连出现食品危机，导致欧盟进一步加强食品安全保护，发展中国家对其出口食品的难度越来越大。从 2000 年 7 月 1 日开始，欧盟对进口的茶叶实行新的农药最高允许残留量标准，部分产品的最高允许残留仅为原来的 1/200～1/100。2003 年 4 月，欧盟又增加茶叶中农药残留的检验项目，由 2001 年的 108 项增加到 156 项（日本 81 项、中国 13 项）。我国茶叶出口欧盟因此下降了 80%。美国规定，输往美国的食品、药品、饮料及化妆品，必须符合美国的"联邦食品、药品及化妆品法"（The Federal Food, Drug and Cosmetics Act）的规定，否则不准进口。进口货物通过海关时，均须经过美国食品和药品管理局（Food and Drug Administration，FDA）的检验，如发现与规定不符，海关将予以扣留，有权进行销毁，或按规定的日期再装运出口。在美国关税表上，与 FDA 有关的商品编号约有 3 944 个。每月被 FDA 扣留的进口商品高达 3 500 批左右。

（四）严格的商品包装和标签规定（Strict Packing and Labeling Regulation）

这主要是针对商品包装所使用的材料、包装规格、文字、图形或者代号所做的规定。进口商品必须符合这些规定，否则不准进口。为了符合有关规定，许多商品不得不重新包装和改换商品标签，因而费时费工，增加了成本，削弱了竞争能力，从而影响了销路。如新加坡要求黄油、人造黄油、食用油、米、面粉、白糖等依照标准进行包装，否则不得进口。法国

国贸博览 10-4

也曾规定，所有标签、说明书、广告传单、使用手册、保修单和其他产品的情报资料，都要强制性地使用法语或经批准的法语替代词。加拿大则规定包装文字需用英、法两种文字书写，在英语区销售的商品，其包装上的文字要英文在上，法文在下；在法语区销售的商品，其包装上的文字要法文在上，英文在下。1999 年 6 月，欧盟对从中国进口的货物木质包装实施新的检疫标准，要求木质包装不得带有树皮，不能有直径大于 3 毫米的虫蛀洞，必须对木质包装进行烘干，使木材含水量低于 20%。为了推动包装废弃物的回收再生和重复使用，欧洲设计了一组包装回收象征性标记，供包装商将其标示在包装主要面。具体包括：可以重复周转再用的包装标记；可以回收再生（再循环）的包装标记；使用再生料超过 50% 的包装标记；使用绿色标记。1994 年，FDA 要求大部分食品必须标明至少 14 种营养成分的含量，因标注营养标签而进行的营养成分检测，每种额外增加了费用 500～2 000 美元，改换标签也要花费巨资，仅前 10 位的美国制造商就增加成本 10.5 亿美元。

（五）信息技术壁垒（Information Technology Barriers）

全球贸易额的上升带来了各种贸易单证、文件数量的激增。美国森林及纸张协会做过统计，认为 GDP 每增加 10 亿美元，用纸量就会增加 8 万吨。此外，在各类商业贸易单证中有相当大的一部分数据是重复出现的，据统计，计算机的输入平均 70% 来自另一台计算机的输出，且重复输入也使出差错的概率增加。据美国一家大型分销中心统计，有 5% 的单证中存在着错误。同时重复录入浪费人力、浪费时间、降低效率。因此，纸面贸易文件成了阻碍贸易发展的一个比较突出的因素。另外市场竞争也出现了小批量、多品种、供货快的趋势，提高商业文件传递速度和处理速度成了所有贸易链中成员的共同需求。

正是在这样的背景下，以计算机应用、通信网络和数据标准化为基础的 EDI（Electronic Data Interchange，即"电子数据交换"，或无纸贸易）应运而生，简单地说，EDI 就是按照商定的协议，将商业文件标准化和格式化，并通过计算机网络，在贸易伙伴的计算机网络系统之间进行数据交换和自动处理。过去需要花费 1 天才能办完的通关过程，如今只用不到 1 个小时，而且不需要提供纸质单证，大大提高了通关效率，加快了贸易速度。美欧从 1992 年起就全面采用 EDI 办理海关业务，不采用 EDI 报关的，单证要重新电子化，每个集装箱货物要花费 2 000～4 000 美元及 2～3 周的时间。由于不少发展中国家信息技术落后，EDI 事实上阻碍了落后国家的出口。

二、技术性贸易壁垒的特点及盛行的原因

1. 技术性贸易壁垒的特点

（1）广泛性。

TBT 措施涉及面极广，从产品来看，不仅涉及与人类健康有关的初级产品，而且涉及

所有的中间产品和工业制成品；从过程来看，包括研究开发、生产、加工、包装、运输、销售和消费整个产品的生命周期；从领域来看，已从有形商品扩展到金融、信息等服务贸易，投资，知识产权及环境保护等各个领域，一般发展中国家很难达到，因而极容易遭到发达国家的刁难。

（2）合理性。

WTO 关于技术性贸易壁垒的文件有两个，分别是"技术性贸易壁垒协定"（TBT 协定）和"实施卫生与动植物卫生措施协定"（SPS 协定），于 1995 年 1 月 1 日 WTO 正式成立起开始执行，即为了保护国家安全及消费者利益，各国可以制定各自的技术法规和标准，只是要求技术壁垒不应妨碍正常的国际贸易，不得具有歧视性，即设立技术法规、标准及检验程序有其合理的一面。然而目的合理性掩盖了措施的欺骗性。在技术壁垒看似公平的标准和法规中，渗入了国与国之间发展水平的差异性和一些人为因素，非常具有隐蔽性。

（3）灵活性。

制定技术性贸易措施，手续简便，伸缩性较大，可以针对进口商品随时灵活改变标准水平，或增加检验检疫项目，或人为拖延检验时间，而且技术壁垒措施涉及范围十分广泛，不仅中央政府，而且地方政府甚至民间机构也颁布了许多技术规定，这使国外厂商疲于应付，竞争力大为削弱，甚至被拒之于国门之外。

（4）强制性。

关税壁垒是通过增收高额关税提高进口商品的成本和价格，削弱其竞争力，从而间接影响进口。技术壁垒则不然，技术标准和法规的制定与实施具有强制性，达不到标准一律不准进口，这就阻止了科技水平落后国家的出口。

2. 技术性贸易壁垒盛行的原因

WTO 成立以来 TBT 越来越多。WTO 统计数据显示，1995—2007 年的 12 年间，WTO 各成员通报影响贸易的新规则总量达到 23 897 件，其中 TBT 措施为 16 974 件，占 71%。2008 年 WTO 通报 TBT 的数量为 1 493 件，2009 年通报 1 863 件，2010 年通报 1 958 件，2011 年通报 2 106 件，2012 年通报 2 185 件，2013 年通报 2 141 件，2014 年通报 2 237 件，即从 1995—2014 年的 20 年间，WTO 通报 TBT 的总量已经超过 30 000 件。2020 年则通报 3 354 件。估算 2006 年技术标准对全球 80% 的贸易造成了影响，影响贸易额高达 8 万亿美元。技术性贸易壁垒越来越多的原因主要有以下几方面：

（1）科学技术的进步导致技术性贸易壁垒的强化。

随着经济的发展和产业结构的升级，技术密集型产品占世界贸易的比重进一步上升，国际贸易中所涉及的各种技术问题也变得更加复杂。科技进步的结果，给发达国家限制商品进口提供了新的手段和快速、准确的数据。为了在激烈的国际市场竞争中取胜，发达国家便利用其先进的技术水平，制定名目繁多的技术法规、标准、认证制度、检验制度等，使别的国家尤其是发展中国家难以适应，从而达到限制进口的目的。

（2）消费观念的改变和环保意识的增强推动了技术性贸易壁垒的产生。

产品品质直接影响消费者的利益，随着消费者自我保护意识的增强，对商品质量消费者要求越来越高，对卫生、安全指标的要求也越来越严格；消费者不仅要提高生活水平，更要提高生活质量，当然也包括环境质量。因此，要求制定相应技术标准的呼声越来越强烈。各国政府及民间组织顺应潮流，制定了各种各样的技术法规和标准。

（3）世贸组织的例外规定使技术性壁垒可以"合法"地存在。

《世界贸易组织贸易技术壁垒协议》（简称 TBT 协议）虽然规定，要保证技术法规和标准不给国际贸易造成不必要的障碍，但也允许各参加方为提高产品质量、保护人类健康与安全、保护动植物生命与安全、保护环境或防止欺骗行为等，可以有例外规定。服务贸易协定、农产品协定和与贸易有关的知识产权协定中都有类似的规定。此类例外规定给设置技术性壁垒提供了"合法"空间，发达国家纷纷打着保护人类健康与安全、保护环境等旗号，制定出严格、繁多、苛刻的技术法规和标准等，名正言顺地达到既有利于扩大本国商品出口，又有利于限制别国商品进口的双重目的。

（4）关税的大幅度削减和传统数量限制措施被扼制，使技术性壁垒成为贸易保护主义的新式武器。

GATT 及 WTO 组织的多轮贸易谈判不但使关税大幅下降，而且强化和完善了对非关税壁垒的约束机制，尤其是传统的数量限制措施被规定了取消时间表。在这种情况下，世界各国特别是发达国家转向使用技术性壁垒，使之成为贸易保护主义的新式武器。2008 年的金融危机更是成为 TBT 的催化剂。

三、技术性贸易壁垒的性质及其影响

（一）技术性贸易壁垒的性质

技术性贸易壁垒具有双重性，它既有合理合法的一面，又有易被贸易保护主义利用的一面。合理制定和实施技术法规、标准、合格评定程序等可以维护国家经济安全，保障人类健康和安全，保护生态环境，促进调整和优化产业结构，规范市场秩序，促进经济和社会的可持续发展。事实上，一开始技术性贸易措施大都是为了保护本国消费者的利益而被各国提出和采用的，并极大地推动了国际贸易的发展。但是，随着关税大幅度降低和传统非关税壁垒不断被消除和规范，技术性贸易措施也越来越被滥用，成为替代关税和一般非关税壁垒最重要的贸易壁垒，成为发达国家实行贸易保护主义的主要手段和高级形式。具体表现在：①各国技术法规和标准不尽相同，有些国家人为扩大这些差异以限制进口。②技术标准在执行过程中可能产生一些限制。商品在进口过程中所产生的争议，常常会导致复杂的旷日持久的调查、辩护、裁定等程序。在履行了一系列复杂程序后，即使该商品准许进口，也会因为错过销售时机、费用大大增加而无法与本地产品竞争。③技术法规和标准本身具有双重性：一方面，由于各国文化背景、生活习惯等不同，各国工业化程度、科技水平、消费水平也存在着差异，导致了各国技术法规和标准的差异。当各国都用本国的技术法规和标准去判断、检验进口产品时，就很容易限制进口。换句话说，标准本身不是贸易的障碍，但在产品检验和认证的过程中，这些法规和标准既能加速也能阻碍商品的自由流通。另一方面，有些国家有意识地、有针对性地制定某些技术法规和标准，去限制其他一些国家或地区的进口。

（二）技术性贸易壁垒的影响

从结果上看，技术性贸易壁垒是一把"双刃剑"，既会对各国的经济发展产生积极影响，也会产生消极影响。

1. 合理运用技术性贸易壁垒的积极影响

（1）保障人类健康和安全。合理的技术性贸易措施可以保障人类的健康和安全，提高生活质量。

（2）维护国家基本安全。TBT 协议明确指出："不应阻止任何国家采取必要的措施以保护其基本安全利益。"建立有效的技术壁垒体系可以帮助一国维护国家基本安全，促进科技进步，促进调整和优化产业结构。

（3）保护生态环境，实现可持续发展。在国际贸易领域，以保护环境为目的而采取限制甚至禁止贸易的措施即绿色壁垒，一方面限制甚至禁止了严重危害生态环境产品的国际贸易和投资，另一方面，又为有利于可持续发展的产业创造了新的发展空间，这些产业已成为国际贸易和投资新的增长点。

（4）调控经济贸易利益，提高企业出口竞争力。采取合理的技术性贸易措施，特别是采用国际标准和取得国际认证，是调整和优化企业出口产品结构的重要手段，是进入国际市场的通行证，也是提升出口竞争力的重要工具。世贸组织有关技术协议的实施也有助于规范各国的技术壁垒，从而为国际竞争创造较为良好的环境。

2. 滥用技术性贸易壁垒的消极影响

（1）增加贸易成本，造成贸易障碍。

根据美国商务部 1998 年的报告和欧盟的研究，仅受技术法规影响的出口产品就占世界出口总额的 25%，全世界出口因此减少 15%~25%，因标准和认证减少的出口相当于出口总额的 3.75%~6.25%。联合国贸发会议的一个研究报告指出，海关程序和相关活动所需的成本占贸易总额的 7%~10%，对这些程序进行协调并简化可以降低 25%的成本，相当于贸易总额的 1.75%~2.50%。美国商务部估计，各种 TBT 至少直接影响美国 500 亿美元的出口，并且成为另外 200 亿~400 亿美元货物出口的障碍。[①]

（2）引发贸易争端。

由于利益不同，评判方法也难以统一，且技术性贸易壁垒较易被贸易保护主义所利用，结果引发争端。目前 TBT 已成为贸易争端的重要领域。1995—2002 年涉及 TBT 和 SPS 的争端达 50 件，其中 39 个涉及农产品和食品。在 2001 年 3 月 15 日 SPS 委员会会议上，秘书处汇报了 80 个对贸易有影响但有争议的案例。在这些案例中，23 个涉及食品安全，28 个涉及动物健康与疫病，27 个涉及植物健康。涉及采取 SPS 措施的国家和地区共 39 个，贸易受到影响的国家和地区达 22 个。[②]

（3）限制进口，损害发展中国家的利益。

技术贸易壁垒大多数由发达国家制定，而发展中国家科技水平落后，致使发展中国家受到的损害最为严重。据统计，发展中国家受技术壁垒限制的案例，大约是发达国家的 3.5 倍。加入世贸组织以来，我国企业受到 TBT 的影响越来越大，2011 年中国有 35.2%的出口企业遭受到国外技术性贸易措施的影响；企业为适应进口国要求进行技术改造、检验、检疫、认证等新增成本为 259.6 亿美元；因国外技术性贸易措施导致我国出口产品被国外扣留、销毁、退货等直接损失达 622.6 亿美元，同比增长 40.2 亿美元，占同期出口

[①②] 夏友富，俞雄，李丽. 技术性贸易壁垒的特点及其发展趋势［J］. 国际技术贸易市场信息，2003（2）：9-13.

额的 3.3%。①

（4）扭曲比较利益，抵消多边谈判取得的成果，扭曲贸易的地区和商品结构。

TBT 的合理目标是维护国家基本安全，保障人类、动植物安全和健康及环境安全，防止欺诈行为和保证出口产品质量等。事实上，发达国家设置技术壁垒客观上可能产生的效果是多方面的。既可能保护了本国的产业，还可能同时促进了相关产业的发展。技术性贸易壁垒已经成为一国产业政策的有机组成部分。一些发达国家实施 TBT 目标正从 1~2 个目标转向多个目标，最终达到扭曲甚至抵消出口国的比较优势，创造进口国新的比较优势的目的。

欧盟实施偶氮染料禁令（出口欧盟的服装等纺织品禁用偶氮染料）可以得到多方面的效果：一是可以保护欧盟人民的健康和安全；二是禁止了出口国原有比较优势产品的出口，同时，出口国的染料生产企业受到沉重打击，如我国 119 种染料被迫停产；三是在制定这一禁令前，欧盟内部的替代产品已经被开发并成为新的比较优势产品，出口国为了出口被迫进口欧盟成员的替代品，结果导致这些替代品出口增加，如我国这些年来进口的染料增长迅速；四是出口国使用这些替代品后成本猛增。据测算，每吨染料成本和检测费用分别增加 120 美元。这样，出口国纺织品和服装的比较优势受到影响，甚至发生逆转，从而达到控制进口、保护进口国国内产业的目的。

第四节　环境贸易壁垒

所谓环境贸易壁垒（Environmental Trade Barriers，ETBs），也称绿色壁垒，是指在国际贸易活动中，一国以保护环境为由而制定的一系列环境贸易措施，使外国产品无法进口或进口时受到一定限制，从而达到保护本国产品和市场的目的。由于发达国家的产品科技含量和公众的环境意识普遍较高，他们对环境标准的要求非常严格，不仅要求末端产品符合环保要求，而且规定从产品的研制、开发、生产、包装、运输、使用、循环再利用等整个过程均需符合环保要求。这无疑会给广大发展中国家产品出口带来很大的障碍②。它通常分为两类：一类是政府引导型的绿色壁垒，它以保护自然资源、生态环境和人类健康为名，通过制定一系列苛刻的环保标准对来自其他国家和地区的产品设置关卡，限制其出口，是一种以保护本国市场为目的的新兴的非关税壁垒；另一类是非政府引导型的绿色壁垒，不同国家的生产者或消费者，由于环境保护意识强弱差异会对产品的生产或消费产生影响，从而造成产品在国际流通时的不顺畅。"绿色壁垒"的表现形式有三个层次：一是由一些国家的政府或地区性国际联盟颁布的具有强制性的法律或技术法规，以及由这些法律法规所衍生出来的各类具体的条例、实施细则和强制性标准等；二是由一些国家的产业管理部门、行业公会、国际性行业协会以及标准化组织推出的非强制性的各类技术标准；三是由各类科研单位、中介机构、行业协会、企业推出的各种符合性评定程序（包括授权使用各类标志），它们也是非强制性的。

---

① 中国技术性贸易措施年度报告，http://www.chinayearbook.com.
② 中国高新技术产业导报（2012），2001-08-21.

一、环境贸易壁垒的形式与基本特点

1. 环境贸易壁垒的形式

（1）国际和区域性的环保公约。

国际和区域性的环保公约种类繁多，如《保护臭氧层维也纳公约》《关于消耗臭氧层物质的蒙特利尔议定书》及其修正案、《控制危险废物越境转移及其处置巴塞尔公约》《濒危野生动植物物种国际贸易公约》《生物多样性公约》《生物安全议定书》《联合国气候变化框架公约》《里约环境与发展宣言》及《21世纪议程》等，无不对国际贸易中不利于环境的因素予以限制，它是形成环境贸易壁垒的国际法基础。

（2）国别环保法规、标准。

主要发达国家先后分别在空气、噪声、电磁波、废弃物等污染防治、化学品和农药管理、自然资源和动植物保护等方面制定了多项法律法规及环境标准。这些严格的法律、法规和要求阻碍了发展中国家的出口产品进入发达国家的市场。如1994年，美国国家环保署为9大城市出售的汽油制定了新的环保标准，规定汽油中有害物质的含量必须低于一定水平，美国生产的汽油可逐步达到有关标准，而进口汽油必须在1995年1月1日该规定生效时达标，否则禁止进口。这一做法带有明显的歧视性，是典型的贸易保护主义措施。家用电器和电子设备产生的电磁污染已经与空气污染、水污染被并列为世界三大污染，世界各国纷纷制定法规进行控制，1992年欧盟制定了严格的电磁兼容指令（EMC），涉及的机电产品范围很广，1996年开始强制执行。目前，美国、欧盟、日本和澳大利亚建立了四方互认机制。

（3）自愿性措施——ISO14000环境管理体系和环境标志。

国际标准化组织1996年制定并实施了ISO14000系列标准，对企业的清洁生产、产品生命周期评价、环境标志产品、企业环境管理体系加以审核，要求企业建立环境管理体系，并通过经常的检查和评审，使环境质量有持续地改善。其目的在于激发企业自觉采取预防措施及持续性改善措施来达到改善环境的目的，这是一种自愿性标准。

ISO14000对国际贸易的影响早已开始，发达国家政府或跨国公司普遍对供应商提出有关环境保护的要求。通过ISO14000认证已成为进入国际市场的通行证。目前全球取得认证的企业有近20 000家。许多世界著名跨国公司已纷纷制订计划，要求所属公司及其供应商必须在限定的时间内通过认证。

环境标志，是贴在商品或其外包装上的一种图形，它是根据有关的环境标准和规定，由政府管理部门或民间团体依据严格的程序和标准，向有关申请者颁发其产品或服务符合环保要求的一种特定标志，标志获得者可把标志印在产品和包装上。它向消费者表明该产品或服务从研制、开发、生产、使用、回收利用到处置的整个过程符合环境保护要求。这是调动消费者和企业参与环境保护的一种很好的方式，最终有利于保护环境。调查表明，84%的荷兰人、89%的美国人、90%的德国人在购物时会考虑消费品是否具有绿色标志，有人甚至愿意多花10%的费用来购买绿色产品。

通常列入环境标志的产品类型有节水节能型、可再生利用型、清洁工艺型、低污染型、可生物降解型、低能耗型等。环境标志制度兴起于20世纪70年代，此后得以迅速发展，现已成为市场准入的通行证。1977年，德国第一个制订"蓝色天使计划"，到目前，已有近 40 个国家和地区推行了环境标志制度,如加拿大的"环保选择方案"、日本的"生态标志制度"、北欧四国的"白天鹅制度"、奥地利的"生态标志制度"、葡萄牙的"生态产品制度"、法国的"NF 环境标志制度"等。一些公众团体也制定了部分环境标志制度,如美国的"科学证书制度"和"绿色签章"、瑞典的"良好环境选择"及德国的分别用于纺织品、热带木材和成衣的三种环境标志制度等。总的来说,适用环境标志的产品和服务越来越多,越来越多的人认识到环境标志的必要性和迫切性,越来越多的企业加入环境标志行列。

(4) 绿色补贴制度。

由于污染治理费用通常十分昂贵,导致一些企业难以承担此类开支,对许多发展中国家的中小企业而言更是如此。当企业无力投资于新的环保技术、设备或无力开发清洁技术产品时,政府可以采用环境补贴来控制污染,这些补贴包括专项补贴、使用环境保护基金及低息优惠贷款等。按 WTO 修改后的《补贴与反补贴措施协定》的规定,这类补贴属于不可申诉的补贴范围,因而为越来越多的国家和地区采用。OECD 也允许其成员政府可根据"污染者付费原则"提供环境补贴。

(5) 绿色包装制度。

包装对环境的负面影响主要是由于包装材料及其所形成的废弃物和包装容器结构而引起,如 PVC 塑料难以自然降解,焚烧处理时又污染环境。为此,许多国家颁布了不少有关包装的法律法规。如英国制订了包装材料重新使用的计划,要求 2000 年前使包装废弃物的 50%~75% 重新使用。

对于绿色包装,目前尚无统一的定义和明确的范围,通常认为绿色包装是指包装材料节省资源,用后可以回收利用,焚烧时无毒害气体产生,填埋时占地少,并能生物降解和分解的包装。国外有人形象地将绿色包装归纳为 4R,即 Reduce——减少材料消耗量;Refill——大型容器再填充使用;Recycle——可循环时用;Recovery——可回收利用。由于这些规定是按照西方国家国内资源禀赋、消费偏好等因素确定的,发展中国家或是难以适应,或是增加改装成本,从而起到了贸易限制的实际效果。

2. 环境贸易壁垒的基本特点

当前国际贸易中形形色色的环境壁垒从以下几个方面呈现出其特有的时代性特点:

(1) 合法性。从有关国际环境公约及世贸组织的有关规定来看,环境壁垒具有一定程度的合法性。如 WTO 规定,为保护人类、动物或植物的健康与安全,保护生态环境,在遵循贸易影响最小、科学上证明合理、国民待遇和非歧视、统一性、透明度、发展中国家特殊和差别待遇等原则的前提下,可以实施贸易的环境控制。但是,在具体实践中,以环境保护为名、行保护贸易政策之实的情况比较突出,因而要明确甄别其真实动机是非常困难的,这就使环境贸易壁垒呈现出隐蔽性的特征。

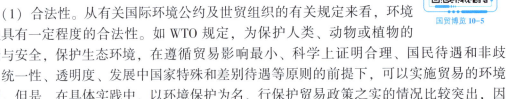

国贸博览 10-5

(2) 歧视性。由于设置环境壁垒的主要是发达国家,它的实施没有考虑到发展中国家经济、技术发展的现实,对各类不同水平国家的产品规定同样的市场准入条件,这是很不公平的,发展中国家的贸易利益通常受损,因而环境贸易壁垒有歧视性的一面。

(3) 广泛性。环境壁垒涉及的范围很广,从产品角度看,不仅包括初级产品,而且涉及所有的中间产品及制成品;从部门角度看,既包括有形商品,又拓展到投资及服务领域。而且环境壁垒往往会有连锁反应，容易从一个国家扩展到多个国家。如1996年德国禁止含偶氮染料的纺织品进口，结果法国、荷兰、日本也相继效仿。

（4）发展性。近几年来，环境贸易壁垒的时间效应不断增强，实施方通常随着贸易伙伴国经济和技术条件的进步，不断调整其环境技术标准，使绿色贸易壁垒呈现出与时俱进的特征。如近年来日本对大米进口检验的理化指标从1993年的20多项增加到2000年的104项，西方发达国家规定的农药残留量指标已经降至几年前的1%。另外，当具有环境标志的某种产品的比例在市场中达到20%左右后，该国的环境标志认证要求也将随之提高。

二、环境贸易壁垒盛行的原因

1. "绿色消费"观念的确立和流行

第二次世界大战后各国的经济发展无一不对生态环境造成了巨大的破坏，可以说，人类的财富是通过对大自然的掠夺而积累起来的。片面追求经济的高增长而忽视对生态环境的保护，致使人类与生态环境的关系失衡，出现了一系列严重的环境问题，这些问题直接威胁到人类的生存和发展。从20世纪70年代在美国兴起的环境保护运动到1992年的102个国家参加的世界环境与发展大会，拉开了环保时代的序幕，说明公众的环保意识正在逐渐增强，人们对产品内在和外在的环境质量要求越来越高，人们的思维方式、价值观念、价值行为及消费心理都发生了革命性的变化，"绿色消费"作为一种消费理念已经深入人心，市场上兴起了"绿色消费"的热潮，由此出现了由环保产品、环保科技和环保服务构成的潜力巨大的新兴市场。

2. 可持续发展战略的确立

随着生态环境的持续恶化，保护人类赖以生存的自然环境和生态环境已经引起世界各国的广泛关注，人类的发展观也在转变，追求经济、科技、社会、人口和环境的协调发展的可持续发展战略已成为世界各国经济发展的主题。体现在国际贸易领域，许多国家和有关国际组织因此制定了一些相关的环境保护法规和贸易规则，既有力地促进了有助于维护环境商品的国际贸易，又使对环境有害的商品的国际贸易受到了限制和禁止，从而构成了国际贸易中的绿色贸易壁垒。

3. 日益激烈的国际贸易竞争，促使绿色壁垒的形成和发展

20世纪90年代以来，随着乌拉圭回合谈判的结束和WTO的建立，以关税和非关税壁垒为特征的传统贸易保护措施受到了极大的限制，自由贸易原则已被世界各国普遍接受，以自由贸易为宗旨的世界多边贸易体制得到进一步加强。贸易自由化的发展一方面促进了国际贸易的扩大和经济全球化的进程，另一方面也加剧了经济贸易的竞争。在这种新形势下，贸易保护主义者变换手法，寻求新的贸易保护手段。于是以绿色之名行贸易保护之实，绿色壁垒便应运而生。

4. 国际公约的不完善使其具有存在的合法性

以WTO的环境政策为例，尽管WTO在环境贸易规则制定方面有了很大的进步，但依旧存在许多问题，对发展中国家来说更存在许多不合理之处。WTO的环境规范，突出强调了各会员国的"环保例外权"，却对行使此种权利缺乏有效明确的约束性规范，结果必

然为贸易保护主义所盗用,并为其提供合法的外衣。另外,在环保方面客观存在着南北差异,而 WTO 的环境规则却并未对发展中国家做出差别或优惠安排,使发展中国家处于不利的国际竞争地位,贸易保护主义可以凭借多边途径堂而皇之地实施绿色壁垒,保护其对外贸易。不合理的国际环境公约为绿色壁垒提供了可能性,并使之合法化。

三、环境贸易壁垒的性质及其影响

环境贸易壁垒具有双重性,它既有合理合法的一面,又有被贸易保护主义利用的一面。合理制定和实施环境贸易措施可以保护生态环境,促进经济和社会的可持续发展。但是,随着传统的贸易限制措施不断地被消除和规范,环境贸易措施也越来越被发达国家滥用,成为阻碍国际贸易的主要壁垒,限制了国际贸易的正常发展。

与此相对应,环境贸易壁垒的影响也分为两方面:

1. 绿色壁垒的负面影响

(1) 直接限制产品出口。

发达国家日益复杂且日趋严格的环保法规严重制约了许多产品的出口。联合国国际贸易中心于 2001 年 10 月完成的一个研究报告就与环境有关的技术性贸易壁垒对贸易的影响做了全面的评估。其结论是:①ETBs 几乎影响所有贸易产品,在 4 917 种产品中,只有 1 171 种产品不受影响。受影响的 3 746 种产品的贸易额达 47 320 亿美元,占 1999 年世界进口额的 88%,其中直接受影响的贸易额达 6 790 亿美元,相当于世界进口额的 13%。资料表明,137 个进口国采用了 ETBs。因此,绝大多数贸易的产品受 ETBs 的直接或潜在影响。②贸易保护主义者利用 ETBs 达到其保护国内产业的目的。在 4 917 个产品中,1 983 个产品受以环保为名义的贸易保护主义的影响,这些产品的进口额达 27 000 亿美元,可以说,世界进口总额的一半受环境保护主义的影响,直接受到限制的进口额达 1 100 亿美元。①

(2) 增加出口企业的成本,削弱其国际竞争力。

为了增加出口,发展中国家必须满足发达国家的环境标准和要求,在生产中不得不考虑环境因素,由此必然会增加产品的成本,从而影响其国际竞争力。环境措施所增加的费用包括直接费用与间接费用两种。例如,生态环境标志制度所带来的直接费用就是收取的标志申请费和标志使用的年费。这些费用的数额一般是根据标志产品年销售量的百分比进行计算,费用对国内和国外的申请者一视同仁,但是它对小型生产企业和发展中国家申请者而言都是负担,尤其是费用中还会涉及进行产品生产巡视的部分。环境措施带来的间接费用,是指生产企业要把较大份额的环境费用在内部消化,由此增加其生产成本和产品价格。例如,一项产品要满足众多的环境标准,必须从设计到生产投入相当的调整费用,包括使用替代化学品和有关原材料所涉及的费用、投资,试验和核实费用,引进的技术费用,等等。

(3) 影响出口产品的市场范围。

发展中国家主要的出口对象是美国、日本、欧盟等发达国家和地区,而这些国家与地区正是环境保护行动较早、公众环境意识较强、环境标准较严、环保技术较先进的国家,其国内市场严格的环境要求与标准,正逐步形成形形色色的绿色壁垒,从而使发展中国家

---

① 夏友富,俞雄,李丽. 技术性贸易壁垒的特点及其发展趋势 [J]. 国际技术贸易市场信息,2003 (2): 9-13.

产品的出口市场范围面临缩小的可能。

（4）严重损害发展中国家的利益。

目前，环境贸易壁垒主要是发达国家设立的，而发展中国家与发达国家在科技水平和环保要求上存在的巨大差异，使遭受环境贸易壁垒损害的主要是发展中国家，由此严重损害了发展中国家的利益，阻碍了发展中国家的贸易发展，加大了南北差距。

2. 绿色壁垒的积极影响

（1）有利于保护环境，推动对外贸易可持续发展。

保护环境是全人类的共同事业，实现贸易与环境的协调发展是可持续发展战略的必然要求。发达国家的环保技术和环境管理领先世界，它们设置的环境贸易壁垒作为一种外源性的强制措施，迫使发展中国家以可持续发展为基本战略，转变增长方式，变传统的粗放型发展模式为集约型发展模式，提高资源利用效率，降低消耗，加强生态环境保护，努力提高环境管理水平，提升国家环保技术标准，促进经济、贸易与环境的持续、稳定和协调发展。

（2）促进环保产业的发展和绿色产品的出口。

环保法规和措施的实施，促进了环保产业和绿色产品的出口。据统计，目前全球环保市场的投入达到3 000亿美元/年，并且以每年7.5%的速度增长，其中发达国家环保市场的投入年增长率为6%，以东亚、拉丁美洲为代表的发展中国家环保市场投入的年增长率则超过10%，大约为发达国家的2倍。全球绿色消费总量已达2 500亿美元，在未来10年内，国际绿色贸易将以每年12%～15%的速度增长。

（3）促使企业树立绿色营销观念。

发达国家的环境法规和措施，也促使企业由过去旧的营销观念转变为更全面、更先进的社会营销观念。它的内容包括：企业提供产品，不仅要满足消费者的需要与欲望，而且要符合消费者和社会的长远利益，企业要关心和增进社会福利，强调将企业利润、消费需要和社会利益三个方面统一起来。这样，由意识指导行动，企业在产品的开发、生产、储存、运输和营销等过程中就会自觉地考虑到社会利益（包括环境利益）并采用"绿色营销"战略，使环保意识深入人心。现在，绿色产品除采用一般的销售渠道外，还建立了绿色产品销售专门通道。在出售绿色产品的同时还附加绿色服务，绿色产品采用绿色包装，介绍环保知识，开展以绿色为主题的促销赞助环保活动等。企业采取的这些绿色营销手段使消费者在购买和使用商品的同时也受到了环保教育，提高了环保意识，从而能够自发、主动地保护大自然，保护环境。

第五节　其他非关税壁垒

一、社会责任壁垒

社会责任壁垒又叫蓝色壁垒，是指以保护劳动者劳动环境和生存权利为借口采取的贸易保护措施。蓝色壁垒由社会条款而来，是对国际公约中有关社会保障、劳动者待遇、劳工权利、劳动标准等方面规定的总称，它与公民权利和政治权利相辅相成。目前最主要的就是 SA8000 标准（社会责任国际标准体系，Social Accountability 8000 International standard，简称 SA8000），它是继 ISO9000、ISO14000 之后出现的又一个重要的国际性标准。SA8000 建立之初是源于美国某服装企业非法雇佣童工并强迫工作超长时间被曝光之后而逐渐形成的。随后一些国际知名品牌纷纷建立自己的社会责任准则。如今的 SA8000 在美国和欧洲的生产企业中已不再是新名词了。

SA8000 可以提高一个企业对现存的和潜在的劳动者的吸引力，人们肯定趋向选择那些更有道德的、按人权约定行事的公司，他们会为此感到骄傲。SA8000 将在未来流行，因为企业希望表明他们改善工作环境和劳动条件的意愿。这个标准体系几乎在全世界都受到赞扬，因为它规定了一些别的体系避开的问题。这也是公司提供的另一种含义上的质量和一个卖点。目前为名牌代工的企业，为沃尔玛、家乐福等供货的企业必须通过 SA8000 认证。

SA8000 的主要内容如下：

（1）童工。禁止使用童工。

（2）强迫性劳动。公司不得强迫劳动。

（3）健康与安全。为员工提供健康、安全的工作环境，采取足够的措施，防止职业病的危害。

（4）结社自由和集体谈判权。公司应尊重所有员工自由组建和参加工会以及集体谈判的权利。

（5）歧视。公司不得因种族、社会等级、国籍、宗教、身体、残疾、性别、性取向、政治归属或年龄等而对员工在聘用、报酬、培训机会、升迁、解职或退休等方面有歧视行为。

（6）惩戒性措施。公司不得从事或支持体罚、精神或肉体胁迫以及言语侮辱。

（7）工作时间。标准工作周不得经常超过 48 小时，同时，员工每 7 天至少有 1 天休息时间。所有加班工作应支付额外津贴，任何情况下每个员工每周加班时间不得超过 12 小时，且所有加班必须是自愿的。

（8）工资报酬。工资不应低于法律或行业的最低标准；对工资的扣除不能是惩罚性的。

（9）管理系统。高层管理阶层应根据本标准制定公开透明、各个层面都能了解并实施的符合社会责任与劳工条件的公司政策，要对此进行定期审核；委派专职的资深管理代表具体负责，同时让非管理阶层自己选出代表与其沟通；建立并维持适当的程序，证明所选择的供应商与分包商符合本标准的规定。

SA8000 影响全球产业国际竞争力的因素一是成本，二是产品差异性。它一方面降低发展中国家生产的比较成本优势，另一方面增强发达国家产业的差异化优势，在此消彼长的互动中争夺国际市场。我国政府、企业和民间组织对此应引起高度警醒；SA8000 在 21 世纪将成为世界上主流的贸易壁垒，对我国的冲击将会更大，必须引起各有关方面的高度关注。

二、动物福利壁垒

所谓动物福利壁垒，就是指在国际贸易活动中，一国以保护动物或维护动物福利为由，制定一系列措施以限制甚至拒绝外国货物进口，从而达到保护本国产品和市场的目的。动物福利（Animal Welfare）是在 1976 年由美国人休斯（Hughes）提出的，它是指农场饲养中的动物与其环境协调一致的精神和生理完全健康的状态。早在 1974 年，欧盟就制定了宰杀动物的法规。以猪为例，欧盟对猪的福利规定如下：小猪出生要吃母乳；要睡在干燥的稻草上；拥有拱食泥土的权利；运输车必须清洁并在途中按时喂食和供水，运输中要按时休息，运输超过 8 小时就要休息 24 小时；杀猪要快，须用电击且不被其他猪看到，要等猪完全昏迷后才能放血分割，等等。到 2013 年，欧盟各成员国必须停止圈养式养猪而采取放养式养猪。欧盟委员会食品安全署还专门为动物设立了福利部门。

在 2004 年 3 月的世界卫生组织巴黎会议上，学者们进一步将这一概念归纳为五个方面：

（1）生理福利，即为动物提供充足清洁的饮水和保持健康所需的饲料，让动物无饥渴之忧虑；

（2）环境福利，即为动物提供适当的居所，使其能够舒适地休息和睡眠；

（3）卫生福利，即为动物做好防疫和诊治，减少动物的伤病之苦；

（4）行为福利，即为动物提供足够的空间和适当的设施，保证动物表达天性的自由；

（5）心理福利，即减少动物免遭各种恐惧和焦虑的心情（包括宰杀过程）。

第六节　中国的非关税措施

改革开放前，我国是个实行计划经济的国家，进出口计划是整个国民经济计划的一部分，对进出口实行完全的计划管理，当时进出口计划是主要的非关税贸易措施。改革开放后，僵化的计划体制被打破，为了保护国内产业，规范进出口贸易，我国制定了一些非关税措施。这些措施具有种类少、非歧视性和透明度高的特点。下面按入世前后分别介绍。

国贸博览 10-6

一、"入世"前的非关税措施

1. 经营权审批制

根据《对外贸易法》规定，从事对外贸易的各类企业必须经过商务部或商务部授权的省级经贸主管部门及经济特区政府部门，在工商行政管理部门注册登记后才能从事对外贸易。该制度通过限制经营主体及其经营范围，从而限制自由贸易。

2. 进出口许可证制、配额制和国家专营制的交叉使用

（1）进口管理。

我国是按照重要商品统一经营和多数商品分散经营相结合的原则进行进口管理。在管理方式上，国家通过审定经营权和配额许可证对进口实行分类宏观调控。

第一类是关系到国计民生的、大宗的、国际市场敏感的重要商品（如粮食、化肥、木材、食糖等）的进口，由国家指定或授权的有该类商品经营权的国有外贸公司统一经营。

第二类是国际市场供应相对集中、弹性较高、国内紧缺、国内外差价较大的大宗商品（如木浆、胶合板、烟用滤嘴材料等），由商务部批准的有该类商品经营权的国有外贸公司联合对外成交。

第三类是机电产品。对限制进口的机电产品，国家采取分级和集中审批相结合的管理方法，同时对部分商品辅之以进口许可证作为管理手段。

第四类是其他商品，只要有进出口经营权的企业均可自主经营。

（2）出口管理。

我国仅对部分商品实行出口配额管理，按管理方式可分为主动出口配额管理和被动出口配额管理。

①主动出口配额管理。为了维护出口市场的稳定，我国主动采取的自行控制出口数量的措施，主要是一些大宗的传统商品和国际市场竞争激烈的商品，如粮油食品、土特产等。

②被动出口配额管理。由于进口国实行数量限制，通过双边谈判，要求我国自行控制出口数量，如对欧美纺织品出口的"自动"配额、对欧盟鞋类出口的"自动"配额等。

（3）进出口许可证管理。

我国将进口货物分为三类进行管理，即一般进口许可类、凭许可证进口类和禁止进口类。一般进口许可类是指国家对这类商品不实行许可证管理，实际上是自由进口。凭许可证进口类就是国家对其实行许可证管理的商品。进口单位必须按照国家规定的审批权限报经主管部门审查批准并领取进口许可证后方能进口。1996年，中国有384项商品进口受进口许可证管理。禁止进口类是国家禁止进口的货物。我国对进出口许可证实行分级管理、无偿发放体制（1998年以后部分许可证实行拍卖）。

3. 外汇管制

1994年以前，我国对外汇实行严格的管理，出口所得外汇必须按官方汇率卖给银行，进口用汇必须经政府批准，同时从1988年开始，还实行官方汇率与市场汇率并行的"双轨制"，这些都严重限制了自由贸易的进行。1994年1月1日我国实行汇率并轨，即实行以市场供求为基础的单一的有管理的浮动汇率制度，实行银行结售汇制度，但对私人及公司用汇仍然做了严格的限制，对进出口贸易的影响并未从根本上消除。

4. 制定各种法律、法规

改革开放以来，我国也逐步加强和完善了外贸法制建设，借助法律的规范作用对进出口活动施加影响和控制，制定的相关法律法规包括《中华人民共和国对外贸易法》《出口商品管理暂行办法》《中华人民共和国外汇管理暂行条例》《中华人民共和国进出口商品检验条例》《商检法》《中华人民共和国海关法》《中华人民共和国技术引进合同管理条例》《中华人民共和国反不正当竞争法》《中华人民共和国反倾销条例》《中华人民共和国反补贴条例》《中华人民共和国保障措施》等，对经营企业的资格认定和经营范围、通关程序、进出口商品分类和检验、进口许可证的申请和批准、用汇的要求、市场竞争秩序等做了详细规定，不同程度地影响了贸易的自由进行。

二、"入世"后非关税措施的调整

1. 外贸经营权由审批制向登记制转变

我国于2004年7月1日正式取消对外贸易经营权的审批，改为登记制，同时允许个人从事对外贸易。入世后的第一年，外资占少数股权的合资企业将全部获得进出口权，在加入WTO后头两年内进一步扩展至外资占多数股权的合资企业。自2003年9月1日起，申请外贸流通经营资格的内资企业注册资本要求由不低于500万元（中西部不低于300万元）降低为不低于100万元（中西部不低于50万元），并取消原来成立时间须1年以上的要求；申请自营进出口经营资格的生产企业注册资本要求由不低于300万元（中西部不低于 200 万元）降低为不低于 50 万元。这样，外贸经营权对我国进出口的影响进一步削弱。

2. 逐步缩小进出口许可证、进口配额商品的范围

我国按每年 15% 的增长率增加配额数量，并逐步取消进口配额和许可证的种类，到 2005 年我国进口许可证管理货物目录只保留了监控化学品、易制毒化学品和消耗臭氧层物质三种，总计 83 个 8 位 HS 编码。外国商品进入我国的市场准入条件已极大改善。同时自"入世"起取消属于《补贴与反补贴措施协定》（《SCM 协定》）第 3 条范围内的所有补贴。

3. 制定技术标准，尝试建立自己的技术标准体系

1980—2000 年我国使用的技术标准中国际标准的比例从 12% 上升到 40%。加入世界贸易组织后，我国采用国际标准的比例由 40% 提升到现在的 68%。尽管如此，在多数情况下，我国只能是被动地执行国外或国际标准，受制于人。因此，我们要积极参与国际标准的制定，争取把具有中国国情特点的文化产品、传统工艺品、名品等纳入国际标准，将我国在国际上处于领先地位的科研成果及技术及时转化为技术标准，并推荐制定为国际标准，例如中文编码、EVD、第三代移动通信标准（TD-SCDMA）、音视频编码标准（AVS）等少量标准已被纳入国际标准。[①]

4. 建立统一的中国强制性产品认证制度，即 3C 认证

长期以来，我国强制性产品认证制度存在着政出多门、重复评审、重复收费以及认证行为与执法行为不分的问题。尤其突出的是国产品和进口品存在着对内、对外两套认证管理体系。原国家质量技术监督局对国内产品和部分进口商品实施安全认证并强制监督管理，原国家出入境检验检疫局对进口商品实施进口商品安全质量许可制度。这两个制度将一部分进口产品共同列入了强制认证的范畴，因而导致了由两个主管部门对同一种进口产品实施两次认证、贴两个标志、执行两种标准与程序。随着我国加入 WTO，根据世贸协议和国际通行规则，要求我国将两种认证制度统一起来，对强制性产品认证制度实施"四个统一"，即统一目录、统一标准、技术法规、合格评定程序，统一认证标志，统一收费标准。同时，为完善和规范中国的强制性产品认证制度，解决政出多门、认证行为与执法行为不分的问题，使之适应我国市场经济发展的需要，更好地为经济和贸易发展服务，2001 年成立新的国家质检总局和国家认证认可监督管理委员会，建立了新的国家强制性产品认证制度（China Compulsory Certification，CCC）。2001 年 12 月 3 日正式对外公布，2003 年 5 月 1 日起强制执行。第一批强制性产品认证目录涉及安全、电磁兼容性（EMC）、环保要求，包括 19 大类、132 种产品。国家认证认可监督管理委员会先后指定 9 家认证机构和 69 家检测机构承担第一批强制性产品认证的认证和检测工作。

本章核心概念

非关税壁垒（Non-Tariff Barriers，NTBS），进口配额（Import Quotas），关税配额（Tariff Quotas），"自动"出口配额（"Voluntary" Export Quotas），进口许可证（Import License），外汇管制（Foreign Exchange Control），技术性贸易壁垒（Technical Barriers to

---

① 黄蓉，艾静. 中国正在着力打造技术标准体系［J］. 中国创业投资与高科技，2005（7）：54-56.

Trade，即 TBT），社会责任标准（Social Accountability 8000 International Standard，SA8000），技术法规与技术标准（Technical Act & Technical Standard），合格评定程序（Conformity Assessment Program），认证（Certification），卫生检疫规定（Health and Quarantine Regulations），环境贸易壁垒（Environmental Trade Barriers，ETBs）。

复习思考题

1. 与关税壁垒相比，非关税壁垒有哪些特点？
2. 非关税壁垒如何分类？
3. 进口配额制与"自动"出口配额制的区别在哪里？
4. 什么是技术性贸易壁垒？简述技术性贸易壁垒的特点和形式。
5. 分析技术性贸易壁垒的影响。
6. 分析技术性贸易壁垒的性质及其流行的原因。
7. 简述绿色壁垒的特点、形式及其流行的原因。
8. 如何应付非关税壁垒？与发达国家相比，分析我国在非关税壁垒方面的差距及其弥补措施。

参考文献

1. 王亚星. 中国出口技术性贸易壁垒追踪报告2013（中国人民大学研究报告系列）[R]. 北京：中国人民大学出版社，2013.
2. 毕克新，王晓红，李唯滨，等. 中小企业成长新思维：技术性贸易壁垒对我国中小企业技术创新的影响与策略研究 [M]. 北京：科学出版社，2010.
3. 李志军. 怎样打造"技术壁垒"的矛与盾 [M]. 北京：中国经济出版社，2002.
4. 叶汝求，等. 环境与贸易 [M]. 北京：中国环境科学出版社，2001.
5. 俞灵燕. 服务领域技术性贸易壁垒问题研究 [M]. 北京：光明日报出版社，2011.
6. 沈倩. 绿色壁垒对中国对外贸易的影响及对策 [J]. 商业经济，2017（1）：100-102，109.
7. 王应黎. 绿色壁垒对中国纺织品出口欧盟的影响 [J]. 国际经济合作，2015（9）：46-50.
8. 张相文，王贺光，梁肖. 欧盟技术性壁垒对我国农产品出口的影响分析 [J]. 农业经济问题，2010（4）：105-108，112.
9. 谢娟娟. 关于贸易的技术性壁垒的实证研究综述 [J]. 南开经济研究，2005（6）：29-34.
10. 李冬冬. "21世纪贸易协定"技术性壁垒规则：内容、特征及启示 [J]. 国际经贸探索，2016（11）：98-112.
11. 佟家栋. 纺织品进口配额的取消与中国面临挑战的思考 [J]. 南开学报，2005（3）：75-80.

12. 陈旭东,王靓. SA8000对企业竞争力影响的研究综述［J］. 科学与科学技术管理, 2015（8）：137-142.

13. 陈志友. 国际认证标准的人文化：增强趋势两重效应应对措施——从ISO9000、ISO14000到SA8000［J］. 国际经贸探索, 2015（5）：52-56.

第十一章 区域经济一体化与国际贸易

 本章重点问题

区域经济一体化，经济全球化，经济一体化的类型，关税同盟理论，协议性国际分工理论，区域经济一体化的影响。

第二次世界大战后国际经济领域最突出的现象之一就是区域经济一体化或贸易集团化，即少数国家比全球范围内贸易自由化更快地推进它们之间的贸易自由化。区域经济一体化无论对集团内国家的国际贸易还是对集团外国家的国际贸易，都产生了深远的影响。本章首先介绍区域经济一体化的概念及其类型；其次介绍区域经济一体化的主要理论——关税同盟理论、大市场理论及协议性国际分工理论，在介绍欧盟、北美自由贸易区等典型的区域经济一体化组织的基础上，分析了区域经济一体化对区域内外国家的不同影响；最后简要说明了我国与其他国家区域经济一体化的实践。

第一节 区域经济一体化概述

关于经济一体化（Economic Integration）的含义种类繁多，没有统一的答案，总体来看经济一体化的含义有广义和狭义之分。广义的经济一体化即经济全球化，是指世界各国和地区的货物、服务、资本、技术和人员跨越国界大规模、高速度地流动，世界各国、各地区之间经济上相互联系与依存、相互渗透与扩张、相互制约与竞争的程度日益加深、相互融合，逐渐形成全球经济一体化的过程。它包括贸易全球化、生产全球化与金融全球化三个阶段，以及与此相适应的世界经济运行机制的建立与规范化过程。因为土地要素无法流动，劳动要素限制流动，技术要素随着资本要素流动，所以，经济全球化的核心是资本的自由流动，是资本的全球扩张。资本的全球扩张导致了剥削的全球化和资本利润最大化，加深了发达国家对落后国家的控制和二者的贫富差距，当然也为落后国家更加深入地参与全球分工创造了条件。如何制定面对全球化的战略是发展中国家的首要挑战。

狭义的经济一体化又称区域经济一体化或贸易集团化，是指两个或两个以上的国家达成国际协议，共同采取减少歧视性或取消贸易壁垒的贸易政策，实行自由贸易，进而实现生产要素在成员国之间的自由流动，并为此协调成员国之间的社会经济政策。

许多学者又从制度性一体化和功能性一体化方面进行阐述，前者是指通过一定的条约和协定，建立起某种超国家的组织形式的一体化；后者是指在现实经济领域中，由于人们之间经济活动关系日益密切而导致市场扩大、各种贸易壁垒消除所形成的一种客观的融合。制度性一体化和功能性一体化是当代世界经济中同时发展的两种趋势，二者互为因果。功能性一体化的发展来自生产力的提高和世界经济进步的内在要求，当它发展到一定阶段时，必然要求制度性一体化给予进一步的保障和促进；制度性一体化则会加深功能性一体化的发展程度，并进而要求成员方之间采取各种消除贸易壁垒、实现生产要素自由流动的经济政策。功能性一体化是制度性一体化的前提和外在形式；制度性一体化则是功能性一体化的结果和内在机制。一般来说，功能性一体化是实际需要，而制度性一体化是实现这种实际需要的制度保证。因此，大多数区域经济集团都是二者一起发展的。

一、区域经济一体化发展历程

第二次世界大战后，世界各国进一步寻求建立意义更为完整的与一体化世界经济相适应的体制性安排。有关的探索一方面表现为关贸总协定关于世界自由贸易体制，国际货币基金组织关于国际金融体制以及世界银行、联合国等国际组织关于世界发展各方面所做的安排；另一方面则表现在区域层次上率先建立多边自由经济体制的尝试，即区域经济一体化。

从第二次世界大战结束到现在，世界区域经济一体化发展大致经历了以下三个阶段：

（一）第二次世界大战后初期至 20 世纪 70 年代初，区域经济一体化迅速发展阶段

目前仍在运行的一些区域一体化组织多数是在这一阶段发展起来的，这些组织在欧洲、非洲和拉丁美洲得到广泛发展。据统计，20 世纪 60 年代，全球共有 19 个区域经济一体化组织；20 世纪 70 年代增至 28 个，其中欧洲经济共同体、欧洲自由贸易联盟和经济互助委员表现得最为突出。

经济一体化进入这一蓬勃发展时期的基本背景是：20 世纪 60 年代，一大批原殖民地国家脱离了殖民统治，进而寻求摆脱本国对外经济关系中的殖民成分，迫切需要一套有利于自力更生和纠正殖民地经济特有畸形产业结构的对外经济关系。欧共体的初步成功形成了普遍的示范效应，为不同发展层次的国家谋求建立互利的对外经济关系提供了参照。这一时期的一体化进程主要表现为两个方面。一方面，"北北型"一体化继续稳步推进；欧共体在 20 世纪 60 年代致力于关税同盟的发展，并于 1979 年再次决定推进"欧洲货币体系"计划。同时，针对欧共体成立后造成的巨大竞争优势，欧洲自由贸易联盟（EFTA）于 1960 年 5 月成立，以联合提高竞争力。另一方面，与"北北型"一体化进程形成鲜明对照的是大批发展中国家的一体化组织在这一时期的广泛建立，如东南亚国家联盟、安第斯集团、西非国家经济共同体。

经济互助委员会（简称经互会）是由苏联、保加利亚、匈牙利、波兰、罗马尼亚、捷克斯洛伐克等社会主义国家建立的政治经济合作组织，于 1949 年成立，1991 年解散。由于其成员构成以意识形态性质为标准，而不是按通常的地缘经济关系标准；也因为它不同于一般的区域一体化组织按传统经贸联系和历史的国际分工合作模式来组织实施一体化市场和一体化生产，排斥了社会主义国家与不同意识形态国家传统的经济交流和合作，所以

它是在扭曲了的国际经济关系基础上实行的一体化。经互会在经历了 42 年后解体,说明了没有经济上的客观基础即使形成某种联系也不牢固。

(二) 20 世纪 70 年代中期至 80 年代中期,区域经济一体化的缓慢发展甚至停滞发展阶段

由于石油危机的冲击,各国经济增长速度普遍放慢,经济衰退,导致贸易保护主义泛滥,贸易和投资自由化受到较大的阻力,经济一体化步伐大为放慢。除了欧共体仍在缓慢推进一体化进程外,其余的一体化组织几乎都停滞发展,甚至分化、解体。

(三) 20 世纪 80 年代中期以来,区域经济一体化迅猛发展并实现新的飞跃阶段

20 世纪 80 年代中后期,国际政治趋向缓和,各国将更多的精力投入经济建设中,国际经济竞争趋于激化。以欧共体为代表的区域一体化集团将国际竞争从国家间竞争推向区域集团间的竞争,这使未加入一体化组织的国家倍感压力。于是即使宣称崇尚自由贸易的国家也开始探索符合其自由主义宗旨的区域一体化新模式。同时,鉴于前一时期的尝试,不同经济发展水平的国家也从简单模仿转向探索符合本地区特色的一体化模式。参加区域一体化的国家越来越多,经济一体化的层次也越来越高。区域一体化从简单的数量扩张、规模扩张迈向了内涵深化的新时期。据 WTO 统计,截至 2021 年 12 月 7 日,向 GATT/WTO 通报的仍然有效的区域贸易协议共有 571 个,其中自由贸易协议 314 个,经济一体化协议 182 个。

二、区域经济一体化发展的原因

(一) 联合一致,抵御外部强大压力

第二次世界大战结束后,美国与苏联在欧洲形成了对峙的冷战局面,双方在欧洲展开了激烈的争夺。为了维护国家主权,增强与美苏相抗衡的力量,恢复和提高西欧在国际舞台上的地位,西欧国家领导人深感需要联合,走一体化的道路,这成为欧共体成立的直接原因。其后建立的区域经济一体化组织大都有类似的原因。

(二) 发展中国家维护民族经济权益和发展的需要

第二次世界大战后,殖民体系瓦解,原来的殖民地附属国纷纷获得政治上的独立,开始致力于民族经济的发展。但是,广大的发展中国家和地区在发展经济上面临很多问题,如物质和技术能力薄弱、资金不足、国内市场狭窄、国际经济体系不合理等。这种情况迫使发展中国家和地区联合起来,进行集体的自力更生,走经济一体化的道路。

(三) 第二次世界大战后科学技术和社会生产力的高速发展

第二次世界大战以后,以原子能工业、电子工业和高分子工业为标志的第三次科技革命的出现,极大地促进了社会生产力的提高和国际分工向广度和深度发展,加速了各国经济的相互依赖和经济生活的国际化趋势。生产力的发展要求打破国家的疆域界线,在彼此之间进行经济协调和联合。这种建立在现代科学技术基础上的日益加深的各国经济的相互依赖性,是发达国家趋向联合、走向经济一体化的客观基础。

(四) 区域经济一体化能带来各种积极的经济效应

区域经济一体化的建立会给各成员国带来各种各样积极的经济效应,如组建区域经济一体化之后,成员国之间相互取消或削减关税并减少非关税壁垒,这就为成员国之间产品

的相互出口创造了良好的条件，从而会使区域内贸易的规模趋于扩大，这被称为"贸易创造"效应。利用区域内市场扩大出口，带动经济发展，这对那些国内市场相对狭小的国家来说尤其具有重要的意义。区域经济一体化的建立还会使所有成员国的国内市场组成一个统一的区域性市场，这种市场范围的扩大为企业实现生产的规模经济创造了条件，并且可以进一步增强区域内部的企业相对于非成员国企业的竞争力。区域经济一体化的建立也有利于促进各成员国企业间的竞争，从而打破国内垄断，优化资源配置，提高经济运行的效率，并有助于吸引外部投资。区域经济一体化组织会对来自非成员国的产品产生一定排斥作用，非成员国为了抵消这种不利影响，会倾向于将生产地点转移到区域的内部，在当地直接生产并销售。对成员国来说，这就在客观上促进了外部资本流入。

（五）"多米诺骨牌"效应

区域经济一体化组织的建立使国家间的竞争转为集团间的竞争。由于区域经济一体化组织对来自成员国和非成员国的产品采取差别待遇，它在扩大区域内贸易的同时，也减少了区域内成员国与区域外国家之间的贸易往来，从而造成了贸易方向的转移。这种"贸易转移"效应无疑会对非成员国的出口造成负面影响。因而当几个国家签订了区域经济一体化协议之后，就会对其他非成员国家造成压力，促使它们也加入这个区域经济一体化组织或是寻求建立它们自己的区域经济一体化组织。而新的区域经济一体化协议的签订又会进一步增大对其他非成员国家的压力，进而促使更多的区域经济一体化组织的出笼。这被日内瓦国际研究院的理查德·鲍德温（Richard E. Baldwin）形象地称为"地区主义的多米诺骨牌效应"。

（六）维护周边环境的和平与稳定、提高国际地位和加强对外谈判力量

区域经济一体化会使各成员国的经济更加紧密地结合在一起，增强相互间的依存度和信任度，从而避免相互之间矛盾的激化。例如，欧洲经济一体化的一个主要动机就是要通过经济上的合作防止在欧洲再度爆发战争。发展中国家之间组成区域经济集团，也是希望改变西方大国操纵世界事务的局面，提高国际地位，进而建立国际政治新秩序。

当几个国家通过区域经济一体化结合在一起时，它们就能在全球多边贸易谈判中"用一个声音说话"，加强集团的对外谈判力量，这自然有助于它们在谈判中为自己争取更多的利益。欧盟就是这方面的典型代表。如 GATT 乌拉圭回合谈判之所以长达 8 年，主要是因为法国与美国在农产品补贴问题上分歧严重，而法国之所以敢与美国对抗，显然是因为有欧盟在背后撑腰。

第二节 区域经济一体化的基本形式及其理论

区域经济一体化形式种类繁多，按不同的标准可以划分为不同的类型。另外，对此现象解释的理论也有不少，本节将做简要介绍。

一、区域经济一体化的基本形式

（一）按照组织性质和经济贸易壁垒取消的程度划分

1. 优惠贸易安排（特惠贸易协定）

这是经济一体化的最低级、最松散的组织形式，成员国之间相互给予对方出口商品特

别的优惠关税。如 1932 年英国与其以前的殖民地国家建立的大英帝国特惠税制就规定：成员国间相互减让关税，但对非成员国仍维持较高的关税，形成一种优惠贸易集团。

2. 自由贸易区

成员国之间取消一切贸易壁垒，包括关税和非关税壁垒，商品自由流动，但每个成员国仍保持原来对非成员国的独立的贸易壁垒。如 2003 年 6 月 29 日，中央与香港签署《内地与香港关于建立更紧密经贸关系的安排》（简称 CEPA），其主要内容有三大部分：货物贸易自由化；内地自 2004 年 1 月 1 日起对 273 个税目的港产品实行零关税；2006 年 1 月 1 日起对全部港产品实行零关税。

3. 关税同盟

关税同盟是指两个或两个以上的国家之间完全取消关税或其他壁垒，对非成员国实行统一的贸易壁垒，从而完全取消成员国之间的海关而缔结的同盟。结盟的目的在于使成员国的商品在统一关税的保护下，在内部市场上排除非成员国商品的竞争，它开始带有超国家的性质。例如，2002 年 12 月 22 日沙特等海湾六国正式成立并于 2003 年 1 月 1 日生效的海湾关税联盟；西非国家自 2000 年 1 月 1 日起正式启动关税同盟等。

4. 共同市场

在关税同盟的基础上，成员国之间完全消除对生产要素流动的限制，使人员、资本、商品、服务完全自由流动。到 1992 年 12 月 31 日，欧共体基本建成了内部大市场。

5. 经济同盟

在共同市场的基础上，成员国之间逐步废除经济政策的差异，制定和执行某些共同的经济政策（如财政政策、货币政策）和社会政策（如社会福利政策），向经济一体化的最后阶段过渡。1999 年 1 月 1 日欧元启动，标志欧盟已经进入这一阶段。

6. 完全经济一体化

它除了要求成员国完全消除商品、资本和劳动力流动的人为障碍外，还要求在对外贸易政策、货币政策、财政政策、社会政策等方面完全一致，并建立起共同体一级的中央机构和执行机构对所有事务进行控制，等同于一个扩大了的国家。这是经济一体化的最高组织形式，迄今并未出现。各种区域经济一体化形式的比较如表 11.1 所示。

表 11.1 各种区域经济一体化形式的比较

项目 区域经济 一体化形式	内部 取消关税	对外 统一关税	生产要素 自由流动	统一 经济政策	统一政治和 外交政策
优惠贸易安排	否	否	否	否	否
自由贸易区	是	否	否	否	否
关税同盟	是	是	否	否	否
共同市场	是	是	是	否	否
经济同盟	是	是	是	是	否
完全经济一体化	是	是	是	是	是

（二）按参加经济一体化的范围划分

1. 部门经济一体化

它是指区域内各成员国间的一个或几个部门纳入一体化范畴之内，实现局部经济部门中的协调一致。如欧洲煤钢共同体、欧洲原子能共同体等。

2. 全盘经济一体化

这是指区域内各成员国间的所有经济部门均纳入一体化的范畴之内，如欧盟、北美自由贸易区等。

（三）按参加经济一体化组织的国家或地区的经济发展水平划分

1. 水平经济一体化

它是指由经济发展水平大致相同或接近的国家组成的一体化。如欧盟、南方共同市场，前者都由发达国家组成，后者都由发展中国家组成。

2. 垂直经济一体化

这是指由经济发展水平差异较大的国家或地区组成的一体化。如北美自由贸易区由美国、加拿大（发达国家）和墨西哥（发展中国家）组成。

二、经济一体化的理论

目前有关经济一体化的理论越来越多，影响较大的有关税同盟理论、大市场理论和协议性国际分工理论。

（一）关税同盟理论

美国经济学家 J. 范纳（J. Viney）在 1950 年出版的《关税同盟问题》一书，研究了关税同盟理论，后来 K. G. 李普西（K. G. Lipsey）又依据欧共体的实践进一步完善了该理论。该理论认为，关税同盟具有静态效应和动态效应。静态效应是指在经济资源总量不变、技术条件没有改进的情况下，关税同盟对区域内国家贸易、经济发展及物质福利的影响。动态效应是指关税同盟对成员国贸易及经济增长的间接推动作用。

1. 静态效应

（1）贸易效应。

① 贸易创造效应。

贸易创造效应是指成立关税同盟后，某成员国的一些国内生产的产品，被生产成本最低的成员国的出口产品所取代。结果，从世界角度看，高效率的生产取代了低效率的生产，获得了生产利益；从进口国的角度看，产品价格降低了，获得了消费利益。具体如图 11.1 所示。

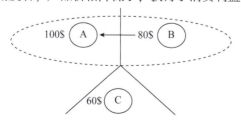

图 11.1　贸易创造效应

（实线：结成关税同盟前，虚线：结成关税同盟后）

在图 11.1 中，假设缔结关税同盟前，X 商品在 A 国的价格为 100 美元，在 B 国为 80 美元，在 C 国为 60 美元。A 国对外征收 100%的关税，显然 A 国 X 商品自产自销。当 A 国与 B 国结成关税同盟，互相取消关税，对 C 国仍然保持 100%的关税，A 国将从 B 国进口 X 商品，B 国高效率的生产取代 A 国低效率的生产，优化了资源配置。同时 X 商品的价格在 A 国从 100 美元降为 80 美元，扩大了消费和贸易量，又得到了消费利益。

② 贸易转移效应。

贸易转移效应是指成立关税同盟后，某成员国原先从低成本非成员国进口的某些产品，被生产成本较高的成员国的出口产品所取代。结果，从世界角度看，低效率的生产取代了高效率的生产，损失了生产利益。具体如图 11.2 所示。

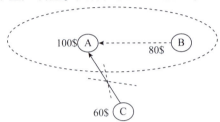

图 11.2　贸易转移效应

(实线：结成关税同盟前，虚线：结成关税同盟后)

在图 11.2 中，假设缔结关税同盟前，A 国实行自由贸易，不征关税，显然 A 国从生产效率最高的 C 国进口。而当 A 国与 B 国结成关税同盟、互相取消关税，对外统一征收 50%的关税后，A 国将从 B 国进口 X 商品，结果 B 国低效率的生产取代 C 国高效率的生产，损失了生产利益。

③贸易扩大效应。

贸易扩大效应是指成立关税同盟后，关税取消使成员国商品的进口价格下降，导致进出口量增加。

贸易创造效应和贸易转移效应是从生产方面考察关税同盟对贸易的影响，而贸易扩大效应则是从需求方面分析的。关税同盟无论是在贸易创造还是在贸易转移的情况下，都会导致贸易量的增加。因而，从这个意义上讲，关税同盟可以促进贸易的扩大，增加经济福利。

当成员国的生产结构较具竞争性时，关税同盟的贸易创造效应就较大；当成员国的生产结构较具互补性时，关税同盟的贸易转移效应就较大；组成关税同盟的成员国越多，形成的统一市场越大，成员国之间的距离越近，都会使关税同盟的贸易扩大效应越大。

(2) 其他静态利益。

①减少行政开支。

关税同盟建立后，成员国之间的海关可以取消或减少，从而减少政府开支及企业支出。

②改善贸易条件。

关税同盟形成后，一般会减少成员国对外部的出口供给和进口需求，导致关税同盟整体与外部世界的贸易条件朝着有利于关税同盟的方向变化。

③减少走私。

由于内部取消关税，对外实行统一的较低的税率，可以使高关税诱发的走私活动得到较好的扼制。

④提高经济地位，增强谈判能力。

关税同盟成立后，成员国作为一个整体与其他国家或地区进行经贸谈判，这必然大大提高其讨价还价的能力，较好地维护成员国的利益。

2. 动态效应

（1）关税同盟成立后，成员国国内市场向统一的大市场转移，市场的扩大可以使成员国获得规模经济利益。

（2）自由贸易和生产要素的自由移动会加剧竞争，专业化分工向深度和广度拓展，使生产要素和资源配置更加优化。

（3）为了应付市场的扩大和竞争的加剧，企业必然增加投资，扩大生产规模，从而刺激劳动生产率的提高和成本的下降。

（4）集团歧视性的对外政策会吸引外资大量流入以突破贸易壁垒。

（5）市场的扩大、竞争的加剧和投资的增加，必然导致更新设备，采用新技术，从而推动技术进步。

（二）大市场理论

大市场理论的代表人物是西托夫斯基（T. Scitovsky）和德纽（J. F. Deniau）。他们认为在实现经济一体化之前，各国推行狭隘的只顾本国利益的贸易保护政策，把市场分割得狭小而又缺乏适度的弹性，这样本国生产厂商无法实现规模经济和大批量生产的利益。该理论的核心是：① 通过国内市场向统一大市场的延伸，扩大市场范围，获取规模经济利益；② 通过市场扩大，创造激烈的竞争环境，进而达到实现规模经济的目的。

德纽认为，由于市场扩大，机器得到充分利用，大批量生产成为可能，加上专业化发展、最新技术的应用、竞争的加剧，所有这些因素都会导致生产成本和销售价格的下降，再加上取消关税也使价格部分下降，这一切都将导致购买力的增加和实际生活水平的提高。随着消费者人数的增加，又可能使消费和投资进一步增加，这样经济就会开始滚雪球式的扩张。消费的扩大引起投资的增加，投资的增加又会导致价格下降、工资提高和购买力的全面增加。因而，只要市场规模迅速扩大，就能促进和刺激经济扩张。西托夫斯基则认为，西欧存在小市场和保守企业家态度的恶性循环。由于市场狭隘、竞争不激烈、市场停滞和新竞争企业的建立受阻等原因，高利润长期处于平稳停滞状态。高昂的价格使耐用消费品普及率很低，不能进行大批量生产，因而西欧陷入高利润率、高价格、市场狭窄、低资本周转率的恶性循环之中。通过贸易自由化条件下的激烈竞争，价格下降，迫使企业家放弃过去的小规模生产，转向大规模生产。同时，随着消费者实际收入的增加，过去只供高收入阶层消费的高档商品转向供多数人消费。其结果是产生大市场→竞争激化→大规模生产→生产成本和价格下降→大量消费→市场扩大，竞争进一步激化，从而使经济发展处于良性循环之中。

（三）协议性国际分工理论

协议性国际分工理论是由日本著名教授小岛青提出的。他认为，传统的国际经济学论述的是在成本递增的情况下通过比较优势、市场竞争形成国际分工，而对成本递减的情况却没有论及。但事实证明成本递减也是一种普遍的情况，经济一体化的目的是要通过大市场来实现规模经济，实际上也是成本长期递减问题。因此，可以实行协议性国际分工，即一国放弃某种商品的生产并把国内市场提供给另一国，而另一国则放弃另外一种商品的生产并把国内市场提供给对方。这样两国达成相互提供市场的协议，专业化分工生产一种或几种商品，使彼此的优势得以发挥，通过规模经济的实现，生产成本下降，消费者获得利益。协议性分工不能指望通过价格机制自动实现，而必须通过当事国的某种协议来加以实现，也就是通过经济一体化的制度把协议性分工组织化。如拉丁美洲中部共同市场统一产业政策，由国家间的计划决定的分工，就是典型的协议性国际分工。但是，要达成协议性国际分工，必须具备以下条件：

第一，两个国家的资本劳动禀赋比率差别不大，工业化水平和经济发展阶段大致相同，协议性分工的对象商品在哪个国家都能进行生产。

第二，协议性分工的商品，必须是能够获得规模经济的商品。

第三，无论在哪个国家生产协议性分工的商品的利益都应该没有很大差别。

三、经济全球化与区域经济一体化的关系

经济全球化与区域经济一体化是目前并行的两股潮流，关于二者之间的关系也是仁者见仁，智者见智，争论很大。多数认为二者既是矛盾的，又是统一的。本书认为二者并行不悖，相互促进，有可能在区域经济一体化的基础上最终实现全球经济一体化。

（一）区域经济一体化是经济全球化并最终达到全球经济一体化的必经阶段

由于世界上各个国家之间经济、政治、社会、文化等差异极大，故经济全球化要在全球同步推进是不切实际的。相反，在发展水平比较接近或文化相近、地理位置相邻的国家之间则更容易深入地推进，形成区域经济一体化。因此，二者实际上是经济一体化过程在空间推进上不平衡的表现。或者说，经济全球化最终发展成为世界经济一体化首先是在各个经济区域实现的。全球化发展面临的障碍使区域经济一体化成为一种"次优"选择。

区域经济一体化不仅在实际上已在全球经济的不同部分、不同层次实现了经济一体化，而且也更有可能和更容易通过联合或合并的方式向经济全球化的完成形式——全球经济一体化过渡。正如欧洲的经济一体化组织不断扩大，最终将形成全欧洲的经济一体化一样，全球经济一体化也将以同样的形式得到实现。

（二）区域经济一体化的发展为经济全球化进一步发展提供了范例和模式，也有助于推动经济全球化的进程

未来的全球经济将向何处发展？全球经济一体化包括哪些内容，它能够实现到何种程度？区域经济一体化组织（如欧盟）所做的巨大努力和尝试，为其探索了发展方向和实施步骤。

（三）区域经济一体化和经济全球化是相互适应的

初级阶段的经济全球化是以贸易全球化作为核心内容，此时区域经济一体化也主要采取关税同盟或自由贸易区等形式，基本目标是解决一定范围内的贸易自由化问题。当经济全球化进入生产全球化、金融全球化阶段时，区域经济一体化也发展到共同市场或经济联盟等形式，基本目标从贸易自由化扩大到生产要素的自由流动、共同的货币政策和财政政策等。

（四）区域经济一体化和经济全球化是相互促进的

二者所追求的目标是一致的，即实现规模经济、提高经济效率和增强产品竞争力，只不过是范围大小不同而已。二者的过程也是一致的，即超出国界而进行的各国间国际分工、国际投资、国际生产、国际贸易等使各国经济成为一个相互依存的整体的过程，只不过是程度不同而已。因此，区域经济一体化是经济全球化过程的有机组成部分，既是经济全球化的一个步骤或阶段，又是经济全球化进一步发展直至形成全球经济一体化的基础。

当然二者也有一定的矛盾，主要表现在区域经济一体化具有一定的排他性和保护主义的色彩，但其排他性仅表现为区域集团成员国对集团内部国家给予比区外国家更优惠的待遇，同时其成员国也承担更多的义务；对区域外国家仍然敞开大门，仍然给予WTO所规定的待遇，并没有对区域外国家和地区形成额外的贸易壁垒。因此，区域经济一体化不是封闭性组织，"排而有限，封而不闭"，在世界经济全球化过程中起着积极作用。

第三节 区域经济一体化的实践

目前主要的区域经济一体化组织有欧盟、北美自由贸易区、亚太经合组织和东南亚国家联盟、区域全面经济伙伴关系协定等，其中发展历史最悠久、影响最大也最成熟的是欧盟。本节将概括介绍这些主要区域经济组织。

一、欧盟（EU）

欧盟是当今世界上一体化程度最高的区域政治、经济集团组织，从区域化合作开始到一体化进程，开启和引领了世界区域经济一体化的浪潮。它也是当今全世界各种区域经济一体化组织中最成功的典型，在全球事务中的影响正与日俱增，成为世界各国和地区争相仿效的榜样。

（一）欧盟一体化的主要进程

1950年5月9日，法国外长舒曼提出了著名的舒曼计划，其内容为建立一个超国家的管理机构，联合经营法国和联邦德国的煤炭、钢铁工业，并欢迎其他西欧国家一起参加。根据这个计划，1951年4月18日，法国、联邦德国、意大利、荷兰、比利时和卢森堡在巴黎签订了《欧洲煤钢共同体条约》（又称《巴黎条约》）。

1952年7月25日，欧洲煤钢共同体正式成立。

1957年3月25日，这六国又在罗马签订了《欧洲经济共同体条约》和《欧洲原子能共同体条约》，简称《罗马条约》，决定于1958年1月1日建立欧洲经济共同体和欧洲原子能共同体。

1965年4月8日，六国签订《布鲁塞尔条约》，将三个机构合并，统称欧共体。该条约于1967年7月1日正式生效。

1986年，欧共体卢森堡首脑会议通过《单一欧洲法令》。该法令规定，1992年年底以前基本建成欧洲内部统一大市场，在共同体范围内实现商品、劳务、人员和资本无国界的自由流动（即"四大自由"）。

1991年12月11日，欧共体马斯特里赫特首脑会议通过了以建立欧洲经济货币联盟和欧洲政治联盟为目标的《经济与货币联盟条约》和《政治联盟条约》，通称《马斯特里赫特条约》（简称《马约》）。该条约于1993年11月1日起生效，从此，欧共体改称为欧洲联盟。

1999年1月1日发行欧元，2002年1月1日欧元正式流通，目前欧元已成为20国法定货币。

（二）欧盟成立后的六次扩充

1973年，英国、丹麦、爱尔兰加入，使欧共体成员国增加到9个。

1981年，希腊加入，使欧共体成员国增加到10个。

1986年，西班牙和葡萄牙先后加入，使欧共体成员国增加到12个。

1995年，奥地利、瑞典和芬兰加入，使欧盟成员国扩大到15个。

2004年，塞浦路斯、匈牙利、捷克、爱沙尼亚、拉脱维亚、立陶宛、马耳他、波兰、斯洛伐克和斯洛文尼亚10个中东欧国家加入，使欧盟成员国扩大到25个。

2007年1月1日，罗马尼亚和保加利亚正式成为欧盟成员国，使欧盟成员国扩大到27个。

2013年7月1日，克罗地亚正式成为欧盟第28个成员国。

2016年6月23日，英国就是否留在欧盟举行全民公投。投票结果显示支持"脱欧"的票数以微弱优势战胜"留欧"票数。2020年1月31日，英国正式离开欧盟。

目前欧盟有成员国27个，人口约5亿，面积400多万平方千米，整体国内生产总值超过17万亿美元，是一个集政治实体和经济实体于一身、一体化程度最高的区域一体化组织。欧盟总部设在比利时首都布鲁塞尔，有自己的盟旗、盟歌、货币及外交政策，欧盟中央银行设在德国的法兰克福。

国贸博览 11-1

（三）欧盟一体化的主要成果

1. 成立关税同盟

主要采取了取消内部关税、统一对外税率、取消数量限制和禁止与数量限制具有同等效力的措施。按照《罗马条约》的规定，成员国应分三个阶段减税，结果原六国之间的工业品和农产品分别提前于1968年7月和1969年1月建成关税同盟。在取消内部关税的同时，1968年7月1日，共同体原六国开始对非成员国工业品实行统一的关税，即以六国对外关税率的平均数作为共同的关税率。欧共体1960年5月决定，于1961年提前取消工业品进口限额，农产品数量限制改为共同体配额，适用于所有成员国，同时消除贸易的技术壁垒、协调间接税、简化边境海关监管手续等。

2. 实施共同的农业政策

主要有对非成员国的农产品进口征收差价税，即按非成员国农产品的进口到岸价格与共同体内同种农产品的最高市场价格的差额征税；统一农业政策和农产品价格，即成立各类农产品的共同市场组织，制定共同价格，使农产品在共同体内自由流通；对农产品出口实行补贴，即各成员国把征收的进口差价税上缴共同体，建立共同的农业基金以补贴农产品出口。

3. 建立欧洲货币体系

1973年，成立欧洲货币合作基金，设立欧洲货币计算单位EMUA取代欧洲计算单位，用于各成员国中央银行之间的债务结算和蛇行浮动制的货币业务。EMUA是一种篮子货币，各成员国货币在其中的权重按1969—1973年该国出口额在共同体出口总额中的比重确定，以九国货币当时的汇率决定折算价值。1979年3月，欧共体又设立了欧洲货币单位（ECU）取代欧洲货币计算单位EMUA，也是一个篮子货币。成员国货币的比重是根据各国国民生产总值和在共同体内部贸易总额中的大小来确定的。为了稳定各成员国的汇率，欧共体建立了一种固定的可调整的汇率制度。即以欧洲货币单位为中心，首先规定各成员国货币与欧洲货币单位的中心汇率或平价，然后通过欧洲货币单位确定各成员国货币之间的双边固定汇率，各成员国保证其货币汇率偏离中心汇率的最大波动幅度在±2.25%之间，否则有义务进行干预。

4. 建立内部统一大市场

根据《单一欧洲法令》所确定的目标，欧共体十二国先后采取了282项立法措施，克服了有形壁垒、技术壁垒和财政壁垒，在1992年年底以前基本建成了欧洲内部统一大市场，在共同体范围内实现了商品、劳务、人员和资本无国界的自由流动。

5. 发行单一货币，建立欧洲中央银行，统一货币政策

1999年1月1日，欧盟中的德国、比利时、奥地利、荷兰、法国、意大利、西班牙、葡萄牙、卢森堡、爱尔兰和芬兰11个成员国率先放弃了货币主权，共同采用统一的货币欧元。2002年1月1日零时，欧元正式流通，并成立了欧盟中央银行，因此，货币政策已经统一。

6. 统一财税政策

因欧盟改革成员国间不同的增值税、消费税等税收制度和财政补贴政策，欧盟制定了一整套财政政策协调的法律程序和制度框架，并逐步确立了成员国税收一体化的基本原则：① 禁止以税收方式对本国产品提供保护原则；② 协调成员国税收立法原则；③ 消除重复征税原则；④ 成员从属原则；⑤ 成员国一致同意原则。此外，欧盟建立了超国家的共同财政预算制度，财政收入来源于成员国全部进口关税、农产品进口差价税和糖税、成员国增值税提成等。通常欧盟每年的共同财政预算约1 000亿欧元。

7. 建立共同体一级的决策机构和执行机构，实施共同的外交和安全政策

欧盟拥有许多共同体一级的决策机构和执行机构，以保证区域一体化的深入推进，主要有：欧洲理事会（European Council），即首脑会议，由成员国国家元首或政府首脑及欧盟委员会主席组成，负责讨论欧盟的内部建设、重要的对外关系及重大的国际问题。每年至少举行两次会议。欧洲理事会主席由各成员国元首轮流担任，任期半年。欧盟理事会（Council of European Union），即部长理事会，主席由各成员国部长轮流担任，任期半年。欧盟委员会（Commission of European Union），是欧盟的常设机构和执行机构，负责实施欧盟条约和欧盟理事会做出的决定，向理事会和欧洲议会提出报告和立法动议，处理欧盟的日常事务，代表欧盟对外联系和进行贸易等方面的谈判等。在欧盟实施共同外交和安全政策范围内，只有建议权和参与权。欧洲议会（European Parliament）是欧盟的执行监督、咨询机构，在某些领域有立法职能，并有部分预算决定权，并可以2/3多数弹劾欧盟委员

会，迫使其集体辞职。欧洲法院是欧盟的仲裁机构，负责审理和裁决在执行欧盟条约和有关规定中发生的各种争执。欧洲审计院负责欧盟的审计和财政管理。此外还有欧洲中央银行负责制定货币政策和发行欧元。

2003年12月12日，欧盟首脑会议通过了欧盟安全战略文件，这是欧盟通过的第一个安全战略文件，为进一步提高欧盟的危机预防和处理能力及独立防务能力奠定了新的理论基础。2004年7月，欧盟外长会议决定正式开始建立欧盟军事装备局。2004年11月，在布鲁塞尔举行的欧盟国防部长会议正式决定，欧盟将于2007年前组建13个能部署到世界上任何热点地区的快速反应战斗小分队。

2017年12月11日，欧盟批准了25个成员国签署的防务领域"永久结构性合作"，同意将欧盟后勤指挥、军事行动、海洋监视以及网络安全等作为首批17个防务合作项目，涵盖军事培训、网络安全、后勤支持、救灾和战略指挥等方面。2018年6月25日，在法国总统马克龙的号召下，法国、德国、比利时及英国等9国签订"欧洲干预倡议"意向书，计划组建一支联合军事干预部队。这标志着在新的历史时期欧盟防务一体化迈出实质性的一步。

2004年10月，欧盟25个成员国的领导人在罗马签署了欧盟历史上的第一部宪法条约，标志着欧盟在推进政治一体化方面又迈出重要的一步。2005年1月，欧洲议会全会表决批准了欧盟宪法条约，但该条约随后在法国、荷兰的"公投"中先后遭到否决。为解决欧盟制宪危机，欧盟领导人2007年12月13日在葡萄牙首都里斯本正式签署《里斯本条约》，取代已经失效的《欧盟宪法条约》，该条约已获得欧盟全部27个成员国的批准，并于2009年12月1日正式生效。

从某种意义上讲，欧洲一体化已经成为一个"难以逆转"的进程。不管人们愿意与否，它时刻都在影响着欧盟人们的生活：在欧盟范围内，法规一体化的覆盖率已达60%以上；在经济一体化方面，成员国的主权转让共享已超过85%。

（四）欧盟一体化的主要特点

（1）循序渐进，从低级形式逐步走向高级形式。最初是关税同盟，逐步发展到经济与货币联盟阶段。

（2）逐步推进。最初是部门一体化，逐步扩大到全面一体化；成员范围最初仅有6国，现在已经有27国，还会逐步扩大。

（3）从单纯的商品贸易领域扩大到货币、金融、服务、科技、农业、财政等各个领域。

（4）经济一体化促进了社会和区域政策的协调，为推进政治一体化打下了基础。

二、北美自由贸易区（NAFTA）

美国与加拿大于1986年5月开始自由贸易区谈判，1987年10月达成《美加自由贸易协定》，1988年1月2日，美加正式签署了自由贸易协定，并于1989年1月1日起正式生效，开启了北美经济一体化的历程。

墨西哥总统萨里纳斯上台后，积极寻求与美国、加拿大的自由贸易协定谈判，三方于1992年12月签署了《北美自由贸易协定》，该协定于1994年1月1日起正式生效。该自由贸易区拥有人口约4.8亿，面积2 100多万平方千米，整体国内生产总值约26万亿美元,是典型的南北区域经济集团化模式。

(一) 北美自由贸易区的宗旨与目标

《北美自由贸易协定》明确表示美、加、墨三国将根据自由贸易的基本精神,秉承国民待遇、最惠国待遇和透明度的原则,建立自由贸易区。其宗旨是:取消贸易壁垒,创造公平竞争的条件,增加投资机会,对知识产权提供适当保护,建立执行办公室和解决争端的有效程序,以及促进三边的、地区的和多边的合作;其目标是经过15年的过渡期,到2008年建成一个取消所有商品和贸易障碍的自由贸易区,实现生产要素在区域内的完全自由流动。

(二)《北美自由贸易协定》的主要内容

主要包括:降低与取消关税;汽车产品;纺织品和服装;原产地规则;能源和基本石化产品;农业;放宽对外资的限制;开放金融保险市场;公平招标;服务贸易;知识产权保护。

除上述主要内容外,《北美自由贸易协定》还就三国的海关管理、卫生和植物卫生检疫措施、紧急措施、技术标准、公共部门的采购、竞争垄断和国有企业、商务人员的临时入境、反倾销和补偿配额的争端解决、例外及保留条款等专门做了详细规定。作为补充,美、加、墨三国在1998年又就取消500种关税达成协议。此协议实施后,使大约93%的墨西哥商品能享受到美国的免税优惠,使大约60%的美国商品直接免税进入墨西哥市场。

(三) 北美自由贸易区的特点

1. 南北共存性

区域经济集团一般由社会经济发展水平相对接近的有关国家组成,这样可以大大降低实际运行中的调整成本,如欧盟。而北美自由贸易区则不然,其中既有当今世界上的第一经济大国美国和发达国家加拿大,也有发展中国家墨西哥,经济发展水平迥异。因此,在北美自由贸易区中既存在着美、加之间的"水平形态的经济合作与竞争",又存在着美、墨与加、墨之间的"垂直形态的经济合作与竞争",而且二者相互交织在一起。

2. 一国主导性

在北美自由贸易区的三个成员国中,美国的经济发展水平最高,综合国力最强,在双边贸易、直接投资、技术转让及金融、保险等生产性服务业诸领域都有雄厚的经济实力,加拿大、墨西哥的总体经济实力远不能同美国相比。经济发展水平和总体经济实力方面的巨大差异造成美国和加拿大、墨西哥之间尤其是美、墨之间相互依赖的不对称性,由此导致了美国在北美自由贸易区中占据主导和支配地位。美国既是建立北美自由贸易区的积极倡导者,也是北美自由贸易区得以正常运行的主要支撑力量,可以说北美自由贸易区是以美国为核心的区域经济集团。形象地说,北美自由贸易区的构成是"一个大块头带着两个小个子"。

3. 经济互补性

美、加、墨的经济互补关系在三国的经济运行中随处可见,如墨西哥和加拿大拥有丰富的能源资源,而美国是世界上的能源消费大国,每年需要进口大量石油,三国在能源领域有很强的互补关系;墨西哥作为一个人口大国,拥有大量的廉价劳动力,美国则有先进的技术设备和雄厚的资本实力，二者的结合，必将从总体上提高北美地区制造业的竞争力。

根据《北美自由贸易协定 20 周年》研究报告，1993—2011 年区域内贸易从 2 970 亿美元增加到 10 000 亿美元，三国之间平均每天的贸易量就有近 30 亿美元之多。可以说，北美自由贸易区的建立使北美地区成为世界上一个极具经济竞争力和经济最为繁荣的区域。

三、亚太经合组织（APEC）

1989 年 11 月 5—7 日，澳大利亚、美国、加拿大、日本、韩国、新西兰和东盟六国在澳大利亚首都堪培拉举行亚太经济合作会议首届部长级会议，这标志着亚太经济合作会议的成立。1993 年 6 月改名为亚太经济合作组织，简称亚太经合组织或 APEC。

自 1989 年起，亚太经合组织每年举行一次由各成员国外交部部长和经贸部部长参加的年会，并召开 3~4 次高级官员会议，还可就某一专题举行部长级特别会议。

领导人非正式会议是亚太经合组织最高级别的会议，首次领导人非正式会议于 1993 年 11 月 20 日在美国西雅图举行，会议并发表了《经济展望声明》，揭开了亚太贸易自由化和经济技术合作的序幕。此后领导人非正式会议每年召开一次，在各成员间轮流举行。

APEC 成员位于环太平洋地区，分布在美洲、亚洲和大洋洲，总人口占世界人口的 45%，国内生产总值占世界的 60%，贸易额占世界的 60%（2020 年数据），在全球经济活动中具有举足轻重的地位。

1991 年 11 月，中国同中国台湾和中国香港一起正式加入亚太经合组织。目前该组织共有 21 个成员：澳大利亚、文莱、加拿大、智利、中国、中国香港、印度尼西亚、日本、韩国、墨西哥、马来西亚、新西兰、巴布亚新几内亚、秘鲁、菲律宾、新加坡、中国台湾、泰国、美国、俄罗斯和越南。

APEC 具有以下几方面特点：

（1）开放性。

成员间的所有优惠性措施或安排也适用于非成员国。《茂物宣言》强调 APEC "坚决反对建立一个不谋求实现全球自由贸易的内向性贸易集团"。因而，APEC 在推进内部自由化的同时，也将推进与非 APEC 成员国间的贸易与投资的自由化。

（2）灵活性。

允许各成员根据各自的经济发展水平、市场开放程度和经济承受能力对具体部门的贸易和投资自由化进程做出灵活有序的安排，并不强求一致。

（3）多层次性。

亚太地区地域辽阔，经济、社会、文化差异极大，因此，次区域经济合作蓬勃发展，如北美自由贸易区、南太平洋自由贸易区、东盟自由贸易区等。

（4）渐近性。

APEC 成员间巨大的差异性，决定了其不可能在短期内形成像欧盟或北美自由贸易区那样的一体化组织，而要经过先易后难、先初级后高级、渐近的、长期的发展过程。《茂物宣言》宣布发达国家不迟于 2010 年、发展中国家不迟于 2020 年在亚太地区实现贸易和投资自由化的长远目标。

四、东盟（ASEAN）

东南亚国家联盟（简称东盟）的前身是马来西亚、菲律宾和泰国于 1961 年 7 月 31 日在曼谷成立的东南亚联盟。

1967 年 8 月 7—8 日，印度尼西亚、泰国、新加坡、菲律宾和马来西亚在曼谷举行会议，发表了《曼谷宣言》，正式宣告东南亚国家联盟成立。

目前东盟成员国有 10 个：文莱、柬埔寨、印度尼西亚、老挝、马来西亚、缅甸、菲律宾、新加坡、泰国、越南。总面积约 450 万平方千米，人口约 5.12 亿。

东盟自由贸易区于 2002 年 1 月 1 日正式启动，目标是实现区域内贸易的零关税。文莱、印度尼西亚、马来西亚、菲律宾、新加坡和泰国 6 国已于 2002 年将绝大多数产品的关税降至 0~5%。越南、老挝、缅甸和柬埔寨 4 国于 2015 年实现这一目标。

五、区域全面经济伙伴关系协定（RCEP）

区域全面经济伙伴关系（Regional Comprehensive Economic Partnership，RCEP）构想最早由东盟十国在 2011 年提出并发起，它以东盟—中国、东盟—日本、东盟—韩国、东盟—澳大利亚—新西兰以及东盟—印度五个自由贸易协定为基础，寻求建立一个覆盖亚太主要国家的大规模自贸区，以改善亚太自贸区建设的碎片化效应。2012 年 11 月，上述 16 个国家在东亚峰会上共同发布《启动〈区域全面经济伙伴关系协定〉谈判的联合声明》，从而正式启动 RCEP 谈判进程。2020 年 11 月 15 日，东盟十国以及中国、日本、韩国、澳大利亚、新西兰 15 个国家，正式签署区域全面经济伙伴关系协定（RCEP），标志着全球规模最大的自由贸易协定正式达成。RCEP 覆盖人口超过 35 亿，经济总量达到 29 万亿美元，占全球总量的 30%。协议文本最终包含 20 章，除了货物贸易、服务贸易、投资准入等自贸协定基本内容外，还涵盖了电子商务、知识产权、竞争政策、政府采购等新兴贸易议题的规则内容。可见，RCEP 不仅致力于消除成员国内部贸易壁垒，创造并完善更加自由的贸易投资环境，而且也在制定下一代国际经贸新规则方面做出了重要探讨。

首先，RCEP 在自贸协定基本规则特别是贸易投资自由化方面取得了突出成果。RCEP 的货物贸易整体开放水平将达到 90% 以上，各成员之间的关税减让也多以立即降至零关税或是 10 年内降至零关税的承诺为主；其次，在投资方面，RCEP 成员国以负面清单方式进行投资准入谈判，进一步为外国投资者提供实质性开放待遇。RCEP 侧重对原产地规则的整合，力图解决因同时存在多项亚太经贸安排而形成的混乱格局。最后，在海关程序与贸易便利化等方面，RCEP 也引入了更透明有效的规则进一步降低非关税壁垒，助力区域内生产要素和商品的自由流动。

六、跨太平洋伙伴关系协定（TPP）

跨太平洋伙伴关系协定也被称作"经济北约"，前身是跨太平洋战略经济伙伴关系协定，是由新西兰、新加坡、智利和文莱四国于 2002 年发起，原名亚太自由贸易区。

2015 年 10 月 5 日，美国、日本和其他 10 个泛太平洋国家就 TPP 达成一致。12 个参与国加起来所占全球经济的比重达到了 40%。2016 年 2 月 4 日，美国、日本、澳大利亚、文莱、加拿大、智利、马来西亚、墨西哥、新西兰、秘鲁、新加坡和越南 12 个国家在奥克兰正式签署了跨太平洋伙伴关系协定（Trans-Pacific Partnership Agreement，TPP）协议。2017 年 1 月 23 日，美国总统特朗普正式决定退出"跨太平洋伙伴关系协定"。

根据 TPP 的协议，TPP 成员国家的政治体制必须是尊重自由、民主、法制、人权、普世价值观，而且 TPP 统一监管标准包括：贸易和服务自由、货币自由兑换、税制公平、国企私有化、保护劳工权益、保护知识产权、保护环境资源、信息自由（包括新闻自由、互联网自由等）。这个协定条款包含政治方面的内容，明显体现了美国打压、孤立我国的意图。

七、跨大西洋贸易与投资伙伴协议（TTIP）

2013 年 6 月 17 日，欧盟与美国正式启动双边自由贸易协定——跨大西洋贸易与投资伙伴协议（Transatlantic Trade and Investment Partnership，TTIP）谈判。欧美两大经济体占全球经济总量一半、全球贸易额三分之一。据欧盟估计，一旦欧美自贸协定生效，每年将分别给欧盟和美国经济创造 1 190 亿欧元和 950 亿欧元产值，同时也将对国际经贸规则的制定产生深远影响。该协定将不仅仅涉及关税减免，更重要的是削除非关税贸易壁垒，让欧美市场融为一体，包括相互开放银行业、政府采购等，统一双方的食品安全标准、药品监管认证、专利申请与认证、制造业的技术与安全标准，并实现投资便利化等。欧美期待此举能为各自的经济注入活力。

第四节 区域经济一体化的影响

根据比较优势理论，自由贸易能使世界福利达到最大化。区域经济一体化在成员之间减免关税、消除贸易壁垒，趋向自由贸易，这种趋势必然导致成员国福利的增加。而对其他国家而言，影响则比较复杂，利弊皆有。

一、对区域集团内部成员国经济贸易的影响

概括来说，区域一体化作为一种扩大了的市场，将对集团内成员国的贸易和经济发展产生积极影响。

（一）市场扩大，能获得规模经济效益

区域一体化能把分散的小市场统一起来，结成大市场，实现规模经济等技术利益。内部生产要素可以自由流动，也便于生产资料集中使用，有利于实现规模节约。规模经济有内部规模经济与外部规模经济之分。内部规模经济主要来自内部贸易的开辟或创造而引起的生产规模扩大和生产成本降低。外部规模经济主要来源于区域经济的发展，区域性经济结合可导致区域内部市场扩大，带来各行业、各部门经济的相互促进和发展。

（二）促进了集团内部的贸易自由化和投资自由化

区域经济一体化的实现过程，也是成员国之间贸易壁垒逐步撤销、贸易自由化不断推进的过程，还是取消投资限制的过程。贸易自由化后，各国厂商失去了本国的保护，必须迎接集团内其他国家厂商的竞争，从而刺激劳动生产率的提高和成本的下降，并刺激新技术的开发和利用。产品成本和价格下降了，再加上人们收入水平随生产发展而提高，过去只供少数富人消费的高档商品将转为多数人的消费对象，市场竞争程度提高，经济效率提

高，出现大市场、大规模生产、大量消费的良性循环。投资自由化以后会导致生产要素的自由转移，经济资源配置也就趋于最优状态。

（三）促进集团内部的国际分工和技术合作

为应付市场的扩大和竞争的加剧，集团内各企业必然增加投资，更新设备，采用新技术，因此，区域经济一体化的发展会促进区域内的科技一体化，欧盟的"尤里卡"计划就是例证。一体化的创建还给区域内各企业提供了重新组织和提高竞争力的机会与条件。通过企业兼并或企业间的合作，加快地区分工和产业结构调整，促进了企业经济效益的提高，实现了产业结构的高级化，提高了国际竞争力。对于发展中国家来说，发展区域经济一体化可以充分利用现有的资金、技术、设备和各种资源，建立起新兴的工业部门，逐步改变单一的经济结构，逐步改变出口商品单一的状况。近年来，发展中国家通过经济一体化发展工业生产，工业品的自给率已有较大幅度的提高，拉丁美洲经济一体化组织中60%的机器、运输设备，35%的化工产品以及40%的钢材都是从区域内贸易获得的。

（四）促进了区域内部贸易的迅速增长和就业的增加

尽管区域经济一体化的层次有所不同，但其寻求的基本目标都是贸易自由化。成员国之间相互取消或削减关税并减少非关税壁垒为彼此之间产品的相互出口创造了良好的条件，从而会使区域内的贸易迅速增长，区域内部贸易占成员国对外贸易的比重明显提高。从1958年欧洲经济共同体成立以来，欧盟内部贸易的增长速度就一直高于对外部贸易的增长速度，欧盟成员国间贸易在外贸总额中的比重上升近30个百分点，2003年，欧盟15国的区域内贸易比重已经高达60%，随着中东欧国家的加入，这一比重增加至76%。

根据《北美自由贸易协定20周年》的研究报告，1993—2013年，美国对墨西哥的出口从416亿美元增长到2 262亿美元，增长了444%，对墨西哥的进口从399亿美元增长到2 805亿美元，增长了603%。同期美国对加拿大的出口从1 002亿美元增长到3 002亿美元，增长了200%，对加拿大的进口从1 109亿美元增长到3 321亿美元，增长了200%。据亚洲开发银行统计，2003年北美自由贸易区（NAFTA）区域内贸易比重已经高达46%。

区域内部贸易的迅速增长增强了区域内部的经济活力，带动了经济增长，也创造出更多的高薪职位。在加拿大，出口相关行业的小时工资比非出口行业高出35%；在墨西哥，出口行业的工资水平比非出口行业高出近40%；在美国，1993—2000年期间，向区域内出口行业的就业增加了90多万个职位，这些职位的工资高出美国平均工资水平的13%～18%。世界银行2005年特别指出，如果没有NAFTA，墨西哥2004年的出口会比现在少25%，FDI会少40%，人均年收入将从2002年的5 920美元降到5 624美元。

（五）有利于吸引外资

由于区域经济一体化组织内外有别——对内采取自由贸易，对外则采取歧视性做法，迫使区域外国家的企业向区域内投资，以绕过贸易壁垒。投资的增加无疑会有力地推动区域经济集团国家的经济增长。1994—2001年流入北美自由贸易区的外国直接投资占同期全世界外国直接投资总额的28%，其中美国每年吸收1 102亿美元的外国直接投资，加拿大年均吸收外资额达到214亿美元，比《北美自由贸易协定》生效前7年的总额多了2倍。1994—2004年墨西哥共得到1 240亿美元的外国投资，每年平均吸纳120亿美元的外国直接投资，这比墨西哥在1984—1994年所得到的FDI高出4倍以上。根据欧盟委员会的统计，欧盟在全球 FDI 流量中的份额从 1982—1987 年的 28.2% 迅速提高到 1991—1993 年的 44.4%，而其在发达国家中的份额从 36.1% 急剧提高到 66.3%。这说明单一市场对全世界的投资者有更大吸引力。①

（六）增强了区域经济集团在世界经济中的地位，提高了区域集团在世界经济中的谈判力量

团结就是力量，对小国而言更是如此。区域经济一体化使区域经济集团的实力大大增加，提高了在世界经济中的地位和"发言权"，尤其是增强了在国际贸易中的谈判力量。最典型的当数欧盟，在成员国扩充到 25 个之后，其经济总量已与美国不相上下，贸易规模更是远远大于美国。在乌拉圭回合和多哈回合的谈判中，法国就农产品市场开放问题敢与美国"叫板"，空客敢与波音竞争，就是因为欧盟在背后"撑腰"。

二、对区域集团外部非成员国经济贸易的影响

传统观点认为，区域经济一体化对区域集团外部非成员国经济贸易的影响主要是消极的、不利的，其实不然，实践证明，其既有积极影响，又有消极影响。

（一）积极影响

区域经济一体化组织对外贸易的迅速增长直接带动了世界贸易的增长，促进了各国尤其是区域内成员国的经济增长，从而在长期上为区域外国家扩大出口创造了条件。区域经济一体化消除了成员国之间的贸易障碍，甚至消除了生产要素流动的障碍，从而产生"贸易创造效应""贸易转移效应"和"贸易扩大效应"，成员国之间的对外贸易得以迅速增长。1950—1995 年，欧盟 15 国出口与进口贸易额的年均增长率分别为 11.5% 和 11.1%，均高于同期世界贸易出口年均增长 11.1% 和进口 11.0% 的增长速度。同欧共体一样，其他区域经济一体化组织的对外贸易也获得了较快的发展。这样在区域经济一体化的推动下，世界贸易得到了较快的增长。如世界商品贸易额 1950 年为 607 亿美元，1980 年为 2 万亿美元，2003 年为 7.3 万亿美元，2018 年达到 19.475 万亿美元。第二次世界大战后世界贸易的年均增长速度一直超过世界生产平均增长速度。又如在 1981—2001 年的 21 年中，我国对欧盟的进出口总额增长了 13 倍，其中出口增长了 15 倍，进口增长了 12 倍，净出口从逆差 2 亿多美元到顺差近 50 亿美元，可以说，这段时间对欧盟贸易的发展使欧盟成了我国对外贸易三大市场之一。

（二）消极影响

1. 对区域外国家的贸易份额下降

由于区域内的优惠并不给予区域外的国家，从而导致贸易转移，使其对区域外国家的贸易份额减少，表现出排他性的特征。如欧共体在 1958 年成立时，对发展中国家的出口额占其出口总额的比重为 30.3%，2003 年已经下降到 11.1%。又如 1994 年 1 月 1 日 NAFTA 成立前，我国纺织品在美国纺织品进口市场中占第一位，墨西哥占第四位，NAFTA 成立后，墨西哥、加拿大纺织品在美国市场立即取代了我国纺织品的市场地位，我国降为第三位。1988—1993 年期间，美国从我国进口纺织品总额年均增长 9%，但自从

---

① 尹翔硕. 欧洲单一市场对欧盟成员国贸易流动和产业区位的影响［J］. 欧洲，2001（2）：67-74，111.

NAFTA 生效以来，这一数字逐年减少，1995 年美国从我国进口的纺织品总额减少了 13%，1996 年上半年又减少了 36%。

2. 对发展中国家引进外资不利

目前区域经济一体化最成功的是发达国家，全球外资的主要来源地也是发达国家。发达国家的跨国公司（全球直接投资的主体）为了绕过贸易壁垒，抢占对方市场，主要是互相投资，而对区域外的发展中国家引进外资非常不利。如 NAFTA 生效后，美国和加拿大为降低生产成本，将一些劳动密集型的制造业生产迁往墨西哥，从而增加了对墨西哥的投资，减少了对我国的投资。1995 年，美、加两国在墨投资达到 42 亿美元。此外，由于在墨西哥生产的产品出口美、加两国时关税降低，而且不受配额限制，亚洲一些国家和地区（包括我国在内）已经考虑在墨西哥投资建厂，1994—1995 年流入墨的外国直接投资达 143 亿美元。

第五节　中国与区域经济一体化

区域经济一体化已经成为当今世界经济发展的一个潮流，对我国既有积极的一面，又有消极的一面。积极的一面包括在一个成员国投资生产的产品可以方便地进入整个区域市场，单一货币发行带来的好处等；消极的一面主要是指贸易转移效应和投资转移效应等，另外在多边贸易谈判中势单力薄，孤掌难鸣。鉴于区域经济一体化对我国经济存在正负两方面的影响，我们要认真研究对策，扬长避短，为我国的改革开放和经济发展服务。

一、中国对区域经济一体化的基本态度

（一）顺应潮流，积极参与

党的十六大报告就已经指出，中国应适应经济全球化和加入 WTO 的新形势，在更大范围、更广领域和更高层次上参与国际经济技术合作和竞争，充分利用国际国内两个市场，优化资源配置，以开放促改革促发展。因此，中国在加入 WTO 后，应积极参与区域经济一体化，拓展对外经济和贸易增长空间，发挥比较优势，加快经济发展。这既符合世界经济发展的潮流，也能为我国的现代化建设创造一个良好的国际环境。要顺势而为，不可逆潮流而动，以免被历史抛弃。

（二）循序渐进，积极稳妥

区域经济一体化在给参加国带来好处的同时，也会要其支付相应的代价。由于现代经济运行的复杂性，任何精确的计量模型和理论预测都难免出错，即使欧盟的成功经验也不是"放之四海而皆准"，因此，为了少走弯路，确保国内产业的发展和对外开放的平稳运行，我国要深入研究区域经济一体化带来的影响，权衡利弊，按照由近及远、先易后难、循序渐进的方针，有步骤、有层次、由低到高逐步推进区域经济一体化，尽可能避免贸易转移和投资转移带来的不利影响，切忌"贪大求洋""跳跃式前进"。根据我国的实际，最应该首先采用的是与周边地区签订优惠贸易协定或自由贸易协定。

（三）未雨绸缪，提高实力

区域经济一体化创造的机遇能否抓住、能否充分利用，带来的冲击能否化解，完全取

决于一国政府的管理能力和企业的竞争能力。为此，我们要未雨绸缪，提前做好准备，首先，要加强政府的宏观调控能力和驾驭经济的能力。这是因为，一方面，区域贸易协定将对中国的市场开放程度提出更高的要求，可能会对国内产业带来一定程度的冲击。另一方面，区域贸易协定所涉及的贸易自由化进程一般要快于WTO，一旦参加无疑会增加宏观经济管理工作的难度。其次，要大力推进经济结构的战略性调整。要根据中国的具体情况和比较优势，利用WTO提供的有利规则，积极调整产业结构，实现产业结构高级化，提高出口商品的竞争力。再次，要加大改革力度，促进中国跨国公司的成长。跨国公司是推动经济全球化和区域经济一体化的主体。最后，我们应鼓励企业通过联合、兼并、收购、改组、控股、参股等方式组建大型企业集团，建立现代企业制度，规范治理结构，实行国际化经营战略，使其在国际竞争中起到主力军的作用。

二、中国参与的区域经济一体化组织

近年来，在以习近平同志为核心的党中央的英明领导下，我国政府审时度势，与时俱进，在参与区域经济合作方面取得了积极进展，不但促进了我国的经济发展，而且有效化解了美国对我国的封锁、打压。除了积极参与亚太经合组织、上海合作组织、大湄公河次区域开发、一带一路等区域经济组织的贸易投资便利化和经济技术合作进程外，又在参与双边贸易自由化（Free Trade Agreement，FTA）方面取得了新的成绩，迄今为止，我国已经签署了19个自贸协定，涉及26个国家或地区，正在谈判的自贸区有10个，正在研究的自贸区有8个。主要有：

（一）中国—东盟自由贸易区

2002年11月4日，中国国务院总理朱镕基和东盟十国领导人签署了《中国—东盟全面经济合作框架协议》，决定到2010年建成中国—东盟自由贸易区。从2005年1月1日起，开始实施正常产品的降税，到2010年，中国与东盟老成员建成自由贸易区，东盟新成员则可享受最多5年的过渡期，到2015年建成自由贸易区。目前已经形成一个拥有20多亿消费者、20多万亿美元国内生产总值、6万多亿美元贸易总额的经济区，从而成为世界上人口最多的自由贸易区。据中方统计，2022年前11个月，中国与东盟贸易总值同比增长15.5%，占中国外贸总值的15.4%，东盟继续稳居中国第一大贸易伙伴，其中中国对东盟出口3.42万亿元，同比增速高达22.2%。

（二）内地与香港特别行政区、内地与澳门特别行政区建立更紧密经贸关系的安排

2003年6月29日内地与香港签署了《内地与香港关于建立更紧密经贸关系的安排》（简称CEPA），CEPA文本共23条，包括货物贸易、服务贸易和贸易便利化三个方面，总目标是贸易自由化。CEPA规定：内地自2004年1月1日起，对原产香港进口金额较大的273个税目的产品实行零关税，内地将不迟于2006年1月1日起对全部港产品实行零关税；自2004年1月1日起，内地将进一步向香港开放17项服务业：管理咨询、会展服务、广告、会计服务、建筑及房地产、医疗、分销服务、物流、货代服务、仓储服务、运输服务、旅游服务、视听服务、法律服务、银行业、证券业、保险业；贸易投资便利化多个领域，主要包括贸易投资促进、通关便利化、商品检验检疫、食品安全、质量标准、电子商务、法律法规透明度、中小企业合作和中医药产业合作（CEPA 精要，http://www.sc168.com,20040319）。为了促进澳门经济发展，同时适当保持港澳之间的平衡，内地与澳门也

第十一章　区域经济一体化与国际贸易

于 2003 年 10 月 17 日签署了《内地与澳门关于建立更紧密经贸关系的安排》。

（三）《曼谷协定》

《曼谷协定》签订于 1975 年，全称为《亚太经社会发展中成员国贸易谈判第一协定》，是在联合国亚太经社会主持下，在发展中成员国之间达成的贸易优惠安排。其核心内容和目标是：通过相互提供优惠关税和非关税减让来扩大相互间的贸易，促进成员国经济发展。现有成员国为印度、韩国、孟加拉国、斯里兰卡和老挝。我国于 2001 年 5 月正式加入《曼谷协定》，并于 2002 年 1 月 1 日开始实行《曼谷协定》税率。《曼谷协定》是我国参加的第一个具有实质意义的区域性优惠贸易安排。2003 年 2 月，中国代表团与印度代表团通过积极的双边磋商，在北京达成了《中国与印度关于〈曼谷协定〉的双边磋商纪要》，成功解决了我国与印度在《曼谷协定》中的相互适用问题，进一步增强了《曼谷协定》的活力。

（四）区域全面经济伙伴关系（RCEP）

中国于 2020 年 11 月 15 日加入 RCEP，根据协定，区域内 90% 以上的货物贸易将最终实现零关税。根据原产地累积规则，只要产品在加工过程中实现的增值部分属于 15 个成员国，且累积增值超过 40% 即可享受相应关税优惠。这给中国和东盟企业开展跨国合作带来更多信心。截至 2023 年 1 月 1 日，《区域全面经济伙伴关系协定》（RCEP）生效已满一周年。2022 年 1—11 月，中国与 RCEP 其他成员进出口总额 11.8 万亿元（人民币），同比增长 7.9%，显著高于同期中国与欧盟、美国贸易增速，占中国外贸进出口总额比重达 30.7%，其中中国向 RCEP 其他成员出口额达 6 万亿元，同比增长 17.7%，超过全国出口总体增速 5.8%。

（五）《中国—巴基斯坦优惠贸易安排》

双方于 2003 年 11 月 3 日签订，自 2004 年 1 月 1 日起正式实施。这是我国与外国政府签署的第一个双边优惠贸易安排。根据该安排，我国将对巴基斯坦 893 个 8 位税目的商品实行在《曼谷协定》承诺的优惠税率，整体优惠幅度为 18.5%。巴基斯坦对我国出口商品参照印度在《曼谷协定》的承诺实行优惠关税安排，整体优惠幅度为 31.7%。

为进一步发展中巴双边经贸关系，促进双赢和共同发展，2005 年 12 月 9 日双方又在北京签署了《中国—巴基斯坦自由贸易协定早期收获协议》，该协议将从 2006 年 1 月 1 日起对一系列产品实施降税。根据早期收获计划，中巴两国将对 3 000 种商品实施降税：其中中国向巴出口的 486 种商品将享受零关税，中方将向原产于巴基斯坦的 769 个 8 位税目的产品提供零关税待遇，上述产品的关税将在 2 年内分 3 次降税，到 2008 年 1 月 1 日全部降为零。此外，从 2006 年 1 月 1 日起，中方将对原产于巴基斯坦的 1 671 个 8 位税目产品实施优惠关税，平均优惠幅度为 27%；巴方将对原产于中国的 575 个 6 位税目产品实施优惠关税，平均优惠幅度为 22%。[①]

（六）《中国大陆—智利自由贸易协议》

2005 年 11 月 18 日，中国与智利政府在韩国釜山签署了《中国大陆—智利自由贸易协议》，该协议是继中国大陆—东南亚 FTA 之后中国大陆对外签署的第二个 FTA，也是中国大

[①] 中国—巴基斯坦早期收获计划将于 2006 年起开始实施[EB/OL].(2005-12-15).http://www.kashi.gov.cn.

陆与拉丁美洲国家签署的第一个FTA，智利成为第一个与中国建立自由贸易区的拉丁美洲国家。

根据该协议，两国从2006年7月1日起，全面启动货物贸易的关税减让进程，其中占两国税目总数97%的产品进口关税将于10年内分阶段逐步取消。据估计，在中智自由贸易协定生效后，智利92%的出口产品（铜和纸浆）即可零关税进入中国，7%的产品的降税期为5年或10年，只有1%的产品被排除在降税清单之外。中国的汽车、重型机械在协定生效后可立即零关税进入智利市场，水泥、外科手套以及部分纺织品、鞋和化工产品的降税期都是10年；而中国的小麦、糖、轮胎、服装、家电产品等152种产品排除在降税清单之外。两国还将在经济、中小企业、文化、教育、科技、环保、劳工和社会保障、智能财产权、投资促进、矿产、工业等方面进一步合作。①

(七)《中国—新西兰自由贸易协定》

中国政府和新西兰政府于2008年4月7日在北京签署了《中华人民共和国政府和新西兰政府自由贸易协定》。该协定涵盖了货物贸易、服务贸易、投资等诸多领域，是我国与其他国家签署的第一个全面的自由贸易协定，也是我国与发达国家达成的第一个自由贸易协定。

根据该协定，新方承诺在2016年1月1日前取消全部自华进口产品关税，其中63.6%的产品从该协定生效时起即实现零关税；中方承诺在2019年1月1日前取消97.2%自新进口产品关税，其中24.3%的产品从该协定生效时起即实现零关税。此外，双方还就服务贸易做出了高于WTO的承诺，并对包括技术工人在内的人员流动做出了具体规定。新西兰官方曾预计，在未来20年新西兰对华出口将增长39%，而中国对新出口会增长11%。

(八)《中国—新加坡自由贸易协定》

中国和新加坡双方于2008年10月23日在北京签署了《中华人民共和国政府和新加坡共和国政府自由贸易协定》。同时，双方还签署了关于双边劳务合作的谅解备忘录。

该协定涵盖了货物贸易、服务贸易、人员流动、海关程序等诸多领域，是一份内容全面的自由贸易协定。双方在中国—东盟自贸区的基础上，进一步加快了贸易自由化进程，拓展了双边自由贸易关系与经贸合作的深度和广度。根据该协定，新方承诺在2009年1月1日前取消全部自我国进口产品关税；中方则承诺在2012年1月1日前对97.1%的自新进口产品实现零关税，其中87.5%的产品从该协定生效时起即实现零关税。双方还在医疗、教育、会计等服务贸易领域做出了高于WTO的承诺。

(九)《中国—秘鲁自由贸易协定》

2009年4月28日，两国在北京签署了《中华人民共和国政府—秘鲁共和国政府自由贸易协定》，于2010年3月1日起实施，中秘自贸协定覆盖领域广、开放水平高。在货物贸易方面，中秘双方将对各自90%以上的产品分阶段实施零关税，在服务贸易方面，双方将在各自对世贸组织承诺的基础上，相互进一步开放服务部门。在投资方面，双方将相互给予对方投资者及其投资以准入后国民待遇、最惠国待遇和公平公正待遇，鼓励双向投资并为其提供便利等。与此同时，双方还在知识产权、贸易救济、原产地规则、海关程序、

---

① 中国与智利签署自由贸易协议[EB/OL].(2005-12-03).http://www.cnknitworld.com.

第十一章 区域经济一体化与国际贸易

技术性贸易壁垒、卫生和植物卫生措施等众多领域达成广泛共识。

（十）《中国—哥斯达黎加自由贸易协定》

2010年4月8日，中国与哥斯达黎加在北京共同签署了《中华人民共和国政府—哥斯达黎加共和国政府自由贸易协定》，于2011年8月1日起正式生效，成为中国达成并实施的第10个自贸协定。中哥自贸协定覆盖领域全面、开放水平较高。在货物贸易领域，中哥双方将对各自90%以上的产品分阶段实施零关税，共同迈进"零关税时代"。在服务贸易领域，在各自对世贸组织承诺的基础上，进一步互相开放。双方还在知识产权、贸易救济、原产地规则、海关程序、技术性贸易壁垒、卫生和植物卫生措施等众多领域达成广泛共识。

（十一）《中国—冰岛自由贸易协定》

2013年4月15日，中国与冰岛在北京签署《中华人民共和国政府—冰岛共和国政府自由贸易协定》，于2014年7月1日正式生效。该协定是我国与欧洲国家签署的第一个自由贸易协定，涵盖货物贸易、服务贸易、投资等诸多领域。

（十二）《中国—瑞士自由贸易协定》

2013年7月6日，中国与瑞士在北京签署《中华人民共和国政府—瑞士联邦政府自由贸易协定》，于2014年7月1日正式生效。该协定是我国与欧洲大陆国家签署的第一个一揽子自贸协定，是一个高质量、内涵丰富、互利共赢的协定。不仅货物贸易零关税比例高，还在钟表等领域为双方合作建立了良好的机制，并涉及环境、知识产权等许多新规则，将进一步提升中瑞双边经贸合作水平，深化中欧经贸合作。

（十三）《中韩自由贸易协定》

中韩自贸区谈判于2012年5月启动，是中国对外商谈的覆盖领域最广、涉及国别贸易额最大的自贸区。2015年12月20日正式生效。以2012年数据为基准，中方实现零关税的产品最终达到税目数的91%、进口额的85%，韩方实现零关税的产品最终达到税目数的92%、进口额的91%。该协定范围涵盖货物贸易、服务贸易、投资和规则共17个领域，包含了电子商务、竞争政策、政府采购、环境等"21世纪经贸议题"。

（十四）《中澳自由贸易协定》

2005年4月启动谈判，2015年6月17日正式签署，2015年12月20日正式生效。在内容上涵盖货物、服务、投资等十几个领域，实现了"全面、高质量和利益平衡"的目标，是我国与其他国家迄今已商签的贸易投资自由化整体水平最高的自贸协定之一。

在货物贸易领域，双方各有占出口贸易额85.4%的产品将在协定生效时立即实现零关税，澳方最终实现零关税比例是税目100%，贸易额100%。在服务领域，澳方承诺自协定生效时对中方以负面清单方式开放服务部门，成为世界上首个对我国以负面清单方式做出服务贸易承诺的国家。中方则以正面清单方式向澳方开放服务部门。在投资领域，双方自协定生效时起将相互给予最惠国待遇；澳方同时将对中国企业赴澳投资降低审查门槛，并做出便利化安排。

（十五）推进"一带一路"合作

2013年9月和10月，中国国家主席习近平在出访中亚和东南亚国家期间，先后提出

253

共建"丝绸之路经济带"和"21世纪海上丝绸之路"的重大倡议，简称为共建"一带一路"倡议，共涉及65个国家。习近平总书记在十九大报告中指出，（中国将）积极促进"一带一路"国际合作，努力实现政策沟通、设施联通、贸易畅通、资金融通、民心相通，打造国际合作新平台，增添共同发展新动力。在合作领域上，"一带一路"建设以寻求与沿线国家利益契合点为重点，以"五通"作为合作重要内容，逐步形成区域合作新格局。"一带一路"建设秉承共商、共享、共建原则。坚持开放合作、和谐包容、市场运作和互利共赢。2020年，我国对"一带一路"沿线国家进出口9.4万亿元，占进出口总额的29.1%。我国企业在"一带一路"沿线对58个国家非金融类直接投资177.9亿美元，同比增长18.3%。对外承包工程方面，我国企业在"一带一路"沿线的61个国家新签对外承包工程项目合同5 611份，新签合同额1 414.6亿美元，占同期我国对外承包工程新签合同额的55.4%；完成营业额911.2亿美元，占同期总额的58.4%。中欧班列全年开行1.24万列，发送货物113.5万标准箱，分别增长50%和56%，综合重箱率达到98.4%。在2018年美国总统特朗普对我国发动贸易战、进行封锁打压时，"一带一路"倡议给我国提供了极大的缓冲空间，有效地化解了美国的压力，充分证明了习近平总书记的高瞻远瞩。

中国还与毛里求斯、格鲁吉亚、马尔代夫签署了自贸协定，正在积极推进与海湾合作委员会、斯里兰卡、以色列、挪威、摩尔多瓦、巴拿马、巴勒斯坦的自由贸易区谈判，正在研究与哥伦比亚、斐济、尼泊尔、巴布亚新几内亚、加拿大、孟加拉国、蒙古建立自由贸易区的可行性。

本章核心概念

区域经济一体化（Regional Economic Integration）、经济全球化（Economic Globalization）、自由贸易区（Free Trade Area）、关税同盟（Customs Union）、共同市场（Common Market）、经济同盟（Economic Alliance）、贸易创造效应（Trade Creation）、贸易转移效应（Trade Diversion）。

复习思考题

一、论述题

1. 目前欧盟发展面临的主要问题是什么？对后来的一体化组织有何借鉴意义？
2. 分析英国脱欧的原因及对我国的启示。
3. 简述自由贸易区、关税同盟、共同市场、经济同盟的含义并比较其异同。
4. 简述区域经济一体化的形式及其原因。
5. 论述区域经济一体化与经济全球化的关系。
6. 简述关税同盟理论和协议性国际分工理论。
7. 分析区域经济一体化对国际贸易的影响。
8. 分析"一带一路"倡议给我国企业带来的机遇和风险。

二、实例分析题

分析欧债危机发生的原因及与经济一体化的关系。

参考文献

1. 李雪亚. RCEP与我国在亚太区域供应链的地位 [J]. 开放导报, 2021 (6): 54-61.

2. 张文学, 王思敏. RCEP范围内中国贸易潜力与贸易效率探究——基于随机前沿引力模型 [J]. 吉林工商学院学报, 2021, 37 (6): 12-19.

3. 杨谊. 英国脱欧背后的经济原因 [J]. 现代经济信息, 2016 (12): 20.

4. 徐则荣, 王也. 英国脱欧的原因及对中英贸易的影响 [J]. 管理学刊, 2017 (1): 21-33.

5. 罗黎明, 刘东旭. 关税同盟理论研究综述 [J]. 合作经济与科技, 2013 (5): 88-89.

6. 周永生. 欧盟面临着哪些现实困难与挑战 [J]. 人民论坛, 2016 (20): 21-23.

7. 吴力. 中国—东盟自贸区加速迈入3.0时代 [N]. 国际商报, 2021-12-01.

8. 郝梓淇, 张航智, 赵凯凯. "逆全球化"的实质及中国对策 [J]. 广东技术师范大学学报, 2021, 42 (4): 21-27.

9. 黄思宇, 潘柳燕. 人类命运共同体: 解决经济全球化问题的新思路 [J]. 北方论丛, 2022 (1): 25-34.

10. 罗皓文, 赵晓磊, 王煜. 当代经济全球化: 崩溃抑或重生?——一个马克思主义的分析 [J]. 世界经济研究, 2021 (10): 3-12, 134.

11. 杨辉. 经济全球化条件下政府和企业的关系 [J]. 经济师, 2004 (1): 77-78.

12. 马艳, 朱晓. 经济全球化的风险利益分析与对策研究 [J]. 财经研究, 2000 (11): 49-53.

13. 孔令丞, 郁义鸿. 经济全球化与"中国制造": 一个基于价值链增值视角的研究 [J]. 科技导报, 2005 (10): 58-61.

14. 王林生. 经济全球化与中国的对外贸易 [J]. 国际贸易问题, 2000 (10): 20-26.

15. 田素华. 经济全球化与区域经济一体化 [J]. 上海经济研究, 2000 (4): 46-50.

16. 刘顺吉. 经济全球化条件下中国国家主权的挑战与对策 [J]. 通化师范学院学报, 2005 (1): 19-20, 60.

17. 冼国明, 刘翼. 跨国公司与经济全球化 [J]. 南开经济研究, 2001 (4): 11-22.

18. 张彤玉, 丁国杰. 经济全球化的各种理论争论及其评价 [J]. 当代经济研究, 2005 (1): 33-38.

第十二章 跨国公司与国际贸易

 本章重点问题

垄断优势理论，内部化理论，边际产业扩张理论，国际生产折衷理论，跨国公司的内部贸易，转移价格，跨国公司对国际分工的影响。

第一节 跨国公司与对外直接投资

一、跨国公司概述

（一）跨国公司的定义

跨国公司（Transnational Corporation），又称多国公司、多国企业、全球公司或国际公司，主要是指以本国为基地，通过对外直接投资，在世界各地设立分支机构或子公司，从事国际化生产和经营活动的发达国家垄断企业。

其主要特征如下：

（1）一般都有一个实力雄厚的大型公司为主体，通过对外直接投资或收购当地企业的方式，在许多国家设立子公司或分公司。

（2）一般都有一个完整的决策体系和最高的决策中心，各子公司或分公司虽然各自都有自己的决策机构，都可以根据自己经营的领域和不同特点进行决策活动，但是其决策必须服从于最高决策中心。

（3）一般都从全球战略出发安排自己的经营活动，在世界范围内寻求市场和合理的生产布局，定点专业生产，定点销售产品，以谋取最大的利润。

（4）因为有强大的经济和技术实力，有快速的信息传递，以及资金快速跨国转移等方面的优势，所以在国际上具有较强的竞争力。

（5）许多大的跨国公司，由于经济、技术实力或在某些产品生产上的优势，或对某些产品，或在某些地区，都具有不同程度的垄断性。

（二）跨国公司的形成和发展

跨国公司是垄断资本主义高度发展的产物。它的出现与资本输出密切相关。19 世纪末 20 世纪初，资本主义进入垄断阶段，资本输出大大发展起来，这时才开始出现少数跨国公司。当时，发达资本主义国家的某些大型企业通过对外直接投资，在海外设立分支机构和子公司，开始跨国性经营。例如美国的胜家缝纫机器公司、威斯汀豪斯电气公司、爱迪生电器公司、英国的帝国化学公司等都先后在国外活动。这些公司是现代跨国公司的先驱。

在两次世界大战期间，跨国公司在数量上和规模上都有所发展。第二次世界大战后，跨国公司得到迅速发展。美国跨国公司的数目、规模、国外生产和销售额均居世界之首，不过地位却在下降。我国跨国公司无论在数量上还是规模上都有了很大的发展。《财富》世界 500 强排行榜一直是衡量全球大型公司最著名、最权威的榜单，被誉为"终极榜单"，由《财富》杂志每年发布一次。1995 年，世界 500 强入围门槛是营收 22.046 亿美元，我国上榜企业只有 2 家，占 500 强总收入的比例仅为 0.3%，美国有 151 家，日本有 149 家，上榜企业的收入占 500 强总收入的比例分别为 29% 和 37%。2022 年，《财富》世界 500 强企业入围门槛提高到 286 亿美元，总收入达到 37.8 万亿美元，总利润为 3.1 万亿美元。我国（含香港、台湾）上榜企业 145 家，上榜企业数量连续三年位居世界第一，第二名美国为 124 家。我国上榜企业营业收入占 500 强总营业收入的 31%，首次超过美国的 30%。潮起潮落，财富 500 强见证大国兴衰。

所有跨国公司都是通过对外直接投资形成的。我国跨国公司的发展与我国对外直接投资的扩张密不可分。我国对外直接投资是从 2003 年以来开始快速增长的。2003 年还只有 29 亿美元，到 2008 年就一举达到 559 亿美元，成为对外直接投资额最大的发展中国家，到 2015 年更是创下了 1 456.7 亿美元的历史新高，占到全球流量份额的 9.9%，金额仅次于美国（2 999.6 亿美元），位列世界第二（第三位日本是 1 286.5 亿美元），并超过同期我国实际使用外资（1 356 亿美元），实现资本项下净输出，如表 12.1 所示。在世界对外直接投资历史上，每年超过 500 亿美元的对外直接投资额是一个非常大的规模。美国作为世界上对外直接投资最多的国家，其对外直接投资额是从 1993 年以后才超过 500 亿美元的，当时其人均 GDP 2.5 万美元；日本对外直接投资额在 1990 年第一次超过 500 亿美元时，其人均 GDP 也是 2.5 万美元，到 2006 年第二次超过 500 亿美元时，其人均 GDP 已达 3.4 万美元；而 2008 年我国人均 GDP 仅 3 400 美元。2021 年我国对外直接投资 1 537.1 亿美元，流量规模首次位居全球第一。我国在全球外国直接投资中的影响力不断扩大，流量占全球的比重连续 7 年超过一成。截至 2020 年年底，我国对外直接投资存量达 2.58 万亿美元，仅次于美国（8.13 万亿美元）和荷兰（3.8 万亿美元），我国 2.8 万家境内投资者在全球 189 个国家（地区）设立对外直接投资企业 4.5 万家，全球 80% 以上的国家（地区）都有中国的投资，年末境外企业资产总额 7.9 万亿美元。

表 12.1　2008—2021 年我国对外直接投资额　　　　　　　　　单位：亿美元

年份	2008	2009	2010	2011	2012	2013	2014
金额	559.07	565.29	688.11	746.54	878.04	1 078.44	1 231.2
年份	2015	2016	2017	2018	2019	2020	2021
金额	1 456.7	1 961.5	1 582.9	1 298.3	1 171.2	1 369.1	1 537.1

资料来源：历年中国统计年鉴。

我国主要是通过加工制造业嵌入国际生产网络而参与国际分工并获得产业发展的。只不过我国仅仅参与了新兴制造业的部分生产环节，即其中的低附加值生产环节，而没有在整个行业上获得优势，这使我国的对外投资不是产业转移式的，而是价值链延伸型的。

（三）跨国公司的类型

1. 按经营项目分类

（1）资源开发型跨国公司，其以获得母国所短缺的各种资源和原材料为目的，对外直接投资主要涉及种植业、采矿业、石油业和铁路等领域。这类公司是跨国公司早期发展时经常采用的形式，资本原始积累时期英、法、荷等老牌殖民国家的特许公司在 19 世纪时向美国、加拿大、澳大利亚和新西兰等经济落后而资源丰富的国家进行的直接投资就主要集中在种植业、采矿业和铁路，如著名的埃克森—美孚公司（Exxon-Mobil）、荷兰皇家壳牌公司（Royal Dutch Shell）等。

（2）加工制造型跨国公司，其主要从事机器设备制造和零配件中间产品的加工业务，以巩固和扩大市场份额为主要目的。这类公司以生产加工为主，进口大量投入品，生产各种消费品，供应东道国或附近市场或者对原材料进行加工后再出口。随着当地工业化程度的提高，公司经营逐步进入资本货物部门和中间产品部门。

（3）服务提供型跨国公司，主要是指向国际市场提供技术、管理、信息、咨询、法律服务以及营销技能等无形产品的公司。这类公司包括跨国银行、保险公司、咨询公司、律师事务所以及注册会计师事务所等。20 世纪 80 年代以来，随着服务业的迅猛发展，其已逐渐成为当今最大的产业部门，服务提供型跨国公司也成为跨国公司的一种重要形式。

2. 按经营结构分类

（1）横向型跨国公司，是指母公司和各分支机构从事同一种产品的生产和经营活动的公司。在公司内部，母公司和各分支机构之间在生产经营上专业化分工程度很低，生产制造工艺、过程和产品基本相同。这类跨国公司的特点是母子公司之间在公司内部相互转移生产技术、营销诀窍和商标专利等无形资产，有利于增强各自的竞争优势与公司的整体优势、减少交易成本，从而形成强大的规模经济。横向型跨国公司的特点是地理分布区域广泛，通过在不同的国家和地区设立子公司与分支机构就地生产与销售，以克服东道国的贸易壁垒，巩固和拓展市场。

（2）垂直型跨国公司，是指母公司和各分支机构之间实行纵向一体化专业分工的公司。其又有两种具体形式：一是指母子公司生产和经营不同行业的相互关联产品，如自然资源的勘探、开发、提炼、加工制造与市场销售等；二是指母子公司生产和经营同行业不同加工程序和工艺阶段的产品，如专业化分工程度较高的汽车行业与电子行业等的关联产品。垂直型跨国公司把具有前后衔接关系的社会生产活动国际化，母子公司之间的生产经营活动具有显著的投入产出关系。这类公司的特点是全球生产的专业化分工与协作程度高，各个生产经营环节紧密相扣，便于公司按照全球战略发挥各子公司的优势；而且由于专业化分工，每个子公司只负责生产一种或少数几种零部件，有利于实现标准化、大规模生产，获得规模经济效益。

（3）混合型跨国公司，是指母公司和各分支机构生产和经营互不关联产品的公司。混合型跨国公司是企业在世界范围内实行多样化经营的结果，它将没有联系的各种产品及其相关行业组合起来，加强了生产与资本的集中，规模经济效果明显；同时，跨行业非相关产品的多样化经营能有效地分散经营风险。但是由于经营多种业务，业务的复杂性会给企业管理带来不利影响，因此具有竞争优势的跨国公司并不是向不同行业盲目扩展业务，而是倾向于围绕加强核心业务或产品的竞争优势开展国际多样化经营活动。

3. 按决策行为分类

（1）民族中心型公司（Ethnocentric Corporations）。决策哲学是以本民族为中心，其决策行为主要体现母国与母公司的利益。公司的管理决策高度集中于母公司，对海外子公司采取集权式管理体制。这种管理体制强调公司整体目标的一致性，优点是能充分发挥母公司的中心调整功能，更优化地使用资源，但缺点是不利于发挥子公司的自主性与积极性，且东道国往往不太欢迎此模式。跨国公司发展初期，一般采用这种传统的管理体制。

（2）多元中心型公司（Polycentric Corporations）。决策哲学是多元与多中心，其决策行为倾向于体现众多东道国与海外子公司的利益，母公司允许子公司根据自己所在国的具体情况独立地确定经营目标与长期发展战略。公司的管理权力较为分散，母公司对子公司采取分权式管理体制。这种管理体制强调的是管理的灵活性与适应性，有利于充分发挥各子公司的积极性和责任感，且受到东道国的欢迎。但这种管理体制的不足在于母公司难以统一调配资源，而且各子公司除了自谋发展外，完全失去了利用公司内部网络发展的机会，局限性很大。在跨国公司迅速发展的过程中，东道国在接受外来投资的同时逐渐培养起民族意识，经过多年的积累和发展，大多数跨国公司的管理体制从集权和以本民族为中心转变为多元中心型。

（3）全球中心型公司（Geocentric Corporations）。既不以母公司也不以分公司为中心，其决策哲学是公司的全球利益最大化。相应地，公司采取集权与分权相结合的管理体制，这种管理体制吸取了集权与分权两种管理体制的优点，事关全局的重大决策权和管理权集中在母公司的管理机构，但海外子公司可以在母公司的总体经营战略范围内自行制订具体的实施计划、调配和使用资源，有较大的经营自主权。这种管理体制的优点是在维护公司全球经营目标的前提下，各子公司在限定范围内有一定的自主权，有利于调动子公司的经营主动性和积极性。

二、国际资本流动的经济效应

国际资本流动的一般模型，亦称麦克杜加尔（G. D. A. Macdougall）模型，或称完全竞争理论，是一种用于解释国际资本流动的动机及其效果的理论，它实际上是一种古典经济学理论。这种理论认为：国际资本流动的原因是各国利率和预期利润率存在差异，认为各国的产品和生产要素市场是一个完全竞争的市场，资本可以自由地从资本充裕国向资本稀缺国流动。例如，在19世纪，英国大量资本输出就是基于这两个原因。国际间的资本流动使各国的资本边际产出率趋于一致,从而提高世界的总产量和各国的福利。

该模型的假定条件是:整个世界由两个国家组成,左边甲国资本充裕,右边乙国资本短缺。世界资本总量为横轴 OO',其中资本充裕国资本量为 OA,资本短缺国资本量为 $O'A$。曲线 FF' 和 JJ' 分别表示两个国家在不同投资水平下的资本边际产出率。它意味着:投资水平越高,每增加单位资本投入的产出就越低,亦即两国投资效益分别遵循边际收益递减规律。具体如图 12.1 所示。

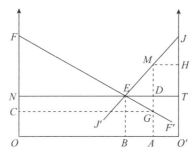

图 12.1　麦克杜加尔模型

在资本国际流动之前,甲国国内总产出为 $OFGA$,其中 $OCGA$ 是资本要素的收益,其余的 CFG 部分是其他要素收益。乙国国内总产出为 $O'JMA$,其中 $O'HMA$ 是资本要素的收益,其余的 HJM 部分是其他要素收益。

资本国际流动之后,资本从甲国流入乙国,甲国的总收益为 $OFEDA$,其中 EDG 部分是由于对外投资而增加的收益,甲国资本要素的总收益增加到 $ONDA$,而其他要素收益下降为 NFE。乙国的总收益为 $O'JEDA$,其中 EDM 部分是乙国引进外资而增加的收益,乙国资本要素的总收益下降为 $O'TDA$,而其他要素的收益则上升到 TJE。

从整个世界的角度看,总产出从 $OFGA+O'JMA$ 增加到 $OFEB+O'JEB$,增加了 $EDG+EDM=EGM$ 的部分。可以说,资本国际流动提高了国家之间资源配置的效率,从而增加了世界的产出和福利。资本的边际产值线越陡的国家,从资本国际流动中获利越大。

第二节　国际投资理论

第二次世界大战后,随着跨国公司的迅速发展,西方经济学界对这一领域进行了大量的研究,形成了许多观点各异的跨国公司理论。由于跨国公司活动基本上集中在发达国家,因此,所形成的理论都明显带有发达国家的特征。

进入 20 世纪 80 年代后,发展中国家的跨国公司,在一些领域与发达国家跨国公司展开了竞争,并对世界经济产生了巨大的影响。发展中国家跨国公司在对外直接投资活动中,出现了投资规模小、产品技术含量低、缺少名牌产品、广告费用支出较少等与发达国家明显不同的特征。这些都对原有的跨国公司理论提出了挑战,同时也对发展中国家跨国公司理论研究起到了促进作用。英国经济学家邓宁、拉奥和美国经济学家威尔斯等人对发展中国家的经济发展水平与跨国公司直接投资的关系,以及经济落后国家的企业如何拥有竞争优势方面进行了卓有成效的研究。

（一）国际直接投资理论

1. 发达国家对外直接投资理论

这主要包括海默的垄断优势理论、弗农的产品生命周期理论、巴克莱等的内部化理论、小岛青的边际产业扩张理论以及邓宁的国际生产折中理论等。

（1）垄断优势理论（Theory of Monopoly Advantage）。

1960年，美国经济学家海默在其博士学位论文《国内企业的国际经营：关于对外直接投资的研究》中，首次提出了垄断优势理论。垄断优势理论是一种以不完全竞争为前提，依据企业特定垄断优势开展对外直接投资的理论，是基于产业组织理论的一种分析。后经其导师金德尔伯格以及约翰逊等学者的补充，发展成为研究国际直接投资最早的、最有影响的理论，也公认为国际直接投资理论的奠基之作。

海默认为，所谓不完全竞争，是指由于规模经济、技术垄断、商标、产品差别以及由于政府课税、关税等限制性措施引起的偏离完全竞争的一种市场结构，寡占是不完全竞争的主要形式。正是在这种不完全竞争市场中，美国企业所具有的各种垄断优势才是导致其对外直接投资的决定因素。金德尔伯格列举了跨国公司拥有的各种垄断优势，一是来自产品市场不完全的优势，如产品差别、商标、销售技术与操纵价格等；二是来自生产要素市场不完全的优势，包括专利与技术诀窍、资金获得条件的优惠、管理技能等；三是企业拥有的内外部规模经济。企业之所以选择对外直接投资来利用其垄断优势，一是为了绕过东道国关税壁垒，维持和扩大市场；二是为了技术资产的全部收益。

20世纪70年代初，约翰逊、凯夫斯等在海默、金德尔伯格的理论基础上，进一步发展了垄断优势理论。他们指出，"知识的转移是直接投资过程的关键"，对知识资产（如技术、诀窍、管理与组织技能、销售技能等无形资产）的占有是跨国公司垄断优势的来源。

总之，垄断优势理论提出了研究对外直接投资的新思路，将国际直接投资理论独立开来进行研究，并较好地解释了第二次世界大战后一段时期美国大规模对外直接投资的行为，对后来的理论研究产生严重影响。该理论也有一定的局限性，一是没有解释为什么拥有技术优势的企业一定要对外投资，而不是转让技术或出口产品。二是不能解释跨国公司在直接投资中的地理布局和区位选择问题。三是无法解释发展中国家的对外直接投资，特别是向经济发达国家的直接投资。

（2）产品生命周期理论（Product Life Cycle Theory）。

该理论是美国哈佛大学雷蒙德·弗农教授在1966年发表的《产品周期中的国际投资与国际贸易》一文中首次提出的。其理论要义是将产品生命周期划分为三个不同阶段，即产品创新阶段、成熟阶段和标准化阶段，以解释企业根据生产条件和竞争条件而做出的对外直接投资决策。

弗农认为，在产品创新阶段，生产一般集中在美国国内，并部分出口满足其他发达国家的消费需求；当产品进入成熟阶段后，由于产品基本定型，仿制增加，加上西欧国家市场扩大，劳动力成本低于美国，以及关税和运输成本的不利影响，导致美国对西欧国家直接投资，以就近占领当地市场并出口发展中国家；当产品进入标准化阶段时，产品的生产技术、规模及样式等都已经完全标准化，企业的垄断优势不复存在。产品的成本与价格因素更为重要，发展中国家的低成本优势凸显，成为跨国公司对外直接投资的最佳生产区域。

该理论存在着局限性，主要表现在：①它没有很好地解释发达国家之间的双向直接投资；②该理论主要涉及最终产品市场，而资源开发型投资和技术开发型投资与产品的生命周期无关；③该理论不能很好地解释发展中国家的对外直接投资；④该理论认为母国垄断优势的丧失导致对外直接投资，实际上，许多跨国公司在保有垄断优势的同时，还进行大量对外直接投资。

(3) 内部化理论 (Internalization Theory)。

1976年，英国里丁大学学者巴克莱、卡森合著的《跨国公司的未来》一书对传统的国际直接投资理论提出批评，并提出了新的对外直接投资理论——内部化理论。巴克莱和卡森仍以不完全竞争为假定前提条件，并对其做出新的解释。他们认为，不完全竞争并非由规模经济、寡占行为、贸易保护主义和政府干预所致，而是由于某些市场失效，导致企业市场交易成本增加所致及企业在让渡其中间产品时难以保障其权益，也不能通过市场来合理配置其资源，以保证企业最大经济效益的情形。市场内部化的目标就是消除外部市场对于中间产品（特别像"知识产品"）的交易失效。因此，市场内部化、市场失效和交易成本构成内部化理论的三个重要方面。

内部化的实现条件是其边际收益等于边际成本。内部化可以为跨国公司带来多方面的收益，包括：可以将内部资源转移的交易成本最小化；可以把相互依赖的经营活动置于统一的控制之下，从而协调其不同阶段的长期供需关系；消除买卖双方的不确定性，消除市场的不利影响；通过前后向投资或兼并，充分利用中间产品市场的势力，形成垄断优势；通过对有形产品和无形产品的转移价格，规避政府的干预，转移资金，逃避税负等。

内部化理论是西方学者研究跨国公司理论的一个重要转折点。内部化理论从寡占市场结构的角度转向了研究各国企业之间的产品交换形式、企业国际分工与生产的组织形式，它能够解释大部分的国际直接投资的动机和跨国公司的许多经营现象，因此被视为跨国公司长期性的一般理论。但这一理论只强调了市场的不完全性对于国际直接投资的影响，而忽视了市场的积极方面对国际直接投资的促进作用。

(4) 边际产业扩张理论 (Marginal Industry Expansion Theory)。

20世纪70年代中后期，日本一桥大学教授小岛青在《对外直接投资论》中提出边际产业扩张论，又称为比较优势理论。这是一种利用国际分工的比较优势原理，分析和解释日本对外直接投资的理论模型。边际产业扩张论的核心是，对外直接投资应该从本国已经处于或即将处于比较劣势的边际产业依次进行，而这些产业又是东道国具有明显或潜在的比较优势的产业，如果没有外来的资金、技术和管理经验，东道国这些优势就不能被利用。这样，投资国对外直接投资就可以充分利用东道国的比较优势并扩大两国的贸易。该理论解释了20世纪60—70年代日本对外直接投资的特点，这一时期以资源导向型、劳动力成本导向型和市场导向型直接投资占主导。也说明了在亚洲出现了以日本—"四小龙"—东盟—中国—越南等为顺序的直接投资与产业结构调整，即所谓的"雁行模式"。

边际产业扩张论的局限性主要表现在：一是只能解释经济发达国家与发展中国家之间的以垂直分工为基础的投资，难以解释经济发达国家之间的以水平分工为基础的投资。二是该理论以投资国为主体而不是以跨国公司为主体，实际上假定了所有跨国公司都有相同的动机并且也是投资国的动机，难以解释复杂的国际环境下的对外直接投资行为。三是低估了发展中国家接受高新技术的能力，对发展中国家不具有指导意义。按照该理论，发展中国家只能接受发达国家的边际产业，永远追赶不上发达国家。

（5）国际生产折中理论（Eclectic Theory of International Production）。

20世纪70年代中后期，英国经济学家邓宁继承了海默关于"垄断优势"的观点，吸收了巴克莱、卡森和拉格曼的内部化优势的内涵，又引入了区位优势理论，构成了国际生产折中理论的核心，称其为"三优势模式"。

所有权优势（即垄断优势）主要指一国企业拥有或能够得到他国企业没有或者无法得到的资产和规模经济优势。一是资产性所有权优势，指对有价值资产（原材料、先进生产技术等）的拥有或独占；二是交易性所有权优势，指企业拥有的无形资产（技术、信息、管理、营销、品牌、商誉等）；内部化优势是指企业为了避免外部市场的不完全性对企业经营的不利影响而将企业优势保持在企业内部，外部市场的不完全性会使企业的所有权优势丧失或无法发挥；区位优势是指跨国公司在投资区位选择上具有的优势。包括东道国的地理位置、生产要素的相对价格、现实的与潜在的市场需求、运输与通信成本、基础设施、市场体系的发育程度、政府的调节与干预程度、优惠政策、文化差距，等等。当东道国的区位优势较大时，企业就会从事国际生产。

折中理论是从跨国公司国际经营这个高度，讨论所有权优势、内部化优势和区位优势这三组变量的不同组合决定了一国企业国际经济活动的形式。具体如表12.2所示。

表12.2 邓宁的国际生产折中理论

方式	所有权优势	内部化优势	区位优势
对外直接投资（投资式）	√	√	√
出口（贸易式）	√	√	×
无形资产转让（契约式）	√	×	×

注："√"代表具有或应用某种优势；"×"代表缺乏或丧失某种优势。

国际生产折中理论被认为是国际FDI理论的集大成者。因为它不只限于讨论跨国公司国际生产的决定因素，而且力图解释跨国公司的整个国际经济活动，创建了"一个关于国际贸易、对外直接投资和国际协议安排三者统一的理论体系"，特别是区位优势因素的加入有助于解释第二次世界大战后外国对美国的大量直接投资。但是该理论也无法解释部分国家在尚未同时具备以上三种优势的情况下对外直接投资的现象，没有涉及社会经济关系和第二次世界大战后国际政治经济环境的重大变化。

2. 发展中国家对外直接投资理论

随着20世纪70年代兴起的发展中国家对外直接投资现象兴起，尤其是20世纪80年代以来新兴工业化国家在国际直接投资领域的异军突起，诸多疑问凸显出来：发展中国家在普遍存在资本缺口的情况下，为何能有资金对外投资？大多数发展中国家的跨国公司并不具备垄断优势为何有能力对外投资？传统的各种理论显然不能充分科学地解释，于是许多学者就另辟蹊径，针对发展中国家的现实和特点纷纷提出自己关于发展中国家对外投资的理论。

（1）资本相对过渡积累理论（The Theory of Relative Transitional Accumulation of Capital）。

"资本相对过渡积累理论"是苏联学者阿勃利兹若伊利提出来的。该理论运用产业经济学与发展经济学原理，辩证地揭示了发展中国家资本绝对短缺与相对过渡积累的二元格局，论证了发展中国家对外直接投资的可能性。

他提出发展中国家往往存在传统落后的农业部门与采用较新技术的现代工业部门同时存在的"二元经济结构"。产业间在技术水平、劳动生产率、经济组织形式上的差距使产业间联系减弱。同时由于传统农业部门在供给和需求上的低弹性使其无法对现代工业部门提供的经济发展机会做出及时有效的反应，使产业间的差距进一步扩大。这样，发展中国家的现代工业部门在远远未到规模效益要求的情况下，出现了结构性供给过剩乃至个别行业或企业的"相对过渡资本积累"或"相对资金富余"，于是对外投资就成为可能。

该理论尽管存在一些缺陷，如仅停留于静态分析，并且在一定程度上缺乏严密的理论演绎与论证，但其符合大多数发展中国家特别是一些大国的实际，为进一步建立完善的理论体系打下了基础。

（2）小规模技术理论（Small Scale Technology Theory）。

1977年美国经济学家刘易斯·威尔斯在《发展中国家企业》一文中提出小规模技术理论。威尔斯认为，发展中国家跨国公司的竞争优势来自低生产成本，这种生产成本是与其母国的市场特征紧密相关的。他从三个方面分析发展中国家跨国公司的比较优势。

第一，拥有为小市场需要服务的小规模生产技术。低收入国家制成品市场的一个普遍特征是需求量较小，大规模生产技术无法从这种小市场需求中获得规模效益，而许多发展中国家正是开发了满足小市场需求的生产技术而获得竞争优势。这种小规模技术特征往往是劳动密集型的，生产有很大的灵活性，适合小批量生产。根据威尔斯的调查，在泰国的外国公司中，发达国家公司的生产规模比发展中国家公司的生产规模平均大2倍以上。例如印度尼西亚估计年需求干电池1 200万节，而美国在印度尼西亚拥有的干电池企业年产量达6 500万节。在生产能力的使用上二者也出现了明显差别。

第二，威尔斯认为发展中国家在民族产品的海外生产上颇具优势。发展中国家对外投资的另一特征表现在鲜明的民族文化特点上，这些海外投资主要是为服务于海外同一种团体的需要而建立。一个突出的例子是华人社团在食品加工、餐饮等方面的需求，带动了一部分东亚、东南亚国家和地区的海外投资。而这些民族产品的生产往往利用母国的当地资源，在生产成本上享有优势。

第三，低价位产品营销战略。物美价廉是发展中国家跨国公司抢夺市场份额的秘密武器。发达国家跨国公司的产品营销策略往往是投入大量广告费，树立产品形象，以创造名牌产品效应。而发展中国家跨国公司则花费较少的广告支出，采取低价位产品营销战略。威尔斯关于发展中国家对外投资的研究是把发展中国家对外直接投资竞争优势的产生与这些国家自身的市场特征结合起来，在理论上提供了一个充分的分析空间。人们需要进一步思考的问题是，作为经济落后国家怎样将现有的技术与自身特点结合起来，形成比较竞争优势。该理论对于分析指导我国企业在国际化的进程中怎样争得一席之地是颇有启发的。世界市场是多元化、多层次的，即使对于那些技术不够先进、经营范围和生产规模不够庞大的发展中国家企业来说，参与国际竞争仍有很强的经济动力。例如，我国企业在纺织、轻工、一般机械、食品加工、金属冶炼、医药等传统工业领域，仍具有较强的竞争优势。

（3）技术地方化理论（Technological Localization Theory）。

1983年，英国经济学家拉奥在《新跨国公司：第三世界企业的发展》一书中提出了用技术地方化理论来解释发展中国家对外投资行为。他认为，发展中国家跨国公司的技术特征尽管表现为规模小、使用标准化技术和劳动密集型技术，但这种技术的形成却包含着企业内在的创新活动。发展中国家能够形成和发展自己的独特优势主要有以下几个原因：一是在不同于发达国家的环境下，发展中国家将引进的技术知识结合本国的要素价格及其质量进行当地化，使其产品在当地或邻国市场产生竞争优势；二是发展中国家企业竞争优势不仅来自其生产过程和产品与当地的供给条件和需求条件紧密结合，而且来自创新活动中所产生的技术在小规模生产条件下具有更高的经济效益；三是从产品特征上看，发展中国家企业往往能开发出与名牌产品不同的消费品，特别是当东道国市场较大、消费者的品位和购买能力有很大差别时，来自发展中国家的产品仍有一定的竞争力。该理论从微观层次证明了发展中国家可以以比较优势参与国际生产和经营活动，而忽视了发展中国家政府在企业国际化进程中的作用。

（4）技术创新和产业升级理论（Technological Innovation and Industrial Upgrading Theory）。

在20世纪90年代初期，英国学者坎特威尔和托兰惕诺提出了技术创新和产业升级理论，用以解释20世纪80年代以来发展中国家对经济发达国家的直接投资加速增长的趋势。他们认为，发展中国家跨国公司对外直接投资受其国内产业结构和内生技术创新能力的影响，其对外直接投资的产业分布和地理分布随时间的推移而逐渐变化，且可以预测。在产业分布上，首先是以自然资源开发为主的纵向一体化生产活动，然后是以进口替代和出口导向为主的一体化生产活动；在对外投资方面，它们已经不再局限于传统产业的传统产品，开始从事高科技领域的生产和开发活动。在地理分布上，发展中国家企业在很大程度上受"心理距离"的影响，其投资方向遵循周边国家—发展中国家—发达国家的渐进发展轨道。

第三节　跨国公司内部贸易

一、跨国公司的内部贸易（Intra-company Trade）

跨国公司内部贸易是指产品、原材料、技术与服务在同一家跨国公司的母公司与国外子公司与子公司之间以及国外子公司之间的跨国流动。跨国公司内部交易在交易方式和交易动机上，与正常的国际贸易交换大相径庭。公司内部交易的利益原则（即获利动机）并不一定是以一次性交易为基础，而往往以综合交易为基础。交易价格不是由国际市场供需关系所决定的，而是由公司内部自定的。从这个意义上讲，跨国公司内部交易是公司内部经营管理的一种形式，是把世界市场通过企业跨国化的组织机构内部化了，是一种理想的真正的国际一体化市场。跨国公司内部贸易既具有公司内部商品调拨特征，又具有一般国际贸易的跨国流动特征，是一种特殊的国际贸易。据统计，20世纪70年代，跨国公司内部贸易仅占世界贸易的20%，80—90年代升至40%。

（一）跨国公司内部贸易产生的原因

跨国公司内部贸易产生的原因概括起来主要有以下几方面：

1. 内部贸易是确保生产连续性的重要渠道

在跨国公司国际生产过程中，对有些生产所需的原材料和中间产品在性能、规格、交货期限上都有特殊的要求，如通过外部市场交易来提供，供给上的不稳定性会导致生产难以为继，通过内部企业的生产，可以确保产品质量的稳定性和生产过程的连续性。1986年，日本来自亚洲的进口商品中有75%左右由日本海外公司所提供，1988年，美国进口货物中的53%是通过其跨国公司的附属公司进行的。

2. 内部贸易是跨国公司对外直接投资的必然结果

跨国公司都是通过对外直接投资形成的，目的往往是占领当地市场，为此，跨国公司对外投资时未必都用现金，通常是利用设备出资，然后出口原材料、零部件到国外组装，就地生产和销售，当然也有可能返销母国市场。

3. 内部贸易是技术进步和国际分工进一步发展的结果

技术进步和国际分工的发展使传统的公司间分工相当大的部分转化为公司内部分工，在公司的内部分工中，传统的水平分工也逐步让位于垂直分工，其结果必然使公司内部的贸易量大大增加。在跨国企业的国际生产过程中，通过前向一体化的分支企业的生产或通过水平一体化的分支企业的调剂，企业跨国经营的稳定性就有了坚实的内部保障。贸易内部化可以防止技术优势的扩散，有助于公司增强其在国际市场上的垄断地位和竞争能力，实现全球利益的最大化。对技术的垄断是跨国公司的特有优势，也是其存在和发展的关键，如果公司的技术产品在公司外部交易中，有可能被竞争对手模仿而蒙受损失，内部贸易就可避免此类事情的发生。

4. 内部贸易是跨国公司追求利润最大化的结果

公司内部贸易可以大幅度减少通过外部市场交易所付的费用，节约交易成本，增加利润。使用外部市场是必须付出成本代价的，构成外部市场交易成本的重要内容之一就是买卖双方为寻求和达成有利的价格所花费的时间和费用，其次还包括国际政治风险、经济风险以及交易行为本身的履约风险所构成的风险成本。在内部贸易过程中，由于交易双方同为跨国企业整体中的内部成员，因而上述外部市场交易所特有的成本的支出就得以避免。内部贸易还可以降低外部市场造成的经营不确定风险。由于完全受市场自发力量的支配，企业经营活动面临着诸多的风险，即投入供应数量不确定，投入供应质量不确定，投入供应价格不确定，不同生产工序和零部件分别由独立企业承担，这在协调上又有可能产生问题，公司内部贸易可以大大降低上述的各种经营不确定性，实行合理计划，科学地安排经营活动。此外内部贸易可以充分利用转移定价攫取高额利润。

5. 内部贸易是解决跨国公司内部各利益中心之间矛盾的产物

跨国公司的母公司与子公司之间的关系一般由股权份额决定：完全控股的关系；大份额控股的关系；小份额控股的关系。由于母公司对子公司控股程度有所不同，它们经济利益的统一程度往往不一致。因此在跨国公司的内部交换过程中，就不能以利益的完全一致性为基础进行无偿调拨，而必须采取贸易的形式，通过内部市场机制满足各方的经济利益，以解决内部经济利益的矛盾。

（二）跨国公司内部贸易的基本特征

内部交易的特征是内部商品调拨，这也是转移定价发挥作用的基本前提。在内部交易中，商品所有权只是在企业内部各系统之间转移。从企业整体角度看，商品的价格并不重要，因为转移定价在一定程度上不受市场供求的影响，而是根据子公司所在国的具体情况和母公司在全球的战略目标和经营管理需要而人为制定的。内部交易和转移定价为跨国公司克服贸易障碍、减轻税收负担、降低交易风险、提高经济效益提供了合法的有效手段，使跨国公司在市场中获得竞争优势。

1. 跨国公司内部贸易的标的物不转移所有权或不完全转移所有权

跨国公司内部贸易虽然采取国际贸易的形式，但由于是在同一所有权企业内部进行，商品或劳务是从同一所有权主体的一个分支机构流向另一个分支机构，并没有流向其所有权之外的企业，因此，跨国公司内部贸易中商品或劳务不转移所有权或不完全转移所有权。

2. 跨国公司内部贸易采取转移价格

转移价格是指跨国公司根据其全球战略目标，在母公司与子公司、子公司与子公司之间交换商品和劳务所采用的交易价格。这种价格不是按照生产成本和正常营业利润或国际市场价格水平来确定，而是按照子公司所在国的具体情况和公司全球经营战略人为确定。其具体做法是：通过调整半成品或零部件的进出口价格影响子公司成本；通过向子公司收取技术转让、商标使用、管理咨询等费用调整子公司的成本与利润；通过内部资金借贷及其利率高低来调节子公司的成本和利润等。

3. 跨国公司内部贸易实行计划性管理

跨国公司内部贸易的计划性主要是指内部贸易的商品数量、商品结构以及地理流向等要受公司长远发展战略计划、生产投资计划、市场营销计划和利润分配计划的控制和调节。由于跨国公司实行全球战略，以世界市场和消费者为目标，在世界最有利的地方进行投资生产，再在世界最有利的地方销售，谋求全球利润最大化。跨国公司全球战略要求各子公司紧密协作，在企业内部实行分工，决定了跨国公司要对整个公司进行计划管理，从而跨国公司内部贸易也深深地打上计划烙印，以满足跨国公司全球战略需要。

（三）跨国公司内部贸易的格局

1. 跨国公司内部贸易的商品结构

跨国公司内部贸易的商品主要由成品、中间半成品和初级产品构成。跨国公司实行全球战略，实行垂直一体化生产和水平一体化生产，将产品生产环节布置在世界最有竞争优势的地方，最后再向世界销售，使成品和中间半成品，流动大大增加，其中成品内部化率高于中间半成品，而半成品又高于初级产品。根据统计研究，20世纪70年代末，美国进口的初级产品（不包括石油）的内部化率为23.5%，半成品为37.6%，成品则高达53.6%。随着跨国公司企业内国际分工的发展，各子公司在产品生产环节的联系增强，中间半成品贸易比重将会提高。

2. 跨国公司内部贸易的地区结构

跨国公司内部贸易的地区结构是指内部贸易在全球的分布情况。总的来说，跨国公司内部贸易大多发生在发达国家和地区，而在发展中国家则相对较少。这主要是由于发达国家和地区经济条件较好、外资政策稳定、市场潜力较大，对跨国公司的经营活动有较大的吸引力。同时，发达国家之间投资和贸易障碍较少，便于跨国公司组织下属子公司之间的专业化分工和协作，跨国公司及其子公司大多分布在发达国家和地区，这也决定了跨国公司内部贸易主要集中在发达国家和地区。随着经济全球化发展，跨国公司在世界各国投资生产，越来越多的发展中国家纳入跨国公司全球生产和贸易体系，跨国公司在发展中国家内部贸易的比例会逐步提高。

3. 跨国公司内部贸易的行业结构

跨国公司内部贸易比例与技术密集程度呈正相关关系，在技术密集程度高的行业，跨国公司内部进出口率高，而在技术密集程度低的行业，跨国公司内部进出口率则较低。如1987年邓宁教授对全世界32个国家不同行业跨国公司内部贸易进行调查的结果表明：计算机行业的内部进出口率为91.3%，汽车行业为62.4%，机械行业为52.6%，石油化工行业为51%，电子行业为36.5%，医药化工行业为35%，纺织行业为12.8%，食品行业为9.8%。随着研发规模加大和研发国际化，跨国公司在高技术水平行业内部贸易的规模会越来越大。

（四）跨国公司内部贸易的效应

1. 正面效应

（1）在结构调整方面，内部贸易促进了国际分工和技术进步。跨国公司内部贸易的发展开辟了全球范围内一体化生产的可能性，促进和健全了公司内部网络的形成，即把生产加工的不同阶段分设在不同国家，或者由各子公司专门生产整个生产线的某种特定部件，提高了公司的生产效率，并获得规模经济效益。同时，内部技术贸易还促进了跨国公司根据不同东道国在人才、科技实力以及科研基础设施上的比较优势，在全球范围内有组织地安排科研机构，推动技术创新，保持跨国公司的竞争力。据估计，目前跨国公司垄断了世界上70%的技术转让和80%的新技术工艺。

（2）在要素配给方面，内部贸易可以充分利用转移定价攫取高额利润和规避风险。内部贸易的产品和服务的定价根据跨国公司的全球战略目标由公司上层人士制定，通过转移高价和转移低价使整个公司的经营活动在全球战略目标的指导下实现内部交换，在协调的基础上使各自的利益得到满足，并可减轻税负，实现内部资金配置，逃避东道国的价格控制，避免外汇汇率风险和东道国的外汇管制。例如，当跨国公司子公司所在国的外汇管制和利润汇出限制严、营业利润抽税高时，母公司就抬高供应给子公司的机器设备、原材料和劳务价格，使子公司生产成本增加，盈利减少，从而少纳税；当子公司产品面临当地产品竞争时，母公司可以大幅度降低转移价格，从而降低子公司产品的生产成本，加强其竞争能力，以掠夺性价格打垮竞争对手，操纵和垄断当地市场，然后再提高价格；当所在国货币将要贬值时，母公司就可以利用转移价格将子公司的利润和现金尽快汇出去；当子公司所在国货币坚挺时，母公司就利用转移价格向子公司扩资，从汇率中牟利。由此可见，转移价格已成为跨国公司弥补外部市场结构性和交易性缺陷的重要措施，它既是跨国公司建立内部市场的重要手段，又成为跨国公司内部贸易的强大支撑点，为其最终获取高额利润起到了重大作用。

（3）在无形资本运作方面，内部贸易可保持公司的技术优势。如果公司的技术产品在公司外部交易，就有可能被竞争对手模仿而受损失。内部贸易则可避免此类事情的发生，有助于公司增强其在国际市场上的垄断地位和竞争能力，实现全球利益的最大化。实践证明，实行内部贸易与公司拥有的技术水平有关，其技术水平越高，内部贸易的比重就越大。

(4) 在人力资本管理方面，内部贸易解决的是跨国公司内部相对利益中心之间交换的矛盾，有利于公司高层人才的稳定。跨国公司的各个子公司虽然隶属于同一母公司，但各子公司又是独立的利益主体，即使是从母公司的全球战略的大局出发也应考虑到各个主体的利益要求，以保证工作人员的稳定，维持整个公司的凝聚力。因此，在跨国公司的内部交换过程中就不能以利益的完全一致性为基础进行无偿调拨，而必须采取贸易形式，通过内部市场机制满足各方的经济利益，以解决内部经济利益的矛盾。

(5) 在追求风险最小化方面，内部贸易降低了外部市场造成的经营不确定风险，有利于跨国公司实行计划管理。完全受市场自发力量支配的企业经营活动面临诸多风险，如投入供应数量、质量、价格等不确定，以及不同生产工序和零部件由独立企业承担带来的协调问题等。公司内部贸易可以大大降低上述的各种经营不确定性，使公司的商品数量、商品结构以及地理流向都服从于公司长远发展战略、生产投资计划、市场营销计划和利润分配计划，优化公司内部的资源配置，使之在激烈竞争的环境中立于不败之地。

2. 负面效应

(1) 转移价格的定价机制改变了价格作为市场信号的贸易秩序。在母公司与子公司之间转移产品、服务、资金时，人为地调高或调低价格与收费，在一定程度上削弱了市场自由竞争赖以存在的供求调节价格的价格机制，破坏了国际市场价格与供求关系之间的联系，在一定程度上干扰了原本以市场价格为基础的贸易秩序。

(2) 转移价格往往损害了东道国的利益。由于内部贸易采用转移价格手段，严重损害了东道国的利益，如将资金调出东道国，规避东道国的税收，绕过东道国的关税壁垒等。统计数据表明，我国境内的外资企业亏损高达40%以上，有些地区甚至达到75%，因此许多合资、合作企业的中方无利可分，甚至连年亏损。令人深思的是这些企业的外方却不断增资，合理的解释只可能是这些企业的外方通过"高进低出"的转移价格侵吞了中方的收益，实现了"虚亏实盈""中亏外盈"。可见，跨国公司通过转移价格侵吞了东道国合资方的利润，减少了东道国的税收收入。

(3) 内部贸易降低了东道国引进外资的关联效应。很多东道国，特别是发展中国家，大力引进外资的目的之一就是希望通过跨国公司的投资带动上游产业或下游产业的发展。然而跨国公司从全球战略出发，有时宁可高价进口国外关联公司的原材料、半成品，因而降低了跨国公司在东道国直接投资的关联效应。例如，某合资企业生产用的主要原材料阿苯达唑，国内许多厂家均能生产，而且产品质量很好，但该企业的合资外方却拒绝使用高质价廉的国产原料，而高价从其他国家的子公司进口。

国贸博览12-1

(4) 跨国公司的内部贸易使国际关系复杂化。一方面，跨国公司通过内部贸易侵占了东道国的利益，破坏了东道国的投资声誉，而且使东道国在制定对外经贸政策时左右为难；另一方面，内部贸易中的返销活动使进出口国地位改变，影响了双方的贸易差额，不利于东道国的国际收支改善。这些矛盾显然会造成国际经贸关系复杂化。例如，美国以巨额贸易逆差为由向其贸易伙伴施加压力，如要求日本开放市场、汇率升值；要求中国开放市场等。

由此可见，跨国公司的内部贸易是国际贸易发展的一把"双刃剑"。如何运用好这把

"双刃剑"已引起了世界各国普遍关注。美国、法国、日本等拥有大量对外直接投资的发达国家都已制定出专门法规,限制跨国公司转移价格的使用。发展中国家与跨国公司打交道的时间短,缺乏经验,要管制转移价格就比较困难。目前发展中国家应该从完善法令、法规入手,加强对外资企业财务报表的审核,并及时了解国际市场价格的变动情况及有关国家的税率差别,了解国际市场同行业利率水平,及时发现问题,以对跨国公司转移价格进行限制,扬长避短,为我所用。

第四节　跨国公司与国际贸易

第二次世界大战后,随着科学技术的发展和世界市场的形成和完善,跨国公司和国际贸易在数量上和规模上都有了巨大的发展。目前世界6万多家跨国公司拥有85万家子公司,足迹遍及全球各地。这些国外子公司雇用了5 400万员工,控制了世界工业生产总值的40%~50%、世界贸易额的65%以上、技术转让的90%以上和世界对外直接投资的90%以上。

跨国公司的发展是生产国际化和世界科技高度发展的产物,特别是随着经济全球化进程的加快,它更成为世界经济舞台上的主角,在国际经济关系中发挥着举足轻重的作用。

一、跨国公司对国际贸易的影响

目前跨国公司已成为推动国际贸易的重要力量。一些发达国家对外贸易增长较快,一个重要原因是跨国公司发挥了重要作用。第一,跨国公司利用国际分工来实现国际生产的专业化、协作化,使企业内部的各种零部件半成品和制成品的相互往返运输大大增加,而这种跨国公司内部的跨国界的商品交易,增加了跨国公司的内部贸易量,也造成了国际贸易量的扩大。同时,跨国公司内部贸易带来的交易成本的降低能够产生与国际贸易、规模经济相同的效应。第二,跨国公司为了实现对外扩张获取高利润的目的,不断在海外投资兴建、扩建、兼并和重组企业,使大量的机器设备、商品和劳务流向国外的分公司和子公司,从而促进国际贸易的扩大。第三,为了绕过实行贸易保护国家的关税和非关税壁垒,跨国公司还采取就地生产、就地销售的方针,不仅将自己的产品在东道国的市场上进行销售,而且利用东道国的对外贸易渠道扩大对其他国家的出口,这样既利用了东道国廉价的资源和劳动力,又保证了生产的延续性,促进了全球的商品生产和流通,从而促进了国际贸易的扩大。第四,跨国公司还通过大企业合作的方式,进入更完善的国际间销售渠道。第五,为占领世界竞争制高点进行的科研开发使跨国公司推动着国际贸易中的技术贸易迅速发展。

当前,国际贸易的1/3是在跨国公司内部进行的,1/3是在跨国公司之间进行的,1/3是在国家与国家之间进行的。也就是说,与跨国公司有关的贸易已占国际贸易的2/3之多。

二、跨国公司对发达国家对外贸易的影响

跨国公司的发展对第二次世界大战后发达国家的对外贸易起到了极大的推动作用。这些作用表现在使发达国家的产品能够通过对外直接投资的方式在东道国生产并销售,从而

绕过了贸易壁垒，提高了其产品的竞争力；从原材料、能源的角度看，减少了发达国家对发展中国家的依赖；也使发达国家的产品较顺利地进入和利用东道国的对外贸易渠道并易于获得商业情报信息。当然大型跨国公司会影响甚至左右政府的决策，使政府完全为自己服务，美式民主法治根本无能为力。

三、跨国公司对发展中国家对外贸易的影响

跨国公司对外直接投资补充了发展中国家进口资金的短缺；跨国公司的资本流入，加速了发展中国家对外贸易商品结构的变化。第二次世界大战后发展中国家引进外国公司的资本、技术和管理经验，大力发展出口加工工业，使某些工业部门实现了技术跳跃，促进了对外贸易商品结构的改变和国民经济的发展。

国贸博览 12-2

跨国公司对国际贸易的发展来说是一把双刃剑。也就是说，跨国公司在促进国际贸易发展的同时，也带来了相应的问题，这就是跨国公司对国际贸易的控制在很大程度上妨碍了国际贸易的正常发展，特别是对广大发展中国家对外贸易的发展造成很大的危害。例如，跨国公司常常凭借其经济实力和垄断优势，对东道国的政府政策甚至法律横加干涉，影响了东道国的经济发展和社会进步；跨国公司在垄断了某些产品和市场之后，往往操纵国际市场价格，进行不等价交换，不仅损害了别国的经济利益，而且造成了不断的国际贸易摩擦，阻碍了国际贸易和投资的正常开展；一些跨国公司为了母国的利益，把一些破坏生态、浪费资源、污染环境的项目和技术转移到发展中的东道国，导致这些国家环境污染和生态破坏严重；尤

国贸博览 12-3

国贸博览 12-4

其是跨国公司的种种避税措施，减少了东道国的税收。此外，跨国公司垄断资本争夺国际市场的矛盾和斗争，也造成各国贸易保护主义的盛行，严重地妨碍了国际贸易的正常秩序；跨国公司利用优势市场地位对某些行业进行垄断和限制竞争，阻碍东道国企业的技术进步，这些企业受到跨国公司的冲击，面临萎缩直至关停并转让的前景。

本章核心概念

跨国公司（Transnational Corporation），垄断优势理论（Theory of Monopoly Advantage），内部化理论（Internalization Theory），国际生产折中理论（Eclectic Theory of International Production），跨国公司内部贸易（Intra-company Trade），转移价格（Transfer Price），国际投资（International Investment）。

复习思考题

1. 简述垄断优势理论的内容。
2. 简述内部化理论的内容。
3. 简述边际产业扩张论的主要内容。

4. 简述国际生产折中理论的内容。
5. 分析跨国公司内部贸易产生的原因。
6. 分析跨国公司内部贸易的效应。
7. 论述跨国公司与国际贸易的关系。

参考文献

1. 邱立成，于李娜. 跨国公司进入中国市场模式及影响因素分析 [J]. 南开经济研究，2003（4）：23-27.
2. 胡汉宁，周薇. 跨国公司在我国避税安排及应对研究 [J]. 福建论坛（人文社会科学版），2016（1）：198-203.
3. 蔡春林，郑双双. 经济合作与发展组织跨国公司征税行动计划及中国的对策 [J]. 国际商务研究，2016（1）：30-38.
4. 姜妍，董微微. 跨国公司转移定价研究 [J]. 工业技术经济，2016（9）：105-109.
5. 曹慧平，孟庆超. 跨国公司本土化战略及其对我国企业的启示 [J]. 黑龙江对外经贸，2007（12）：72-74.
6. 刘庆生. 21世纪跨国公司国际投资新趋势 [J]. 世界经济研究，1999（4）.
7. 谢康. 国际投资和跨国公司内部贸易 [J]. 世界经济研究，1998（6）：21-23.
8. 张芸. 跨国公司内部贸易对我国经济的影响及对策 [J]. 金融经济，2015（8）：33-34.
9. 魏静雯. 跨国公司内部贸易对我国国际收支的影响 [J]. 中国外资，2013（4）：18-19.
10. 刘建江，杨细珍，刘青. 跨国公司内部贸易对中美贸易差额的影响 [J]. 湘潭大学学报（哲学社会科学版），2010（5）：26-30.
11. 葛秋颖. 入世后跨国公司在华投资特点研究 [J]. 市场论坛，2007（5）：92-94.

第十三章 经济增长与国际贸易

> **本章重点问题**
>
> 经济增长的原因与类型，雷布津斯基定理，经济增长对国际贸易的影响，国际贸易对经济增长的影响。

随着要素积累和技术进步，一国的生产能力会不断增强，代表潜在生产能力的生产可能性边界将向外扩张，一方面生产者需要在部门间调整产量，另一方面国民收入水平提高并导致该国消费情况发生变化，而贸易是一国的生产与消费之差，因此经济增长必然会影响到国际贸易，本章从比较静态层次分析经济增长对国际贸易的影响。当然，对外贸易也会通过多种途径影响到一国的经济增长进程。本章最后还论述了贸易发展战略与发展中国家的经济发展的关系。

第一节 经济增长的原因与类型

一、经济增长的内涵

（一）经济增长的概念

经济增长（Economic Growth）是指一个国家或一个地区生产商品和劳务能力的增长。如果考虑到人口增加和价格的变动情况，经济增长还应包括人均福利的增长。美国经济学家 S. 库兹涅茨给经济增长下了一个经典的定义："一个国家的经济增长，可以定义为给居民提供种类日益繁多的经济产品的能力长期上升，这种不断增长的能力是建立在先进技术以及所需要的制度和思想意识之相应的调整的基础上的。"

S. 库兹涅茨从其定义出发，根据历史资料总结了经济增长的六个特征：①按人口计算的产量的高增长率和人口的高增长率。经济增长最显著的特点就在于产量增长率、人口增长率、人均产量增长率三个增长率都相当高。②生产率的增长率也是很高的。生产率提高正是技术进步的标志。③经济结构的变革速度提高了。④社会结构与意识形态迅速改革。⑤增长在世界范围内迅速扩大。⑥世界增长是不平衡的。

(二) 经济增长与经济发展

经济增长一般来说是一个量的概念，而经济发展（Economic Development）则是一个比较复杂的质的概念。从广泛的意义上说，经济发展不仅包括经济增长，而且包括国民的生活质量，以及整个社会经济结构和制度结构的总体进步。总之，经济发展是反映一个经济社会总体发展水平的综合性概念。

二、经济增长的原因

(一) 要素积累（Factor Accumulation）

一般来说，经济当中最主要的生产要素是劳动和资本，二者在一定的技术条件下相结合才能得到一定的产出。当技术条件既定时，显然投入更多的要素可以带来更多的产出，所以要素积累是引起经济增长的重要原因。从要素积累过程来看，劳动力的积累主要受一国人口自然增长、劳动力参与率提高和外来移民因素的影响，而资本存量的增长主要依靠本国投资的增加和外来资本的注入。

(二) 技术进步（Technological Progress）

技术进步意味着投入产出模型的改变，它使等量的投入能实现更大的产出，生产要素由此得到节约。英国经济学家希克斯认为技术进步可分为三种：中性技术进步、资本节约型技术进步和劳动节约型技术进步。他还指出无论哪类技术进步都能在给定的产量水平上既减少劳动又减少资本的使用。

中性技术进步（Neutral Technical Progress），是指在资本劳动比率不变的条件下，资本的边际生产率和劳动的边际生产率按相同的比率增长。或者说，在要素相对价格不变的条件下，中性技术进步使生产中要素使用的最优比率保持不变，即不发生劳动和资本的相互替代，但生产原来的产量现在只需要较少的劳动和较少的资本。

资本节约型技术进步（Capital-saving Technical Progress），是指在资本劳动比率不变的条件下，劳动的边际生产率增长超过了资本的边际生产率增长。或者说，在要素相对价格不变的条件下，资本节约型技术进步使生产中使用的最优资本劳动比率下降，即发生劳动对资本的替代。对于每单位劳动来说，现在使用更少的资本。这样，达到原来的产量现在可以使用较少单位的劳动和资本。

劳动节约型技术进步（Labor-saving Technical Progress），是指在资本劳动比率不变的条件下，资本的边际生产率增长超过了劳动的边际生产率增长。或者说，在要素相对价格不变的条件下，劳动节约型技术进步使生产中使用的最优资本劳动比率上升，即发生资本对劳动的替代。对于每单位资本来说，现在使用更少的劳动。这样，达到原来的产量只需要使用较少单位的劳动和资本。

技术进步的三种类型如图 13.1 所示。

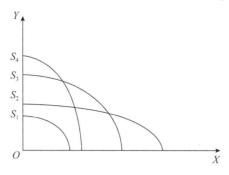

图 13.1 技术进步的三种类型

在图 13.1 中，X 是劳动密集型产品，Y 是资本密集型产品，S_1 是原来的生产可能性曲线，S_1 移到 S_3 是中性技术进步，X 产品与 Y 产品同等比率增加；S_1 移到 S_2 是劳动节约型技术进步，X 产量的增加要大于 Y 产量的增加；S_1 移到 S_4 是资本节约型技术进步，Y 产量的增加要大于 X 产量的增加。

（三）制度变革（Institutional Change）

传统经济学理论认为资本、劳动、土地三要素决定经济增长，将制度当作外生给定的常量，这完全不符合经济发展事实。诺斯说："制度是一个社会中人为设定的规范人们相互交往活动的各种规则和行为准则，其功能是建立一个稳定的人类互动结构，来减少不确定性和不可预见性。"一个经济的动态演变有一个配套的制度特征，不同的制度环境提供的约束机制、激励机制就会有所不同，从而影响了社会知识的积累和技术创新的速度及资源配置的方式，最终导致经济增长产生差异。马克思是最早将制度作为经济增长主要因素分析的大师，其对资本主义制度对生产力的促进作用和阻碍作用进行了全面的分析。

（四）企业家精神（Entrepreneurship）

生产要素必须由企业家组合才能形成现实的生产力。企业家根据市场需求对生产要素的重新组合才是经济增长的基本动力和内在因素，而企业家精神的灵魂就是创新，创新是公司成长迅速的原因，也是经济迅速增长的原因。可以说，没有任正非，就没有华为；没有张瑞敏，就没有海尔；没有盖茨，就没有微软；没有马斯克，就没有特斯拉。特别是在今天，传统的工业时代向信息时代进步，创新精神十足的小公司发展超过传统的大公司。美国小企业局的统计表明，新公司创造的新产品比大企业多 250%。美国国家科学基金会的一项研究认为，新公司每 1 美元研究与发展费用所获得的创新利润是大企业的 4 倍，新公司创新进入市场平均是 2.2 年，而大企业是 3.1 年。

三、经济增长的类型（Type of Economic Growth）

通常一国人口和劳动力的数量会随着时间推移而增长，通过利用部分资源来生产资本设备，一国的资本存量也将增加。资本指所有由人制造的生产手段，如机器、工厂、办公楼、交通和通信工具，还包括劳动力的教育和培训，所有这一切都极大地提高了一国生产产品和劳务的能力。

国贸博览 13-1

虽然有许多不同类型的劳动和资本，但我们简单地假定所有劳动和资本都是同一类型的（也就是说相同的），这样，我们得到两个要素——劳动（L）和资本

(K)——以便让我们能够方便地使用平面几何图形进行分析。当然现实中还有其他可被耗尽的自然资源（如矿产资源）以及新型或新投入使用的资源。我们假定国家的经济增长是在规模收益不变的前提下通过生产两种产品（产品 X 为劳动密集型，产品 Y 为资本密集型）获得的。

随着时间的推移，由劳动和资本增长导致的生产可能性曲线向外扩张的形状和程度，取决于劳动和资本增长的比率。根据劳动和资本增长的比率不同，可将生产要素的增长分为两种类型：平衡增长和不平衡增长。

（一）平衡增长（Balanced Growth）

平衡增长是指劳动和资本增长比率相同，生产可能性曲线将按两要素的增长比率同时向两个方向外移。结果，新旧两条曲线（要素增长前后）与任何源于原点的射线相交时，两个交点的斜率相等。图 13.2 表明了 A 国生产要素平衡增长的情况。当 A 国劳动和资本要素都增长 1 倍时，在规模报酬不变的条件下，每一种产品的产量也增加 1 倍。X 的最大化产量从 140 增加到 280，Y 的最大化产量从 70 增加到 140。注意增长前后的生产可能性曲线的形状相同，因此过原点作一射线交两条生产可能性曲线于 B 点和 B' 点，在这两点，生产可能性曲线的斜率或者说 P_x/P_y 相同。当劳动和资本以相同比率增长并且两种商品生产具有不变的规模收益时，则生产率及劳动和资本收益在发生增长前后仍会保持相等。

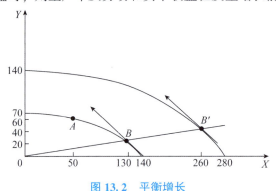

图 13.2　平衡增长

（二）不平衡增长（Unbalanced Growth）

不平衡增长是指劳动和资本两种生产要素以不同的比率增长。这里为简化只讨论一种要素增长而另一种要素不变的情形。如图 13.3 所示，当资本要素不变，劳动要素增长 1 倍时，由于劳动投入于两种产品的生产过程中，劳动在一定程度上可替代资本，故两种商品产量都有可能增加，但由于产品 X 是劳动密集型的，产品 Y 是资本密集型的，劳动供给的增长将导致产品 X 的最大化产量以更大的幅度增长，这时，生产可能性曲线表现为较多地向 X 轴方向扩张。当把资源全部用于生产产品 X 时，产量从 140 增长到 275，当把资源全部用于生产产品 Y 时，Y 的最大化产量只从 70 增加到 80。同样，当劳动要素不变，资本要素增长 1 倍时，Y 的最大化产量从 70 增加到 130，X 的最大化产量从 140 增加到 150。当劳动增长（或劳动比资本增长比率快）时，虽然总产量会有增加，但是资本劳动比率会下降，劳动生产率也会因边际收益递减而下降，从而劳动报酬和人均收入将会下降。当仅有资本增长（或资本比劳动增长比率快）时，资本劳动比率会上升，劳动生产率将上升，从而劳动报酬和人均收入都会提高。

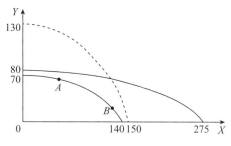

图 13.3　不平衡增长

当只有劳动增加 1 倍时，X（劳动密集型产品）比 Y 增加得多（但是不到 1 倍）。同样，当仅有资本加倍时，Y 的增长大于 X 的增长，但也不到 1 倍（见虚线）。

第二节　经济增长对生产的影响

本节就经济增长对供给方面（即生产）的影响进行比较静态分析。一国由于要素禀赋增加或技术进步而发生经济增长后，生产可能性边界将向外移动，形状也可能发生改变，那么该国的生产者就需要根据变化了的条件对各部门生产做出调整，在增长后的生产可能性边界上达到新的生产均衡点。下面就要素积累和技术进步两种情况引起的经济增长对生产的影响加以说明。

一、要素积累对生产的影响——雷布津斯基定理（Rybczyinski Theorem）

1955 年，雷布津斯基发表"要素与相关要素价格"的文章，对生产要素的增长对国际贸易关系的影响进行分析，从而提出雷布津斯基定理：在要素和商品价格不变的情况下，一种生产要素的数量增加而另一种要素的数量保持不变。会导致密集使用前者进行生产的产品数量增加，而密集使用后者进行生产的产品数量减少。图 13.4 说明了仅有劳动倍增的前后，生产可能性曲线变动的情况。在增长前，一国以 $P_X/P_Y = P_B = 1$ 的价格，确定在 B 点生产（即 $130X$ 和 $30Y$）。劳动加倍后，P_x/P_y 仍为 $P_B=1$ 时，A 国将在新扩张了的生产可能性曲线的 M 点上生产。在 M 点，A 国生产 $270X$，但仅生产 $20Y$。这样，X 的产量增加 1 倍多而 Y 的产量则下降了（正如雷布津斯基定理所预测的一样）。劳动的加倍以及从 Y 的生产中转移出来的劳动和资本使 X 的产量增加超过了 1 倍。

雷布津斯基定理的说明如下：因为商品价格在单一要素增加时保持不变，所以要素价格（即工资率和利率）也必须不变。但是，仅仅在资本/劳动比率及两种商品的劳动和资本的生产率都不变时，要素价格才不变，使增加的劳动充分就业，并保持两种商品资本/劳动比率不变的唯一方法是：降低使用资本/劳动比率过高的 Y 产品的产量，并将增加的资本和新增加的劳动用到资本/劳动比率较低的产品 X 的生产上。这样 X 的产量增加，Y 的产量下降。实际上 X 的产量增加要快于劳动的增加。类似地，只有当资本要素增加时，Y 产品产量增加，X 产品产量减少。

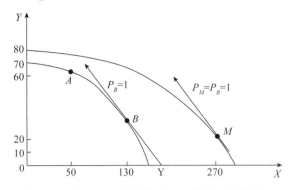

图 13.4 仅有劳动要素增长时的雷布津斯基定理

二、技术进步对生产的影响

所有类型的技术进步都使国家的生产可能性曲线外移,外移的类型和程度取决于技术进步的类型和速度,这里仅讨论中性的技术进步。对于非中性的技术进步,有兴趣的读者可以参阅其他教材。

当两种商品生产中的中性技术进步速度相同时,一国的生产可能性曲线按照技术进步发生的速度向所有方向均匀外移,这与生产要素平衡增长时的效应相同。从原点出发的射线与新旧生产可能性曲线相交时,过交点的切线的斜率相同。

如果 A 国在 X 和 Y 的生产中,劳动和资本的生产效率都增加 1 倍,这种技术进步的类型与图 13.2 所示劳动和资本要素都倍增的情况一致。

图 13.5 显示了 A 国的生产可能性曲线在技术进步发生前的情形,以及仅在 X 生产中或仅在 Y 生产中(虚线)劳动和资本效率增加 1 倍后的情形。当仅是生产 X 产品的资本和劳动的生产力倍增时,生产可能性曲线仅向 X 轴方向移动,而 Y 轴上产出不变,这时,对于每一产出水平 Y,X 的产出都增加了 1 倍。例如,60Y 始终不变,X 则从技术进步前的 50X 上升为技术进步后的 100X(图 13.5 中 A 点及 A' 点),类似地,20Y 始终保持不变,X 的产量也由 130X 上升为 260X(图 13.5 中 B 点及 B' 点)。

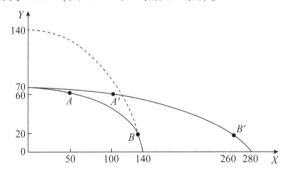

图 13.5 A 国技术进步前后的生产可能性曲线
(实线和虚线分别表示技术进步仅在 X 生产中或仅在 Y 生产中发生的情况)

最后指出,在缺乏贸易的情况下,所有类型的技术进步都会增加国家福利,其原因在于有了较高水平的生产可能性曲线,而劳动和总人口不变,在合理的再分配政策下,每个人都可以比以前更富有。

第三节　经济增长对国际贸易的影响

上一节讲述了经济增长对生产的影响，本节将分析延伸到贸易领域，考察经济增长对国际贸易的影响。当我们分析经济增长对一国对外贸易的影响时，需要考虑经济增长对一国进口和出口部门供给与需求两方面的影响，并通过有关分析说明经济增长如何影响一国的贸易量。在此基础上，还要区分大国和小国的不同情形来分析一国贸易量的变化如何影响贸易条件和福利。

一、经济增长对贸易量的影响

贸易量是一国的生产量与消费量之差，而经济增长体现为一国生产能力和国民收入水平的提高，后者又会导致该国产品需求发生变化，因此，经济增长的贸易量效应是由经济增长对生产量和消费量的综合效应构成的。下面在假定商品相对价格不变的条件下，对经济增长的生产效应、消费效应和贸易量效应加以分析。

（一）经济增长的生产效应

假设 A 国只有两个部门：出口商品（劳动密集型产品）生产部门 X 和进口商品（资本密集型产品）竞争部门 Y。如图 13.6 所示，A 国在 P_1 点生产，生产可能性曲线为 S_1，现在发生经济增长，不管其来源和类型如何，S_1 向外移至 S_2。假设产品的相对价格保持不变，新的均衡点为 P_2 点。

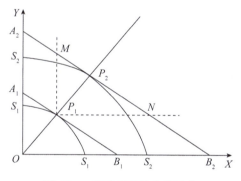

图 13.6　经济增长的生产效应

令 $\varepsilon = (\triangle Y/Y)/(\triangle NI/NI)$（其中：$NI$ 为国民收入）。ε 表示本国可进口产品供给的收入弹性。其含义为经济增长使国民收入增加，这种增加会使可进口产品的国内产值有什么变化。

（1）若新的均衡点 P_2 落在 OP_1 的延长线上，则 $\triangle X/X = \triangle Y/Y$，可知 $\triangle NI/NI = \triangle Y/Y$，即 $\varepsilon = 1$。可进口产品供给的收入弹性为 1，表示经济增长引起可进口产品产值同比率的增长，具有引起贸易量按同比率增长的倾向，这种增长称为中性增长（Neutral Growth）。

（2）若新的均衡点落在 P_2 和 N 点之间，这种增长使可出口产品 X 的增长率大于可进口产品的增长率，即 $\triangle X/X > \triangle Y/Y$，也即 $\triangle NI/NI > \triangle Y/Y$，经济增长使可进口产品供给的收入弹性小于 1 大于 0，即 $0 < \varepsilon < 1$。表示两种产品都有增长，但是可进口产品增长少，可

出口产品增长多，就会产生一种促进对外贸易的倾向，使该国贸易量的增长率有可能超过经济增长率，这种增长称为顺贸易倾向增长（Protrade-Biased Growth）。

（3）若新的均衡点落在 N 点与 B_2 点之间（包括 N 点本身），这种增长使可出口产品 X 的增长较大，可进口产品 Y 的产量反而减少。可进口产品供给的收入弹性小于 0（$\varepsilon<0$）。这种增长有可能极大地促进该国对外贸易的增长，使该国贸易量的增长率远大于经济增长率，这种增长称为超顺贸易倾向增长（Ultra-Protrade-Biased Growth）。

（4）若新的均衡点落在 P_2 和 M 点之间，这种增长使可出口产品 X 的增长率小于可进口产品的增长率，即 $\triangle X/X<\triangle Y/Y$，也即 $\triangle NI/NI<\triangle Y/Y$，经济增长使可进口产品供给的收入弹性大于 1，即 $\varepsilon>1$，可进口产品量增加得多，可出口产品量增加得少，就抑制了该国贸易量的增长，使该国贸易量的增长率就有可能小于经济增长率，这种增长称为逆贸易倾向增长（Antitrade-Biased Growth）。

（5）若新的均衡点落在 M 点与 A_2 点之间（包括 M 点本身），这种增长集中在可进口产品 Y 的增长上，可出口产品 X 的产量反而减少，使可进口产品供给的收入弹性比 1 大得多，极大地抑制该国对外贸易的增长，使经济增长后该国贸易量趋于减少，这种增长称为超逆贸易倾向增长（Ultra-Antitrade-Biased Growth）。经济增长的生产效应如表 13.1 所示。

表 13.1　经济增长的生产效应

新生产点范围	名称	进口供给的收入弹性	倾向
NB_2	超顺贸易倾向增长	$\varepsilon<0$	贸易增长远大于经济增长
NP_2	顺贸易倾向增长	$0<\varepsilon<1$	贸易增长大于经济增长
P_2	中性增长	$\varepsilon=1$	贸易增长等于经济增长
MP_2	逆贸易倾向增长	$\varepsilon>1$	贸易增长小于经济增长
MA_2	超逆贸易倾向增长	$\varepsilon>1$	经济增长，贸易减少

（二）经济增长的消费效应

如图 13.7 所示，经济增长前 A 国的消费无差异曲线 U_1 与贸易条件线 A_1B_1 相切于消费均衡点 C_1 点。现在发生经济增长，不管其来源和类型如何，A_1B_1 向外移至 A_2B_2。若产品的相对价格保持不变，则新的均衡点为 C_2 点。

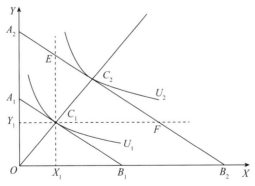

图 13.7　经济增长的消费效应

令 $\eta=(\triangle Y/Y)/(\triangle NI/NI)$（其中，$NI$ 为国民收入）。η 表示本国可进口产品需求的收

入弹性。其含义为经济增长使国民收入增加，这种增加会使可进口产品的消费量有什么变化。

（1）若新的均衡点 C_2 落在 OC_1 的延长线上，则 $\triangle X/X = \triangle Y/Y$，也即 $\triangle NI/NI = \triangle Y/Y$，$\eta = 1$。表示这种增长使该国对出口产品和进口产品的需求的增长率与经济增长率相同，因而该国的贸易量也将按同一增长率增长，这种增长称为中性消费增长（Neutral Consumption Growth）。

（2）若新的均衡点落在 C_2 和 E 点之间，这种增长使 Y 产品消费增长率大于 X 产品的消费增长率，则 $\triangle Y/Y > \triangle X/X$，也即 $\eta > 1$。由于对 Y 产品的本国需求增加较大，对 X 产品的本国需求增加较少，该国将会大幅度地提高对 Y 的进口量和对 X 的出口量，因而出口与进口都将比经济增长前有较大幅度的增长，该国贸易量的增长率就有可能超过经济增长率，这种增长称为顺贸易倾向消费增长（Protrade-Biased Consumption Growth）。

（3）若新的均衡点落在 E 点与 A_2 点之间（包括 E 点本身），表明经济增长后，人们不仅把所有增加的收入都用于 Y 产品的消费上，而且还会减少一部分 X 产品的消费以增加 Y 产品的消费。这种现象的产生往往是由于 X 产品是劣等产品，人们收入增加后，往往会减少对劣等产品的消费。这种现象较多发生在发展中国家。这样一来，经济增长了，Y 产品的消费量增加了，而 X 产品的消费量反而减少了，即 $\eta < 1$。由于对 Y 的本国需求增加会促使该国进口 Y，而对 X 的本国需求减少则会促进该国出口 X，从而该国贸易量的增长率将可能远大于经济增长率，这种增长成为超顺贸易倾向消费增长（Ultra-Protrade-Biased Consumption Growth）。

（4）若新的均衡点落在 C_2 和 F 点之间，这种增长使 X 产品的消费增长率大于 Y 产品的消费增长率，则 $\triangle Y/Y < \triangle X/X$，也即 $0 \leq \eta < 1$。由于对 X 产品的本国需求增加较大，对 Y 产品的本国需求增加较少，该国将会大幅度地减少对 X 的出口和对 Y 的进口，从而抑制对外贸易的增长，使该国贸易量的增长率小于经济增长率，这种增长被称为逆贸易倾向消费增长（Antitrade-Biased Consumption Growth）。

（5）若新的均衡点落在 F 点与 B_2 点之间（包括 F 点本身），表明经济增长后，人们不仅把所有增加的收入都用于 X 产品的消费上，而且还会减少一部分 Y 产品的消费以增加 X 产品的消费。这里，本国的可进口产品是劣等产品，收入增加，就会减少这种劣等产品的消费。这种现象多发生在发达国家。这样一来，经济增长了，即 $\eta < 0$。由于一国可出口产品的国内需求增加，就会抑制出口贸易，而可进口产品的国内需求减少，也会抑制进口贸易，从而极大地抑制该国对外贸易，使该国贸易量的增长率远小于经济增长率，甚至可能造成该国贸易量的减少，这种增长被称为超逆贸易倾向消费增长（Ultra-Antitrade-Biased Consumption Growth）。经济增长的消费效应如表 13.2 所示。

表 13.2 经济增长的消费效应

新生产点范围	名称	进口需求的收入弹性	倾向
EA_2	超顺贸易倾向增长	$\eta > 1$	贸易增长远大于经济增长
EC_2	顺贸易倾向增长	$\eta > 1$	贸易增长大于经济增长
C_2	中性增长	$\eta = 1$	贸易增长等于经济增长
FC_2	逆贸易倾向增长	$0 \leq \eta < 1$	贸易增长小于经济增长
FB_2	超逆贸易倾向增长	$\eta < 0$	经济增长，贸易减少

(三) 经济增长的贸易量效应

由此看来,生产和消费可以是贸易促进的、反贸易的或中性的。对一国而言,贸易量的实际增长取决于生产和消费的净效应。如果生产和消费都是贸易促进型的,贸易量的扩张比例要大于产出增长的比例。如果生产和消费都是反贸易的,则贸易量的扩张比例要小于产出增长的比例,甚至有可能出现贸易量的下降。如果生产是贸易促进型的,而消费是反贸易型的(或者二者相反),这时贸易量取决于两种相反效应的对比。如果生产和消费都是中性的,贸易和生产会同比例扩张。在下面的推导中,仍然假设 X 为可出口产品,Y 为可进口产品。

(1) 中性生产效果与中性消费效果的经济增长。已知中性生产效果意为:$(\triangle X/X)_s = (\triangle Y/Y)_s = (\triangle N/N)$,即可出口产品与可进口产品的供给增长率相等,并等于经济增长率。且中性消费效果意为:$(\triangle X/X)_d = (\triangle Y/Y)_d = (\triangle N/N)$,即可出口产品与可进口产品的需求增长率相等,并等于经济增长率。综合来看,X 产品的国内供求以相等比率增长,并等于经济增长率,X 产品的出口量也必然按经济增长率增长。同理,Y 产品的进口量也必然按经济增长率增长,从而使本国对外贸易量亦以经济增长率增长。即 $(\triangle T/T) = (\triangle N/N)$。这种情况还可以用图 13.8 加以说明。

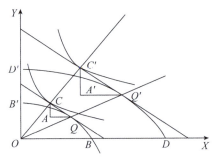

图 13.8 中性贸易量效应

在图 13.8 中,BB' 是经济增长前的生产可能性曲线,Q 是生产均衡点,C 为消费均衡点,ACQ 为贸易三角形,其大小反映该国对外贸易量的大小。显然,该国在经济增长前是进口 CA 数量的 Y 产品,出口 AC 数量的 X 产品,从而达到两种产品的供求平衡。经济发生中性增长后,生产可能性曲线扩延至 DD',且形状完全保持不变。此时的贸易三角形由原来的 ACQ 变为 $A'C'Q'$。$A'Q'$ 为 X 产品出口量,$A'C'$ 为 Y 产品进口量。通过相似三角形原理,很容易证明$(OB/OD) = (AQ/A'Q') = (AC/A'C')$,也即$(\triangle T/T) = (\triangle N/N)$,也就得出了对外贸易增长率与经济增长率相等的中性贸易增长结果。

(2) 顺贸易倾向生产效果与逆贸易倾向消费效果的经济增长。顺贸易倾向的生产效果意为:$(\triangle X/X)_s > (\triangle N/N)$;$(\triangle Y/Y)_s < (\triangle N/N)$,即可出口产品的供给增长率大于经济增长率,可进口产品供给的增长率小于经济增长。逆贸易倾向的消费效果意为:$(\triangle X/X)_d > (\triangle N/N)$;$(\triangle Y/Y)_d < (\triangle N/N)$,即可出口产品的需求增长率大于经济增长率,可进口产品的需求增长率小于经济增长率。综合来看,X 产品的国内需求与供给都在增加,且都大于经济增长率。这样一来,在无法确定二者增长率的幅度时,X 产品的出口量发生什么变化就难以确定。同理,Y 产品的进口量发生什么变化也不确定。这种情况可用图 13.9 来说明。

在图 13.9 中我们省略了生产可能性曲线与消费无差异曲线，只画出经济增长前的贸易三角形 ACQ 及中性贸易增长后的贸易三角形 $A'C'Q'$。顺贸易倾向的生产效果使新的生产均衡点落在 Q' 点右边及 R 点左边的 Q'' 点。逆贸易倾向的消费效果使新的消费均衡点落在 C' 点右边及 D 点左边的 C'' 点。最后的贸易效果是看 $C''Q''$ 与 $C'Q'$ 的比较。如果二者相等，就是中性贸易效果，如果 $C''Q''>C'Q'$，就是超经济增长的贸易效果；如果 $C''Q''<C'Q'$，就是亚经济增长的贸易效果；如果 $C''Q''<CQ$，就表示经济增长后，对外贸易反而减少了。可见这种经济增长对贸易的影响是不确定的。

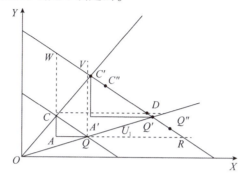

图 13.9　经济增长的贸易量效应

（3）顺贸易倾向生产效果与超逆贸易倾向消费效果的经济增长。超逆贸易倾向的消费效果意为：$(\triangle X/X)_d > (\triangle N/N)$；$(\triangle Y/Y)_d < 0$，即进口需求减少，而顺贸易倾向生产效果使可进口产品 Y 的供给增加了，这必然导致进口贸易量减少。而由于假设价格不变，进口贸易量减少也意味着出口贸易量的减少，也就是说，经济增长后，对外贸易反而减少，造成逆经济增长的贸易效果。

在图 13.9 中也可知，顺贸易倾向的生产效果使新的生产均衡点落在 $Q'R$ 之间，而超逆贸易倾向的消费效果使新的消费均衡点落在 DR 间，由于 $DR=CQ$，故新的生产均衡点与消费均衡点距离必然小于 CQ，说明经济增长后，对外贸易量反而减少，即为逆经济增长的贸易效果。

显然，我们可以推论，顺贸易倾向的生产效果与中性、顺贸易倾向以及超顺贸易倾向消费效果的综合作用，都会使贸易增长率大于经济增长率，即为超经济增长的贸易效果。

（4）超顺贸易倾向生产效果与逆贸易倾向消费效果的经济增长。超顺贸易倾向的生产效果意为：$(\triangle X/X)_s > (\triangle N/N)$；$(\triangle Y)_s < 0$；逆贸易倾向的消费效果意为：$(\triangle X/X)_d > (\triangle N/N)$；$0 < (\triangle Y/Y)_d < (\triangle N/N)$。可进口产品需求增加，而供给减少，必然促使进口量增长。但是，贸易量的增加是否大于经济增长率不能确定。如图 13.9 所示，超顺贸易倾向的生产效果使新的生产均衡点落在 R 点的右边，逆贸易倾向的消费效果使新的消费均衡点落在 $C'D$ 之间，二者的距离必然大于 CQ 的距离，但是，是否大于 $C'Q'$ 的距离则是不确定的，即这种经济增长导致的贸易效果是介于亚经济增长效果与超经济增长效果之间。显然，超顺贸易倾向的生产效果与中性、顺贸易倾向以及超顺贸易倾向消费效果的综合作用，都会使贸易增长率大于经济增长率，即为超经济增长的贸易效果。至于超顺贸易倾向的生产效果与超逆贸易倾向的消费效果的综合作用，只能根据具体给定的数据来判断，故为不确定的。

（5）中性生产效果与超逆贸易倾向的消费效果的经济增长。这种情况是国内可进口产品的供给增加，而对可进口产品的需求减少，势必造成进口量的减少，即为经济增长，贸易量反而减少的逆经济增长的贸易效果。如图 13.9 所示，这种经济增长的新消费均衡点落在 D 点的右方，新生产均衡点落在 Q' 点上。由于 $DR=CQ$，故显然有：$DQ'<CQ$，即经济增长后的贸易量小于增长前的贸易量。显然中性生产效果与逆贸易倾向的消费效果的综合作用会使贸易量增长率小于经济增长率，而是否小于零则不确定。另外，中性生产效果与顺贸易倾向以及超顺贸易倾向的消费效果的综合作用，必然产生超经济增长的贸易效果。经济增长的贸易效应如表 13.3 所示。经济增长贸易效应的逻辑框架如图 13.10 所示。

表 13.3　经济增长的贸易效应

生产效果	消费效果 贸易效果	超顺贸易倾向	顺贸易倾向	中性	逆贸易倾向	超逆贸易倾向
超顺贸易倾向		超经济增长	超经济增长	超经济增长	非逆经济增长	不定
顺贸易倾向		超经济增长	超经济增长	超经济增长	不定	逆经济增长
中性		超经济增长	超经济增长	中性	非超经济增长	逆经济增长
逆贸易倾向		非逆经济增长	不定	非超经济增长	非超经济增长	逆经济增长
超逆贸易倾向		不定	逆经济增长	逆经济增长	逆经济增长	逆经济增长

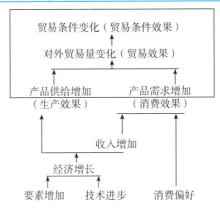

图 13.10　经济增长贸易效应的逻辑框架

二、经济增长对贸易条件和福利的影响

一国的经济增长不仅会影响贸易量，而且如果该国是贸易大国，则经济增长还会影响其贸易条件，因为大国贸易量的变化会引起世界市场上有关商品的供求变化，从而影响商品的相对价格（即贸易条件），而贸易条件的变化可能进一步影响该国的贸易利益。对于小国来说，由于其进出口难以影响国际价格，通常都是国际价格的接受者，因此小国贸易利益的分析与大国不同。下面分别分析在小国情况和大国情况下经济增长对贸易条件和福利的影响。

(一) 小国情况

小国是指一个国家小到不能影响它的贸易商品价格，这样，该国的贸易条件将保持不变。如图 13.11 所示，说明 A 国劳动要素加倍，生产可能性曲线会向外移。在增长之前，A 国的生产点为 B（130X，20Y），并以 $P_B=1$ 的价格用 60X 交换 60Y，达到无差异曲线 Ⅲ，消费点为 E（70X，80Y）。劳动要素增长后，A 国太小以至于不能影响商品的相对价格，生产点为 M（270X，10Y），此点与 $P_M=P_B=1$ 线相切。正如雷布津斯基定理所示，X 的产量以大于 1 倍的比例增加，而 Y 的产量减少，同时价格线与更高的无差异曲线 Ⅶ 相切于新的消费点 Z（120X，160Y），此时 A 国以 150X 交换 150Y。由此可知，A 国增长后，由于劳动力（和人口）增加 1 倍而总消费量的增加却小于一倍，因而情况恶化（比较 Z 点和 E 点），结果 A 国平均的消费和福利有所下降。

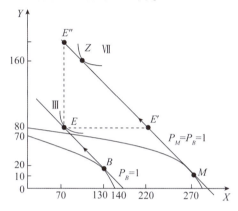

图 13.11　要素增长、贸易条件与福利：贸易小国保持不变的情况

图 13.12 利用提供曲线显示了小国的贸易增长。在增长前，A 国以 $P_x/P_y=P_B=1$ 的价格用 60X 交换 60Y，在增长后，A 国以 $P_x/P_y=P_B=1$ 的价格，用 150X 交换 150Y。图 13.12 中直线表示贸易条件不变，也代表 B 国（或世界其余各国）提供曲线的直线部分。正是因为 A 国非常小，因而它的要素增长前后提供曲线相交于 B 国（大国）提供曲线的直线部分，贸易条件保持不变。

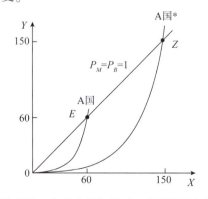

图 13.12　要素增长、贸易条件与福利：贸易小国贸易增长的情况

(二) 大国情况

1. 经济增长与国家的贸易条件和福利

如果不考虑增长的原因和类型，只要经济增长在其他国家不变的条件下增加了国家的贸易量，那么它会使贸易条件恶化。反之，在其他国家不变的条件下，经济增长减少了国家的贸易量，则贸易条件会改善。这就是经济增长的贸易条件效应（Terms-of-Trade Effect）。福利效应（Wealth Effect）是指经济增长改变了每人的人均产出量。

经济增长对国家福利的效应取决于其对贸易条件效应和福利效应的净效应。如果二者之和为正，则该国净福利增加；如果增长和贸易条件都不尽如人意，国家的福利无疑会减少；如果福利效应和贸易条件效应的变动方向相反，那么国家的福利由两种相反力量的相对强度决定是恶化、改善或保持不变。

假设 A 国为可影响相对商品价格的大国。伴随着经济增长和贸易发展，贸易条件从 $P_M=P_B=1$ 恶化到 $P_N=1/2$ 时，A 国的产量由 N 点确定，消费由无差异曲线Ⅳ上的 T 点确定。与小国的情况相比，A 国的福利由无差异曲线Ⅶ上的 Z 点下降到无差异曲线Ⅳ上的 T 点，如图 13.13 所示。

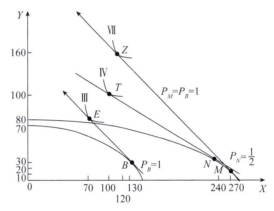

图 13.13　要素增长、贸易条件与福利：贸易大国经济增长的情况

图 13.14 以提供曲线反映这种增长类型对贸易量与贸易条件的影响，既包括小国的情况，又包括大国的情况。

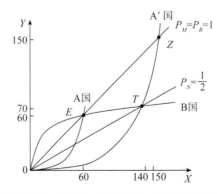

图 13.14　要素增长、贸易条件与福利：贸易大国包含小国的情况

2. 贫困化增长（不幸的增长）（Impoverished Growth）

贫困化的增长指大国经济增长引起贸易条件严重恶化，以致社会福利下降程度远高于人均产量增加对社会福利的改善程度，从而使国家福利出现净下降。图 13.15 解释了劳动要素增长所导致的贫困化增长。

在图 13.15 中，劳动要素增长前，A 国生产点为 B，消费点为 E，贸易条件为 $P_B=1$。现在假定 A 国劳动要素增加 1 倍，生产可能性曲线大幅度向 X 轴方向移动，因为 A 国是大国，故其贸易条件恶化，从 $P_B=1$ 降至 $P_C=1/5$。此时，A 国的生产点变为 C 点，消费点变为 G 点，G 点位于较无差异曲线Ⅲ低的无差异曲线Ⅱ上。因此，尽管 A 国出口商品数量增加，但净福利水平还是下降。

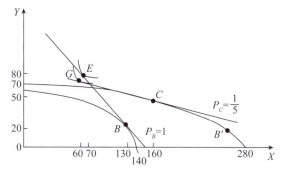

图 13.15　贫困化增长

贫困化增长更有可能在下述情况下发生：①一国经济增长主要依赖于出口产品供给能力的增长；②该国在世界市场上是一个大国，出口增加过大会导致贸易条件严重恶化；③外国对该国出口商品的需求弹性较低，以至于贸易条件的恶化将引起国家福利的减少。

3. 有助于增加福利的经济增长与贸易

现在分析当 A 国仅资本（稀缺要素）增加 1 倍，因而使国家福利增加的情况。图 13.16 显示了 A 国在经济增长前及仅资本要素倍增后的生产可能性曲线。在 $P_B=1$ 的不变相对价格下，A 国生产点为 R（$110X$，$105Y$），消费点为 U 点，位于无差异曲线Ⅴ上。由于劳动和人口未变，A 国的福利增加。

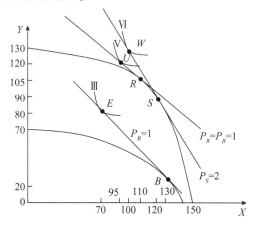

图 13.16　经济增长改进了 A 国的贸易条件和福利

另外，因为在价格不变时 A 国的贸易量减少，所以 A 国的贸易条件从 $P_R=P_B=1$ 改善为 $P_S=2$。此时，A 国的生产点为 S 点（$120X$，$90Y$），消费点为无差异曲线Ⅵ上的 W 点。这样，由于福利效应和贸易条件两种效应的结果，一国的福利将增加。

图 13.17 用提供曲线表明了当 A 国经济增长、提供曲线发生变化时，这种类型的增长对贸易量和贸易条件的影响。

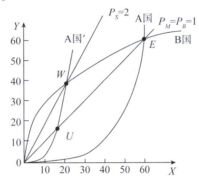

图 13.17　经济增长改进了 A 国的贸易条件和福利

三、技术进步、贸易与福利

（一）两种商品均发生同等程度的中性技术进步

在两种商品都发生同等程度的技术进步时，会使两种商品生产在相对价格不变条件下以相同的比例增长。这时，如果每种商品的消费也以相同比率增长，那么贸易量会在相对价格不变的条件下，也以相同的比例增加；若可进口商品消费增加的比例超过可出口商品消费增加的比例，则贸易量增加的比率会比生产增长的比率更高，因为可进口商品消费的较快增加促进了贸易；反之，若可进口商品消费增加的比例小于可出口商品消费增加的比例，则贸易量增长的比率会低于生产增长的比率。然而，无论贸易量如何，人均福利也会在劳动和人口不变、贸易条件不变的情况下增长，因为生产和消费都较以前增加。

（二）可出口商品发生中性技术进步

如果仅在可出口商品的生产中发生了中性技术进步，会促使贸易量的增加。例如，若 A 国仅在 X 商品的生产中发生中性技术进步，生产可能性曲线会仅沿 X 轴扩张（如图 13.3 所示）。在贸易条件不变的情况下，A 国 X 商品的产量将比图 13.11 中所示增加更多，同时 Y 商品的产量下降。A 国将达到比Ⅶ更高水平的无差异曲线，并且贸易量也比图 13.11 中增长更多。值得注意的是，在人口和劳动不变的情况下，人均福利提高了（与图 13.11 中仅劳动要素增加的情况相反）。

（三）可进口商品发生中性技术进步

如果仅在可进口商品 Y 中发生中性技术进步，生产可能性曲线会仅沿 Y 轴扩张（如图 13.3 中虚线），如果贸易条件、偏好、劳动力数量都保持不变，贸易量将下降，但国家福利会增加。

当两种商品的生产中发生不同程度的中性技术进步时，会引起贸易量的升或降，但福利却总是增加的。通常非中性技术进步也是如此。总之，对小国而言，由于贸易条件不发生变化，无论发生何种类型的技术进步总是会增加小国的社会福利。

第四节　国际贸易对经济增长的影响

经济增长与国际贸易之间的影响是双向的，一方面，经济增长会影响到一国的贸易量，在大国的情况下还会影响到贸易条件，进而影响到贸易利益；另一方面，对外贸易也会通过多种途径，如提高一国的资源配置效率、扩大市场从而实现规模经济效应、吸收国外资金与先进技术等，影响到一国的经济增长进程。本节将介绍有关国际贸易影响经济增长的主要理论和学说。

一、贸易理论和经济发展

亚当·斯密认为，分工的发展是促进生产率长期增长的主要因素，而分工的程度则受到市场范围的强烈制约。国际贸易是市场范围扩展的显著标志，因而国际贸易的扩大必然能够促进分工的分化和生产率的提高，加速经济发展。

大卫·李嘉图的比较优势理论则进一步表明，一国可以通过国际贸易提高资源的利用效率。本来需要本国较高成本生产的产品通过进口可以比较少的出口成本交换得到。如对于发展中国家，贸易使这些国家能进口自身不具有比较优势的产品，而这些产品对经济发展有至关重要的作用。

H—O 理论认为，一国应当出口该国相对丰裕和便宜的要素密集型商品，进口该国相对稀缺和昂贵的要素密集型商品，通过国际贸易获得贸易利益，发展经济。要素价格均等化定理还表明了国际贸易对要素报酬发生的影响，后来的赫克歇尔—俄林—萨缪尔森定理、雷布津斯基定理进一步探讨了贸易对生产结构、进出口价格及要素报酬的影响，认为国际贸易是经济发展的重要手段。

因此，按照传统的贸易理论，如果各国专门生产自己具有比较优势的商品，世界的总产出将会增加，经济会增长，通过贸易可使各国均受益。

二、对外贸易是经济增长的发动机

受古典经济学家的启发，后来的经济学家探讨了贸易对经济发展的带动问题，其中较为著名的对外贸易是"经济增长的发动机"（Engine for Growth）学说。

（一）对外贸易是"经济增长的发动机"学说的基本内容

1937 年，经济学家 D. H. 罗卜特逊在经济学杂志上发表了题为"国际贸易的未来"一文，提出了对外贸易是"经济增长的发动机"的观点，首次将国际贸易摆在了经济增长动力源的位置上。

19 世纪时，世界上大多数现代工业生产都集中在英国，资源贫乏的英国在工业生产和人口大量增长后，导致对新殖民地食品和原材料出口需求的大幅度增长。20 世纪 50 年代，美国经济学家 R. 纳克斯正是在对这一现象的原因研究的基础上，进一步补充和发展了"对外贸易是经济增长的发动机"学说。他认为，19 世纪国际贸易的发展为许多国家的经济发展曾做出重要的贡献。这种贡献一方面来自对外贸易带来的静态利益，即各国按比较优势原则进行国际贸易，通过两优取其更优、两劣取其次劣的办法进行专业化分工，使资源得到更有效的配置，增加了产量。通过交换，各国都得到了多于自己生产的消费量,他认为这是对外贸易的直接利益。另一方面,也是最重要的方面,就是对外贸易产生间接的动态利益,即通过对外贸易,使生产规模扩大而取得规模经济利益,同时通过一系列的动态转换过程,把经济增长传递到国内各个经济部门,从而带动国民经济的全面增长。他指出,19世纪的国际贸易具有这样的性质:中心国家经济上的迅速成长,通过对初级产品迅速增加的需求而传递到外围的新国家去。19世纪的贸易不仅是简单地把一定数量的资源加以最适当配置的手段,它尤其是经济增长的发动机。

20世纪60年代以后,西方经济学者进一步补充了这一学说。他们认为,较高的出口增长率是通过以下几条途径来带动经济增长的:

(1) 较高的出口水平意味着这个国家有了提高其进口水平的手段。进口中包括资本货物的进口,而资本货物对于促进经济增长是特别重要的,因为它能大大节约生产要素的投入量,有助于提高工业生产的效益。

(2) 出口的增长也趋向于使有关国家的投资领域发生变化,使它们把资金投向国民经济中最有效率的领域,亦即它们各自享有比较优势的领域。在具有比较优势的领域进行专业化生产,就会提高劳动生产率。

(3) 出口使一国得到规模经济的利益。国内市场加上国外市场比起单独的狭小的国内市场更能容纳得下大规模的生产。

(4) 世界市场的竞争会给一国的出口工业造成压力,促使其降低成本,改良出口产品的质量,并淘汰那些劳动生产率低下的出口工业。

(5) 一个日益发展的出口部门还会鼓励国内外的投资,并刺激加工工业或附属工业以及交通运输、动力等部门的发展,同时促进国外先进技术和管理知识的引进。

(二) 对外贸易是"经济增长的发动机"学说的评价

许多国家的经济发展史都在一定程度上支持了对外贸易是"经济增长的发动机"的论点。而纳克斯自己也认为,该论点只适合解释19世纪,而不能用来解释20世纪以后对外贸易与经济发展的关系。这主要表现在以下几个方面:

1. 过分夸大了对外贸易的作用

可以肯定地说,经济增长与对外贸易之间存在着密切的相互联系和相互影响。但正如马克思所说,交换的深度、广度和方式都是由生产的发展和结果决定的。在生产和外贸的关系中,起决定作用的是生产,生产决定交换。经济增长发动机学说只考虑对外贸易对生产的反作用而不谈生产对外贸的决定作用是片面的。

2. 忽略了对经济增长机制的分析

对外贸易对一个国家的经济发展可以起到刺激和带动作用,但只有在经济和社会条件具备时才能充分发挥这种作用。对外贸易对资本主义国家的经济发展只是它的一个必需条件,而不是它的先决条件。在19世纪,西欧国家对初级产品需求的增长之所以能带动少数白人移民地区的经济发展,是因为在这些地区存在政治和经济发展的条件。而许多亚洲、非洲和拉丁美洲国家,尽管它们的对外贸易也增长了,但是并没有导致经济发展,原因就是它们在国内还不具备这些政治、经济和社会的条件。

3. 掩盖了国际贸易领域的矛盾和斗争

他们只抽象地谈论对外贸易给一国带来的经济利益,而不谈在资本主义条件下,帝国主义国家通过国际交换、剥削、掠夺殖民地和落后国家的历史事实,抹杀第二次世界大战后发达国家借助其经济优势在国际贸易中损害发展中国家利益的现实。

三、国际贸易与技术传递

技术进步是促进经济增长的一个重要原因，从这个角度来说，国际贸易可以通过促进技术在国家间的传递而间接地促进经济增长。一些学者认为，国际贸易不仅是商品本身在国家之间的交换，还是技术在国家之间传递的重要渠道。格罗斯曼（G. M. Grossman）与赫尔普曼（E. Helpman）在这方面做了大量研究。他们在 1991 年的文章《贸易、知识外溢与增长》

国贸博览 13-2

中指出：考虑到比较优势和规模经济效应，贸易利益表现为一个经济体在开放状态下比封闭时可以获得更高的收入和消费水平，但这些观点并未考虑到开放会带来更高的经济增长速度，实际上一国通过对外交流可以获得国际上已积累的大量知识存量以及一些新的发现，从而贸易可以长期促进技术进步和经济的更快增长。一般认为，贸易促进国际技术传递的渠道主要包括以下几个方面：

（1）传播效应。越开放的国家从其他国家学到先进技术的机会就越大，美国经济学家芬德雷（R. Findlay）用"传递效应"（Contagion Theory）来解释这种现象。同技术创新的发明者或获得者接触和交流，技术创新可以被有效地复制。国际贸易提供了这种接触和交流的机会，使一国的生产者能够进口封闭状态下本国不生产的高科技产品，了解其他国家的产品信息和技术信息。

（2）干中学效应（Learning by Doing Effect）。干中学效应指出，企业生产效率随着生产数量的扩大和经验的积累而增加，同时知识的外溢使所有劳动力和固定资产在生产最终产品时的效率都能有所提高。考虑到当代国际贸易的特点时，这种效应就不仅仅局限于一国范围之内了，因为当代国际贸易的特点之一是产品的增值链延长，即一种产品的生产可能包括几个国家的共同参与。这样，对外加工企业进口国外的关键件和设备进行组装生产，可以在加工过程中摸索、了解和吸收国外同行的知识和技术窍门，逐步掌握生产这些中间产品的能力，使产品国产化率不断提高。另外，在出口过程中，国外的消费者往往会对产品的性能进行反馈，使企业能根据市场的需求对产品进行改进，同时促进企业创新和学习世界新技术。

（3）演示和培训效应。虽然掌握先进技术的外国企业会努力对技术进行保密，但是为了在国际市场上销售的需要，企业必须对商品进行演示，说明其新产品的质量、特点、功能、使用方法等。此外，为了保证产品质量，还要提供安装及售后服务。对于很多技术含量较高的产品，企业还会对客户进行使用技术培训。这些都为其他企业通过技术外溢进行学习模仿创新创造了条件，使后者又可能以更低的成本开发出相似的产品。

四、国际贸易对经济增长贡献的测度

（一）外贸依存度（Foreign Trade Dependence）

外贸依存度是指一个经济体进出口贸易总额占其国内生产总值（少数情况下用国民生产总值）的比重，外贸依存度在一定程度上反映了一个经济体的对外贸易在国民经济中的地位，同其他经济体经济联系的密切程度及该经济体加入国际分工、世界市场的广度和深度。

有时也用出口依存度和进口依存度［即出口额或进口额占国内生产总值（或国民生产总值）的比重］来计算外贸依存度。许多欧美学者将出口依存度定义为外贸依存度，原因不外乎两点：第一，避免重复计算；第二，出口额比进出口额更能如实反映一国经济发展的水平和参与国际分工的程度。

外贸依存度＝进出口额/国内生产总值；

进口依存度＝进口额/国内生产总值；

出口依存度＝出口额/国内生产总值。

为了保持国际可比性，一般情况下，外贸依存度的计算要将进出口额和国内生产总值（或国民生产总值）按一定的汇率折算成美元。折算时，一般采用年平均汇率，如果汇率波动较大，则用近三年的平均汇率折算。

此外，影响外贸依存度的因素有：经济体的经济发展模式、经济发展水平、经济规模和外贸政策等。如果一国实行开放的经济发展战略，则外贸依存度就可能较高，相反，内向的经济发展战略一定导致较低的外贸依存度。

（二）对外贸易乘数（Foreign Trade Multiplier）

"对外贸易乘数"的基本含义是：出口的增加将导致产出增加，其增加的规模要成倍于出口的增加，进口则相反。这种贸易促进增长的倍数关系即为对外贸易乘数。对外贸易乘数由以下公式推得：

$$Y = C_0 + \alpha Y + G + I + \{X - (M_0 + \beta Y)\}$$

其中，Y 代表国民收入；C_0 为自主消费；α 为边际消费倾向；G、I 分别表示政府支出和投资，通常假定与 Y 无关，即为常量，表示为 G_0、I_0；X 为本国出口，而出口与进口国收入有关，因此假定与本国 Y 无关，为常量 X_0；M_0 为自主进口；β 为边际进口倾向。

通过计算可得：

$$出口乘数 = \frac{dY}{dX_0} = \frac{1}{1 - \alpha + \beta}$$

$$进口乘数 = \frac{dY}{dM_0} = -\frac{1}{1 - \alpha + \beta}$$

因为 $\alpha > \beta$，所以出口乘数大于 1，这意味着，出口的增加将带来产出的增加，其增加的规模将成倍于增加的出口；同样可知，进口乘数为负，且绝对值大于 1，即进口的增加将导致产出减少，其减少的规模成倍于增加的进口。

本章核心概念

经济增长（Economic Growth），经济发展（Economic Development），中性技术进步（Neutral Technical Progress），资本节约型技术进步（Capital-saving Technical Progress），劳动节约型技术进步（Labor-saving Technical Progress），平衡增长和不平衡增长（Balanced Growth & Unbalanced Growth），雷布津斯基定理（Rybczynski Theorem），顺贸易倾向增长（Protrade-Biased Growth），逆贸易倾向增长（Antitrade-Biased Growth），贫困化增长（Impoverished Growth），干中学效应（Learning by Doing Effect），外贸依存度（Foreign Trade Dependence），对外贸易乘数（Foreign Trade Multiplier）。

第十三章 经济增长与国际贸易

复习思考题

1. 作图说明小国情形下要素增长、贸易与福利。
2. 作图说明大国情形下要素增长、贸易与福利。
3. 简述雷布津斯基定理。
4. 何种类型的经济增长最有可能导致国家福利的下降？什么是不幸的增长？
5. 何种类型的经济增长最有可能导致国家福利的改善？试作图说明。
6. 解释技术进步的类型（中性的、劳动节约型的、资本节约型的技术进步）。
7. 作图分析发生在两国的经济增长和贸易。
8. 作图分析经济增长对国际贸易的影响。
9. 试评述"对外贸易是经济增长的发动机"。

参考文献

1. 多米尼克·萨尔瓦多. 国际经济学［M］. 张二震，仇向洋，译. 南京：江苏人民出版社，1992.
2. 胡昭玲. 国际贸易：理论与政策［M］. 北京：清华大学出版社，2010.
3. 许罗丹，陈平. 新编国际贸易［M］. 广州：中山大学出版社，1997.
4. 张相文，曹亮. 国际贸易学［M］. 武汉：武汉大学出版社，2010.
5. 苏志庆，陈银娥. 知识贸易、技术进步与经济增长［J］. 经济研究，2014（8）：133-145，157.
6. 李怀建，沈坤荣. FDI、内生技术进步与经济增长：基于OECD国家的计量检验与实证分析［J］. 世界经济研究，2013（2）：50-60，88.
7. 牛惊雷，龚志宏. 经济跨越式发展与技术进步类型选择［J］. 决策咨询通讯，2006（1）：82-86.
8. 罗伯特·卢卡斯. 国际贸易与经济增长［J］. 经济学动态，2004（8）：6-7.
9. 刘雨琦，王杰. 论国际贸易与经济增长的一般关系：对国际贸易乘数理论的修正［J］. 现代经济信息，2011（6）：112.
10. 吴建军，仇怡. 国际贸易对我国经济增长作用的实证分析［J］. 求索，2008（4）：44-45.
11. 陈慧. 国际贸易与经济增长的关系分析［J］. 特区经济，2013（3）：182-183.

第十四章　世界贸易组织

本章重点问题

乌拉圭回合谈判的成果，WTO 的基本原则，我国"入世"的"得"与"失"。

第二次世界大战以后，世界面临着百废待兴的局面。主要参战国的经济重建，国际经济秩序的混乱，特别是国际贸易领域和国际金融领域的混乱，成为国际经济协调发展的主要阻碍因素，因此，国际经济秩序的重建也被提上议事日程。在国际贸易领域中，各国高筑贸易壁垒、竞相采取以邻为壑的外贸政策，致使国际贸易不断萎缩。国际金融领域的混乱则主要表现为自从金本位制消亡后，一直没有一个稳定的货币体系来稳定汇率。

美国作为第二次世界大战后的头号强国，在考虑自己经济利益的前提下极力推进重建欧洲经济和国际经济秩序，相继推动建立了世界银行（又称国际复兴开发银行，1945 年 12 月成立）和国际货币基金组织（1946 年 3 月建立，1947 年 3 月生效）。在国际贸易领域，美国极力倡导贸易自由化，试图建立一个由美国主导的国际性的贸易组织，关税与贸易总协定（The General Agreement on Tariffs and Trade，GATT，关贸总协定）随之产生，1995 年以后被世界贸易组织（World Trade Organization，WTO）取代。

第一节　关贸总协定

一、关贸总协定的产生

关贸总协定是第二次世界大战后美、英、法等 23 国缔结的旨在降低关税、减少贸易壁垒的有关关税贸易政策的多边国际贸易协定，也是一个贸易谈判的场所和调节与解决争议的机构。

美国为建立国际贸易组织首先起草了《国际贸易组织宪章》，并在 1946 年 10 月由联合国经济和社会理事会召开的联合国贸易与就业会议上进行讨论，但没有被通过，随后美国成立了一个由 19 国组成的国际贸易组织筹备委员会。

1947年4—10月，筹备委员会在日内瓦召开第2次会议，包括中国在内的共23国代表参加，就具体产品的关税减让达成协议《关税与贸易总协定》。23国代表先后签署了《关税与贸易总协定》的《临时议定书》，成为关贸总协定的23个缔约国，并宣布在《国际贸易组织宪章》生效前，各缔约方之间的贸易关系临时适用关贸总协定。关贸总协定在1948年1月1日正式生效。

1947年11月，在哈瓦那举行的联合国贸易与就业会议上，联合国审议并通过了《国际贸易组织宪章》（又称《哈瓦那宪章》），准备按《哈瓦那宪章》组建正式的国际贸易组织。但由于该宪章经过讨论与修改，部分内容并不符合美国利益，因此未获美国和其他一些国家的批准，国际贸易组织未能建立。而关贸总协定从签署后一直致力于推进世界范围内的多边贸易谈判和贸易自由化，对推进世界范围内的贸易自由化起到了积极作用。但从性质上看，关贸总协定始终是"临时"适用的一项多边国际贸易协定，而非正式的国际贸易组织，其直到1995年1月1日才被正式的世界贸易组织所取代。

二、关贸总协定的宗旨与组织机构

（一）宗旨

关贸总协定的宗旨是：以提高生活水平、保证充分就业、保证实际收入和有效需求的巨大持续增长，扩大世界资源的充分利用以及发展商品生产和交换为目的。

《关税与贸易总协定》包括序言和正文，共计38条。正文分为四个部分：第一部分（第1~2条）主要规定成员间在关税和贸易方面互给无条件最惠国待遇以及有关关税减让事项。第二部分（第3~23条）主要规定取消数量限制以及可以采取的紧急措施。第三部分（第24~35条）主要规定本协定的适用范围，参加和退出本协定的手续和程序。第四部分（第36~38条）主要规定缔约国中的发展中国家在贸易与发展中应该享受的特殊优惠待遇。

（二）组织机构

关贸总协定在签署之后，不但作为多边国际贸易协定存在，也逐渐发展为具有完整组织结构的非正式国际组织，负责调解国际贸易争端并承担组织多边贸易谈判等多项职能。

1. 缔约方全体

缔约方全体是关贸总协定的最高决策机构，每年举行一次缔约方大会，对有关重要事务做出决策或解释。

2. 代表理事会

代表理事会是缔约方全体休会期间的机构，负责处理日常的、紧急的事务，并监督下属机构的工作。理事会主席由缔约方全体会议选举产生。

3. 委员会

委员会包括常设委员会和根据需要产生的专门委员会。常设委员会是理事会建议设立的常设机构，负责处理与关贸总协定有关的事务，属于理事会的下属机构。专门委员会则是就具体问题而建立的委员会，如纺织品委员会、反倾销委员会、补贴与反补贴措施委员会、海关估价委员会等。

4. 工作组

工作组是为处理一些更具体的技术事务而成立的，职能主要是对技术性较强的具体事务进行调查、研究并写出有关报告，完成后即解散。

5. 总干事

由于关贸总协定是非正式组织，因此一直到 1965 年才设立总干事，而且没有对总干事的权力做出明文规定。总的来说，总干事在关贸总协定的谈判和日常工作中起到引导、调解的作用，同时负责秘书处的工作。

6. 秘书处

秘书处在总干事的领导下工作，负责关贸总协定的日常事务。

三、关贸总协定组织的八轮多边贸易谈判

从 1947 年起，关贸总协定共主持了八轮多边贸易谈判。谈判主要围绕着推进贸易自由化这一目标进行，参与成员规模不断扩大，谈判议题也随着时代变化不断扩展，其中第一至五轮谈判的主要议题都是减税，从第六轮谈判开始，逐渐延伸到非关税壁垒的削减等更多的议题上。

1947 年 4—10 月，美国、法国、中国等 23 个国家参加了在日内瓦举行的第一次多边谈判，主要谈判议题是减税。谈判达成了 123 项双边关税减让协议，涉及产品达 4.5 万多项，占世界贸易额的 1/5，使占西方国家进口值 54% 的商品平均降低关税 35%。

1949 年 4—10 月在法国安纳西举行了第二次谈判，谈判国家达到 33 个。此次谈判共达成双边协议 147 项，涉及产品 5 000 多项，使占应征关税进口值 56% 的商品平均降低关税 35%。

1950 年 9 月—1951 年 4 月在英国托奎举行的第三轮多边减税谈判，有 39 个国家参加，谈判中达成双边协议 150 项，增加关税减让 8 700 项，参加谈判国家的贸易占当时世界进口额的 80% 和出口额的 85% 以上。

1956 年 1—5 月在日内瓦举行的第四轮多边减税谈判，有 28 个国家参加，所达成的关税减让涉及 25 亿美元的贸易额。

1960 年 9 月—1962 年 7 月在日内瓦举行的第五轮多边关税减让谈判，由于是由美国负责经济事务的副国务卿狄龙发起，因此又称"狄龙回合"，有 45 国参加，减让所影响的贸易额约为 49 亿美元，使占进口值 20% 的商品平均降低关税 20%，涉及商品 4 400 多项。

1964 年 5 月—1967 年 6 月在日内瓦举行的第六轮多边贸易谈判，由于由当时的美国总统肯尼迪倡议，因此又称"肯尼迪回合"，有 54 个国家参加此轮谈判，谈判结果使工业国的进口关税下降了 35%，影响贸易额 400 亿美元。从谈判议题上来看，其在延续前五轮谈判的减税议题的同时，首次进行了削减非关税壁垒的谈判，针对日益严重的倾销行为制定了第一个"反倾销协议"，允许缔约国对倾销的产品征收数量不超过该产品倾销差额的反倾销税。另外，随着总协定中发展中成员的增多，发展中成员在世界贸易中的地位也日益提升，贸易与发展的问题成为此轮谈判的又一个新的主题。肯尼迪回合考虑到发展中国家的发展问题，明确了发达国家与发展中国家之间不是互让关税的关系，而应该是发达国

家对发展中国家的经济发展给予扶助。此轮谈判明确了发展中国家可以分享各项关税减让，而无须做出对等的减让。

1973年9月—1979年11月，第七轮多边贸易谈判从东京开始，到日内瓦结束，共有99个国家和地区参加了此轮谈判，其中包括29个非缔约国。此轮谈判的主要成果表现在多个方面。一是关税进一步下降。根据协议，从1980年1月1日起到1987年1月1日，全部商品的关税平均下降33%，减税商品范围从工业品扩大到部分农产品，但是纺织品、鞋类、皮革制品、钢铁等仍以"敏感性"为由被排除在减税商品范围之外。二是在削减非关税壁垒方面成果显著。除了修改反倾销协议外，又达成了9项削减非关税壁垒的协议，比如进口许可证手续、贸易技术壁垒和政府采购补贴等协议。

1986年9月—1993年12月在乌拉圭进行了第八轮多边贸易谈判。此次谈判从参加成员的规模上、谈判议题的多样性上、对世界经济贸易结构的影响上都远远超过了前七轮的谈判，成为关贸总协定最重要的一轮谈判。

四、乌拉圭回合谈判及其成果

乌拉圭回合谈判（Uruguay Round Negotiation）始于1986年9月15日，由123个国家和地区在乌拉圭的埃斯特角城进行，直到1993年12月在日内瓦达成协议。1994年，在摩洛哥的马拉喀什，各缔约国签署了长达550页的最后文件，才宣告乌拉圭回合谈判的最终结束。我国政府也派代表团出席了会议并获得了全面参加这一轮各项议题谈判的资格，成为乌拉圭回合谈判的参加国，并在最后文件上签了字。这是关贸总协定成立以来议题最多、范围最广、规模最大的多边谈判，也是成果最多的一次谈判。

（一）乌拉圭回合谈判的议题

20世纪80年代初期，在关贸总协定经过七轮多边贸易谈判后，关税水平已经大幅降低，但一些国家开始更多地实施更加隐蔽灵活的非关税措施，使国际贸易领域中的矛盾与摩擦不断。因此，发达国家之间在农产品补贴问题上、发达国家与发展中国家在纺织品服装等问题上都一直存在着较多的纷争，再加上区域性贸易集团也不断出现，利益主体的形式也日益多样化，这些都使乌拉圭回合的多边贸易谈判相较于早期的谈判面临更多的困难。

乌拉圭回合谈判中不但对减税、削减非关税壁垒这些传统议题继续进行谈判，也因为国际经济背景的变化涉及了许多新议题。国际贸易从第二次世界大战后进入了快速发展阶段，到20世纪80年代出现了许多值得关注的变化。一是发达国家的服务业比重上升较快，相应地国际贸易中服务贸易的比重也显著上升，已经占世界贸易总额的1/4～1/3。二是国际直接投资的快速发展和跨国公司的兴起对贸易产生了影响，投资对贸易既有替代关系也有创造关系，投资与贸易已经不可割裂，而许多东道国在鼓励吸引外资的同时又对外资进入采取了诸多限制措施，其中包括对外资企业的贸易限制。三是在国际贸易中，仿制与盗版行为日益严重，特别是发达国家拥有较大比重的专利、发明等知识产权，不愿意在国际贸易中受到利益的损害。国际范围内有关知识产权的国际公约（如《巴黎公约》《伯尔尼公约》和《罗马公约》等）对合理的国际贸易产生了限制，已不能满足国际贸易的要求。因此，乌拉圭回合中除了继续谈判以往的传统议题外，服务贸易、贸易与投资、贸易与知识产权等新议题也进入了谈判中，从而使谈判议题远远超过了以往任何一轮多边谈判，达到15个。

1. 传统议题

传统议题包括12项议题，分别为：①关税；②非关税措施；③热带产品；④自然资源产品；⑤纺织品与服装；⑥农产品；⑦关贸总协定条款；⑧保障条款；⑨多边贸易谈判协议与安排；⑩补贴与反补贴措施；⑪争端解决；⑫关贸总协定体制的作用。

2. 新议题

新议题主要有3个：①与贸易有关的知识产权问题，包括冒牌货贸易问题；②与贸易有关的投资措施；③服务贸易。

15个议题当中，除了服务贸易之外，其他都是和货物贸易有关的议题。这轮多边贸易谈判，因谈判议题较多，再加上涉及的利益方更多，使之谈判难度也远远超过了前七轮谈判，最终的谈判成果也是最多的。

（二）乌拉圭回合谈判的成果

乌拉圭回合谈判从1986年开始，到1993年12月结束。1994年，关贸总协定在摩洛哥发布了《乌拉圭回合多边贸易谈判的最后文件》（简称《最后文件》），宣告了乌拉圭回合谈判的正式结束。《最后文件》包括28个协议和协定，属于"一揽子文件"，即必须全部接受或全部拒绝，不能仅接受一部分，拒绝另一部分。

乌拉圭回合多边贸易谈判达成的28个协议和协定可以分为三类：

第一类是修订原有的关贸总协定和货物贸易规则，对一些老问题进行有效处理，比如反倾销、反补贴等问题。

第二类涉及新的规则和贸易面临的新问题，比如知识产权保护、贸易与投资、服务贸易问题。

第三类属于体制建设问题，其中最重要的是建立一个正式的法人组织（即世界贸易组织）来取代关贸总协定。

乌拉圭回合谈判虽然历时较长，但对于推进世界贸易自由化功不可没，取得的成果主要表现在以下方面：

（1）关税减让方面。经过乌拉圭回合的谈判，工业品关税大幅度下降，平均减税幅度近40%。减税涉及的贸易额高达1.2万亿美元，其中近20个产品实行零关税，部分产品关税下降50%。此外，拉丁美洲国家统一货物关税的比例达到90%，较先进的发展中国家达60%。经过这一回合，关贸总协定中的发达国家工业品加权平均关税率从6.3%降低到3.8%，发展中国家工业品加权平均关税率从20.5%降低到14.4%。

（2）农产品贸易方面。参加方当中，发达国家在6年内将农产品关税和出口补贴全面削减36%，将补贴的农产品出口量减少21%。发展中国家在10年内削减24%的关税。

（3）纺织品和服装方面。关贸总协定通过了《纺织品和服装协定》（Agreement on Textile and Clothing，ATC），包括10个条款和1个附件。该协定的最终目的是把纺织品和服装部门最终纳入关贸总协定，并规定给最不发达国家以特殊待遇。其主要内容包括：一是把纺织品、服装贸易全部纳入关贸总协定的过程，也称为一体化过程。二是纺织品和服装贸易实施自由化的过程：在世界贸易组织生效的十年内分三个阶段逐步取消进口数量限制，以实现纺织品和服装贸易自由化。在发达国家逐步取消数量限制的同时，发展中国家也必须开放国内市场。三是其他相关条款，如过渡期保障条款、反规避条款。

（4）服务贸易方面。乌拉圭回合谈判首次把服务贸易纳入谈判议题，签订了《服务贸易总协定》（General Agreement on Trade in Services，GATS）。该协定由三个部分组成：一是协定条款本身，包括服务贸易的定义、服务贸易适用的原则、市场准入和逐步自由化；二是部门协议，包括航空运输服务协议、电信服务协议等；三是关于各国的初步承诺减让表。该协定强调了服务贸易的非歧视性、透明度和市场准入等原则，同时承认发达国家和发展中国家在服务业发展上的差距，允许发展中国家在开放服务贸易市场方面有更大的灵活性。

（5）与贸易有关的投资措施方面。乌拉圭回合谈判通过了《与贸易有关的投资措施协定》（Agreement on Trade-Related Investment Measures，TRIMs），其由序言和9条内容及1个附件组成。协定的宗旨是，促进投资自由化，制定为避免对贸易造成不利影响的规则，促进世界贸易的扩大和逐步自由化，并便于国际投资，以便在确保自由竞争的同时，提高所有贸易伙伴（尤其是发展中国家成员）的经济增长水平。协议的基本原则是各成员实施与贸易有关的投资措施，为了防止各国有关外国直接投资的立法造成贸易限制或扭曲，协定规定各国政府不得违背关贸总协定的国民待遇和取消数量限制原则。工业化国家在2年内、发展中国家在5年内应取消与此相悖的限制措施。

（6）与贸易有关的知识产权方面。乌拉圭回合谈判首次将知识产权保护纳入多边贸易谈判并达成共识，签署了《与贸易有关的知识产权协定》（Agreement on Trade-Related Aspects of Intellectual Property Rights，TRIPs）。该协定规定各方应遵守各项国际条约，解决争端应实施关贸总协定所规定的程序。协定还为保护知识产权、反对不公平竞争和维护正常贸易秩序制定了规则，并对发展中国家做了特殊的过渡期安排。

乌拉圭回合谈判的最后文件中，还涉及了争端解决、审查机制等诸多方面。另外，由于谈判的议题已经远远超出了负责货物贸易谈判的关贸总协定的职能范围，再加上随着世界贸易的扩大，越来越需要一个具有正式法人地位、更具权威性的世界性贸易组织取代具有内在缺陷的GATT，因此乌拉圭回合谈判的另一个重要成果就是决定成立世界贸易组织。1995年1月1日，世界贸易组织正式成立，它和国际货币基金组织、世界银行处于平等的法律地位，从而成为调整世界经济的"三驾马车"。

第二节　世界贸易组织

一、WTO与GATT的关系

WTO与GATT的联系表现在WTO是在GATT的基础上建立的，是对GATT的继承和发展。

关贸总协定不仅是一个国际协议，也是用以支持该协议的准国际贸易组织。虽然1995

年以后，关贸总协定作为准国际组织已不存在，但关贸总协定作为协议仍然存在，并成为 WTO 的重要组成部分，同时 WTO 在组织结构、管理职能等方面也保留了 GATT 的合理部分。

世界贸易组织和关贸总协定主要的区别表现在以下几方面：

（1）WTO 及其协议是永久性的，关贸总协定是临时性的。WTO 是根据《维也纳条约法公约》正式批准生效成立的国际组织，具有独立的国际法人资格，是一个常设性、永久性存在的国际组织。GATT 从未得到成员国立法机构的批准，其中也没有建立组织的条款。仅是"临时适用"的协定，不是一个国际组织。

（2）从管辖范围看，关贸总协定主要管辖货物贸易（不包括农产品贸易和纺织品与服装贸易），而 WTO 还大量涉及服务贸易和知识产权，并增加了与贸易有关的投资措施，调整的范围更加广泛。

（3）WTO 争端解决机制与原 GATT 体制相比，速度更快，更具权威性。WTO 的争端解决机构解决争端的效力增强了，并且有强制性的管辖权。争端解决仲裁机构做出的裁决，除非 WTO 成员完全协商一致反对，否则视为通过。而在 GATT 体制下，只要有一个缔约方提出反对通过争端解决机构的裁决报告，就认为没有"完全协商一致"，GATT 不能做出裁决。WTO 还对争端解决程序规定了明确的时间表，使其效率大大提高，权威性得以确立。

（4）WTO 拥有"成员"，GATT 拥有"缔约方"。这也从另一个角度说明了 WTO 是一个国际组织，而 GATT 只是一个法律文本。

二、WTO 的宗旨、目标、职能与组织机构

（一）宗旨

《建立世界贸易组织的协定》在序言部分阐述了世界贸易组织的宗旨是"在发展贸易和经济关系方面应当按照提高生活水平、保证充分就业、大幅度和稳定地增加实际收入和有效需求，扩大货物与服务的生产和贸易，按照可持续发展的目的最优运用世界资源，保护和维持环境，并以不同经济发展水平下各自需要的方式采取相应的措施，努力确保发展中国家，尤其是最不发达国家在国际贸易增长中获得与其经济发展相适应的份额和利益"。

（二）目标

世贸组织的目标是：形成一个完整的、更具活力的永久性的多边贸易体制，以巩固原来的关贸总协定为贸易自由化所做的努力和乌拉圭回合多边贸易谈判的所有成果。

（三）职能

WTO 的职能主要有三个方面：

（1）制定和规范国际多边贸易规则。WTO 是处理国际贸易全球规则的唯一国际组织，其主要职能是保证国际贸易顺利、可预测和自由地进行。

WTO 的规则（即各项协定）是 WTO 全体成员国协商的结果，是各成员方必须遵循的共同的行为准则。WTO 制定和实施的一整套多边贸易规则涵盖面非常广泛，几乎触及当今世界经济贸易的各个方面。随着世界经济和国际贸易的发展，WTO 的涵盖范围已经从

原先纯粹的货物贸易、在边境采取的关税和非关税措施,进一步延伸到服务贸易、与贸易有关的知识产权、投资措施,包括即将在新一轮多边贸易谈判中讨论的一系列新议题,如竞争政策、贸易与劳工标准、环境政策和电子贸易等。

(2) 组织多边贸易谈判。组织成员方就贸易问题进行谈判,为成员方谈判提供机会和场所,是世界贸易组织从 GATT 继承来的一项职能。乌拉圭回合谈判结束时,不可能完全解决国际贸易中的所有问题,有许多问题由于在谈判中难以达成一致,而不得不留待以后继续谈判予以解决,如贸易与环境保护问题、贸易与劳工标准问题、政府采购问题和具体服务贸易部门自由化问题等。在乌拉圭回合谈判结束后,世界贸易组织按照部长会议举行有关谈判的决议,已组织了涉及服务贸易部门的多项谈判,有些谈判达成了有关协议,如《全球金融服务协议》《基础电信协议》等。

(3) 解决成员国之间的贸易争端。WTO 的争端解决机制在保障 WTO 的各项协议实施以及解决成员间贸易争端方面发挥了重要的作用,为国际贸易的顺利发展创造了稳定的环境。

(四) 组织机构

世界贸易组织成立于 1995 年 1 月 1 日,总部设在日内瓦。它是根据乌拉圭回合多边贸易谈判达成的《建立世界贸易组织协定》建立的,并按照最后文件形成的一整套协定和协议的条款作为国际法律规则,对各成员之间经济贸易关系的权利和义务进行监督、管理的正式国际经济组织。作为乌拉圭回合谈判的重要成果,世界贸易组织在与 1947 年签订的关贸总协定并存了一年后,完全担当起全球经济贸易组织的角色。

世界贸易组织由于具有法人资格,为了执行其职能,特建立了完整的组织机构。组织机构包括以下部分:

1. 部长级会议

部长级会议是世界贸易组织的最高权力机构和决策机构,由各成员方的部长组成,至少每两年召开一次,有权对该组织管辖的重大问题做出决定。

2. 总理事会

总理事会是在部长级会议休会期间,行使部长级会议的职能和世界贸易组织赋予的其他权力。总理事会可视情况需要随时开会,自行拟定议事规则及议程,履行其解决贸易争端的职责和审议成员的贸易政策职责等。

3. 各专门委员会

部长级会议下设专门委员会,以处理有关方面的专门问题和监督相关协议的执行。已经设立的专门委员会包括贸易与发展委员会、农产品委员会、市场准入委员会、补贴和反补贴委员会、反倾销措施委员会、海关估价委员会等 10 多个委员会。

4. 秘书处和总干事

世界贸易组织还在日内瓦设有秘书处,负责处理日常工作,它由部长级会议任命的总干事领导。总干事的权力、职责、任期、服务条件均由部长级会议确定。在履行职务的过程中,总干事和秘书处不得寻求和接受任何政府或世界贸易组织以外的指示。WTO 的组织机构如图 14.1 所示。

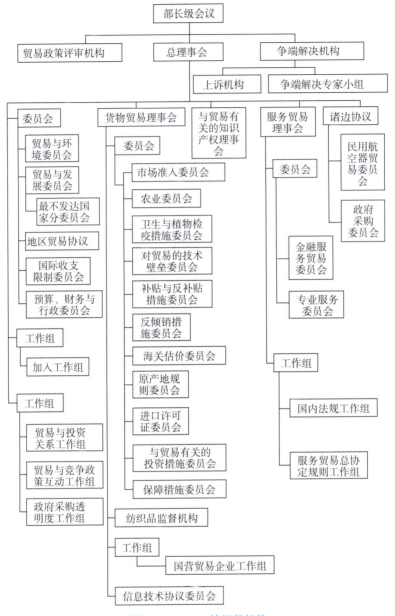

图 14.1 WTO 的组织机构

三、WTO 的基本原则

WTO 的基本原则主要来自关贸总协定及历次多边贸易谈判，主要有以下几个：

（一）非歧视原则（Principle of Non-discrimination）

非歧视原则规定，一缔约方在实施某种限制或禁止措施时，不得对其他缔约方实施歧视待遇。非歧视原则是 WTO 及其法律制度的一项首要的基本原则，也是现代国际贸易关系中最基本的准则。乌拉圭回合谈判的有关协议将 WTO 关于非歧视原则的适用范围进一步扩展。首先，在涉及货物贸易的保障措施协议、装运前检验协议和贸易的技术壁垒协议等文件中均含有非歧视原则的规定;其次,在与货物贸易相关领域的协议(如与贸易有关的投资措施协议、与贸易有关的知识产权协议)中也规定了非歧视原则;最后,非歧视性原则还是服务贸易领域最基本的准则。非歧视原则主要通过最惠国待遇原则和国民待遇原则来体现。

1. 最惠国待遇原则(Principle of Most Favored National Treatment)

最惠国待遇原则是指一个缔约方给予另一个缔约方的贸易优惠和特权必须自动给予所有其他缔约方。此原则又分为无条件的最惠国待遇和有条件的最惠国待遇两种。前者是指缔约国一方现在和将来给予缔约另一方的一切优惠待遇,立即无条件、无补偿、自动地适用于缔约第三方,不得附加条件。后者是指如果一方给予另一方的优惠是有条件的,则第三方必须提供同样的补偿,才能享受这种优惠待遇。

最惠国待遇原则适用范围广泛,其中主要是进出口商品的关税待遇。作为 WTO 的一项最基本、最重要的原则,最惠国待遇原则对规范成员间的国际贸易,推动贸易的扩大和发展起到了重要的作用。但随着经济全球化的推进,发达国家和发展中国家经济发展不平衡状况加剧。为了适应经济全球化形势下的新特点,减轻各国经济发展不平衡带来的问题,各成员方认识到:在特定情况下,尤其是发展中国家成员和少数成员为了特殊利益的需要,可以对最惠国待遇提出例外请求,经世界贸易组织许可后,暂时背离最惠国待遇原则。这就形成了最惠国待遇的例外。这些例外包括以下几方面:

(1)一般例外。

为保障动植物及人民的生命、健康、安全或一些特定目的对进出口采取的所有措施可以享受例外。另外,为维护公共道德所必须采取的措施,为保护专利权、商标及版权,以及防止欺诈行为等可以采取的必要的措施均在其列。

(2)发达国家对发展中国家提供的单方面优惠例外。

①普惠制。发达国家根据普惠制实行单方面的自由贸易安排,对原产于发展中国家和地区的工业制成品和半成品给予普遍的、非歧视性的、非互惠的优惠关税待遇。允许来自发展中国家的所有工业品和部分农产品适用更优惠的税率和免税待遇安排。

②《洛美协定》。欧盟成员国允许一些来自非洲和加勒比海地区及太平洋地区的最不发达国家(非亚太国家)的进口货物免税进入欧盟市场。

③加勒比海盆地安排。美国允许免税进口来自加勒比海地区国家的货物。

此外,发达国家还在非关税措施方面给予发展中国家更为优惠的差别待遇,并允许发展中国家之间实行优惠关税而不给予发达国家。

(3)边境贸易和区域安排例外。

最惠国待遇原则不适用于任何缔约方为便利边境贸易所提供的或将来要提供的权利和优惠。区域贸易协定下成员方可以在优惠的基础上削减关税和其他贸易壁垒,成员间贸易所适用的税率优惠并不需要扩展至 WTO 的其他成员方。

(4)国家安全例外。

当一国的国家安全受到威胁时,可不履行世界贸易组织最惠国待遇的义务。

(5)《1994 年关贸总协定》允许采取的其他措施例外。

其他措施主要包括反补贴、反倾销及在争端解决机制授权下采取的报复措施。如 1999 年 4 月下旬,世界贸易组织授权美国可以对欧盟的少数产品中止给予最惠国待遇关税。

（6）不属于世界贸易组织管辖范围的诸边贸易协议中的义务例外。

这主要指在政府采购、民用航空器贸易等方面，世界贸易组织成员间彼此可不给予最惠国待遇。

2. 国民待遇原则（Principle of National Treatment）

国民待遇原则是指在贸易条约或协议中，缔约方之间相互保证给予对方的自然人（公民）、法人（企业）和商船在本国境内享有不低于本国自然人、法人和商船的待遇。就是把外国的商品当作本国商品对待，把外国企业当作本国企业对待。其目的是公平竞争，防止歧视性保护，实现贸易自由化。国民待遇原则的例外包括以下几方面：

（1）一般例外。

比如为维护公共道德和保障人民或动植物的生命或健康，对进口产品实施有别于本国产品的待遇。又如，在国内原料的价格被压低到低于国际价格水平时，作为政府稳定计划的一部分的期间，为了保证国内加工工业对这些原料的基本需要，有必要采取限制这些原料出口的措施。

（2）安全例外。

（3）司法和行政程序方面的例外。

（4）发展中国家例外。

（二）互惠原则，或称对等原则（Principle of Reciprocity or Equivalence Principle）

这是 WTO 的一个主要原则，反映了 WTO 的宗旨。根据这个原则，任何一个加入 WTO 的成员都要为该组织的所有成员提供进入市场的便利，但同时它也能享受所有成员提供的种种优惠待遇。这就是权利与义务相平衡的准则。

（三）关税保护与关税减让原则（Tariff Protection and Tariff Concession Principles）

关税保护原则是指把关税作为唯一的保护手段，即只许利用关税而不许采用非关税壁垒的办法进行保护。WTO 之所以确立关税保护原则，是因为与非关税措施相比，关税措施具有较高的透明度，便于其他国家和贸易经营者辨析保护的程度，同时关税措施对贸易竞争不构成绝对的威胁。

"关税减让"是多边国际谈判的主要议题。关税减让谈判一般在产品主要供应者与主要进口者之间进行，其他国家也可参加。双边的减让谈判结果，其他成员按照"最惠国待遇"原则可不经谈判而适用。关税总水平必须不断降低，以此来削减贸易保护、提高贸易自由化的程度。

（四）一般禁止数量限制原则（General Prohibition of Quantitative Restrictions）

只允许在某些例外情况下实行进出口产品数量限制，否则被视为违规。在货物贸易方面，世界贸易组织仅允许进行"关税"保护，而禁止其他非关税壁垒，尤其是以配额和许可证为主要方式的"数量限制"。但下述四种情况例外：①为保护农业、渔业产品市场而实施的限制；②为保护本国的国际收支而实施的限制；③为促进不发达国家成员经济发展而实施的限制；④为实施保障措施协定规定的数量限制。

（五）透明度原则（Transparency Principle）

要求各成员将管理对外贸易的各项政策、措施、法律、法规、规章、司法判决等迅速加以公布，各成员方政府之间或政府机构之间签署的影响国际贸易政策的现行协定和条约也应加以公布，以使其他成员方政府和贸易经营者加以了解与熟悉。

（六）公平贸易原则（Fair Trade Principle）

公平贸易原则要求各成员国和出口贸易经营者，都应采取公正的贸易手段进行国际贸易竞争。此原则对于来自不同国家的不同方式的补贴和倾销分别规定了相应的规则和纪律。所以，公平贸易原则主要是指反对倾销和反对出口补贴。WTO强调，以倾销或补贴方式出口本国产品，给进口方国内工业造成实质性损害，或有实质性损害威胁时，该进口方可以根据受损的国内工业的指控，采取反倾销和反补贴措施。同时，WTO强调，反对成员方滥用反倾销和反补贴措施达到其贸易保护的目的。

（七）市场准入原则（Market Access Principle）

市场准入是指一国允许外国的货物、劳务与资本参与国内市场的程度，准入体现了国家法律上的一种含义，是国家通过实施各种法律和规章制度对本国市场向外开放程度的一种宏观掌握和控制。市场准入原则允许缔约国根据各自经济发展水平，在一定的期限内逐步开放市场。

（八）对发展中国家特殊优惠原则（The Principle of Special Preference for Developing Countries）

WTO继承和发展了GATT对发展中国家特殊优惠的原则，具体表现在：
（1）允许发展中国家在履行义务时有较长的过渡期。比如在具体的关税减让上，发展中国家可以比发达国家有更长的时间减让。
（2）允许发展中国家在履行义务时有较大的灵活性。
（3）规定发达国家为发展中国家提供技术援助，以使发展中国家更好地履行义务。

（九）允许例外和实施保障措施原则（Principles of Allowing Exceptions and Implementing Safeguards）

考虑到成员国经济发展水平的不同和为减少经济发展中出现的不稳定以及突发因素的破坏作用，允许成员国采取例外和保障措施，即不承担或不履行已经承诺的义务，对进口采取紧急保障。

四、WTO的争端解决机制和贸易政策评审机制

世界贸易组织的各项协议，需要配套的程序法来保障。争端解决机制和贸易政策评审机制正是通过一定的程序，使世贸组织的各项规则与协议能够更好地执行，使其能够成为真正意义上的完整的国际组织。

（一）争端解决机制（Dispute Resolution Mechanism）

关贸总协定原有的争端解决机制存在一些缺陷，比如争端解决时间过长、专家小组的权限过小、监督行动不力等，因此争端解决机制不健全。世界贸易组织成立后，对争端解决机制不断完善，形成了一套完整的程序和规则。

世界贸易组织争端解决机制由"争端解决机构（Dispute Settlement Body，DSB）"负责监督。DSB组织是世界贸易组织总理事会以不同名义召开的会议。世界贸易组织争端解

决从磋商、设立专家组到上诉的正常程序如下：

1. 磋商

WTO 规定，在一般情况下各成员在接到磋商申请后 10 日内应对申请国做出答复，并在接到申请后 30 日内展开善意磋商，磋商是秘密进行的，不妨碍任何成员在任何进一步程序中的各种权利。这一程序寄希望于争端各方能够自行解决。

2. 斡旋、调解和调停

这一程序不是争端解决的必经程序，只有在争端各当事方自愿接受的情况下才可进行。争端的任何当事方在任何时候均可请求斡旋、调解和调停，该程序可在任何时候开始，也可在任何时候终止。

3. 专家小组程序

在争端各当事方经磋商达不成一致或一方对磋商的请求未予以答复的情况下，应起诉当事方的请求，争端解决进入专家小组程序阶段。该程序是整个争端解决程序中最为复杂的部分，也是最为重要的部分。专家小组审理案件并完成最终报告的期限一般为 6 个月，紧急情况下不应超过 3 个月，最长不得超过 9 个月。

4. 上诉程序

上诉程序是争端解决的终审程序，即经过该程序的审理做出的决定是最终的决定，该决定经争端解决机构通过后，当事方应当立即执行。但上诉程序并不是争端解决的必经程序，只有在一个当事方就专家小组决定提出上诉的情况下，才能开始这一程序。上诉程序的期限一般为 60 天（最长不得超过 90 天），上诉机构的报告一经通过即产生约束力，争端各当事方应当无条件地接受。

世界贸易组织争端解决机制为多边贸易体制提供可靠性和可预见性，目的是保证积极的、在可能情况下共同接受的争端解决办法。随着该机制从法律上和程序上的不断加强，越来越多的 WTO 成员，特别是发展中国家成员开始利用争端解决机制。解决贸易争端的职能使世界贸易组织能够采取有效的措施解决成员方在实施有关协议时发生的争议，保证其所管辖的各项协议的顺利实施。世贸组织争端解决机制迄今共立案 616 项争端，其中美国作为被告为 157 项，占总数四分之一强，超过欧盟和中国被诉案件数之和。

（二）贸易政策评审机制（Trade Policy Review Mechanism）

世界贸易组织对成员国的贸易政策实行定期评审制度，目的是检查各成员遵守和实施多边协议的法律和承诺的情况，能够更好、更及时地了解成员国的贸易政策以及实施的情况。贸易政策评审中，不同成员在世界贸易中的比重以及对多边贸易体制运作的影响是决定评审周期长短的决定因素。以此为标准，对欧盟、中国、美国、日本每 3 年评审一次，对其后的 16 个贸易量前 20 位的成员每 5 年评审一次，其余成员国每 7 年评审一次，对于最不发达国家评审的时间相隔更长。

各成员的定期报告制度是进行贸易政策评审的基础环节，报告涉及贸易政策与实践、对贸易政策进行评估的有关背景以及贸易与宏观经济统计资料。世界贸易组织的总理事会是进行贸易政策评审的机构，评审所需材料除了成员国自己提供的报告以外，还包括其他世贸成员提供的关于被评审成员贸易政策和实践的报告。世贸组织秘书处根据其所掌握的有关资料以及其他成员提供的材料，另外做出一份报告，由总理事会进行评审。评审结束后，世贸组织秘书处负责将成员提交的报告、秘书处的报告连同评审机构有关会议纪要进行出版和存档。

五、WTO 的理论目标与现实冲突

WTO 的目标是致力于建立一个更具活力的、灵活的永久性多边贸易体制，同时建立较为完备的组织框架以及包含争端解决机制、贸易政策评审机制在内的制度框架。WTO 也明确了通过多种原则调节各成员之间的贸易关系，推进贸易自由化。在 WTO 运行的十几年中，虽然在处理贸易争端、协调贸易关系上发挥了一定的作用，但 WTO 的理论目标与现实之间依然存在着严重的差距与冲突。

（一）多边贸易谈判日益艰难，收效甚微

世界贸易组织经过十几年的发展，成员不断增多。目前 WTO 成员数目已经达到 164 个，成员的对外贸易额占全球贸易的 95% 以上。由于国际贸易领域竞争的日益激烈，考虑到 GATT 框架下八轮多边贸易谈判的斐然成果，成员国之间为了贸易利益的公平分配要求在 WTO 的组织下启动新的多边贸易谈判。

1999 年 11 月 30 日—12 月 3 日，WTO 的第三次部长级会议在西雅图举行，会议决定启动新的"千年回合"谈判。但由于各成员国利益分歧太大，最后不欢而散。2001 年 11 月 9—14 日，世贸组织在卡塔尔首都多哈召开了第四次部长级会议，一致同意自 2002 年 1 月 31 日开始启动新一轮多边贸易谈判，即"多哈回合"。多哈回合谈判的主要目的是通过推动全球农业、制造业和服务业贸易自由化，建立一个更为合理的全球多边贸易体系，并以此推动发展中成员的经济、社会进步。按计划应在 2005 年 1 月 1 日前结束，但 2003 年 9 月在墨西哥坎昆举行的世贸组织部长级会议上，由于各成员在农业补贴等问题上没有达成一致，会议无果而终。2005 年 12 月 13 日，世贸组织第六次部长级会议在中国香港开幕，但是由于各方分歧较大，又使谈判陷入僵局。2006 年 7 月，WTO 总干事拉米宣布中止谈判，使多哈回合进入休眠状态。2008 年 7 月 21 日，世贸组织的 30 多个主要成员的代表聚首日内瓦参加 WTO 小型部长级会议，试图为多哈发展议程最后协定的出台扫清障碍。尽管经过多方努力，谈判还是以失败告终。这种结果反映了各成员的利益博弈和矛盾心理——在自由贸易与保护贸易的选择上往往选择双重标准，即要求贸易对象国更多地开放市场，而在自己较弱的产业上往往不愿轻易放弃保护。欧美的农业补贴之争就是这一情形的典型例证。

（二）WTO 的多项原则被滥用或弃用

在 WTO 的多项原则中，部分原则在现实中得到了较好的体现，比如互惠原则、透明度原则、对发展中国家特殊优惠原则、允许例外和实施保障措施原则等，但是仍有部分原则不被成员国所遵守，也有些原则被滥用，从而损害了 WTO 原则的有效性。

以公平贸易原则为例，WTO 允许以反补贴税和反倾销税的形式抵偿由于补贴或倾销给进口国带来的损害，此项原则制定的初衷是保护进口国产业免受补贴、倾销这些不公平竞争带来的不利影响。从现实来看，反倾销和反补贴近年来使用得日益频繁，很多进口国实际上把反倾销当作保护进口产业的一种手段。在反倾销调查的冗长过程和复杂环节下，

即使出口企业最终没有被认定为倾销，其出口规模也大受影响。在进口国发起的反倾销调查中，还经常存在滥用倾销标准的案例，使很多出口国特别是我国成为反倾销调查的主要受害国。由于部分发达国家不承认我国的市场经济地位，在调查中往往选择成本较高的替代国价格作为标准来判断我国企业是否倾销，我国 80% 以上的败诉都是由非市场经济因素和不合理的替代国价格所导致。反倾销本应用于保护进口国产业免遭不公平竞争的损害，但实际上却大大损害了出口国产业。

再以关税保护原则为例，WTO 强调以关税作为唯一的保护手段，而现实中由于关税已经降到比较低的水平，其公开透明性也难以使各国真正把它作为主要的保护手段，名目繁多、形式隐蔽、灵活的非关税壁垒成为各国主要的贸易壁垒，并且也并未因 WTO 提出了关税保护原则就偃旗息鼓，反而愈演愈烈，达到几千种之多。这种理论目标与现实的矛盾使部分原则仅保留在原则的层面，未能在制定后发挥积极的作用。WTO 统计数据显示，美国占了所有违规违纪的三分之二。

（三）发达国家主导 WTO 仍是不争的事实

作为一个全球性的国际贸易组织，WTO 各成员应该是一种平等的关系，权利与义务对等，公正公平地参与 WTO 的各项事务、推进全球贸易自由化的进程。但事实上，发达国家始终主导 WTO 的发展方向，无论在多边贸易规则的制定上，还是在多边贸易谈判中，发展中国家受经济实力的制约，在 WTO 内始终处于被动的地位，因此 WTO 又被称为"富国俱乐部"。我国在入世的进程中，受到了发达国家尤其是美国的多次阻挠，整个过程漫长而曲折。美国凭一己之力就使 WTO 上诉机构停摆。WTO 上诉机构常设七名法官，但由于美国一直蓄意阻挠，拒绝遴选新的法官或延长现有法官任期，现在上诉机构只剩下一名法官，而根据 WTO 相关规则，审理上诉最少需要三名法官，美国终于不用担心再当被告了。

第三节　中国的复关与入世[①]

1948 年 4 月 21 日，中国政府签署了关贸总协定《临时适用议定书》，一个月后中国正式成为关贸总协定缔约方。1950 年 3 月 6 日，台湾当局由其"联合国常驻代表"以"中华民国"的名义照会联合国秘书长，决定退出关贸总协定。1982 年 11 月，中国政府获得观察员身份，并首次派团出席缔约方的年度会议。当年 12 月 31 日国务院批准中国申请复关的报告。1986 年，中国提出恢复关贸总协定缔约国地位的申请，随后关贸总协定成立了中国工作组致力于解决中国的复关问题。1995 年，WTO 取代了 GATT 后，中国复关工作组更名为中国"入世"工作组。经过长达 15 年之久的谈判，终于在 2001 年 12 月 11 日正式成为 WTO 成员。

一、中国复关与入世的历程

中国的复关与入世经历了 15 年的漫长历程，其间一波三折，在经历了无数次谈判后，

[①] 部分内容来自 http://www.cctv.com/wto/sanji/lshf_03.html。

最终于 2001 年正式加入世贸组织。

（一）复关谈判

1. 复关谈判的前期：稳步推进

1986 年 7 月 10 日，中国政府正式提出申请，要求恢复中国在关贸总协定中的缔约方地位，同时提出"复关"三原则：

（1）是"恢复" GATT 创始缔约国的地位而不是重新加入；

（2）以关税减让方式而非承担具体进口义务为条件；

（3）以发展中国家的身份加入。

1987 年 10 月 22 日，关贸总协定中国工作组第一次会议在日内瓦举行，确定了工作日程。工作组对中国的关税制度等进行审议，审议工作进展一直较为顺利。

2. 复关谈判的中期：陷于停顿

复关谈判的焦点是我国的"身份"问题：是以发达国家身份加入还是以发展中国家身份加入。由于美国要求我国以发达国家身份加入，导致谈判困难重重。1989 年，西方发达国家对中国实施经济制裁，改变了复关工作稳步推进的势头。此后的两年半期间，中国工作组的谈判基本处于停顿状态。

1990 年 1 月 1 日，台湾当局以"台、澎、金、马单独关税地区"名义申请加入关贸总协定。1991 年 10 月，时任中华人民共和国总理李鹏致函关贸总协定，阐明中国复关问题的立场，并申明在与中国政府协商并取得一致前，关贸总协定不得成立台湾工作组。1992 年 9 月 29 日，关贸总协定理事会主席就处理台湾加入关贸总协定的问题发表声明。声明基本反映了中国政府关于处理台湾入关问题的三项原则。

3. 复关谈判的后期：波澜起伏

1992 年 10 月 10 日，中美达成《市场准入备忘录》，美国承诺"坚定地支持中国取得关贸总协定缔约方地位"。中国复关谈判进入新的阶段。

1994 年 4 月 12—15 日，乌拉圭回合谈判结束，中国代表团参会并签署了《乌拉圭回合谈判结果最后文件》和《建立世界贸易组织协议》。

1994 年 11 月 28 日—12 月 19 日，龙永图率中国代表团在日内瓦就市场准入和议定书与缔约方进行谈判，谈判未能达成协议。

（二）中国入世的进程

由于乌拉圭回合谈判通过了以世贸组织取代关贸总协定的决议，1995 年 11 月，中国复关工作组更名为中国入世工作组。

1. 入世谈判的前期：困难重重

这一阶段主要是从 1995 年—1999 年 5 月，中国与西方国家谈判面临着更多的障碍。虽然与少部分国家达成了中国入世的双边协议，但是与最大的谈判对手——美国之间的谈判始终无法取得突破。

1995 年 6 月 3 日，中国成为世贸组织观察员。1997 年 8 月—1997 年 12 月，中国先后与新西兰、韩国、匈牙利、捷克、斯洛伐克、巴基斯坦、智利、阿根廷、印度、日本等国家就中国入世问题达成双边协议。

1998年6月17日，江泽民主席接受美国记者采访时提出入世三原则：第一，WTO没有中国参加是不完整的。第二，中国毫无疑问要作为一个发展中国家加入WTO，充其量可以最大发展中国家的身份加入。第三，中国的"入世"是以权利和义务的平衡为原则的。1999年5月8日，以美国为首的北约袭击中国驻南斯拉夫大使馆，入世谈判中断。

2. 入世谈判的后期：柳暗花明

1999年9月6日，中美恢复谈判，11月15日，中美双方就中国加入WTO达成协议。中国"入世"进入了一个崭新的阶段。2000年5月19日，中国与欧盟就中国加入世界贸易组织达成双边协议。2001年1月10日，中国加入世界贸易组织的谈判在瑞士重新开始。7月3日，外经贸部副部长、中国入世谈判首席谈判官龙永图表示，有关中国入世的所有重大问题都已解决。

2001年11月11日晚23时34分（多哈时间11月10日），在多哈举行的WTO第四届部长级会议上审议通过了中国加入世贸组织的决定。签字后一个月（即2001年12月11日）才从法律上生效，中国正式成为世贸组织第143个成员，这一持续15年的谈判终于有了令人欢欣鼓舞的结果。

中国的复关与入世经历了较长的时间和较大的困难，主观上由于西方主要发达国家的阻挠使复关与入世的时间不断被推后，客观上来看我国市场化进程在20世纪90年代以前进展较慢也造成了一再延后。入世标志着我国市场化进程和对外开放进入了一个新的阶段。

二、中国入世的义务与权利

中国加入世贸组织议定书不仅明确了中国入世要承担的义务，也规定了中国将享有的权利。

（一）中国加入世贸组织要承担的义务

（1）中国将平等地对待每一个世贸成员。所有的外资个人、团体（包括那些没在中国投资或注册的个人和团体）在贸易权利方面将享受至少跟中国企业一样的待遇。

（2）中国将取消双重定价惯例以及在内销产品和出口产品待遇上的区别。

（3）价格控制并不是为了给国内厂商和服务行业提供保护。

（4）中国将完全按照世贸协定，以统一有效的方式修改现行国内立法并制定新的法律，以履行世贸协定。

（5）中国入世后3年，除极少数例外，所有的企业将有进出口商品以及在关税领土内进行贸易的权利。

（6）中国不再对农产品保持或给予任何出口补贴。

另外在货物贸易领域，中国做出逐渐降低关税、削减非关税壁垒和对国外产品开放中国市场的承诺。当中国履行了所有的承诺后，农产品的平均关税将下降到15%，工业品关税将平均下调到8.9%。服务业方面，中国承诺逐步开放银行、保险、旅游、电信、零售等服务业市场。

（二）中国加入世贸组织享有的权利

按照权利与义务对等的原则，中国在按照上述承诺履行义务的同时，也享受了加入世贸组织的好处。我国在向世贸组织成员出口时可以享受到永久和稳定的最惠国待遇和国民待遇，对部分发达国家的制成品和半制成品出口可以享受普惠制待遇，还可以享受其他世贸成员开放市场带来的利益。作为发展中国家，世贸组织的基本原则中包含了对发展中国家优惠的原则，我国可以享受到大多数优惠并有入世过渡期的安排。另外，可以利用世贸组织的争端解决机制，有效解决与其他世贸成员的贸易摩擦。除此之外，最重要的是加入世贸组织使我国获得了参与世贸组织规则制定的权利，对世界经济贸易的发展有了更大的影响力。

第四节　中国"入世"20周年回顾与展望

2001年12月11日，经过15年的艰苦努力，中国终于成功"入世"，从此，中国开启了全球化、国际化、市场化和法制化的新征程。经过20年的"与狼共舞"，伴随着无数成长的困境与烦恼，中国不仅成为仅次于美国的世界第二大经济体，还是全球第一大货物贸易国、第一大利用外资国和第一大对外投资国。可以肯定地说，"入世"20年来，是中国发展最快、最好的20年，也是与世界分享繁荣、实现共赢的20年，当初以入世促改革、以改革促发展的目标完全实现，证明了以江泽民同志为核心的中国共产党第三代领导集体决策的高瞻远瞩。习近平总书记指出："这20年，是中国深化改革、全面开放的20年，是中国把握机遇、迎接挑战的20年，是中国主动担责、造福世界的20年。"

一、中国"入世"20年取得的发展成就

1. 履行承诺堪称表率

"入世"后，中国于2002年1月1日起开始全面下调关税，到2010年1月1日，所有产品的降税承诺已经履行完毕，关税总体水平由入世前的15.8%下降到9.6%；逐步取消400多项非关税措施；履行了《与贸易有关的投资措施协议》条款，外贸经营权由"审批制"过渡到"登记制"；在服务贸易领域，允许外国律师事务所在华设立代表处，并取消对驻华代表处的地域和数量限制；允许外资银行向中国企业和个人提供人民币业务；等等。由于严格履行承诺，中国成为接受国际规则、融入国际秩序的典范。

2. 市场经济体制建设成绩斐然

为了履行"入世"承诺，中国加快了改革步伐。首先改革外贸体制，打破了外贸经营权的垄断，外贸经营权由审批制改为登记制，使所有的市场主体都可以成为外贸经营的主体；中国建立起了符合世贸规则和"入世"承诺的国内涉外经贸法律体制，进行了历史上最大的法律法规的清理工作，涉及2 300多部法律法规和部门规章、19万件地方性法规规章等。为了迎接对外开放，我国加快了国企改革的步伐，实施"抓大放小"、建立现代企业制度、重组上市等以提高国企竞争力，同时加大对内开放力度，允许民企进入更多的经营领域；加快政府职能转变，减少对市场的不当干预，完善市场体系等，使中国加快形成社会主义市场经济体制。

3. 外贸增速举世瞩目，中国制造享誉全球

履约虽然带来了阵痛，但更多的是机遇与发展。市场准入与开放程度的显著提高，极

大地促进了中国外贸的增长。"入世"的 20 年是中国外贸增长最快的 20 年。商品出口额由 2001 年的 2 660.98 亿美元增加到 2021 年的 33 639.59 亿美元，增长了约 12.64 倍，年均增长 14.4%；进口额由 2 435.53 亿美元增加到 26 875.29 亿美元，增长了 10 倍多，年均增长 10.3%。中国由入世前的世界第六大贸易国迅速跃升为世界第一，成为世界经济和贸易发展的重要引擎，甚至在全球金融危机之时，充当了世界经济稳定的"压舱石"。2001 年中国 GDP 为 109 655.2 亿元人民币，列世界第六位，对世界经济增长的贡献率为 0.53%，2021 年中国 GDP 总量达 1 143 670 亿元人民币，是入世之初的 10.43 倍，排名世界第二，仅次于美国，对世界经济增长的贡献率达 25%左右；与此同时，中国通过加入 WTO，能够参与到世界生产网络的分工中来，进而深入融进全球价值链之中，极大地推动了中国制造业的迅猛发展，制造业增加值 2010 年超过美国成为世界第一，成为名副其实的"世界工厂"。目前中国已有近 200 类产品的产量居于世界第一。

4. 双向流动内外兼修

"入世"以来，中国投资环境不断改善，对外资的吸引力不断增强。中国实际利用外资额由 2001 年的 468.7 亿美元上升到 2021 年的 1 734.8 亿美元，已连续多年成为全球实际利用外资最多的发展中国家。随着中国企业国际竞争力的提升，中国开始实施内外联动的高质量"引进来"和大规模"走出去"并举的战略。一方面，中国对吸引外资的结构进行了深度调整，使先进制造业和服务业的引资规模不断扩大，特别是服务业的引资额已占半壁江山。另一方面，中国走出去的步伐不断加快。2016 年，中国对外直接投资实现连续 14 年的快速增长，创下了 1 961.5 亿美元的历史新高，超过同期中国实际使用外资额，中国也因此成为仅次于美国的世界第二大对外投资国。后来受到以美国为首的西方国家的围堵，中国对外投资有所下降，2021 年为 1 537.1 亿美元。

5. 转型升级迈开大步

"入世"20 年，中国商品出口不仅获得了量的快速提升，出口结构也发生了质的变化。"入世"之初，依托着人口红利，劳动密集型产品成为中国产品出口的重要引擎，其出口比重要大大超过资本密集型商品。然而，随着大量外资的引进以及外资带来的技术外溢，使制造业的技术水平有了明显提升。特别是随着人口红利的下降，中国加速了产业结构转型升级的步伐，使资本密集型产品的国际竞争力有了大幅度的提升。2021 年，中国出口机电产品 19 860.4 亿美元，占出口总值的 59%；出口高新技术产品 9 795.8 亿美元，占出口比重的 29.12%。

6. 积极参与全球治理，发出"中国声音"

"入世"前，中国无权参与全球贸易规则的设计和制定，在多边贸易体系中只能扮演规则条款的被动接受者的角色。经过 20 年的发展，中国已经由全球治理的被动接受者的身份向坚定的支持者、维护者和重要贡献者的身份转换。如中国力促亚太经合组织（APEC）贸易部长会议发表了《关于"支持多边贸易体制"的声明》，呼吁成员国忠实履行"巴厘一揽子"协议，承诺完成《贸易便利化协定》的目标和时间表，敦促 WTO 其他成员为多哈发展议程剩余议题制订明确工作计划等。2014 年，中国成功举办 APEC 会议，力促亚太自贸区建设正式进入议程。此外，中国还积极参与和推动二十国集团（G20）全球经济治理机制，与发达国家合作推动国际宏观经济政策的协调。在全球治理中的"中国声音"和"中国方案"在一定程度上打破了发达国家对全球治理规则的"垄断"，使这一套规则朝着更为公平、合理和更为均衡、和谐的方向发展。

总之,"入世"使中国顺应了经济全球化潮流,不仅改变了中国,更深刻地影响了世界、重塑了世界。

二、中国"入世"20 年后面临的挑战

1. 世界经贸增速大幅下滑

自 2008 年全球金融危机以来,世界经济始终未能找到新的增长点,全球经济结构陷入深刻调整中,世界经济复苏乏力,国际市场需求疲软,致使国际贸易的环境相当困难,国际贸易增速大幅下滑。从 2011 年起,国际贸易的增长均低于世界 GDP 的增长,这种现象在短期内难以改变。

2. 逆全球化趋势甚嚣尘上,贸易摩擦不断加剧

"逆全球化"现象在 2008 年的全球性金融危机后表现尤为明显。实施贸易保护,设置贸易壁垒,用反倾销手段干预正常贸易成为逆全球化的重要手段。2015 年全球实施的贸易限制措施数量为 736 个,较 2014 年增加了 50%。中国依然是最大的受害者。2016 年英国"脱欧"和 2018 年中美爆发贸易战是逆全球化的典型。

3. 多边贸易体制举步维艰

在 WTO 多哈回合谈判裹足不前的背景下,区域经济一体化方兴未艾,自贸区建设成为世界经济发展的潮流。截至 2022 年 12 月 1 日,向 WTO 通报并仍然生效的区域贸易协定共有 355 个。特别是跨太平洋伙伴关系协定(TPP)及跨大西洋贸易投资协定(TTIP)等"高水平"自贸区谈判,对国际经贸环境影响深远。尽管 TPP 和 TTIP 的前途未卜,但区域及双边经济一体化快速发展的趋势短时期内不会改变,使 WTO 难以实际发挥协调区域经济合作的作用,在一定程度上也干扰和侵蚀了全球经济一体化进程和多边贸易体制的职能。

4. 中国制造业在全球价值链中的地位亟待提升

目前中国制造业的全球价值链平均参与程度为 0.276,其中通过间接增加值出口导致的全球价值链参与程度(前向 GVC)为 0.112,通过进口国外中间品导致的全球价值链参与程度(后向 GVC)为 0.164。因此,可以认为,中国制造业主要通过进口国外中间品参与国际分工,即仍然以后向 GVC 为主要价值链参与模式,价值链的参与程度并不高。中国制造业的全球价值链平均分工地位指数为 −0.046,该指数为负值,说明中国制造业的全球价值链分工地位仍然较为低下。

5. 国际经贸规则竞争加剧

全球贸易治理规则在 GATT 时期初建,迄今为止,经历了四个阶段的发展变化:第一阶段,货物贸易为主阶段。第二阶段,服务贸易、知识产权等被纳入贸易规则中。第三阶段,更多国内政策的议题(如投资、劳动、环境保护、竞争政策)被纳入国际规则体系。第四阶段,实施更高标准的国际贸易规则,推动市场开放、削减贸易与投资壁垒是新一轮国际贸易规则重构的基本方向,新规则的范围从传统的边境措施向边境后措施延伸,重中之重是投资规则和数字贸易的发展,面对新兴市场国家的兴起,发达国家致力于掌控国际贸易投资规则制定的主导权,在多边和区域经济一体化的谈判中,努力搭建"21 世纪的

国际经贸新规则",积极推进"竞争中立"、劳工标准、知识产权保护、政府采购、环境保护等新议题谈判,并试图把中国排除在规则制定之外,成为规则的单纯接受者。

中国应以开放的心态主动接受挑战,支持采取诸边的方式进行谈判。这样可以避免协议完全由美国等发达国家操纵,同时又可以展现中国积极开放的决心,以及获得制定国际贸易规则的权利。"一带一路"倡议、亚投行的建立、自贸区战略的实施就是有针对性的安排和策略。

国贸博览 14-1

本章核心概念

关税与贸易总协定（General Agreement on Tariff and Trade，GATT）、世界贸易组织（World Trade Organization，WTO）、乌拉圭回合谈判（Uruguay Round Negotiation）、最惠国待遇（Most Favored National Treatment，MFNT）、国民待遇（National Treatment，NT）、纺织品与服装协定（Agreement on Textile and Clothing，ATC）、服务贸易总协定（General Agreement on Trade in Services，GATS）、与贸易有关的投资措施协定（Agreement on Trade-Related Investment Measures，TRIMs）、与贸易有关的知识产权协定（Agreement on Trade-Related Aspects of Intellectual Property Rights，TRIPs）。

复习思考题

1. 分析 WTO 和 GATT 的关系。
2. 简述 WTO 的基本原则。
3. 简述 WTO 的关税减让和关税保护原则。
4. 简述 WTO 的理论目标与现实冲突。
5. 简述我国"入世"后的收获。

参考文献

1. 薛荣久. 关贸总协定发展史上的里程碑：综论乌拉圭回合多边贸易谈判［J］. 国际贸易问题，1994（3）：4-13.

2. 王志. 世界贸易体制变迁中的美国因素：以乌拉圭回合谈判为例分析［J］. 理论界，2011（8）：177-179.

3. 白树强. 乌拉圭回合关税减让与中国关税体制改革［J］. 国际贸易问题，1997（2）：20-23.

4. 黄桦. 我国入世十年税收政策走向分析［J］. 中国税务，2012（3）：51-53.

5. 蔡德林. 我国"入世"十年，改革任务仍然艰巨［J］. 对外经贸实务，2011（10）：21-24.

6. 孙振宇. 中国入世15年从新成员到进入核心圈［J］. 中国经济周刊，2016（5）：

16-22，88.

7. 王新奎. 融入经济全球化之路：中国"入世"15年的回顾与展望［J］. 国际商务研究，2016（6）：5-11，44.

8. 张宇燕，卢锋，张礼卿，等. 中国入世十周年：总结与展望［J］. 国际经济评论，2011（5）：40-83.

9. 汪艳，黄荣芳，周宝玉. GATS与中国服务贸易开放：后过渡期——基于中国入世服务贸易承诺［J］. 中国商贸，2014（10）：152-153.

10. 王林生. 关贸总协定的新规则：TRIMs——乌拉圭回合与外国直接投资问题［J］. 财贸经济，1992（12）：12-20.

11. 央视评论员. 入世20年 中国与世界相互改变［EB/OL］.（2021-12-11）.http://mp.weixin.qq.com.

12. 雷达. 新开放战略与全球贸易规则重构过程——中国入世20周年的反思与展望［EB/OL］.（2021-12-05）.http://www.china.com.cn/opinion/think/2021-12-05.

第十五章　国际服务贸易

 本章重点问题

服务贸易的分类，国际服务贸易发展的特点及原因，我国服务贸易发展中存在的问题。

第一节　国际服务贸易概述

一、服务贸易的含义

服务贸易（Trade in Services）又称无形贸易，是指不同国家之间所发生的服务买卖与交易活动。按照 WTO 于 1994 年签署的《服务贸易总协定》（General Agreement on Trade in Service，GATS），服务贸易有四种提供方式。

1. 跨境交付（Cross-border Delivery）

跨境交付：指服务的提供者在一成员方的领土内，向另一成员方领土内的消费者提供服务的方式，如在中国境内通过电信、邮政、计算机网络等手段实现对境外的外国消费者的服务。

2. 境外消费（Overseas Consumption）

境外消费：指服务提供者在一成员方的领土内，向来自另一成员方的消费者提供服务的方式，如中国公民在其他国家短期居留期间，享受国外的医疗服务。

3. 商业存在（Commercial Presence）

商业存在：指一成员方的服务提供者在另一成员方领土内设立商业机构，在后者领土内为消费者提供服务的方式，如外国服务类企业在中国设立公司为中国企业或个人提供服务。

4. 自然人流动（Movement of Natural Persons）

自然人流动：指一成员方的服务提供者以自然人的身份进入另一成员方的领土内提供服务的方式，如某外国律师作为外国律师事务所的驻华代表到中国境内为消费者提供服务。

二、服务贸易的分类

（一）世贸组织的部门分类

乌拉圭回合服务贸易谈判小组在乌拉圭回合谈判中期审评会议后，在对以商品为中心的服务贸易分类的基础上，结合服务贸易统计和服务贸易部门开放的要求，提出了以部门为中心的服务贸易分类方法，将服务贸易分为 12 大类。

1. 商业性服务

商业性服务是指在商业活动中涉及的服务交换活动，服务贸易谈判小组列出的 6 类这种服务，其中既包括个人消费的服务，也包括企业和政府消费的服务。

（1）专业性（包括咨询）服务。专业性服务涉及的范围包括法律服务；工程设计服务；旅游机构提供服务；城市规划与环保服务；公共关系服务等；专业性服务中包括涉及上述服务项目的有关咨询服务活动；安装及装配工程服务（不包括建筑工程服务），如设备的安装、装配服务；设备的维修服务，指除固定建筑物以外的一切设备的维修服务，例如成套设备的定期维修、机车的检修、汽车等运输设备的维修等。

（2）计算机及相关服务。这类服务包括计算机硬件安装的咨询服务、软件开发与执行服务、数据处理服务、数据库服务及其他。

（3）研究与开发服务。这类服务包括自然科学、社会科学及人类学中的研究与开发服务、跨学科的研究与开发服务。

（4）不动产服务。指不动产范围内的服务交换，但是不包含土地的租赁服务。

（5）设备租赁服务。主要包括交通运输设备（如汽车、卡车、飞机、船舶等）和非交通运输设备（如计算机、娱乐设备等）的租赁服务。但是，不包括其中有可能涉及的操作人员的雇用或所需人员的培训服务。

（6）其他服务。指生物工艺学服务；翻译服务；展览管理服务；广告服务；市场研究及公众观点调查服务；管理咨询服务；与人类相关的咨询服务；技术检测及分析服务；与农业、林业、牧业、采掘业、制造业相关的服务；与能源分销相关的服务；人员的安置与提供服务；调查与保安服务；与科技相关的服务；建筑物清洁服务；摄影服务；包装服务；印刷、出版服务；会议服务；其他服务；等等。

2. 通信服务

通信服务主要指所有有关信息产品、操作、储存设备和软件功能等服务。通信服务由公共通信部门、信息服务部门、关系密切的企业集团和私人企业间进行信息转接和服务提供。主要包括邮电服务；信使服务；电信服务（包含电话、电报、数据传输、电传、传真）；视听服务（包括收音机及电视广播服务）；其他电信服务。

3. 建筑服务

建筑服务主要指工程建筑从设计、选址到施工的整个服务过程。具体包括：选址服务，涉及建筑物的选址；国内工程建筑项目（如桥梁、港口、公路等）的地址选择等；建筑物的安装及装配工程；工程项目施工建筑；固定建筑物的维修服务；其他服务。

4. 销售服务

销售服务是指产品销售过程中的服务交换。主要包括：商业销售，主要指批发业务、零售服务；与销售有关的代理费用及佣金等；特许经营服务；其他销售服务。

5. 教育服务

教育服务是指各国间在高等教育、中等教育、初等教育、学前教育、继续教育、特殊教育和其他教育中的服务交往，如互派留学生、访问学者等。

6. 环境服务

环境服务是指污水处理服务；废物处理服务；卫生及相似服务等。

7. 金融服务

金融服务主要指银行和保险业及相关的金融服务活动。包括：①银行及相关的服务；银行存款服务；与金融市场运行管理有关的服务；贷款服务；其他贷款服务；与债券市场有关的服务，主要涉及经纪业、股票发行和注册管理、有价证券管理等；附属于金融中介的其他服务，包括贷款经纪、金融咨询、外汇兑换服务等。②保险服务；货物运输保险，其中含海运、航空运输及陆路运输中的货物运输保险等；非货物运输保险。具体包括人寿保险、养老金或年金保险、伤残及医疗费用保险、财产保险服务、债务保险服务；附属于保险的服务。例如保险经纪业、保险类别咨询、保险统计和数据服务；再保险服务等。

8. 健康及社会服务

健康及社会服务主要指医疗服务、其他与人类健康相关的服务；社会服务等。

9. 旅游及相关服务

旅游及相关服务是指旅馆、饭店提供的住宿、餐饮服务、膳食服务及相关的服务；旅行社及导游服务等。

10. 文化、娱乐及体育服务

文化、娱乐及体育服务是指不包括广播、电影、电视在内的一切文化、娱乐、新闻、图书馆、体育服务，如文化交流、文艺演出等。

11. 交通运输服务

交通运输服务主要包括货物运输服务，如航空运输、海洋运输、铁路运输、管道运输、内河和沿海运输、公路运输服务，也包括航天发射以及运输服务，如卫星发射等；客运服务；船舶服务（包括船员雇用）；附属于交通运输的服务，主要指报关行、货物装卸、仓储、港口服务、起航前查验服务等。

12. 其他服务

其余不便分类的都归为其他服务。

（二）以"移动"为标准

R. M. 斯特恩在1987年所著的《国际贸易》一书中，将国际服务贸易按服务是否在提供者与使用者之间移动分为4类：

(1) 分离式服务。它是指服务提供者与使用者在国与国之间不需要移动而实现的服务。运输服务是分离式服务的典型例子。如民用航空运输服务，一家航空公司可以为另一国家的居民提供服务，但并不需要将这家航空公司搬到国外去，也不必要求顾客到这家航空公司所在国去接受服务。

(2) 需要者所在地服务。它是指服务的提供者转移后产生的服务，一般要求服务的提供者需要与服务使用者在地理上毗邻、接近。银行、金融、保险服务是这类服务的典型代表。例如，一个英国银行要想占有日本的小额银行业务市场份额，必须在日本开设分支机构，这就要求在国与国之间存在着资本和劳动力的移动，其也是一种投资形式。

(3) 提供者所在地服务。它是指服务的提供者在本国国内为外籍居民和法人提供的服务，一般要求服务消费者跨越国界接受服务。国际旅游、教育、医疗属于这一类服务贸易。例如，外国游客到中国的长城、桂林等地游览，接受中国旅行服务。此时，服务提供者并不跨越国界向服务消费者出口服务，对服务提供者而言，也不存在生产要素的移动。

(4) 流动的服务。它是指服务的消费者和生产者相互移动所接受和提供的服务，服务的提供者进行对外直接投资，并利用分支机构向第三国的居民或企业提供服务。如设在意大利的一家美国旅游公司在意大利为德国游客提供服务。流动式服务要求服务的消费者和提供者存在不同程度的资本和劳动力等生产要素的移动。

这种分类方法以"移动"作为划分国际服务贸易类型的核心，其本质涉及资本和劳动力等生产要素在不同国家间的移动问题。由于这种生产要素的跨国界移动往往涉及各国国内立法或地区性法律的限制，并涉及在需求者所在国的开业权问题，因此，研究这类问题用这种分类方法比较合适。不过这种服务分类存在着难以准确、彻底地将服务贸易进行划分的缺陷，如上述在各国间相互提供的旅游服务就很难加以划分。

(三) 以生产过程为标准

(1) 生产前服务。

这种分类方法根据服务与生产过程之间的内在联系，可以将服务贸易分为生产前服务、生产中服务和生产后服务。生产前服务主要涉及市场调研和可行性研究等。这类服务在生产过程开始前完成，对生产规模及制造过程均有重要影响。

(2) 生产中服务。

生产中服务主要指在产品生产或制造过程中为生产过程的顺利进行提供的服务，如企业内部质量管理、软件开发、人力资源管理、生产过程之间的各种服务等。

(3) 生产后服务。

这种服务是联结生产者与消费者之间的服务，如广告、营销服务、包装与运输服务等。通过这种服务，企业与市场进行接触，便于研究产品是否适销、设计是否需要改进、包装是否满足消费者需求等。这种以"生产"为核心划分的国际服务贸易，其本质涉及应用高新技术提高生产力的问题，并为产品的生产者进行生产前和生产后的服务协调提供重要依据。这使生产者能够对国际市场的变化迅速做出反应，以便改进生产工艺，进行新的设计或引入新的服务，最终生产出让消费者满意的产品或服务。因此，以提高生产力为中心进行的这种分类是有一定意义的。

(四) 以要素密集度为标准

按照服务贸易对资本、技术、劳动力投入的密集程度，将服务贸易分为以下几种：

(1) 资本密集型服务。这类服务包括空运、通信、工程建设服务等。

(2) 技术与知识密集型服务。这类服务包括银行、金融、法律、会计、审计、信息服务等。

(3) 劳动密集型服务。这类服务包括旅游、建筑、维修、消费服务等。

这种分类以生产要素密集程度为核心，涉及服务生产中生产要素，尤其是当代高科技的发展和应用问题。发达国家资本雄厚，科技水平高，研究与开发能力强，它们主要从事资本密集型和技术、知识密集型服务贸易，如金融、银行、保险、信息、工程建设、技术咨询等。这类服务附加值高，产出大。相反，发展中国家资本短缺，技术开发能力差，技术水平低，一般只能从事劳动密集型服务贸易，如旅游、种植业、建筑业及劳务输出等。这类服务附加值低、产出小。不过，现代科技的发展与资本要素的结合更加密切，在商品和服务中对要素的密集程度的分类并不是十分严格，更不可能制定一个准确的划分标准。

（五）以服务在商品中的属性为标准

关税与贸易总协定乌拉圭回合服务贸易谈判小组 1988 年 6 月曾经提出依据服务在商品中的属性进行服务贸易分类，据此服务贸易可分为以下几种：

(1) 以商品形式存在的服务。这类服务以商品或实物形式体现，例如电影、电视、音响、书籍、计算机及专用数据处理与传输装置等。

(2) 对商品实物具有补充作用的服务。这类服务对商品价值的实现具有补充、辅助功能，例如商品储运、财务管理、广告宣传等。

(3) 对商品实物形态具有替代功能的服务。这类服务伴随有形商品的移动，但又不是一般的商品贸易，不像商品贸易实现了商品所有权的转移，只是向服务消费者提供服务。例如技术贸易中的特许经营、设备和金融租赁及设备的维修等。

(4) 具有商品属性却与其他商品无关联的服务。这类服务具有商品属性，其销售并不需要其他商品补充才能实现，例如通信、数据处理、旅游、旅馆和饭店服务等。

这种分类将服务与商品联系起来加以分析，从理论上承认"服务"与"商品"一样，既存在使用价值，也存在价值，与商品一样能为社会生产力的进步做出贡献。服务的特殊性就在于它有不同于商品的"无形性"，但是，这种"无形性"也可以在一定形式下以商品形式体现。

（六）按是否伴随有形商品贸易为标准

1. 国际追加服务

国际追加服务（International Supplementary Service）是指服务是伴随商品实体出口而进行的贸易。对消费者而言，商品实体本身是其购买和消费的核心效用，服务则是提供或满足了某种追加的效用。现在这种追加服务对消费者消费行为具有深远的影响。因为现在国际市场的竞争已经不再是以商品价格之间的竞争为主要竞争手段，市场竞争主要是以产品的质量、优质的技术服务、良好的售后服务和多种营销策略取胜。而消费者的消费满足也不仅限于商品实物形态的消费所可能给他带来的效用。消费者更加重视产品的功能、技术服务，商品消费过程或消费后的荣誉感、成就感、精神需求的满足。

与此同时，科技对生产的影响也使"生产要素"的内涵不仅局限于资本、劳动力、土地等。在生产要素的范围不断扩大后，各种名目繁多的追加服务，如知识密集型服务、信息密集型服务、研究与开发型服务引起人们的高度重视，也被广泛应用于有形商品生产的各个阶段。例如，在有形商品开始生产之前，要求有先行的追加服务投入，包括可行性研究、风险资本筹集、市场调研、产品设计等。在产品生产过程中，要求有与产品生产过程融为一体的追加服务投入，如质量控制和检验、设备租赁、后期原材料供给、设备维修等。并要求有与生产过程同时并行的追加服务投入，如财务会计、人事管理与培训、信息和图书资料等软件的收集整理与应用、不动产管理、法律、保险、通信、卫生、安全保障及职工后勤服务、公共服务等。在产品生产后与消费者见面的环节中，亦需要相应地追加服务投入，如广告、运输、商品使用指南、售后服务等。

追加服务有的很难从某一特定生产阶段中脱离，只能与一定比例的生产要素相结合，完全附属于有形商品价值实体之中，不能形成独立的交换对象。也有的追加服务虽与有形商品贸易有关，但可以独立于某种有形商品而成为独立的交易对象。不过，各类追加服务一般都是相互依存而结合为一个一体化的服务网络。随着经济服务化的发展，生产厂商提供的追加服务越来越成为其非价格竞争的重要因素。

在追加服务中，相对较为重要的是国际交通、运输和国际邮电通信。它们对各国社会分工、改善工业布局与产业结构调整、克服静态比较劣势、促进经济发展是重要因素。特别是不断采用现今的科学技术，促使交通运输和邮电通信发生了巨大的变化，缩短了经济活动的时空距离，消除了许多障碍，为全球经济的增长日益发挥着重要作用，也成为国际服务贸易的重要内容。

2. 国际核心服务

国际核心服务（International Core Services）是指与有形商品的生产和贸易无关，作为消费者单独所购买的、能为消费者提供核心效用的一种服务。国际核心服务根据消费者与服务提供者的距离远近可分为以下几种：

（1）面对面型国际核心服务，指服务供给者与消费者双方实际接触才能实现的服务。实际接触方式可以是供给者流向消费者，也可以是消费者流向供给者，或是供给者与消费者双方的双向流动。面对面型国际核心服务伴随着生产要素中的人员和资本的跨国界移动。例如，金融业的输出存在资本跨国界移动，如美国花旗银行，通过供给者移动与服务消费者的接触，在世界各地设立分支机构，并凭借电子化和信息化的技术将业务范围延伸到国际经济生活的各个角落。国际旅游服务则是主要伴随人力资本跨国界移动而形成的一种面对面型核心服务。近10年来，国际旅游服务的出口总额增长较快。这主要依赖于在科技基础上建立的国际旅游服务网络。

（2）远距离国际核心服务，指不需要服务供给者与消费者实际接触，一般需要通过一定的载体才可实现的跨国界服务。例如，通过通信卫星作为载体传递进行的国际视听服务，其中包括国际新闻报道、国际会议和传真业务等。

远距离国际核心服务中国际金融服务在国际资本移动加快的推动下，加之西方发达国家广泛将计算机、电信技术等应用于银行业，一个由电脑数据处理、电子信息传递和电子资金转账系统为标志的金融服务体系已经形成。自动出纳机的普及、利用计算机转账或信用卡代替以前的支票等都加速了国际资本移动的速度，因而为远距离国际金融服务的发展创造了良好的条件，国际金融服务在国际服务贸易中所占比重也逐渐增大。

（七）IMF 的分类

国际货币基金组织按照国际收支统计将服务贸易分为以下几种：

1. 民间服务（或称商业性服务）

民间服务系指 1977 年国际货币基金组织编制的《国际收支手册》中的分类：①货运：运费、货物保险费及其他费用；②客运：旅客运费及有关费用；③港口服务：船公司及其雇员在港口的商品和服务的花费及租用费；④旅游：在境外停留不到一年的旅游者对商品和服务的花费（不包括运费）；⑤劳务收入：本国居民的工资和薪水；⑥所有权收益：版权和许可证收益；⑦其他民间服务：通信、广告、非货物保险、经纪人、管理、租赁、出版、维修、商业、职业和技术服务。

一般我们把劳务收入、所有权收益、其他民间服务统称为其他民间服务和收益。

2. 投资收益

投资收益是指国与国之间因资本的借贷或投资等所产生的利息、股息、利润的汇出或汇回所产生的收入与支出。

3. 其他政府服务和收益

其他政府服务和收益是指不列入上述各项的涉及政府的服务和收益。

4. 不偿还的转移

不偿还的转移是指因属单方面的（或片面的）、无对等的收支，即意味着资金在国际间移动后，并不产生归还或偿还的问题，因而又称单方面转移。一般指单方面的汇款、年金、赠予等。根据单方面转移的不同接受对象，又分为私人转移与政府转移两大类。政府转移主要指政府间的无偿经济技术或军事援助、战争赔款、外债的自愿减免、政府对国际机构缴纳的行政费用以及赠予等收入与支出。

私人转移主要指以下几类：

汇款，包括侨民汇款、慈善性质汇款、财产继承款等。

侨民汇款，指一个国家长期在外国居住的侨民汇回本国的款项；居住在本国的外国侨民，从本国汇出的款项等。

年金，指从外国取得或对外国支付的养老金、奖金等。

赠予，指教会、教育基金、慈善团体对国外的赠予，以及政府无偿援助等。

综上所述，无论国际服务贸易的定义与分类从何种角度出发，国际服务贸易都存在着人员、资本、信息不同形式的跨国界移动，或在一定形式下存在于商品跨国界移动中。

国贸博览 15-1

第二节　国际服务贸易发展现状

一、国际服务贸易发展特点

（一）世界服务贸易增长快于商品贸易，2017年服务贸易额达到13.3万亿美元

传统服务贸易统计数据主要反映跨境服务贸易情况，而没有反映非跨境服务贸易——商业存在的情况，但是新的 WTO 实验数据集首次包含了 GATS 的第 3 种服务贸易模式——商业存在。2017 年跨境服务贸易额达 5.19 万亿美元，但是根据新的估算结果，2017 年服务贸易总额为 13.3 万亿美元，其中商业存在是全球服务贸易的主要模式，占 2017 年服务贸易的 58.9%，其次是跨境交付，占比接近 30%。2005—2017 年间服务贸易平均年增长率为 5.4%，增长速度快于商品贸易。展望未来，世界服务贸易将继续保持这种快速增长势头，在国际贸易中的比重和地位还将继续上升。根据世贸组织全球贸易模型测算，到 2040 年，全球服务贸易份额可能提高 50%。

基于增加值计算的统计数据表明服务业在国际贸易中的作用要大于总的贸易统计数据所反应的情况。服务业增值约占国际商品和服务贸易总价值的一半。1990—2017 年世界服务贸易概况如表 15.1 所示。

表 15.1　1990—2017 年世界服务贸易概况

年份 类别	1990	1995	2000	2005	2010	2013	2014	2015	2016	2017
货物贸易额/ 万亿美元	3.44	5.08	6.36	10.12	15.30	18.82	18.93	16.45	15.50	17.2
服务贸易额/ 万亿美元	0.637 4	0.963 7	1.17	2.42	3.83	4.64	4.85	4.70	4.77	13.3
服务贸易 比重/%	18.53	18.97	18.40	23.91	25.03	24.65	25.62	28.57	30.77	77.33

资料来源：历年 WTO 统计报告。

（二）国际服务贸易结构加速调整，新兴服务业发展迅速

当前，随着新技术的不断发展以及新兴产业的不断涌现，国际服务贸易日益呈现出知识化、技术化和智能化的发展趋势。以电子信息技术、网络通信技术为代表的高科技服务业迅猛发展，国际服务贸易日益从以劳动密集、资本密集为主的服务向以知识密集、技术密集为主的服务方向转变，其中以建筑服务和运输服务为代表的传统服务在世界服务贸易中的比重不断下降，以金融服务和信息服务为代表的现代服务将成为未来国际服务贸易的主导产业。

20 世纪 70 年代，服务贸易中运输、旅游等传统服务项目的份额高达 70%。到 2020

年，运输服务与旅游服务占比已经低于一半。相反，以现代服务业为代表的其他商业服务在这段时期内迅速发展，现在分销和金融服务是全球交易量最大的服务种类，分别占服务贸易的近五分之一，而 2005—2017 年计算机服务和研发服务贸易平均增长率最高（超过 10%）。其他服务（如教育、保健或环境服务）目前在服务贸易中占比较少，但也在迅速增长。

（三）国际服务贸易发展很不均衡，发达国家仍然占据主导地位

与货物贸易一样，服务贸易发展很不均衡，也是发达国家居于主导地位，但是在逐渐下降，而发展中国家在迅速上升，不过发展中国家内部发展差异极大。2005 年以来发展中经济体在世界服务贸易中所占份额迅速增长，2017 年占世界服务出口贸易的 30.6%，占世界服务进口贸易的 38.1%。但是服务贸易集中性极强，五个发展中经济体同时成为领先的服务贸易出口国和进口国，2017 年合计占发展中经济体服务贸易总额的 50% 以上。同时不发达国家分别占世界服务贸易出口和进口的 0.6% 和 0.9%。尽管贸易份额较小，但相比 2005 年已经取得了大幅增长。2018 年世界 10 大服务贸易国家如表 15.2 所示。

表 15.2　2018 年世界 10 大服务贸易国家

出口			进口		
国家	金额/亿美元	占世界比重/%	国家	金额/亿美元	占世界比重/%
美国	6 860	14.1	美国	4 540	9.6
英国	3 290	6.8	中国	3 820	8.1
德国	2 670	5.5	德国	3 270	6.9
法国	2 630	5.4	法国	2 440	5.1
中国	2 222	4.6	日本	1 900	4
日本	1 580	3.3	英国	1 890	4
荷兰	1 560	3.2	荷兰	1 650	3.5
印度	1 540	3.2	爱尔兰	1 420	3
西班牙	1 350	2.8	新加坡	1 300	2.7
爱尔兰	1 330	2.7	印度	1 240	2.6

（四）服务业外包突飞猛进，跨国公司是服务外包的主体

随着网络、存储等信息技术的迅猛发展及服务越来越独立化，服务外包迅猛发展，从信息技术外包（Information Technology Outsourcing，ITO）发展到商业流程外包（Business ProcessOutsourcing，BPO）再发展到知识流程外包（Knowledge Process Outsourcing，KPO）。服务外包可以简单分为两种类型：离岸外包（Offshore Outsourcing）和在岸外包（Onshore Outsourcing）。离岸外包是指客户与为其提供服务的承接方来自不同国家/地区，外包工作跨境完成；在岸外包是指客户与为其提供服务的承接方来自同一个国家/地区，外包工作在境内完成。根据中国服务外包研究中心测算，2015—2020 年在全球服务出口下降的背景下，全球离岸服务外包执行额逆势增长 36.7%，年均增长 6.5%。2020 年，全球离岸服务外包执行额

国贸博览 15-2

13 875.7 亿美元，占全球服务出口的 27.8%，比 2019 年提高 5.4%。后疫情时期，全球离岸服务外包增长趋势仍将延续并得到进一步加强。中国服务外包研究中心预测，2021—2025 年全球离岸服务外包执行额年均增速将超过 7%，2025 年，全球离岸服务外包执行额有望达到 2 万亿美元，具体见图 15.1、图 15.2。

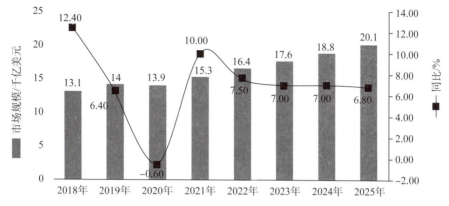

图 15.1 2018—2025 年全球离岸服务外包市场规模及增速预测①

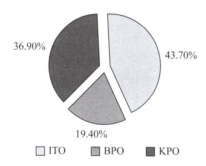

图 15.2 2020 年全球离岸服务外包结构

从发包方来看，美国、西欧和日本为发包市场三大巨头，共占据全球市场超过 80% 的份额，具体见图 15.3。

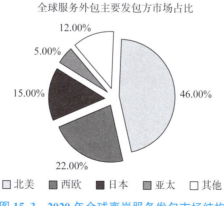

图 15.3 2020 年全球离岸服务发包市场结构

---

① 图 15.1~图 15.4 来源：中国服务外包发展报告 2020[EB/OL].(2022-02-18).http://images.mofcom.gov.cn/coi/202202/20220228165446669.pdf.

全球接包方主要分布在亚太地区,以印度、中国、巴西为主,占据全球接包市场近九成的份额,具体见图 15.4。

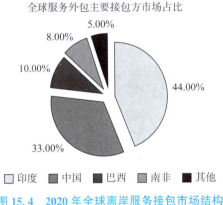

图 15.4　2020 年全球离岸服务接包市场结构

(五) 国际服务贸易壁垒、摩擦逐渐增多

当前,随着国际服务贸易的快速发展,各国也相应出台了限制国外服务进口的贸易保护政策,在产品、资本、人员移动等方面设置贸易壁垒,企图阻止或限制外国服务生产者进入。根据 GATS(服务贸易总协定)中对服务贸易壁垒的分类,国际服务贸易壁垒主要有:①人员移动的壁垒。这主要涉及各国移民限制的法律。由于各国移民法及工作许可、专业许可的规定不同,限制的内容和方式也不同,例如规定有一定的投资额才可以移民。②资本移动的壁垒。这主要涉及的是商业存在问题,即东道国是否准许外国企业在本国设立机构开展业务。③服务产品移动的壁垒。这涉及市场准入的限制,即东道国准许外国服务者进入本国市场的程序。④信息移动的壁垒。由于信息传递模式涉及国家主权、垄断经营和国际公用电信网、私人秘密等敏感性问题,因此各国普遍存在各种限制。

人为设置的各种贸易壁垒不仅阻碍各国服务贸易的发展,更影响到企业的根本利益,破坏了各国的服务贸易平衡。此外,服务贸易壁垒较之于货物贸易壁垒更加隐蔽,这也使局面愈发错综复杂,贸易报复、摩擦行为也随之增多,影响了各国的经济和政治关系。

(六) 数字贸易迅速发展

数字贸易是指数字技术发挥重要作用的贸易形式,其与传统贸易最大的区别在于贸易方式数字化和贸易对象数字化。其中贸易方式数字化是指数字技术与国际贸易开展过程深度融合,带来贸易中的数字对接、数字订购、数字交付、数字结算等变化;贸易对象数字化是指以数据形式存在的要素、产品和服务成为重要的贸易标的,导致国际分工从物理世界延伸至数字世界。数据显示,2019 年全球数字服务贸易(按出口)规模达 31 925.9 亿美元,逆势增长 3.75%,具体如图 15.5 所示。

第十五章　国际服务贸易

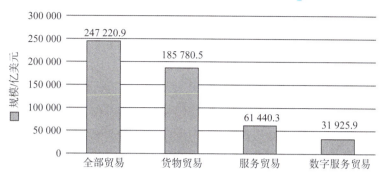

图 15.5　2019 年全球数字服务贸易规模（按出口）[①]

其中，发达经济体数字服务出口规模达 24 310.0 亿美元，在全球数字服务出口中的占比达 76.1%，超过其在服务贸易和货物贸易中的占比，具体如图 15.6 所示。

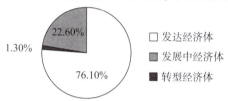

图 15.6　2019 年不同经济体数字服务贸易国际市场占有率情况

2019 年，6 类细分数字服务按出口规模从大到小排序依次为其他商业服务、ICT 服务、金融服务、知识产权服务、保险服务、个人文娱服务，出口规模分别为 13 998.5 亿美元、6 782.2 亿美元、5 204.4 亿美元、4 091.7 亿美元、1 370.3 亿美元、821.9 亿美元，在数字服务出口中的占比依次为 43.4%、21.0%、16.1%、12.7%、4.2%、2.5%，具体见图 15.7。ICT 服务、其他商业服务、知识产权服务是数字服务贸易增长的关键引擎。

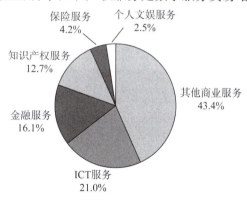

图 15.7　2019 年全球细分数字服务贸易（按出口）占比

二、国际服务贸易迅速发展的原因

当代国际服务贸易迅速发展的根本原因在于世界经济结构发生了历史性的变化，20

[①] 图 15.5~图 15.7 来源：WTO：2019 世界贸易报告——服务贸易的未来［EB/OL］.（2019-11-14）.https://www.sohu.com/a/2019-11-14.

世纪80年代兴起的新科技革命加速了这种历史演变的进程,从而导致世界贸易结构和人们社会生活方式的改变。具体来说,当代国际服务贸易的迅速发展主要有以下几个方面的原因:

1. 世界产业结构升级的驱动,服务业占主导地位

按照发展经济学的经济增长阶段论,随着国家经济的增长,该国的产业结构将依次提升,逐步由农业经济过渡到工业经济,再由工业经济发展到服务经济。20世纪60年代初,主要西方国家都已完成了本国的工业化进程,开始步入后工业化的发展阶段,即国内经济重心向服务业偏移。现在发达国家服务业占国民经济的比重一般在70%以上,美国更是超过80%,发展中国家一般也在50%以上。服务业的发展为服务贸易的发展奠定了雄厚的基础。

2. 国际货物贸易和国际投资增长的带动

国际货物贸易与国际服务贸易历来是彼此关联、相互促进的,它们密切的联系主要体现在:①国际货物贸易的发展直接带动了国际服务贸易的扩张。在货物贸易高速增长的带动下,同货物进出口直接关联的传统服务贸易项目,如国际运输服务、国际货物保险、国际结算服务等,都相应地在规模上、数量上成倍增长。②服务业已经成为许多制成品在生产和销售过程中不可分割的一部分。它们提供从市场调研、产品设计到售后服务等涉及产品生产全过程的各种服务。③服务贸易已经成为提高货物贸易国际竞争力的主要手段和重要基础。而国际投资的迅速扩大和向服务业倾斜,不仅带动了国际货物贸易的增长,而且带动了国际服务贸易的迅猛增长。特别是国际投资收益作为要素服务项目,其迅速扩张本身就构成海外服务贸易流量的扩大。

3. 新科技革命的有力推动

新科技革命,特别是20世纪80年代兴起的信息技术革命有力地推动了国际服务贸易的迅猛发展。首先,高新技术的发展广泛应用到服务产业,使许多原先"不可贸易"的服务转化成"可贸易"的服务,从而使国际服务贸易的种类增加,范围扩大,例如,一些传统的教育服务、健康服务一向被认为是"不可贸易"的服务,现今可被储存在磁盘或软件中进行买卖。信息技术和通信技术的发展,还促使银行、保险、商品零售等得以在全球范围内开展业务,为跨国界服务带来了机遇。其次,高新技术的广泛运用推动了服务贸易种类的增加,从传统的运输、旅游等领域发展到工程设计、技术和数据处理、软件外包等新兴领域,使服务贸易结构发生变化,以劳动密集型为特征的传统服务贸易地位下降,以资本密集、技术密集和知识密集为特征的新兴服务贸易迅速发展壮大。最后,科技革命还加快了劳动力和科技人员的国际流动,特别是促进了专业科技人员和高级管理人才跨国流动,使服务贸易方式增加,服务质量出现质的飞越。

4. 服务贸易自由化的推进

第二次世界大战后世界经济一体化迅速发展,各种区域合作组织逐步建立,货物贸易自由化和投资自由化加速推进,由此也带动了服务贸易自由化的发展。最早在20世纪50年代,西欧就在内部实施了《无形贸易自由化方案》,20世纪70年代,面对巨额的货物

贸易逆差，美国开始积极推行服务贸易自由化。在发达国家的推动下，关贸总协定乌拉圭回合谈判达成了《服务贸易总协定》（GATS），其宗旨是推动全球服务贸易自由化，为此，GATS确立了最惠国待遇原则、透明度原则、发展中国家更多参与原则、市场准入原则、国民待遇原则，为服务贸易的发展提供了制度框架。

另外，随着各国人民生活水平的大幅度提高，现代人的社会生活越来越国际化，出国旅游、接受留学教育、出国医疗等，即使对于发展中国家的人民来说也不是可望而不可及的了，从而与社会生活国际化相关的服务贸易也得到了长足的发展。

第三节 中国服务贸易发展概况

一、中国服务贸易发展总体情况

1. 服务贸易发展迅速，全球地位稳步提升

服务进出口规模持续扩大，连续七年位居全球第二。"十三五"时期，中国服务业对外开放进一步扩大，服务贸易创新发展试点从启动走向全面深化，服务贸易便利化、自由化加快推进。五年来，中国克服经济全球化遭遇逆流等不利因素影响，推动服务贸易实现平稳增长，服务进出口累计达3.6万亿美元，比"十二五"时期增长29.7%。2021年，中国服务进出口8 212.5亿美元，连续八年稳居世界第二，规模同比增长24.1%，比2019年增长4.6%，占世界比重增至7.0%。服务贸易逆差缩窄至327.5亿美元，同比减少677.1亿美元，为2011年以来的最低值。2010—2019年中国服务贸易进出口总额、中国服务贸易出口总额、中国服务贸易进口总额如图15.8~图15.10所示。

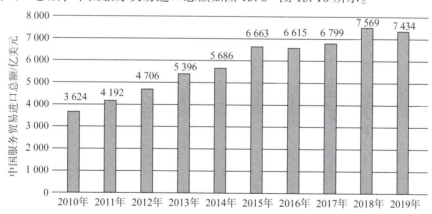

图15.8 2010—2019年中国服务贸易进出口总额①

---

① 图15.8~图15.10来源：中国服务贸易发展报告2020[EB/OL].（2021-09-09）.http://www.mofcom.gov.cn/mofcom/shezhi.shtml.

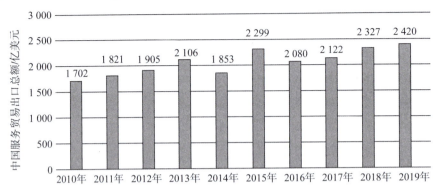

图 15.9　2010—2019 年中国服务贸易出口总额

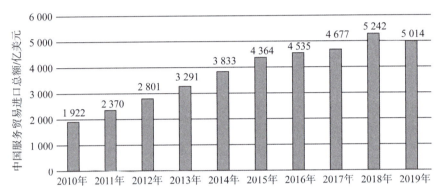

图 15.10　2010—2019 年中国服务贸易进口总额

2. 服务贸易巨额逆差开始缩小

跟货物贸易相反，中国服务贸易一直存在逆差。2015—2019 年中国服务贸易逆差分别为：-2 065 亿美元、-2 455 亿美元、-2 555 亿美元、-2 915 亿美元、-2 594 亿美元。2015 年，中国服务贸易逆差为 2 065 亿美元，其中旅行贸易逆差是中国服务贸易逆差的最主要来源，达到 1 237.4 亿美元，占服务贸易逆差总额的 59.92%。服务贸易逆差第二大来源为运输服务，逆差额 488 亿美元。知识产权服务逆差额 209.1 亿美元，与 2014 年基本持平。保险服务逆差由 2014 年的 179.4 亿美元大幅缩窄至 30 亿美元，金融服务逆差也由 2014 年的 9 亿美元下降至 4 亿美元。2020 年，中国旅行服务进出口 10 192.9 亿元，下降 48.3%，其中出口下降 52.1%，进口下降 47.7%，是导致服务贸易逆差下降的主要因素。2020 年，我国服务出口 19 356.7 亿元，下降 1.1%；进口 26 286 亿元，下降 24%，带动服务贸易逆差下降 53.9% 至 6 929.3 亿元，同比减少 8 095.6 亿元。

3. 知识密集型服务进出口占比上升

2020 年，我国知识密集型服务进出口 20 331.2 亿元，同比增长 8.3%，占服务进出口总额的比重达到 44.5%，提升 9.9。其中知识密集型服务出口 10 701.4 亿元，增长 7.9%，占服务出口总额的比重达到 55.3%，提升 4.6；出口增长较快的领域是知识产权使用费、电信计算机和信息服务、保险服务，分别同比增长 30.5%、12.8% 和 12.5%。知识密集型服务进口 9 629.8 亿元，同比增长 8.7%，占服务进口总额的比重达到 36.6%，提升 11%；进口增长较快的领域是金融服务、电信计算机和信息服务，同比分别增长 28.5%、22.5%。

4. 服务外包业务发展迅速，成为全球第二大离岸服务外包目的地国家

服务外包是指企业将其非核心的业务外包出去，利用外部最优秀的专业化团队来承接其业务，从而使其专注于核心业务，达到降低成本、提高效率、增强企业核心竞争力和对环境应变能力的一种管理模式。它包括信息技术外包（ITO）、商业流程外包（BPO）和知识流程外包（KPO）。

信息技术外包（ITO）包括软件研发及外包、信息技术研发服务外包、信息系统运营维护外包；商业流程外包（BPO）包括企业业务流程设计服务、企业内部管理数据库服务、企业运营数据库服务、企业供应链管理数据库服务；知识流程外包（KPO）包括知识产权研究、医药和生物技术研发和测试、产品技术研发、工业设计、分析学和数据挖掘、动漫及网游设计研发、教育课件研发、工程设计等领域。

"十三五"时期，中国服务外包加快转型升级，实现稳中提质，服务外包执行额累计 7 110.6 亿美元，年均增长 12.6%，比第三产业增加值增速高 5.9%。其中离岸服务外包执行额累计 4 414.1 亿美元，年均增长 10.4%，比服务出口增速高 5.3%；在岸服务外包执行额累计 2 696.6 亿美元，年均增长 16.8%，比第三产业增加值增速高 10.1%。2020 年，中国服务外包实现逆势增长，全年承接服务外包执行额 1 753.5 亿美元，同比增长 10.9%。其中离岸执行额 1 057.7 亿美元，首次突破 1 000 亿美元，同比增长 9.2%，圆满完成"十三五"规划制定的离岸执行额超过 1 000 亿美元的目标，具体如图 15.11、图 15.12 所示。

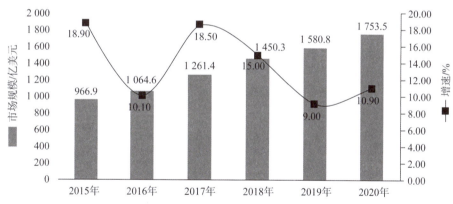

图 15.11　2015—2020 年中国服务外包市场规模及增速①

从业务分类来看，2021 年我国服务外包产业市场规模 8 600 亿元，其中 KPO 市场规模 3 661 亿元，市场占比 42.6%；BPO 市场规模 1 308 亿元，市场占比 15.2%；ITO 市场规模 3 631 亿元，市场占比 42.2%，具体如图 15.13 所示。

---

① 图 15.11~图 15.14 来源：中国服务外包发展报告 2020［EB/OL］.（2022-02-18）. http://images.mofcom.gov.cn/coi/202202/20220228165446669.pdf.

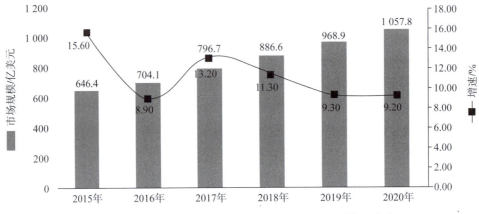

图 15.12 2015—2020 年中国离岸服务外包市场规模及增速

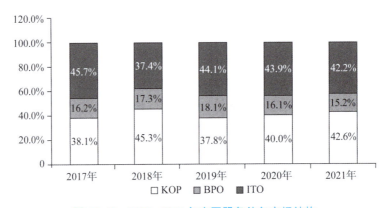

图 15.13 2017—2021 年中国服务外包市场结构

5. 数字贸易迅速发展

在国内市场，随着数字技术与服务贸易加速融合，国家对数字服务贸易促进政策力度加大，我国数字服务贸易行业规模逐渐扩大，占服务贸易比重明显提高。据商务部数据，2019 年中国可数字化交付服务贸易规模约为 2 722 亿美元，占服务贸易总额的 35%，具体如图 15.14 所示。

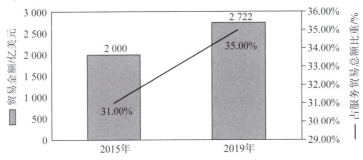

图 15.14 2015 年与 2019 年我国数字服务贸易金额及占比情况

二、我国服务贸易发展面临的机遇

1. 服务贸易数字化发展机遇

数字技术激发服务贸易数字化发展潜力。数字技术广泛渗入生产、流通、消费环节，推动服务供给端数字化创新和需求端数字化消费，大幅提高服务的可贸易性。数字技术有助于降低跨境服务贸易成本，数字交付拓宽跨境服务贸易发展前景。以数据为生产要素、数字交付为主要核心的数字贸易正在成为全球贸易新形态。据联合国贸发会议统计，以数字方式交付的服务贸易在全球贸易中的占比已经达到52%。据世贸组织测算，到2040年，如果发展中国家能够全部采用数字技术服务，其在全球服务贸易中的份额将增加约15%。产业数字化、数字产业化为服务贸易提供巨大机遇。产业与数字融合加速，制造服务化、服务数字化、外包化进程加快，新业态新模式不断涌现，为服务贸易加快发展提供强大动力。数字产业化催生新业态、新模式，丰富了跨境服务贸易的内涵与外延。产业数字化提高了服务贸易的质量和效率，促进服务贸易与货物融合发展，提升了货物贸易的"嵌入式"服务。

2. 服务贸易高水平开放机遇

在新一轮国际经贸规则重构中推进服务贸易高水平开放，成为高标准国际经贸规则的重要特征。中国服务领域对外开放持续深化，外商投资准入前国民待遇加负面清单管理制度日趋完善，跨境服务贸易限制措施逐步放宽，中国服务领域开放的大门越开越大。2022年1月，全球最大的自由贸易协定《区域全面经济伙伴关系协定》（RCEP）对已核准的10个国家正式生效实施。协议生效后6年内转化为负面清单管理模式，服务要素流动壁垒有望进一步降低，区域内对服务贸易的高水平开放承诺，将大幅降低成员间服务贸易合作的门槛和成本。2021年12月，中国、欧盟、美国等67个世贸组织成员共同发表了《关于完成服务贸易国内规制谈判的宣言》，正式宣布服务贸易国内规制联合声明倡议谈判成功完成，将有助于推动全球服务贸易进一步减少贸易壁垒，降低企业成本和面临的不确定性，实现贸易自由化、便利化。2021年，中国正式申请加入《全面与进步跨太平洋伙伴关系协定》（CPTPP）和《数字经济伙伴关系协定》（DEPA）。中国将依照协定要求调整国内服务贸易管理规则，为中国服务贸易更高质量发展提供更加开放的制度环境。

3. 超大规模服务业市场机遇

世界已进入服务经济时代，超大规模服务业市场为全球服务贸易提供了广阔的发展空间。新一代信息技术发展与迭代不断拓展全球经济合作纵深，服务业跨国合作与转移成为国际贸易的新增长点。电信计算机和信息服务、知识产权服务、技术贸易、保险服务、金融服务、运输、法律等生产性服务贸易融入制造业、农业和现代服务业关联产业全生命周期，将有利于促进全球要素跨境流动、提升全要素生产率、扩大各国就业，有利于推动全球经济可持续发展。全球价值链加速重构，服务贸易在促进产业链、供应链畅通方面大有可为，以研发、设计、咨询、物流、营销、品牌为代表的处于微笑曲线两端的服务贸易合作空间巨大。超大规模服务业市场为中国服务贸易长期稳定发展注入强大动力。服务业通过服务出口参与国际分工和合作，扩大国际需求，提升国际竞争力，拉动国内服务业中间投入和初始投入，创造就业岗位和国内生产总值。服务业通过服务进口配置全球资源，引进国际优质要素，扩大中间供给，提高社会总产品，稳定国内产业链、供应链，满足消费和投资需求，促进经济增长和增加社会福利。2021 年，中国服务贸易占对外贸易的比重为 12.0%，远低于全球平均水平（20.7%）以及欧盟（27 国）（25.7%）、美国（22.3%）等发达经济体水平，未来发展空间广阔。

三、我国服务贸易发展面临的挑战

1. 外需增长的不确定性较大

全球经济复苏放缓，服务贸易面临外需收缩、供给冲击压力加剧、地缘政治冲突持续等不利因素影响。全球主要经济体货币政策加快收缩，经济滞胀风险加剧，新兴经济体的通胀压力也明显加大。大宗商品价格高位波动，全球运输供应链结构性紧张，对加工服务、维护维修服务等与制造业相关的服务贸易产生影响。全球消费持续疲软，消费性服务外需增长基础不稳，全球服务贸易复苏步伐仍将缓慢。

2. 国际发展环境的不确定性较大

当前全球处于百年未有之大变局。IMF 于 2022 年 4 月发布的研究显示，2022 年第一季度全球不确定指数激增。国际发展环境的不稳定，既是前期贸易摩擦频发等不利因素的累积和延续，也是数字安全威胁不断升级、地缘政治冲突等新不利因素引发的后果之一。特别是在数字贸易方面，全球"数字鸿沟""数字隔离"、数字贸易"联盟化"突出，全球贸易发展将受到一定影响。

四、推动我国服务贸易高质量发展的措施

1. 进一步扩大服务领域市场准入

深入推进高水平制度型开放。加快构建与高标准国际服务贸易规则相衔接的国内规则和制度体系，加快建设统一开放、竞争有序的现代市场体系。进一步放宽外资市场准入。健全准入前国民待遇加负面清单管理制度，加快商业存在模式服务贸易发展。提高跨境服务贸易开放水平。建立健全跨境服务贸易负面清单管理制度。推动出台全国版跨境服务贸易负面清单，制定与负面清单相配套的监管措施和管理制度，有序减少跨境交付、境外消费、自然人移动模式下服务贸易限制措施。加强知识产权的保护和运用，完善技术贸易促进平台，推进实施技术进出口管理便利化措施。

2. 加快服务贸易数字化进程

完善数字贸易促进政策，加强制度供给和法律保障。积极支持数字产品贸易，为数字产品走出去营造良好环境。持续优化数字服务贸易，进一步促进专业服务、社交媒体、搜索引擎等数字服务贸易业态创新发展。稳步推进数字技术贸易，提升云计算服务、通信技术服务等数字技术贸易业态关键核心技术的自主权和创新能力。推进服务外包数字化、高端化。实施服务外包转型升级行动，培育龙头企业，加强对外发包，助力构建稳定的国际产业链、供应链。加大技术创新力度，推动云外包企业积极拓展国际市场，提升国际市场份额，为我国走出去企业提供云服务。加快服务外包与制造业融合发展，加速制造业服务化进程，推动制造业数字化转型，利用 5G、物联网等新兴技术发展数字制造外包。促进传统服务贸易数字化转型。推动数字技术与服务贸易深度融合，运用数字化手段，创新服务供给方式，打破传统服务贸易限制，降低交易成本，提升交易效率和服务可贸易性。建

立健全数字贸易治理体系。加强数字贸易治理,在数字贸易主体监管、个人信息保护、数据跨境流动、重要数据出境、数据产权保护利用等领域,及时出台符合我国数字贸易发展特点的政策法规。

3. 优化服务贸易行业结构

推动传统服务贸易转型升级。优化旅游产品结构,提升中国旅游产品的国际竞争力和吸引力。增强国际运输服务能力,推进基于区块链的全球航运服务网络建设,推广进口集装箱区块链电子放货平台应用。推进现代国际物流供应链发展,加快构建开放共享、覆盖全球、安全可靠、保障有力的现代国际物流供应链体系,加快发展新兴服务贸易。完善技术贸易管理促进体系,鼓励引进先进技术,推动技术进口来源多元化,支持成熟的产业化技术出口,带动标准与合格评定、产品和设备出口。稳步发展金融服务贸易,推动人民币跨境支付系统(CIPS)功能升级完善,促进跨境支付便利化。支持通信、研发、设计、认证认可、检验检测等知识密集型服务贸易发展,促进制造业转型升级。大力发展数字文化贸易,扩大重点领域文化服务出口。做强"留学中国"品牌,打造更具国际竞争力的留学教育。扩大优质服务进口。服务产业转型升级需要,扩大研发设计、工业设计、咨询、专业服务等生产性服务进口,促进制造业高质量发展。

4. 加大平台载体建设力度

全面深化服务贸易创新发展试点。在改革管理体制、扩大对外开放、完善政策体系、健全促进机制、创新发展模式、优化监管制度等方面探索经验。高水平建设国家服务贸易创新发展示范区。遴选若干服务贸易创新发展试点成效显著的地区,升级建设国家服务贸易创新发展示范区。高标准建设服务外包示范城市。坚持集成化、专业化、融合化、数字化、特色化、国际化建设方向,优化服务外包示范城市在畅通国际国内双循环和内外贸一体化发展中的特殊优势功能。系统推进特色服务出口基地提质、升级、扩围。充实基地支持政策,做大做强文化、数字服务、中医药服务出口基地,总结推广基地建设经验。在知识产权服务、演艺服务、人力资源服务、农业服务等领域,研究新设一批突出专业特色的服务出口基地,引领带动新模式、新业态加快发展,把基地建设成为提升我国服务出口竞争力的重要载体。提升展会平台开放合作促进功能。强化中国国际服务贸易交易会在全球前沿理念、先进技术、创新成果、行业标准等方面的引领功能,提升市场吸引力、国际关注度和全球竞争力。

5. 完善服务贸易政策支持体系

充分发挥国务院服务贸易发展部际联席会议机制作用,加大对技术贸易管理、数字贸易发展、文化贸易促进、建立健全跨境服务贸易负面清单管理制度等重大事项的协调推进力度。加强对服务贸易改革、开放、创新、发展重大事项的统筹协调。完善和强化地方服务贸易发展统筹协调决策机制,制定适应服务贸易新形势、新趋势的政策措施。完善服务贸易发展政策体系。建立数字贸易创新发展政策体系和制度保障体系。制定高标准建设服务外包示范城市政策,推进离岸在岸外包协同发展,衔接内外贸一体化发展。推动扩大企业服务出口零税率覆盖范围,扩大出口信用保险对"轻资产、重知识"型服务贸易企业覆盖面。

6. 深化服务贸易对外合作

拓展与共建"一带一路"国家合作。加大服务贸易重点领域合作。推动与俄罗斯、蒙古在运输、旅游等重点领域合作。拓展与南亚、中亚、西亚国家在能源治理与服务、建筑工程、运输服务等领域合作。深化与东盟国家在科技创新、数字经济、文化、旅游、农业服务、专业服务等领域合作。加强与发达国家服务贸易合作。进一步加强与美国、欧盟及成员国、英国等在研发设计、节能环保、环境服务、旅游文化、技术贸易等领域合作。加强与发达国家在医疗卫生、疫苗研制、传染病防治等领域合作。推动与有关国家在工程建筑等领域不断深化在第三方市场的合作。深化与港澳台服务贸易合作。

7. 创新开展统计监测工作

借鉴国际经验，积极探索服务贸易全口径统计方法。加强部门间的数据交换和信息共享，完善服务贸易统计监测体系和重点企业联系制度，逐步提高统计的准确性、时效性与全面性。支持有条件的省市开展服务贸易统计监测试点，创新服务贸易统计监测方式方法，为完善服务贸易统计监测体系探索有效路径。

本章核心概念

服务贸易（Trade in Services），境外消费（Overseas Consumption），跨境交付（Cross-border Delivery），国际追加服务（International Supplementary Service），国际核心服务（International Core Services），信息技术外包（Information Technology Outsourcing，ITO），商业流程外包（Business Process Outsourcing，BPO），知识流程外包（Knowledge Process Outsourcing，KPO），离岸外包（Offshore Outsourcing）。

复习思考题

1. WTO 将国际服务贸易如何分类？
2. 服务贸易以生产过程为标准如何分类？
3. 服务贸易以要素密集度为标准如何分类？
4. 服务贸易按是否伴随有形商品贸易为标准如何分类？
5. 简述国际服务贸易发展的特点。
6. 分析数字技术对国际服务贸易发展的影响。
7. 简述我国服务贸易发展存在的问题。
8. 我国如何应对国际服务贸易发展的新趋势？

参考文献

1. 服务贸易总协定（GATS）全文［J］.化工标准计量·质量，2002（8）：35-48.
2. 赵若锦.我国服务贸易存在的问题及对策分析［J］.改革与战略，2017（1）：126-129，139.
3. 王拓.中美比较视角下我国服务贸易发展策略思考［J］.国际贸易，2016（2）：

56-61.

4. 申桂萍,王菲."十三五"时期中国服务贸易的转型发展对策研究[J].国际贸易,2016(5):60-64.

5. 刘莉.世界服务贸易的发展及我国服务贸易的竞争力分析[J].价格月刊,2016(4):37-41.

6. 汤婧,夏杰长.我国服务贸易发展现状、问题与对策建议[J].国际贸易,2016(10):48-53.

7. 赵若锦.供给侧改革下我国服务贸易转型升级研究[J].价格理论与实践,2016(7):68-70.

8. 张慧颖.我国服务贸易竞争力研究[J].中外企业家,2016(8):7-8.

9. 赵瑾.全球服务贸易发展的基本格局与新特点[J].国际贸易,2016(4):45-58.

10. 邢学杰.我国服务贸易出口与经济增长的实证研究:基于1982—2012年我国服务贸易出口数据[J].技术经济与管理研究,2015(9):28-32.

11. 宗丽霞,李晴晴.服务贸易的全球化研究文献综述[J].科技经济市场,2015(12):132.

12. WTO.2019世界贸易报告:服务贸易的未来[EB/OL].(2019-11-14).https://www.sohu.com/a/353874028_695374.

13. 商务部.中国服务外包发展报告2020[EB/OL].(2022-02-18).http://images.mofcom.gov.cn/coi/202202/20220228165446669.pdf.

14. 商务部.中国服务贸易发展报告2021[EB/OL].(2023-01-12).http://www.mofcom.gov.cn/mofcom/shezhi.shtml.

第十六章 国际技术贸易

本章重点问题

技术贸易的形式，国际技术贸易发展的趋势，我国技术引进存在的问题及对策。

第一节 技术贸易概述

一、技术贸易的基本概念

根据 OECD 的定义：技术是指在整个生产过程中所应用的知识。世界知识产权组织（WIPO）1977 年出版的《供发展中国家使用的许可证贸易手册》中所下的定义是：技术是指制造一种产品、应用一项工艺或提供一项服务的系统知识，这是目前国际上公认的比较完整的定义。由于技术经常以其物化形态（工具、机器等）出现，在技术贸易中，机器设备被称为"硬件"，技术被称为"软件"。

国际技术贸易（International Technology Trade）是指世界不同的国家或地区之间，一方将某种内容的技术通过签订商业协议或合同的形式，转让给另一方并收取一定的技术使用费。国际技术贸易的主要内容有：各种工业产权，如专利、商标；各种专有技术或技术诀窍；提供工程设计，工厂的设备安装、操作和使用；与技术转让有关的机器、设备和原料的交易等。总之，技术贸易既包括技术知识的买卖，也包括与技术转让密切相关的机器设备等货物的买卖。

二、国际技术贸易的基本形式

1. 许可贸易（Licensing Trade）

许可贸易是指技术供方允许（许可）技术的受方有偿使用其知识产权或专有技术而与对方签订的一种授权协议。许可贸易的核心是技术使用权的转让，而不是技术所有权。根据授权程度的不同，它有独占许可、排他许可、普通许可、可转让许可、交叉许可等类型。根据其合同标的不同，又有专利许可、商标许可和专有技术许可等类型。

2. 技术服务（Technical Services）

技术转让不仅包括转让公开的技术知识，而且包括转让秘密的技术知识和经验，因为这些技术知识和经验很难用书面资料表达出来，而必须通过言传、示范等传授方式来实现，所以技术服务与协助也是技术交易形式之一。它可以包括在技术转让协议中，也可以作为特定项目，签订单独的合同。提供技术服务与协助的方式有两种：由受方派出自己的技术人员和工人，到技术供方的工厂或使用其技术的工厂培训实习；由供方派遣专家或技术人员到受方工厂调试设备，指导生产，讲授技术。

3. 咨询服务（Consulting Service）

顾问咨询是雇主与咨询公司签订合同，由咨询公司负责对雇主所提出的技术性课题提供建议或解决方案。服务的内容很广，如项目的可行性研究、技术方案的设计和审核、招标任务书的拟定、生产工艺或产品的改进、设备的购买、工程项目的监督指导等。特别是发展中国家，往往技术力量不足，或对解决某些技术课题缺少经验，聘请外国工程咨询公司提供咨询服务，可以避免走弯路或浪费资金。因为咨询公司掌握了丰富的科学知识和技术情报，可以协助雇主选择先进适用的技术，找到较为可靠的技术供方，以较合理的价格获得质量较好的机器设备。雇主虽然要支付一笔咨询费，但所得到的资金节约远远超过支付的咨询费，总体算下来，对雇主仍是有利的。咨询费一般可以按工作量计算，也可采用技术课题包干定价。一般所付的咨询费相当于项目总投资的5%左右。

4. 特许专营（Franchising）

特许专营是最近二三十年迅速发展起来的一种新型商业技术转让。特许专营是指由一家已经取得成功经验的企业，将其商标、商号名称、服务标志、专利、专有技术以及经营管理的方法或经验转让给另一家企业的一项技术转让合同，后者有权使用前者的商标、商号名称、专利、服务标志、专有技术及经营管理经验，但须向前者支付一定金额的特许费（Franchise Fee）。

特许专营的一个重要特点是，各个使用同一商号名称的特许专营企业并不是由一个企业主经营的，被授权人的企业不是授权人的分支机构或子公司，也不是各个独立企业的自由联合。它们都是独立经营、自负盈亏的企业。授予人不保证被授予企业一定能获得利润，对其企业的盈亏也不负责任。特许专营合同是一种长期合同，它可以适用于商业和服务业行业，也可以适用于工业。

5. 国际工程承包（International Project Contracting）

工程承包又称"交钥匙"项目，是委托工程承包人（Contractor）按规定条件包干完成某项工程任务，亦即负责工程设计、土建施工、提供机器设备、施工安装、原材料供应、提供技术、培训人员、投产试车、质量管理等全部过程的设备和技术。工程承包是一种综合性的国际经济合作方式，也是国际劳务合作的一种方式，其中包括大量的技术转让内容，因此又可称为国际技术贸易的一种方式。

6. 国际合作生产与合作开发（International Cooperative Production & Development）

国际合作生产是指一国公司与另一国或地区的公司之间就生产某种产品，或研究某个项目，或联合设计某种产品，进行经济合作和技术转让达成的交易。国际合作生产不仅是跨国公司打开发展中国家市场采用的一个重要手段，也是发展中国家引进技术、资金的一个重要途径。例如，中国与欧洲宇航界进行卫星合作生产、中国的汽车公司与韩国现代集团合作生产轿车、中国的乳业公司与国际乳业巨头合作生产高档配方奶粉等。

国际合作开发是指不同国家的两个以上的自然人、法人或其他组织，为完成一定的研究开发工作，如就新技术、新产品、新工艺或者新材料及其系统的研究与开发，由当事人各方共同投资、共同参与研究开发活动、共同承担研究开发风险并共同分享研究开发成果。

第二节　国际技术贸易发展概况

国际技术贸易自第二次世界大战以后发展十分迅速，其增长速度远远超过一般商品贸易。近年来，由于国际政治、经济、科技形势的变化，国际技术贸易开始呈现一些新的发展趋势。了解和分析这些新趋势，对我们进一步做好技术及设备引进和国际经济技术合作，无疑是非常有益的。

一、当代国际技术贸易的特点

国际技术贸易是以技术为贸易对象的国际经贸活动，它通常比一般国际商品贸易复杂得多。在科技革命日新月异，科技成果层出不穷的知识经济时代，发达国家将加速高新技术的研究开发和应用，而发展中国家通过单纯学习别国技术和经验赶上发达国家的难度将提高，"后发优势"的作用将日趋减弱。以信息技术为代表的新兴产业技术不仅改变了技术本身的发展方向，而且深刻影响了国际技术贸易的内容、规模与方法，国际技术贸易出现了新的发展趋势：

1. 国际技术贸易增长速度因科技革命的迅猛发展而大大加快

随着科学技术向深度、广度发展，技术寿命周期的缩短，科技领域的竞争将日益激烈，因此，国际技术贸易日趋活跃，规模不断扩大。据统计，技术贸易额在国际贸易总额中所占的比例在20世纪90年代初仅占1/3，而到20世纪90年代中期，则接近国际贸易总额的一半，目前已超过国际贸易总额的一半。1994—1998年国际技术贸易平均年增长率为17.5%，1998年技术贸易额与1978年相比在20年间增长了26倍多，其增长速度之快，是一般有形商品贸易所无法比拟的。OECD最近的一份报告指出，目前OECD成员国中技术出口额已超过1万亿美元，交易数额之高，增长速度之快，都是前所未有的。

2. 技术贸易内容向"知识型""信息型"等软件技术倾斜

过去的技术转让多数是通过物质商品的交换，通过机器设备和新产品的买卖而进行的，软件技术是购买硬件设备的附带品，软件跟随硬件转移。20世纪80年代中期以来，出口专利、许可证、技术标准、设计图纸、工艺文件、管理知识、科技情报以及各种以专业服务为主要内容的软技术贸易发展迅速。专利技术贸易主要在发达国家以及一些新兴工业化国家和地区进行；发展中国家偏爱接受许可证、工艺技术、管理知识等软件技术以及各种专家咨询的技术服务。据统计，发达国家之间技术转让中软件技术占80%以上。

第十六章 国际技术贸易

3. 跨国公司在国际技术贸易中占垄断地位

跨国公司对发展中国家单纯的资本输出改变为以技术输出带动资本输出和商品输出，跨国公司在国际技术贸易中处于垄断地位。跨国公司对发展中国家的传统做法是资本输出，先建原材料基地，然后获取原材料运回国内加工成产品，再销售到发展中国家去。现在许多发达国家的跨国公司都积极发展技术输出，除了核心的关键生产技术外，将一些即将淘汰的技术和组装技术向其他国输出，且技术转让多在公司内部进行。据统计，美英两国跨国公司向海外子公司转让技术大约分别占其技术出口额的80%和85%。长期以来跨国公司在国际技术贸易中处于垄断地位，发达国家500家大型跨国公司垄断了发达国家90%的先进生产技术和75%的技术贸易量。

4. 国际技术贸易走向多极化，但发达国家仍居主导地位

20世纪80年代中期以后，亚洲和拉丁美洲一些技术发展水平较高的发展中国家，纷纷从事技术出口，从而使技术贸易来源多极化。当今国际技术贸易不仅表现为发达国家向发展中国家的输出，而且表现为发达国家之间、发展中国家之间、发展中国家向发达国家的输出，从而形成了国际技术贸易多极化局面。但是由于技术水平的差异以及其他一些原因，国际技术贸易主要集中在少数发达的工业国，表现为美、日、欧盟三足鼎立的局面。美国占有国际技术市场的1/3以上，美、英、法、日、德五国的技术贸易额占世界技术贸易额的70%以上，发展中国家之间成交的技术贸易额只占世界技术贸易总额的10%，而且大多局限在几个新兴工业化国家和地区。国际技术贸易格局呈现出明显的不平衡性。

二、国际技术贸易发展的趋势

随着世界科技的迅猛发展，经济全球化的推进，技术开发和更新速度不断加快，社会对技术的需求不断扩大，以信息技术为代表的新兴产业技术不仅改变了技术本身的发展方向，而且深刻地影响了国际技术贸易的内容、规模、手段与方法。尤其需要指出的是，由于世界经济区域化步伐加快，极大地方便和刺激了国际技术贸易向纵深发展。正是在这样的背景下，国际技术贸易出现了以下新的发展趋势：

1. 技术贸易继续高速发展，规模可望继续扩大

这主要是因为在这个知识经济时代，知识和技术的内涵不断丰富，外延不断扩大，技术的种类及存在形式多种多样，一切人类智力活动的成果及一切信息成果都将成为国际技术贸易的标的，国际技术贸易的领域不断拓宽。经济的全球化、一体化推进了世界范围内的产业结构大调整与产业大转移，发达国家向外转移成熟技术，发展中国家加快引进国外技术，技术贸易空间日益扩大。互联网的出现和电子数据交换（EDI）的应用，电子商务的发展，网上技术市场的出现，都极大地增加了国际技术贸易的信息量，提高了处理速度，增加了交易机会。技术开发速度的加快，新技术的不断涌现，为技术贸易的发展提供了原动力。所有这些都表明，今后国家之间的技术贸易，将以更大的规模和更快的速度向前推进。

2. 技术贸易的竞争将愈加激烈，亚洲将超越北美、欧盟而居领先地位

以前国际技术贸易竞争的主体是美、日、欧盟三方。基本局面是：在基础研究和高技术领域，日本明显落后于美国和欧盟；在应用技术方面，日本比美国和欧盟稍具优势；在

开发与商品化技术方面，日本则明显领先。由于技术贸易主要是应用技术和商品化技术，近年来日本在继续保持应用技术和商品化技术优势的同时，也加紧了高技术的研究。因此，日本技术贸易的顺差有可能进一步扩大。美国则致力于把大量领先的军事技术转为民用，且以促进经济增长为目标，同时开始重视对应用技术和商品化技术的开发，美国凭借其强大的科研和雄厚的资本实力，将继续成为世界第一的技术出口国。欧盟由于实行经济一体化，内部的技术壁垒会取消，因此必将增强欧盟的技术竞争力，从而增加欧盟内部以及欧盟各国与其他国家的技术贸易。虽然发达国家科技创新仍然领先，但是优势正在逐渐减小，全球科技创新版图已经东移，中国、印度等新兴经济体成为科技创新的活跃地带。

根据 OECD 公布的数据显示，2018 年全球研发投入总额为 20 141 亿美元，其中美国的研发投入总额达 5 815.53 亿美元，占全球研发投入总额的比重为 28.9%，中国研发投入总额为 4 680.62 亿美元，仅次于美国，占全球研发投入总额的比重为 23.2%，日本、德国研发投入紧随其后，分别占全球研发总投入的 8.5% 和 7%，如图 16.1 所示。

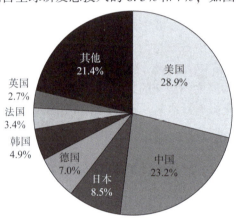

图 16.1　2018 年全球研发区域占比情况

资料来源：OECD 前瞻产业研究院整理

世界知识产权组织（WIPO）发布的数据显示，2018 年国际专利申请量为 25.3 万件，其中来自亚洲的申请量占到 51%，欧洲为 25%，北美为 23%，其他地区为 1%。2011 年，中国专利申请量就超越美国居于全球第一，此后中国专利申请量领先优势不断增强，到 2021 年连续 11 年居于全球第一。2021 年，中国通过《专利合作条约》（PCT）途径提交的国际专利申请达 6.95 万件，排名第一；位居其后的分别是美国和日本，它们的专利申请量分别为 59 570 件、50 260 件。

3. 国际技术贸易的内容不断更新，高技术贸易高速增长

21 世纪经济发展的最大特点是产品的"软化"和产值的"轻型化"。光纤代替了铜线，数字产品取代了模拟产品。产品的知识含量增加，其中"软成分"所占比重越来越高，商标、品牌、技术工艺等在其价格中的份额也越来越大。国际技术贸易的内容在向软件化发展的同时，有形贸易也带有明显的技术贸易色彩，创造性的新构思、新设计、新配方、新工艺、新的加工方法及计算机应用也成为新的技术形态。除传统工艺品、农土特产、初级原材料外，未来的国际货物买卖将更多地表现为国际技术贸易的附属品。

随着科学技术的发展，国际技术贸易的结构将发生深刻变化，高技术贸易的比重将越来越大。具体表现在：①硬件技术与软件技术、专利技术与专有技术在转让中日益交融。在国际高新技术贸易中，单纯购买设备正被硬软件技术一揽子买卖所代替。在专利制度下，保持对先进技术的垄断既需要法律保护，也需要发明者的自我保护（因此专利技术须向社会公开，技术发明者对某些关键技术工艺、配方比例及制作流程等内容往往不申请专利，而作为专有技术保密。这样，技术接受方购买专利后还需购买专有技术，才能将专利有效用于生产过程）。因此，现代高技术贸易中一项技术转让将涉及多种技术形态和类别。②以高新技术为重点的交易活动将更多地通过政府间进行。由于高新技术（如航天航空技术、核能技术等）涉及国家重要部门和战略利益，以及高新技术发展需要庞大资金保障和完整的技术系统保证，因此，政府参与或通过政府进行高新技术贸易成为必然，而政府的介入必将使高新技术的国际贸易呈现高速增长趋势。③国际信息技术贸易以惊人的速度增长。由于近年来信息技术的开发与应用，以电子计算机的软硬件、办公自动化设备、电子通信、卫星及地面站设施等为代表的有形信息技术产品，以及以技术专利、专有技术和商标使用权为代表的无形信息技术产品的交易呈现高增长率的发展趋势。目前世界计算机贸易的增长率仍将高于世界经济增长率的 2~3 倍。信息服务成为独立的知识，信息产业在国际无形贸易中的地位日益重要。

4. 国际技术贸易的方式更加灵活多样

随着知识经济的发展，国际技术贸易的交易方式除采用传统的许可贸易方式外，还呈现出以下特点：技术贸易与有形贸易有机结合，先进技术设备与配套的工艺流程、技术设备的设计原理、制造工艺及必要的技术档案一同进出口早已司空见惯；许多新技术形态与传统专利技术、专有技术、商标品牌使用权的转让互相交融，"一揽子许可协议"将是技术贸易的主流；由于技术的存在形态多种多样，不同国家、不同企业技术水平高低各有不同，各自对技术的需求各有侧重，各方为了节省许可费用、加强经济技术合作，"交换许可贸易"将异常活跃而成为时尚；由于技术专业咨询公司的涌现以及某些专业技术的独特性，国际技术咨询服务和特许专营方式将得到很大发展；高技术贸易与资本转移及其他形式的国际经济合作交叉融合。由于单纯的国际技术转让在维系交换双方经济利益方面存在某些固有缺陷，因此，随着国际交往形式的增多，技术转让与其他形式的国际经济合作在更大范围内与多种形式融合渗透，同时部分技术拥有者放弃单纯的技术买卖，开始从事产业贸易，或以技术作为投资入股或合资办厂的投入要素，以分享技术产业效益为技术的价值补偿。这样，技术贸易方式就向体系化发展，纯粹的技术贸易关系就扩展为以技术商品为中心的复合型经济技术合作。

5. 国际技术贸易环境大幅度改善

国际技术贸易环境涉及范围很广，然而无论从哪个方面来看，进入 20 世纪 90 年代后国际技术贸易环境的改善十分明显。大批的新技术、新发明特别是信息技术的飞速发展，信息设施、信息网络等的广泛运用，改变了人们获取国外技术的观念和手段，使国际技术贸易的效率大为提高。与此同时，越来越多的国家对国际技术贸易采取了比以往更加开放的政策，而更多的发展中国家对西方跨国公司和外资涌入采取了欢迎和鼓励的立场。区域性贸易组织的不断涌现，深刻改变了国际技术贸易的广度和深度，直接加快了国际技术贸易的效率。欧盟统一大市场的形成，基本消除了国际技术贸易的人为障碍，为其他区域组织内部的一体化做出了榜样，从而必将使国际技术贸易在全新的环境中高速发展。

为了技术贸易的正常发展、消除在国际技术贸易实践中的不公平现象，WTO 制定了技术贸易壁垒协议和技术标准来促进国际技术的交流与合作。由于知识产权在技术贸易中的重要性，世界各国保护与执行知识产权的差异成为技术贸易发展的障碍，WTO 制定的《知识产权协议》试图缩小这方面的差距，以促进技术贸易成果的顺利转让。随着可持续发展问题引起世界各国的重视，WTO 明确环境保护目标并制定"绿色"条款以强化技术贸易与环境保护的联系。因此，随着技术贸易的开展和相关国际规则的出台，国际技术贸易中的发达国家与发展中国家之间的不平等将会逐渐减少。

6. 技术贸易保护也将加强

随着技术尤其是高技术在国家竞争中地位与作用的上升，各国对技术贸易的保护也将逐渐增强，重点是以下两方面的保护：一是高技术的重大突破或根本性创新有可能对创新企业甚至对创新企业所在国的经济产生重大影响。为了垄断这些技术，使创新企业在较长时间保持这方面的技术领先，而采取各种措施，防止技术泄露、制止这种技术的出口，这种保护对技术贸易将起阻碍作用；二是为了保护已获技术专利的企业利益，而对属于知识产权的技术贸易进行保护。这种保护随着国际上对知识产权的加强而加强，将有利于技术贸易的进一步发展。

第三节　中国的技术贸易

一、我国技术引进概况

我国同外国的技术交往自中华人民共和国成立以来一直不曾间断，但主要是引进外国的技术。开始是从苏联、东欧国家引进技术，仅"一五"期间就引进了 156 个大型项目，为奠定我国工业基础起了巨大作用。20 世纪 70 年代后，因逐渐和西方国家改善了关系，又开始改从西方国家引进技术。1979 年实行改革开放以来，技术引进工作出现了新局面。1952—1978 年，我国平均每年仅引进 30.4 个项目。1979—1999 年年底，我国共签订技术引进合同 34 327 项，合同总金额为 1 226.42 亿美元。现在技术引进规模越来越大，2000—2005 年，我国共对外签订技术引进合同 3.5 万项，合同金额近 730 亿美元。2006 年以来，我国对外技术引进呈现出平稳发展的良好态势，每年的引进合同数量基本在 1 万份左右，如表 16.1 所示。2020 年，我国共登记技术引进合同 6 172 份，合同金额 318.38 亿美元，其中技术费 315.14 亿美元，占合同总金额的 98.98%。

表 16.1　2006—2020 年我国技术引进情况　　　　　单位：亿美元

年份	合同份数	合同金额	技术费
2006	10 538	220.23	147.56
2007	9 773	254.15	194.06
2008	10 170	271.33	235.47

续表

年份	合同份数	合同金额	技术费
2009	9 964	215.72	186.08
2010	11 253	256.36	218.47
2011	12 202	321.59	279.89
2012	12 988	442.74	416.91
2013	12 448	433.64	410.94
2014	9 340	310.85	304.46
2015	7 676	281.54	272.67
2016	6 806	307.28	301.57
2017	7 361	328.27	318.98
2018	7 147	331.34	322.71
2019	7 360	352.01	314.34
2020	6 172	318.38	315.14

资料来源：历年《中国科技统计年鉴》。

通过技术引进，改变了中华人民共和国成立前我国工业基础薄弱的局面，全面建立起了我国的工业体系；促进了传统工业的技术改造，在各个行业形成了新的生产能力；加快了各行业整体的技术进步和新产品的开发，缩小了与世界先进水平的差距，并且创立了一批技术含量高的新产业（如石化行业、通信行业、汽车行业等）；形成了若干以高新技术产业、支柱产业、主导产业的共同发展为特点的区域经济（如上海建立起汽车、通信、电站设备等六大支柱产业）；促进了国家科研事业的发展，特别是加速了高新技术的产业化进程以及人才的成长和经营管理水平的提高；促进了对外贸易的增长和出口商品结构的优化，提高了出口产品的附加值，增强了出口创汇能力；为农业的发展提供了重要的技术和物质保障。总之，技术引进对我国经济的发展和改革开放的深化有着重要的意义。

二、我国技术引进的特点

1. 我国技术引进来源高度集中于少数发达国家

现在我国引进技术的75%以上来自美国、日本和欧盟，不过不同国家比重变化较大。2005年美国在我国技术引进合同金额中只占17.83%，排名第三，到2020年美国比重提高到41.04%，排名第一。德国则下降比较快，2005年德国在我国技术引进合同金额中占26.24%，排名第一，到2020年迅速下降到9.57%，排名第三。日本比重变化不大，从20.24%下降到17.33%，一直都是排名第二。韩国比重也有所下降，法国则直接跌出了前五名。据商务部统计，2020年我国共签订技术引进合同6 172份，合同金额318.38亿美元，其中与美国签订技术引进合同130.66亿美元，占技术引进合同总金额的41.04%；日本为第二位，引进合同金额55.17亿美元，占合同总额的比率为17.33%；德国列第三位，引进金额为30.46亿美元，占9.57%。具体如表16.2所示。

表 16.2　2005 年与 2020 年我国按引进国别划分的国外技术引进合同比较

排名	2005			排名	2020		
	国别	合同金额/亿美元	比重/%		国别	合同金额/亿美元	比重/%
1	德国	49.96	26.24	1	美国	130.66	41.04
2	日本	38.55	20.24	2	日本	55.17	17.33
3	美国	33.95	17.83	3	德国	30.46	9.57
4	法国	13.54	7.11	4	瑞典	17.90	5.62
5	韩国	8.93	4.69	5	韩国	11.58	3.64
合计		190.43	76.11	合计		318.38	77.20

资料来源：历年《中国科技统计年鉴》。

2. 引进技术从以"硬件"为主逐步转向以"软件"为主

我国技术引进中重视硬技术轻视软技术的局面有明显改善。据商务部统计，1950—1995 年，我国成套设备的引进总额均占到技术引进总额的 75% 左右，其中 1950—1978 年，成套设备引进要占我国技术引进项目总数的约 90%。1979 年以后，以许可贸易、技术服务、顾问咨询、合作生产等"软件"方式引进的技术日益增多。到 1993 年，上述 4 种软件形式的技术引进项目达 211 项，合同总金额 7.3 亿美元，分别占合同总数和合同总金额的 48.88% 和 11.95%。到 2020 年，我国共引进技术合同金额 318.38 亿美元，其中技术费 315.14 亿美元，占合同总金额的 98.98%，而成套设备、关键设备以及生产线占总金额比例不足 1%。具体如表 16.3 所示。而且过去引进项目多为新建项目，现有企业技术改造项目不多，而现在技改项目所占比重日益提高。由于以上变化，致使我国技术引进项目的平均用汇额逐渐减少。1979 年以前平均每个项目用汇额约为 1 775 万美元，到 1993 年下降为 1 239 万美元，到 2010 年进一步降到只有 194 万美元。单项合同平均用汇额的下降，在某种程度上也表明我国技术引进成本的下降和经济效益的提高。

表 16.3　2020 年我国技术引进合同按引进方式分类

项目	合同数/项	合同金额/亿美元	技术费/亿美元
总计	6 172	318.38	315.14
专利技术的许可或转让（包括专利申请权的转让）	448	49.30	49.29
专有技术的许可或转让	1 665	188.10	188.05
技术咨询、技术服务	3 368	54.90	53.57
计算机软件的进口	282	10.86	10.86
商标许可	65	2.59	2.59
合资生产、合作生产等	48	2.27	2.30
为实施以上内容而进口的成套设备、关键设备、生产线等	40	2.02	0.48
其他方式的技术进口	256	8.33	8.00

资料来源：科技部. 中国科技统计年鉴 2021 [R]. 北京：统计出版社，2021。

3. 国际技术引进方式开始多样化发展，企业兼并成为技术引进的一种新方式

企业兼并是市场竞争的结果。过去企业兼并主要是企业间的"以强吞弱"，也就是技术先进型企业兼并技术水平较为落后的企业，企业兼并活动中的技术转让或贸易的成分不明显甚至根本不存在。随着以知识为基础的国际竞争的加强，当前的企业国际兼并活动主要体现在技术先进企业间的"强强联合"上，兼并是为了进一步壮大自己实力，使自己的资金、技术和产品销售能在较短的时间里跃上一个新台阶。伴随着这种性质的企业兼并，必然有着较多的国际技术转让或贸易存在。换言之，此时的企业国际兼并事实上已经成为直接获取国外先进技术的特殊贸易方式了。例如，2005年联想出资17.5亿美元收购IBM的PC业务，其中包括IBM在PC业务上的4 000多项专利和2 000多人一流的笔记本设计队伍。2015年，联想收购摩托罗拉移动部门，联想支付的交易对价约为29.1亿美元，获得三项核心内容：摩托罗拉品牌、3 500名员工以及数量庞大的专利组合——2 000多项专利的所有权以及2.1万项专利的交叉许可授权。

三、我国技术引进存在的问题

改革开放以来，我国的对外技术贸易虽然取得很大成就，但仍存在许多不足，主要表现在以下几方面：

1. 技术引进存在很大的盲目性，重复引进现象十分严重

改革开放以来，我国各地区、各企业重复引进同一技术、设备、生产线的情况十分普遍，造成外汇的大量浪费，降低了技术引进工作的效益。这其中最为著名的就是所谓的"阿里斯顿"现象。20世纪80年代我国仅从意大利梅洛尼公司引进流水线生产"阿里斯顿"冰箱的就有9家企业，以致市场上出现多种"××-阿里斯顿"品牌的冰箱，引起社会广泛注目。据统计，20世纪80年代我国引进的彩电、洗衣机等产品的生产线都在百条以上，其中多数企业已被淘汰。1978年，我国机械制造部门已经掌握了年产52万吨尿素的大型成套设备的制造技术，国产化率达到80%左右，并成功地在镇海、乌鲁木齐和银川三个大型化肥工程中应用，结果1986—1989年间又重复引进了4套年产52万吨尿素的成套设备。这一现象虽然已引起国家有关部门的高度重视，并且三令五申要加以制止，但结果却收效不大。例如，1995年家电市场盛行一种被称为"VCD"的小型数字影碟机，有众多企业上马生产，并纷纷引进作为VCD关键部件的"解码卡"生产线，结果使此种在国外并不十分走俏的商品突然生意兴隆起来，并使许多本已濒临倒闭的生产该产品的外国厂家起死回生。由于供应紧张，"解码卡"的进口价格节节上升，这在电子商品特别在计算机商品中是十分反常的。又如2000年左右，我国许多厂家纷纷上马光碟生产线，结果使我国的光碟生产能力大大超过了国内需求水平，不少厂家因而铤而走险，干起了盗版光碟的不法勾当，严重损害了我国的国际声誉。

2. 以美国为首的发达国家对我国实行严密的技术封锁

中华人民共和国成立后的第二个月，美欧各国即在巴黎成立"出口控制统筹委员会"（简称"巴统"），限制先进技术向包括我国在内的社会主义国家出口。在"巴统"对华禁运特别清单中，曾经列有多达500多种战略物资和技术。20世纪70年代末期，中美虽然建交，但以美国为代表的西方国家对我国的技术封锁并未放松，在1996年成立的"瓦森纳协定"中，禁运物资不仅涵盖了各类武器弹药、设备及作战平台等22类军品，还有

先进材料、材料处理、计算机等9大类民用产品也被列入对华禁运清单。21世纪以来，虽然我国加入了WTO，与美国的经济联系日趋紧密，但其进一步强化了对我国的科技封锁。2007年美国再次调整对华技术出口管制规定，在原有管制清单的基础上又新增加了31大类。目前美国每年有超过30%的对华技术出口申请被否决。美国研究机构的报告显示，如果美国对华出口管制放宽，对华贸易逆差可减少35%左右。特朗普上台以后，对我国技术封锁变本加厉。美国商务部不但将华为、中兴、奇虎360、云从科技等高科技公司，广东工业大学、中国人民大学、同济大学等高校，中科曙光、江南计算技术研究所等科研院所近千家实体列入出口管制"实体清单"，禁止它们从美国供应商采购零部件，而且从2018年6月11日起，美国限制了部分STEM（Science, Technology, Engineering, Mathematics）专业中国留学生的签证，受限领域包括机器人制造应用、航天航空、高科技制造业等，这些领域的研究生、博士生再次申请签证时，将不能一次性拿到5年签证，成功获批后签证有效期也只有1年；美国还限制中美学术交流；限制中资企业收购国外高科技企业。比如有中资背景的私募基金Canyon Bridge力图收购美国FPGA设计厂商莱迪思，就被美国前总统特朗普动用总统特权亲自否决。中资企业收购德国半导体设备厂商爱思强公司，也被美国前总统奥巴马亲自否决。还有中资企业试图收购荷兰飞利浦的灯泡业务，因为涉及氮化镓这一第三代半导体材料而被美国否决。美国阻挠荷兰阿斯麦控股公司（ASML）向中国出售高端光刻机，这是制造芯片的必备设备。仅2020年，中方为进口芯片就对外支付超过了3 800亿美元。

3. 引进外资工作中的技术贸易问题严重

在我国引进的技术中，通过外国直接投资引进的占很大比重，引进外资还会涉及商标权等的引进。恰恰是在这些方面我国目前存在的问题较为严重。主要是外方对其技术、设备、商标索价过高，往往远远大于这些技术、设备、商标的正常价格，也有的外商以次充好，用过时的技术、设备甚至我国制造的出口设备欺骗我国的合作者，使我国蒙受巨大损失。但在另一方面，我国投资者入股的机器设备、技术、商标等却估价偏低，有的甚至是无偿为外方使用，或是在合资后被放弃使用。我国许多名牌商标在市场上"失踪"，十分引人瞩目。

4. 对技术的消化、吸收、创新能力有限，重引进轻消化的局面十分严重

在消化、吸收和创新环节上，我国存在明显缺陷。国外技术引进通常是引进1美元的技术，花2~5美元的投资来搞消化吸收。据日本工业技术院的调查，在20世纪60年代中期，机械行业研究费的16.9%用于引进，68.1%用于对引进技术的革新；电工行业研究费的24.4%用于引进，48.1%用于对引进技术的改进。而我国的情况则是"大钱搞引进，小钱搞改革，没钱搞消化"。1997年我国技术引进经费为236.5亿元，而消化吸收经费只有13.6亿元，消化吸收经费仅相当于引进经费的5.8%。以高技术产业为例，高技术产业技术引进与消化吸收的比例在最高时仅为1∶0.21，2003年仅为1∶0.06，即每引进1元的技术，只有0.06元的配套资金用于消化吸收。我国制造业这一比例最高时仅为1∶0.09，近几年这一比例都在1∶0.07左右徘徊，与日本、韩国等国1∶3的比例相差甚远。我国汽车制造设备从20世纪50年代就开始引进，集成电路生产线从20世纪60年代就开始引进，到了2000年我们还在引进汽车制造设备和集成电路生产线。1979—1998年的20年间，我国引进的技术项目达到27 852个，合同金额达到1 049.7亿美元，远远超过日本在经济成

长期（1950—1980 年）30 年间的技术引进金额（115.98 亿美元），而效果却不如日本那样明显。其中主要的原因就是我们对引进的技术只是停留在使用阶段，而忽视了对引进技术的消化吸收，以致引进的技术没有充分发挥作用，仍然停滞在原来的水平上。在世界技术日新月异的情况下，这些引进技术很快就又成为落后技术，只好再花钱引进，从而使技术引进陷入"引进—落后—再引进—再落后"的恶性循环之中。

5. 技术中介机构服务不力

首先是规范技术中介服务的法律制度缺乏。我国涉及中介机构的法律制度包括《科技成果转化法》《国家级示范生产力促进中心管理办法》《留学人员创业园管理办法》《民法》《合同法》等，但是总体上仍缺乏一部完整的法律全面协调规范科技中介的各项权利和义务，对于中介市场中拉关系、给回扣、虚假广告、无序竞争等现象打击的力度不够。

其次是技术中介机构对于技术引进企业的需求了解不足。我国科技中介机构的服务路线是将科研成果转化到下游高新技术需求企业，以改善下游企业的运行质量和竞争力，但是忽略了与下游企业就发展中的技术需求状况以及技术引进后是否适合企业发展需要进行沟通，科技信息仅仅在技术供方、技术中介方、技术受方做单项流动，技术引进无法在最大限度上满足技术市场上的有效需求。

四、提高技术引进效果的对策措施

1. 加强宏观调控和统筹规划，建立技术引进信息共享系统，制止盲目引进、重复引进和低水平引进

我国应对技术引进工作实行统一管理，采取切实措施杜绝目前存在的重复引进现象。对于一些产业共性技术、关键技术，国家应统一引进，然后设立专门的科研机构，组织产学研进行联合消化吸收与开发、创新，最后再转移到企业。同一项技术、同一种生产线只应重点扶持一两家企业引进，避免多头引进，致使外人渔利。我国重复引进现象之所以屡禁不绝，一个重要原因是对国企投资约束过软，国企投资者由于承担风险过少，往往在技术引进项目的投资方面轻率从事，因此加强国企内部机制的改革，硬化国企投资约束，加强对引进项目的可行性研究工作，乃是制止重复引进的根本措施。导致我国重复引进现象的另一个重要原因是地方利益的作用，即当某类技术引进项目获利丰厚时，各地方政府都不肯肥水流入外人田，因而竞相引进，导致出现某种产品生产线几乎全国各省都有引进的局面，如在彩电、冰箱、汽车生产方面就有此种现象。为避免重复引进，同时照顾各地方的利益，我国在录像机生产技术的引进方面采取了一种新的做法，即指定由大连华录电子有限公司引进录像机关键部件生产线，由全国各地的主要电子企业参股。这样既避免了在录像机生产方面出现新的重复引进，又照顾了各地方的利益，这一经验值得在其他重大引进项目上推广。

2. 以企业为主体，以市场为导向，通过体制和机制创新，充分消化、吸收引进的新技术

在技术引进的主体上，要从过去以国家为主体转向以企业为主体。企业在国家政策允许的条件下，拥有技术引进的决策权、投资权、收益权，并承担全部风险，从而激励企业增强引进技术的消化吸收和创新能力。对关键性产业引进技术的消化吸收实行官产学研联

合攻关，通过合作创新和大企业联盟等形式，提高自主创新能力。政府在技术引进过程中，要以信息咨询、政策诱导、法律保障等手段服务于企业，对国有企业要将消化吸收、新技术、新产品的研究开发和核心能力的培育等反映企业长期竞争力的指标列入企业考核指标体系。对消化、吸收的资金允许税前扣除并给予财政补贴。

3. 多措并举，分类施策，提升自主创新能力，尽快突破关键核心技术

习近平总书记曾多次提出，"关键核心技术是要不来、买不来、讨不来的""要加强原创性、引领性科技攻关，坚决打赢关键核心技术攻坚战"。能否掌握关键核心技术事关我国产业链、供应链安全，事关我国科技水平和国际竞争力，事关新时期我国科技经济发展的主动权。要多措并举，分类施策，尽快突破关键核心技术：对于高市场价值、低技术集成度的关键核心技术要着力培养龙头企业，强化技术生态建设；对于高市场价值、高技术集成度的关键核心技术要发挥新型举国体制优势，以系统带动零部件共同发展；对于低市场价值、低技术集成度的关键核心技术要积极发挥"专精特新"企业作用，重点发挥民营中小企业运转灵活、专注细分领域的特点，积极引导民营企业参与此类关键核心技术攻关；对于低市场价值、高技术集成度的关键核心技术要继续强化组织机制创新，加强产学研共同合作。事实上，美国的技术封锁并没有阻止我国科技进步的步伐，相反，美国越封锁，我国越发展。以前我国"两弹一星"就是在美国封锁下成功的，现在我国在5G、无人机、量子技术、新能源汽车等领域领先全球。因此，只要我们挺直脊梁，树立自信，艰苦奋斗，肯定能打破美国的技术封锁。

4. 加强技术的信息收集和咨询工作，解决好引进外资工作中的技术贸易问题

技术贸易是一种十分特别的贸易方式，这主要表现在技术价格的确定往往取决于双方的谈判地位，而不是其实际的生产成本。因为技术一经研究成功，其转让的实际代价几乎为零。因此，要提高我国技术转让工作的经济效益，就必须提高我方的谈判地位。而谈判地位的提高又是和对所交易的技术的了解程度密不可分的。对技术的了解应包括该技术在国际上的实际水平，可以给受让方带来的经济效益，受保护的程度（如专利的实际有效期等）以及谈判的技巧掌握程度等。对商标而言则主要是商标在市场上的知名度及给其所有者带来销售的增加额。只有充分掌握上述信息，才能在与外资的谈判中做到心中有数，以杜绝外方以过时、陈旧之技术设备入股，或作价过高，同时也要防止我方设备、土地、技术、商标等折价过低的现象。在这方面除了有关企业应予以重视外，更重要的是我国的技术情报部门应提供这方面的咨询。

5. 完善相关的法律法规建设，优化中介机构的服务

法律法规建设所依赖的主体是政府，但是技术引进企业的参与对于建立行业标准是十分必要的。因此，政府应该积极鼓励企业参与行业知识产权法律法规的建设，积极参与国际上行业组织的知识产权协作，在倡导企业遵守知识产权法的同时，灵活运用相关法律解决海外知识产权争端。中介机构要提高自身服务质量，首先应该积极了解企业的技术需求，以便可以为企业在不同层次需求水平上有针对性地进行引导和管理，提高技术引进的有效性，促进技术引进后的吸收消化和创新，帮助企业真正掌握技术。

五、我国的技术出口

在技术出口方面，我国起步较晚，从1979年开始，我国才对外出口技术，为我国赚

取了大量的外汇。我国在技术出口方面有以下特点：

1. 从自发技术出口到有组织的技术出口

20 世纪 80 年代初期技术出口是无计划、自发地进行的；现在变成了有组织、有管理的技术出口，并且有了管理技术出口的专门部门，确定了技术出口的程序和审批权限，并且审批了许多有技术出口经营权的公司。

2. 出口的领域多元化

开始时主要是以新技术、新工艺等软件技术出口为主，现在技术出口涉及了计算机、通信、软件、机械、汽车、化工、冶金、农业、医药等诸多领域。如中铝国际目前正在与印度、伊朗、越南、俄罗斯、沙特、卡塔尔等国的多家铝公司进行技术转让，这标志着我国已成为铝技术的重要输出国。中国中医研究院西苑医院研制的中成药胃疡宁，日前被日本厚生省批准投放市场。这是我国首例以知识产权形式，成功输出到发达国家的中药技术。我国高铁技术已经出口到俄罗斯、印度尼西亚、泰国等多个国家。核电技术已经出口到阿根廷、沙特甚至"逆袭"出口到英国。2015 年，我国自主研发的第三代核电技术"华龙一号"出口到英国，项目建造成本预计将达 180 亿英镑（约合 1 763.85 亿元），同年"华龙一号"出口到阿根廷，全部投资金额 150 亿美元，我国投资占比为 85%。

3. 技术出口的国家和地区增多

以前主要出口的国家是工业发达国家，到了 20 世纪 90 年代后，向发展中国家出口明显增加，而且向发达国家技术出口仍呈上升趋势。现在技术出口的对象已包括世界上的 70 多个国家和地区。

4. 技术出口额逐年增加，技术出口的结构进一步优化

20 世纪 80 年代技术出口额很小，每年合同总成交金额约 1 000 万美元，后来技术出口额逐年增加，1991 年达 12.8 亿美元，1994 年达 16 亿美元，2002 年达到 44 亿美元。2004 年企业共签订技术输出合同 8.9 万项，比 2003 年增长了 21.8%，实现合同交易额 94 亿美元，比 2003 年增长了 45.4%。2015 年我国共登记技术出口合同金额 264 亿美元，同比下降 7.12%；但是高附加值技术出口却逆势增长，其中技术费为 232.4 亿美元，同比上升 30.4%，占合同金额的 88%，设备费为 31.6 亿美元，同比下降 70.2%。

技术出口的结构也进一步优化，"软技术"占比上升。2015 年我国技术出口中，专有技术许可或转让合同金额为 24.4 亿美元，同比增长 81.3%，专利技术许可或转让合同金额为 16.5 亿美元，同比增长 24.7 倍。此外，2015 年前 10 大技术出口行业类别出现明显调整。软件业曾经是我国技术出口的重要行业，其出口额占我国技术出口总额的比重曾长期保持在 60% 以上，但自 2014 年以来连续下滑，2015 年软件业技术出口合同金额为 38.7 亿美元，同比下降 15.2%，占比仅为 14.7%，居第三位。

5. 政府提供了相应的鼓励、扶植政策

国家制定了鼓励技术出口的优惠政策，许多地方政府也对企业出口给予信贷、税收等优惠政策或给予一定的补贴，鼓励出口企业到境外注册商标或出国参展等。

6. 技术出口主体增多，民营企业技术出口超过国企

以前主要是大型国有企业进行技术出口，现在民营科技企业靠着众多的自主研发的科技创新项目，实现了在竞争中"人无我有，人有我精"。2015 年，我国民营企业的技术出

口合同额达 33.5 亿美元，超过国有企业成为我国第二大技术出口企业主体，占总额的 12.7%。国企技术出口下滑明显，同比下降 74.2%。

由以上分析，可以看出我国已经完成了从单纯引进技术向引进技术与技术出口相结合的转变，说明我国综合国力增强了，但是我们也必须承认和发达国家相比还有很大的差距，必须不断提高我国的科技水平，增大技术出口。

六、我国技术出口发展战略

1. 企业要提高技术创新的能力

目前我国技术创新的融资渠道较为单一，主要依靠商业银行的短期借款，这严重制约了企业创新的步伐。根据国内外专家观点，技术创新工作的三个环节（发明、首次商业应用、产业化）的资金投入强度比率为 1：10：100。推动企业技术创新，一是要加大财政对科研开发的投入，推进科技企业的股份制改造，通过资本市场直接融资方式多渠道融资；二是设立技术创新组织，建立企业推动技术创新的良性机制，保证企业技术创新效益不断提高；三是建立有效益的高科技产业风险基金，保证企业技术创新有充足资金。在未来出口目标市场抢先申请专利是技术出口贸易中重要的竞争战略。要鼓励出口企业和科研院所在国外申请专利。

2. 培养或引进高素质人才

人是创造知识、传播知识、应用知识的主体，要想提高技术水平就必须有高素质的人才，在知识经济时代，科学知识不断被劳动者所掌握和应用，为企业家去拓展事业而不断创新。企业必须首先着眼于智能型人才的开发，着重于人的思维方式的再造和创造性才能的培养，重视职工整体、系统、权变思维方式的训练，培养职工的洞察力、创造力、判断力，形成职工"整合式创新才能"。还需制订人才的再培训计划和终身培养制，使之做到科技的不断革新和在生产与社会中的广泛运用。

3. 政府要在宏观方面提供一定的政策支持

如银行出口担保要加强对中小科技企业的支持。激励和引导高新技术开发活动，在资金、政策、法律及舆论上充分支持创新者。各地政府的风险基金要引导社会风险资金优先注入拥有自主知识产权的高新技术成果产业化项目；适当减免风险投资成功者的所得税；高新技术成果的创造者及拥有者应在创业项目中占有较高的股权；政策鼓励、法律保障、社会舆论应支持因科技创业成功的"新富人"。

4. 政府支持企业应付国外知识产权摩擦，尤其是美国的"337 调查（337 Investigation）"，为技术出口创造一个良好的环境

随着我国技术出口的增加，与国外知识产权的摩擦愈演愈烈，这些极大地阻碍了我国技术出口。从 1991 年到 2013 年，我国已经有 9 年被美国贸易代表办公室列为"优先观察对象"。据中国商业联合会统计，1986—2004 年期间美国对中国启动了 39 项"337 调查"，占该时期美国"337 调查"数据的 13%。"337 调查"是指美国国际贸易委员会根据美国《1930 年关税法》（Tariff Act of 1930）第 337 节（简称"337 条款"）及相关修正案进行的调查，禁止的是一切不公平竞争行为或向美国出口产品中的任何不公平贸易行为。在 39 项案件中，33 项涉及专利侵权，占 85%。2010 年，在美国 58 起"337 调查"案件中，有

19 起涉及中国企业，占到总数的 1/3，均涉及专利侵权；2012 年 2 月，美国又对中国 13 家公司的平板电脑、照相手机、激光打印墨盒及组件等启动了"337 调查"。以上数据都表明多年来我国已成为美国"337 调查"的最大目标国和受害国，在已判决的相关案件中，中国企业的败诉率高达 60%，远高于世界平均值 26%。2004 年，欧盟委员会向中国递交了《知识产权问题建议书》，称在华的 70% 的欧盟企业都认为中国的知识产权监管不力。在欧盟扣押的侵权产品中，中国居首的产品种类众多，从 2003 年到 2009 年连续 7 年，中国都是欧盟侵权商品的主要来源国，2009 年欧盟海关扣押的侵权产品中我国占比达到 64.4%，12 类商品中有 9 类中国居首。因此，政府支持企业对付国外知识产权摩擦，尤其是美国的"337 调查"，为技术出口创造一个良好的环境至关重要。

本章核心概念

技术贸易（Technology Trade），许可贸易（Licensing Trade），特许专营（Franchising），国际工程承包（International Project Contracting），337 调查（337 Investigation）。

复习思考题

1. 国际技术贸易有哪几种主要形式？
2. 简述当今国际技术贸易的特点。
3. 简述当代国际技术贸易的发展趋势。
4. 我国技术引进存在哪些问题？应如何解决？
5. 如何发展我国的技术出口？

参考文献

1. 第四届中国（上海）国际技术进出口交易会. 2016 年技术贸易发展报告［R］. 上海：2016.
2. 新华社. 2015 年我国发明专利申请受理量超 100 万件蝉联世界第一［EB/OL］.（2016-01-14）. www.gov.cn/xinwen/2016-01/14/content_5032917.htm.
3. 林虹. 我国技术引进的发展、问题与对策：兼论日本技术引进的经验与借鉴［D］. 大连：东北财经大学，2011.
4. 黎莹. 中日近代技术引进的比较研究及启示［D］. 锦州：渤海大学，2014.
5. 王金胜. 借鉴国际经验发展我国技术出口研究［D］. 大连：东北财经大学，2011.
6. 戴艳. 知识经济下我国知识产权摩擦问题与对策［J］. 郑州航空工业管理学院学报（社会科学版），2013（5）：142-145.
7. 刘薇. 中美贸易中知识产权摩擦的演变及原因分析［J］. 法制与社会，2009（9）：91，95.

8. 肖利平,谢丹阳. 国外技术引进与本土创新增长：互补还是替代——基于异质吸收能力的视角［J］. 中国工业经济,2016（9）：75-92.

9. 赵定涛,邓闩闩,袁伟. 技术引进与消化吸收经费比例失衡研究［J］. 中国国情国力,2015（5）：23-24.

10. 文玉春. 我国产业创新的模式与路径选择研究［J］. 经济问题,2017（1）：1-10.

11. 肖翔,武力. 略论新中国工业化起步时期的技术引进［J］. 开发研究,2015（1）：2,150-156.

12. 刘迪玲. 新形势下我国技术贸易发展对策研究［J］. 国际贸易,2016（9）：28-31.

13. 李虹. 后危机时代发展我国技术出口的思考［J］. 财经问题研究,2010（12）：119-123.